Ludwig Löhlein

Feldzug 1870-71

Nach den Akten des General-Kommandos dargestellt

Ludwig Löhlein

Feldzug 1870-71
Nach den Akten des General-Kommandos dargestellt

ISBN/EAN: 9783743304833

Hergestellt in Europa, USA, Kanada, Australien, Japan

Cover: Foto ©ninafisch / pixelio.de

Manufactured and distributed by brebook publishing software
(www.brebook.com)

Ludwig Löhlein

Feldzug 1870-71

Feldzug 1870–71.

Die Operationen

des

Korps des Generals von Werder.

Nach den Akten des General-Kommandos dargestellt

von

Ludwig Löhlein,

früher Königl. Preuß. Hauptmann und Kompagnie-Chef im 1. Badischen Leib-Grenadier-
Regiment Nr. 109.

ESM&

Mit einer Uebersichtskarte und fünf Plänen.

Berlin, 1874.

Ernst Siegfried Mittler und Sohn

Königliche Hofbuchhandlung.

Kochstraße 69/70.

Vorwort.

Einen interessanten Theil in der reichen Kriegsgeschichte der Jahre 1870 und 1871 bilden die Operationen der dem General von Werder unterstellten Truppen. Sie haben ihren Gipfelpunkt gefunden in der Entscheidungsschlacht vor Belfort, wo der übermächtigen, durch den exaltirten Willen des Diktators fortgerissenen französischen Volks-Armee der kleine, aber gut organisirte, gut geschulte und nach System und Methode geführte deutsche Heerkörper sich entgegenstemmte und siegte.

Die vorliegende Arbeit, unter Benutzung der offiziellen Kriegs-akten verfaßt, beabsichtigt, einen Ueberblick über die Operationen des 14. Armee-Korps zu geben, wie solcher dem Standpunkte des General-Kommandos etwa entsprechend sein dürfte.

Die spärlichen französischen Quellen sind bei der Bearbeitung nur wenig in Anspruch genommen worden, da den meisten derselben eine tendenziöse Färbung gegeben ist, welche die Auffindung der objektiven Wahrheit sehr erschwert.

Sollten etwaige Irrthümer oder Lücken des Werkes in sachlichem wie in persönlichem Interesse Berichtigungen oder Ergänzungen wünschenswerth machen, so würde der Verfasser jeden Hinweis darauf mit Dank entgegennehmen und jene zweckentsprechend später verwerthen.

Karlsruhe, im März 1874.

Der Verfasser.

Inhalt.

Einleitung.

Das heutige 14. Armee-Korps erhielt diese Bezeichnung mit besonderer Rücksicht auf die ehemalige Großherzoglich Badische Division, welche den Hauptbestandtheil des 14. deutschen Armee-Korps während des Krieges 1870/71 bildete.

Regierung und Land Baden hatten nach dem Jahre 1866 den Willen ausgesprochen, zur nationalen Einheit zu gelangen. Die ersten Maßregeln zur praktischen Durchführung dieses Gedankens galten der militairischen Organisation. So wie der Bundestag sich überlebt hatte, so hatte sich auch das Bundesheer 1866 der Reorganisation höchst bedürftig gezeigt, und die Bureaukratie und Kadres-Organisation war zu Grabe getragen.

In den Armeen blühte überall ein frischer Sinn auf, ein Streben nach Verbesserung und zum Anschluß an Preußens siegreiches Heer.

Das Badische Ministerium sprach als Grundsatz aus, daß, wenn der Eintritt in den Norddeutschen Bund erfolge, Land und Armee auch darauf vorbereitet sein müsse; die Preußische Heeresorganisation sei daher einzuführen und ihre Kosten willig zu tragen. Zur Durchführung dieser Ansicht berief Seine Königliche Hoheit der Großherzog bereits im Sommer 1867 den Major im Preußischen Generalstabe von Leszczinski nach Baden und schon im Februar 1868 trat der General-Lieutenant von Beyer, welcher bis dahin als Militair-Bevollmächtigter Preußens rathgebend gewirkt hatte, als Kriegs-Minister in den Badischen Dienst.

Die ganze Organisation mit ihren zahlreichen Gesetzen wurde in kürzester Zeit nach und nach eingeführt; nirgends erhob sich ein Hinderniß, nirgends ein Mißmuth, und so erzielte man einen Erfolg, der dem Norddeutschen Element von Tag zu Tag zahlreichere Freunde zuführte.

Die schnelle und gute Mobilmachung des Badischen Kontingents blieb selbstverständlich der leitende Gesichtspunkt aller organisatorischen Maßregeln. Es war hierbei einmal die höchst ungünstige geographische Lage des Landes zu überwinden und dann besonders zu beachten, daß der Absicht Frankreichs, durch schnelles Handeln sich in Süddeutschland der politischen Situation zu bemeistern, energisch entgegengetreten werden konnte.

Schon im Jahre 1869 war die Mobilmachung gesichert; 1870 war man aber mit allen Details so vorgeschritten, daß neben der vorbereiteten Armirung und Proviantirung Rastatts die schlagfähige Aufstellung der Division am 9. Mobilmachungstage vorausgesetzt werden konnte.

Mit Württemberg und Bayern wurden bereits im Frühjahre 1868 bei einer Zusammenkunft der Chefs der Generalstäbe in Karlsruhe diejenigen Maßregeln vereinbart, welche bei einer Mobilmachung eintreten sollten; man legte die Abmachungen nach gründlicher Rücksprache in einem Aufsatz nieder, der, obgleich nie offiziell ratifizirt, stets als bindende Direktive angesehen wurde und nach welchem 1870 beim Eintritt der Mobilmachung verfahren ist. Verträge und Protokolle binden nicht so sehr, wie der gute Wille; dies hat wohl durch jene Abmachung einen neuen Beleg gefunden. Ueberhaupt bestand zwischen den Süddeutschen Militairs seit 1867 ein durchaus freundschaftlicher Verkehr, welcher die Gemeinsamkeit des Handelns mit Preußen stets zur Grundlage hatte.

Der deutsche Geist der Offiziere aller Kontingente wirkte hier als ein sehr bedeutendes und nicht zu unterschätzendes Moment; in der Armee fanden die national gesinnten Minister ihre Stütze und die deutliche Aussprache jener brachte die Partikularisten in eine negirende Stellung.

Ehe wir das vorhin erwähnte Protokoll der Generalstabs-Chefs folgen lassen, wird es von Interesse sein, jener strategischen Anschauungen zu gedenken, welche bisher in Süddeutschland mit Bezug auf einen Krieg mit Frankreich herrschten.

Einer Kooperation mit Preußen wurde im engeren Sinne nur selten gedacht; einen offensiven Plan haben alle höheren Militairs am Bundestag nie bearbeitet, in allen protokollarischen Aufzeichnungen ist nur von der Vertheidigung, und zwar von der im Anschlusse an Oesterreich, die Rede.

Die Erbauung von Ulm hatte den Zweck, den Aufmarsch der österreichisch-süddeutschen Armee zu sichern; man beabsichtigte, auf diese Festung sich stützend, die Schwarzwaldpässe und Straßen, die damals noch nicht so zahlreich wie heute waren, zu halten oder eventuell dem aus dem Gebirge heraustretenden Gegner offensiv zu begegnen.

Von Baden war nicht die Rede, es war von vornherein aufgegeben und bildete, wie 1868 ein deutsch-feindlicher Offizier schrieb, das Glacis Deutschlands. Baden war aber mit dieser Stellung keineswegs zufrieden; wir sehen daher bald seine militairische Vertretung am Bundestag in den strategischen Fragen stets in Opposition gegen Süddeutschland und Oesterreich und im Anschluß an Preußen. Ein Kompromiß dieses Haders war die Erbauung von Rastatt. —

Jenes Protokoll über die Zusammenkunft der süddeutschen Generalstabs-Chefs lautete:

Am 24. und 25. Mai besprachen sich in Karlsruhe der General Graf v. Bothmer, Chef des Bayerischen Generalquartiermeisterstabs, der Oberst v. Suckow, Königlich Württembergischer Generalstabs-Chef, und der Oberstlieutenant v. Leszczynski Chef des Großherzoglich Badischen Generalstabs, über die Gemeinsamkeit der militairischen Interessen im Fall einer Mobilmachung.

Der Oberstlieutenant Weiß vom Bayerischen Generalstab und der Adjutant des Grafen v. Bothmer, Hauptmann v. Schellhorn, wohnten dieser Vereinigung bei.

Der Besprechung wurde der Gesichtspunkt vorangestellt, daß der Allianz-Vertrag von 1866 nur dann wahrhaft erfüllt werde, wenn schon im Frieden nach den Direktiven des Bundesfeldherrn die Vorbereitungen zum Kriege derart getroffen würden, daß bei Eintritt dieses ein gemeinsames schnelles Handeln möglich sei.

Nachdem nun dieser Voraussetzung die allgemeine Zustimmung geworden war, ging man zur näheren Besprechung über.

Man kam zuvörderst darin überein, daß es nothwendig sei, einen Mobilmachungs-Plan, wie solches in Norddeutschland und Baden eingeführt ist, mit Innehaltung der gleichen Zeiten auszuarbeiten; desgleichen wurde verabredet, eine Instruktion für jede Armee im Detail aufzustellen, nach welcher bei einem verfrüht ausbrechenden Kriege die Truppen aus den Friedensgarnisonen auf dem Kriegsschauplatz concentrirt und sodann mobil gemacht werden konnten.

Es wurde von Seiten Bayerns und Württembergs die bestimmte Behauptung aufgestellt, daß am 21. Tag die Truppen an jedem

beliebigen Punkte ihres resp. Landes völlig kriegsgerüstet stehen würden. (Würzburg, Nördlingen, Stuttgart).

Man kam ferner überein, bei den resp. Regierungen zu bean-
tragen, daß mit Norddeutschland ein Vertrag abgeschlossen werde,
nach welchem die Benützung sämmtlicher Eisenbahnen Deutschlands
und die Disposition über das Material im Fall des Krieges dem
Bundes-Feldherrn allein übertragen werde.

Demnächst hoffte man, daß die Exekutiv-Kommission vom Chef
des Generalstabes der preußischen Armee bestimmt werde.

Um schon im Frieden der Exekutiv-Kommission vorzuarbeiten,
wurde die Bildung zweier Linien-Kommissionen verabredet, und zwar
die eine Würzburg—Heidelberg—Mannheim, die zweite Nördlingen—
Stuttgart—Bruchsal; Erstere Bayerisch-Badisch, Letztere Bayerisch-
Württembergisch. Die Thätigkeit dieser Linien-Kommissionen sollte sofort damit beginnen, sich über die Betriebsmittel zu orientiren und
die Fahrtableaux festzustellen. Nach Aufstellung dieser sollten dieselben dem General von Moltke zur Genehmigung vorgelegt werden.
Betreffs Verlängerung der projektirten Eisenbahn Bruchsal—Germers-
heim wurde die Erbauung einer Pferde-Eisenbahn als Nothbehelf in
Aussicht genommen.

Es folgen in dem gedachten Schriftstück hierfür die Details.

Nach detaillirter Aufführung der Lazareth-Einrichtungen, der
Etappen und Verpflegung heißt es sodann zum Schluß:

Ueber die erste Vorposten-Aufstellung und Grenzbewachung wurde
verabredet, daß die Straße bei Zweibrücken von der Bayerischen Brigade des Generalmajor v. Cella, die Straße bei Weißenburg durch
2 Eskadrons Badischer Dragoner und 5 Bataillone Bayerischer Infanterie unter Bayerischem Kommando, die Straße bei Lauterburg
durch Badische Truppen unter Badischem Kommando beobachtet
werde. Ferner wurde als wünschenswerth erachtet, sich zu vergewissern, ob eine Brigade des Württembergischen Korps nicht in der
Mobilmachung zu beschleunigen und nach der Pfalz zu instradiren sei.

Eine gemeinsame Paßkontrole an der gesammten deutschen
Grenze mit Eintritt der Mobilmachung sollte ebenfalls herbeigeführt
werden.

Bayerischer Seits wurde endlich in Anregung gebracht, daß
eine Landesvertheidigung völlig militairisch organisirt und uniformirt
im Schwarzwald vom Kniebis bis Freiburg wünschenswerth sei.
Eine Quote von 2000 Bayern, 800 Württembergern und 800 Bad-

nern wurde als ausreichend erkannt und sollte unter Bayerisches Kommando (General) zu stellen sein. Diese Sache näher zu besprechen und später zu vereinbaren, wurde einstweilen vorbehalten. —

Vertrauliche Besprechungen, welche dieser Verhandlung im großen Generalstabe in Berlin folgten, förderten die einheitlichen Bestrebungen der höheren Militairs der süddeutschen Staaten. Ein Weiteres ließ sich aber nicht erzielen, da die ganze Linie der Gegner, besonders die der kleinen Diplomatie, sich rührten und eine Gefährdung der Selbstständigkeit der betreffenden Staaten entdeckt zu haben wähnten.

Die preußische Heeresleitung verfolgte seit 1866 die französischen militairischen Anordnungen mit besonderer Aufmerksamkeit. Es blieb nicht unbemerkt, wie nach dem Tode des Marschalls Niel eine gewisse Erlahmung in der Reorganisation eintrat; namentlich minderten sich die Festungsbauten, die z. B. bei Straßburg zwar projektirt, aber nicht ausgeführt wurden. Immerhin zeigte die erregte Presse und die zu Tage tretende Volksstimmung, daß von der sogenannten „revanche pour Sadowa" die nationale Eitelkeit nicht abließ. Es war leicht ersichtlich, daß es nur eines geringen Anlasses bedurfte, um die glimmende Gluth zur hellen Flamme anzufachen; die drohende Kriegsgefahr wurde also somit eine permanente.

Unter diesen Umständen war sorgfältig zu erwägen, was Frankreich überraschend thun und was es erreichen konnte.

Man glaubte deutscherseits zu wissen, daß zur Zeit der Luxemburger Affaire die Absicht bestand, in Süddeutschland von Straßburg her einzufallen, um hier die Mobilmachung zu stören und wenigstens unter Beihülfe der Partikularisten eine Neutralität zu erzwingen.

Eine solche Offensive konnte, wenn sie überraschend sein sollte, nur mit den Regimentern, wie sie auf dem Friedensfuß standen, ausgeführt werden; man unternahm also einen Schritt, der, wenn er nicht völlig glückte, die Desorganisation für die Zukunft zur Folge haben mußte. Dies machte deutscherseits die Sache um so mehr zweifelhaft, als bisher keineswegs in früheren Kriegen ein Abweichen der Franzosen von einer gewissen Methode zu konstatiren war. Immerhin war der Einfall möglich, da es der französischen Regierung auf Siegesnachrichten und Erfolge zur Bewegung der Massen ankam. Ein Einfall im südlichsten Theil Deutschlands war nicht anzunehmen; es konnte solche Bewegung nur die Absicht eines Raubzuges haben; zur Operation in den Schwarzwald fehlte das Objekt.

Möglich war ein schneller Marsch auf Stuttgart über den Kniebis-Paß. Führte man ihn aus, so bedurfte es einer sehr starken Flankensicherung im Rheinthal gegen Rastatt, und die Offensive selbst mußte so kräftig ausgerüstet sein, daß man in der Gegend von Stuttgart die zu erwartende Schlacht mit Aussicht auf Gewinn schlagen konnte.

Von Straßburg bis Stuttgart sind mindestens 5 Tagemärsche zurückzulegen; benützten die deutschen Truppen zur Konzentration auf Stuttgart die Eisenbahn am 3. und 4. Tag der Unternehmung, so konnten außer der Württembergischen Division preußischerseits 2 Korps und bayerischerseits 1 Korps mit den Infanterie-Divisionen und der Korps-Artillerie zur Stelle sein. Einer so bedeutenden Macht, selbst wenn sie auch noch nicht völlig organisirt und mobil war, entgegen zu treten, war ein großes Wagniß für die Franzosen, das bei nur einigermaßen energischer Operation der Deutschen zu keinem guten Ende führen konnte.

Der Marsch auf Stuttgart wurde diesseits als höchst unwahrscheinlich gehalten; immerhin war er erwogen, und hierauf gründeten sich auch die ersten Maßregeln bei der Badischen Division im Jahre 1870, welche bereits am 13. Juli *) die Sprengung der Eisenbahnbrücke bei Kehl sowie die Zerstörung der Eisenbahnlinien Kehl—Appenweier und Offenburg—Hausach zur schnellsten Ausführung vorbereitete. Aus gleicher Rücksicht begab sich ein Detachement nach Oberkirch, um von hier aus die Straßen zum Kniebis-Paß durch Verhaue und Absprengungen der Brücken ungangbar zu machen.

Eine zweite Möglichkeit war der Versuch einer schnellen Besitznahme von Karlsruhe, also eine direkte Begegnung mit der Großherzoglich Badischen Division.

Wie bei dieser die Situation angesehen wurde, ergiebt der hierauf bezügliche Theil einer Studie des Generalstabs-Chefs Oberst-Lieutenant v. Leszczynsky vom Jahre 1869, welcher den späteren Handlungen zu Grunde gelegt wurde. Er heißt:

„Die Aufgabe der Badischen Division im Fall drohender politischer Ereignisse ist in erster Linie der Schutz Rastatts gegen einen überraschenden Angriff.

Zu diesem Zweck und um die Mobilmachung in möglichst gesicherter Lage auszuführen, sind die Anordnungen dahin getroffen,

---

*) Sofort nach den Erklärungen in den französischen Kammern.

daß die Division am dritten Tage der Mobilmachung zwischen Rastatt und Karlsruhe konzentrirt ist und sie bereits am 4. Tage die Reserven erhält.

Waffen und Bekleidung der Kriegs-Augmentation der Garnisonen Freiburg und Constanz sind in Rastatt gesammelt und alle Einrichtungen so getroffen, daß vom 8. Tage ab die Verbindung mit den Bezirken südlich Rastatt aufgegeben werden kann.

Zur Erhöhung der Beweglichkeit ist die Mobilmachung des Trains im Odenwald angeordnet. Erfordern es die Umstände, so steht der sofortigen Heranziehung des (2.) Grenadier-Regiments König von Preußen aus den Garnisonen Mannheim und Durlach, sowie des 5. Infanterie-Regiments aus Freiburg nichts im Wege. Das 6. Infanterie-Regiment mit seinen zwei in Constanz garnisonirenden Bataillonen kann erst am 2. Tage Abends bei Rastatt eintreffen.

Die Unterstützung der Garnison Rastatt durch Königlich Preußische Truppen und durch Ingenieur-Offiziere ist eine bereits besprochene und in Aussicht genommene Angelegenheit, deren Wichtigkeit in militairischer wie politischer Hinsicht nicht genug betont werden kann.

Während der Mobilmachung werden die Maßregeln der Sicherung nicht außer Betracht kommen.

Kavallerie-Detachements wären zur Beobachtung des Rheines von Kehl bis Iffezheim und von Hagenbach gegen die Lauter aufzustellen und außerdem der Rhein von Ottersdorf bis Neuburgweier so zu besetzen, daß einem überraschenden feindlichen Flußübergang ein entscheidender Widerstand entgegengestellt werden kann.

Die Hinderung der Rheinfahrt ist im Hinblick auf die in Straßburg lagernden eisernen Boote sowie auf die bedeutende Anzahl Schiffe, welche eine Operation à cheval des Rheines und einen Uebergang sehr unterstützen können, von wesentlicher Bedeutung.

Demgemäß ist beabsichtigt, zwei Flußsperren zu errichten, eine bei Ottersdorf, die zweite bei Maximiliansau, erstere durch versenkte und verankerte Balken, letztere durch Torpedos, die vom Ufer durch eine Batterie zu schützen sind.

In so geschilderter Situation müßte die Badische Division ihre Mobilmachung vollenden und abwarten, ob sie angegriffen wird.

Geschieht der Angriff plötzlich mit kurz bemessenem Ultimatum, ehe die diesseitige Mobilmachung vollendet ist, also vor dem 9. Tag, so kann die Division, die dann noch nicht bewegungsfähig ist, nur an die Sicherung Rastatts denken. Ob sodann eine oder zwei Infanterie-Brigaden in die Festung gelegt werden; wohin die Division selbst sich wendet; ob sie nur auf ihre Sicherheit Bedacht nehmen oder sich schlagen kann; dies hängt wohl von der Zeit der Invasion, von der Stärke dieser, von der allgemeinen politischen Lage und besonders von der Disziplin und Schlagfähigkeit der Truppen ab.

Hat nur die Führung konsequent im Auge „nutzlos kein Terrain aufzugeben", so wird sie in dieser Zeit im Allgemeinen richtig handeln.

Zur Erwägung bei dieser Gelegenheit kommen die Forts in Kehl.

Die Fortnahme dieser schwachen, nicht sturmfreien Befestigung ist nicht zu verhindern, da die aktive Unterstützung fehlt. Es frägt sich daher, ob der geringe Zeitgewinn in der Erschwerung des Ueberganges es rechtfertigt, eine Kompagnie und acht gezogene 12 Pfünder dem Feinde Preis zu geben und so die Campagne mit Gefangenen zu eröffnen.

Das moralische Element, dieser wichtige Faktor aller militairischen Situationen, darf hier wohl nicht außer Rechnung gestellt werden.

Die Ansicht wird daher richtig sein, daß mit Eintreffen des Ultimatums oder kurze Zeit vor Ausbruch des Krieges die Minen der Forts den Uferpfeiler einwerfen und Besatzung und Kanonen sodann mit der Eisenbahn nach Rastatt zurückgezogen werden.

Ist die Armirung Rastatts und die Mobilmachung der Division vollendet, so ist kaum zu erwarten, daß die Badische Division nicht einer weiteren Aufgabe, als die der Deckung Rastatts, genügen kann.

Diese weitere Aufgabe „den Vormarsch des Feindes möglichst aufzuhalten und Zeit zu gewinnen" findet natürlich ihre Begrenzung mehr oder weniger in der Stärke des Gegners.

Es sind nun drei Fälle des feindlichen Auftretens möglich:

    1) der Feind geht auf dem rechten Rhein-Ufer vor;

    2) der Feind geht auf dem linken Rhein-Ufer vor, und

    3) der Feind geht auf beiden Rhein-Ufern zugleich vor.

1) Der Feind geht von Straßburg auf dem rechten Rhein-Ufer vor.

Die Schwierigkeit des feindlichen Vorgehens wird sich da ent-wickeln, wo die Festung Rastatt das Rheinthal verengt und zu Detachirungen zwingt. Die Vertheidigung muß bei Wahl ihrer Auf-stellung im Auge haben, daß sie nicht umgangen wird, daß sie sich dem Feinde möglichst da stellt, wo er nur schwierig aus der Marsch-Kolonne zum Aufmarsch kommt, und wo gute Front-Hindernisse die Ausnutzung des Feuers gestatten.

Der Oosbach, die Murg und der Federbach sind drei Fluß-linien, die mehr oder weniger jenen Anforderungen entsprechen und die somit näher zu betrachten sind." — —

Es folgte nun eine nähere Beleuchtung der Stellungen an die-sen drei Flußlinien, sowie der Chancen einer Stellung im Gebirge bei Baden und Gernsbach mit dem eventuellen Rückzuge auf Her-renalb.

Die Wiedergabe dieser Details würde hier zu weit führen, wir gehen also gleich zum 2. Fall über.

2) Der Feind geht auf dem linken Rhein-Ufer vor.

Es kann sehr wohl die Absicht des Gegners sein, sich der De-bouchéen aus dem Bienwald und der Maxauer Brücke überraschend zu bemächtigen oder in gleicher Weise bei Au oder Neuburgweier überzugehen und Carlsruhe zu gewinnen.

Die Fortnahme dieser Residenz mit ihren materiellen Hilfsmit-teln ist immerhin ein politischer Akt und außerdem militairisch von Bedeutung, da die Heranziehung der Württembergischen und Bayeri-schen Truppen zur Vereinigung mit den Norddeutschen dann auf einem Umweg, am Neckar, gesucht werden muß.

Die Division wird in ihrer Stellung nördlich Rastatt in der Lage sein, einem derartigen Vorgehen zur richtigen Zeit mit Erfolg entgegen zu treten; es würde sich nur fragen, ob und wie lange in diesem Fall die Brücke von Maxau stehen bleiben soll.

3) Der Feind geht auf beiden Rheinufern gleichzeitig vor.

Wir übergehen hier das Detail der Studie über diesen als ge-fährlichsten angesehenen Fall. Die Anordnungen der Division sollten mit Rücksicht auf die Maßnahmen der großen deutschen Heere darauf zielen, unter möglichst kräftigem Widerstand Fühlung am Feinde zu behalten. Eine etwaige Aufstellung der Division bei Grötzingen

nördlich der Pfinz mit der Rückzugslinie auf Bretten wurde eben=
falls in's Auge gefaßt.

„Das Terrain zwischen Wössingen, Söllingen und Grötzingen ist
zur hartnäckigen Vertheidigung sehr geeignet, da die lehmigen und
scharfen Bergabfälle, sowie die durch dichtes Niederholz unpassirbaren
Wälder die Operation größerer Abtheilungen hemmen. Sich hier so
zäh und so gut wie möglich zu schlagen wird Aufgabe der Führung
sein." — —

Dieser Studie gemäß wurde beim Ausbruch des Krieges ge=
handelt. Letzterer traf somit im Juli 1870 das Großherzogthum
Baden nach keiner Seite hin unvorbereitet; die Badische Division
war ein äußerlich wie innerlich konformes Glied der deutschen Heere
geworden.

Trotz der schwierigen Lage, trotz der offen in den französischen
Kammern ausgesprochenen Drohungen gegen Baden war aber nicht
ein Augenblick des Zweifels über die volle Erfüllung der nationalen
Pflicht bei Regierung oder Volk eingetreten. Aber jeder Gewinn an
Zeit, jede Verzögerung einer französischen Offensive mußte ins Auge
gefaßt werden; und so wurde, während die Mobilmachung der Divi=
sion mit regstem Eifer gefördert wurde, die Kriegserklärung an
Frankreich von Tag zu Tag hinausgeschoben; der französische Glau=
ben an eine mögliche Neutralität eines Theils oder ganz Süddeutsch=
lands sollte möglichst lange rege bleiben.

Als aber am 6. Mobilmachungstage, am 22. Juli, die badische
Division gefechtsbereit zwischen Rastatt und Karlsruhe stand und die
Spitzen der verbündeten deutschen Armeen herangerückt kamen, da er=
ließ auch das Großherzogthum Baden seine Kriegserklärung an Frank=
reich; die Rheinbrücke bei Kehl wurde gesprengt. —

Die Badische Division trat nunmehr unter den direkten Befehl
der III. deutschen Armee unter dem Oberbefehl des Kronprinzen von
Preußen, und wir verweisen für die Details über die folgenden Er=
eignisse auf die Geschichte dieser Armee.

Als nach der Schlacht von Wörth am 6. August der Kronprinz
westwärts gezogen war, blieb die Badische Division zur Beob=
achtung und Cernirung des starken Kriegsplatzes Straßburg im Elsaß
zurück, und begann demnächst, verstärkt durch weitere Truppentheile,
dessen Belagerung, deren Betrachtung außerhalb des Kreises unserer
Aufgabe steht.

I. Kapitel.

Straßburg kapitulirte am 28. September 1870. Die Belagerungs-Truppen waren also zu anderer Verwendung im freien Felde disponibel. Bereits am 30. September erließ Seine Majestät der König aus Schloß Ferrières folgende Befehle:

1) An den General der Infanterie *) ꝛc. v. Werder.

Ich ernenne Sie hierdurch für die Dauer des mobilen Verhältnisses zum kommandirenden General des 14. Armee-Korps und lasse Ihnen gleichzeitig behufs näherer Information Abschrift meiner heute an das Kriegs-Ministerium erlassenen Ordre zugehen. ꝛc.

2) An das Kriegsministerium.

Nachdem Straßburg nunmehr kapitulirt hat, bestimme ich in Betreff der ferneren Verwendung und Eintheilung des bisher unter dem Oberbefehl des Generals der Infanterie v. Werder gestandenen Okkupations-Korps Nachstehendes: die Garde-Landwehr-Infanterie-Division, die Großherzoglich Badische Feld-Division, die kombinirte Infanterie-Brigade der 1. Reserve-Division, das 2. Reserve-Dragoner-Regiment und die drei, nicht zur 1. Landwehr-Division gehörig gewesenen, Reserve-Batterien, treten unter der Benennung „14. Armee-Korps" in einen Korpsverband. Zum kommandirenden General des 14. Armee-Korps ernenne ich für die Dauer des mobilen Verhältnisses den General der Infanterie v. Werder, bisher Kommandeur des Belagerungs-Korps vor Straßburg, und zum Chef des Generalstabes

---

*) Die Ernennung des General-Lieutenants Werder zum General der Infanterie erfolgte durch Telegramm von Ferrières am 28. September 1870.

Anmerkung. Die Adelsprädikate der einzelnen Truppenführer ꝛc. sind in den Ordres de Bataille, und wo sie in wörtlich aufgenommenen Befehlen ꝛc. vorkommen, aufgeführt, im übrigen Texte aber weggelassen.

beim 14. Armee-Korps für die Dauer des mobilen Verhältnisses den Oberst-Lieutenant v. Leszczynski vom Großherzoglich Badischen Generalstabe. Ferner treten die zum
Generalstabe und zur Adjutantur beim Stabe des Generals
der Infanterie v. Werder kommandirt gewesenen Offiziere
sämmtlich in gleicher Eigenschaft zum General-Kommando
des 14. Armee-Korps über. Die innere Gliederung des
Korps muß zunächst noch eine provisorische sein, da die
Garde-Landwehr-Infanterie-Division exkl. des 2. Reserve-
Husaren-Regiments durch die raschere Beförderung hierher
für eine Zeitlang aus der unmittelbaren Beziehung zum
Armee-Korps tritt. Es sollen daher bis zur Wiederverei-
nigung des 14. Armee-Korps die kombinirte Infanterie-Brigade (unter der nunmehrigen Benennung „Kombinirte Infanterie-Brigade des 14. Armee-Korps") so wie die unter
dem Befehl des General-Majors Krug von Nidda zu
einem Brigade-Verbande „Kombinirte Kavallerie-Brigade des
14. Armee-Korps" zusammentretenden beiden Kavallerie-Re-
gimenter (2. Reserve-Husaren-Regiment und 2. Reserve-
Dragoner-Regiment), und die drei Reserve-Batterien unter
dem Befehl des Major Weigelt*) der 9. Artillerie-Brigade, direkt unter den Befehl des kommandirenden Generals
des 14. Armee-Korps treten, welcher in Bezug auf diese
Truppentheile einstweilen auch die Funktionen des Divisions-
Kommandeurs zu übernehmen hat. 2c.

Gleichzeitig mit diesen am 4. Oktober in Straßburg eintreffen-
den Formirungsbefehlen war auch die weiter unten folgende Directive
für die besondere Aufgabe des 14. Armee-Korps aus dem großen
Hauptquartier eingegangen, deren Ausführung sofort in Angriff genommen wurde.

Blicken wir zurück auf die politisch-militairische Lage, in welcher
sich zu dieser Zeit Frankreich befand.

Marschall Bazaine war in Metz eingeschlossen; Paris von den
deutschen Heeren cernirt. Eine französische Armee im freien Felde
existirte nicht mehr; die durch den französischen Minister der aus-

---

*) Es wurden alsbald die drei nicht zur 1. Reserve-Division gehörig gewese-
nen Batterien unter Major Ullrich von der 7. Artillerie-Brigade hierzu bestimmt;
Major Weigelt verblieb bei der 1. Reserve-Division. cfr. Ordre de Bataille.

wärtigen Angelegenheiten angeregten Verhandlungen über einen Waffenstillstand blieben ohne Resultat.

Willig den energischen Schritten des gouvernement de la défense nationale folgend, ging im frischen Zuge Frankreich an die Schaffung von Widerstandsmitteln; die eingedrungenen deutschen Heere sollten zurückgeworfen, vor Allem Paris entsetzt werden.

Die von Nord, West und Süd gegen den Rücken der deutschen Cernirungs=Armee vordrängenden feindlichen Abtheilungen hatten die deutsche Heeresleitung schon in der zweiten Hälfte des September veranlaßt, zur Sicherung der Cernirung nach Außen größere Detachirungen gegen die Anmarschlinien des Feindes, hauptsächlich auf Orleans gegen die Loire anzuordnen, hinter welchem Fluß die Bildung einer großen Armee mit Eifer betrieben wurde. Ebenso begann im ganzen Lande die Organisation der Mobilgarden und Franctireurs, welche letztere hauptsächlich die Verbindungen der deutschen Armeen, die bei der großen Ausdehnung des Kriegstheaters für die Verpflegung und den Nachschub an Personal und Material so wichtigen rückwärtigen Eisenbahnlinien, auf das Empfindlichste bedrohten.

Eröffnet war bis Ende September nur die einzige Linie Weißenburg—Nanteuil; und es mußte zum Schutze dieser, wie zur Gewinnung neuer Linien Behufs Entlastung und Vervielfältigung der Hauptlinien möglichst viel Land occupirt werden, wodurch gleichzeitig auch etwaigen Neuformationen des Feindes der Boden entzogen wurde.

Die mit großer Rührigkeit schon geschaffenen feindlichen Formationen mußten wo möglich im Keime erstickt, die Hauptorganisationsherde, die Festungen, in möglichst großer Zahl cernirt und lahm gelegt werden.

Der obersten deutschen Heeresleitung war es nicht unbekannt geblieben, daß die französisch=gesinnten Elsässer und die disponiblen Kräfte des Südens sich in Belfort und Besançon zu festerer Organisation vereinigten. Gegen diese zu wirken war daher eine erste Aufgabe.

Zunächst wurde in den letzten Tagen des Monats September eine neue, die 4. Reserve=Division, aus der Heimath herbeigezogen und am 28., 29. und 30. September bei Freiburg im Breisgau konzentrirt. Diese Division (15 Bataillone [darunter 12 Landwehr= Bataillone] 6 Reserve=Batterien und 2 Reserve=Ulanen=Regimenter) unter dem Befehle des General=Major Schmeling war bestimmt,

nach Ueberschreitung des Rheins die südlichen Theile des Elsaß zu
occupiren, insbesondere die Festungen Schlettstadt und Neubreisach
einzuschließen und gegen Belfort zu beobachten. Nach der Einnahme
von Straßburg wurde deren Aufgabe noch dahin erweitert, daß
Schlettstadt und Neubreisach genommen werden sollten, zu welchem
Zweck das bei Straßburg disponibel gewordene Belagerungs=Mate=
rial und =Personal zur Verfügung gestellt wurde.

General Schmeling begann am 1. Oktober seinen Ueber=
gang über den Rhein bei Neuenburg und stand am 4., nach Zerstörung
der auf Belfort führenden Eisenbahnen, in Riedisheim bei Mülhausen.
Er begann demnächst die Ausführung der ihm gestellten Aufgaben.

Im Zusammenhange damit war dem General Werder am
4. Oktober der schriftliche Befehl aus dem großen Hauptquartier zu=
gegangen,*) mit dem 14. Armee=Korps unter vorläufigem Ausschluß der
bereits mittelst der Eisenbahn in Bewegung gesetzten Garde = Land=
wehr=Division baldigst den Vormarsch gegen die obere Seine in der
Richtung auf Troyes und Châtillon für Seine anzutreten. Die wei=
tere Verwendung des Armee=Korps von dieser Linie ab blieb zu=
nächst vorbehalten.

Im Vormarsch sollten in den Departements Vosges, Haute
Marne und Aube Versuche zur Formation von Truppen gehindert,
die Bevölkerung entwaffnet, und möglichst für Herstellung und Nutz=
barmachung der Eisenbahn Blainville—Epinal—Faverney—Chau=
mont u. s. w. gesorgt werden.

General Werder sollte sich dabei mit den General=Gouverne=
ments im Elsaß und von Lothringen in Verbindung halten, ebenso
mit dem General Schmeling, namentlich auch behufs gemeinsamer
Sicherung gegen Belfort.

Schon während der Belagerung von Straßburg hatten die im
Süd=Elsaß und den Vogesen auftretenden Mobilgarden= und Frank=
tireurbanden die Entsendung mobiler Kolonnen vom Belagerungs=
Korps nöthig gemacht, welche letztere jene mit ziemlich leichter Mühe
zerstreuten. Gegen Ende September hatten diese feindlichen For=
mationen aber bestimmtere Gestalt gewonnen und angefangen, eine
Wirkung gegen die Eisenbahn auf Nancy zu äußern; auch mußte die
Anwesenheit solcher Banden die Einwohner zu bewaffnetem Wider=
stand verleiten. Das Oberkommando der Belagerungs=Armee fand

---

*) cfr. Blume: Die Operationen der Deutschen Heere ꝛc. S. 48 u. ff.

sich aus diesen Gründen bereits seit Mitte September in der Lage, seine volle Aufmerksamkeit dem so entstehenden Parteigänger = Krieg zuzuwenden. Die disponiblen Truppen wurden daher zu Streif= zügen oft mehrere Märsche weit entsendet und so der Rücken der Belagerungs=Armee frei gehalten.

Eine dieser Kolonnen (1 Bataillon, 1 Eskadron, 2 Geschütze der Badischen Division) unter Major Held vom 4. Badischen Infan= terie=Regiment am 21. September in der Richtung auf Mutzig, Schirmeck und Raon sur Plaine entsendet, um event. von da auf Raon l'Etape vorzustoßen, bestand am 22. ein siegreiches ³/₄ stün= diges Gefecht bei Mutzig gegen 3—400 Franktireurs.

Eine Kolonne der Garde = Landwehr = Division (1 Bataillon, 2 Züge des Reserve=Husaren=Regiments und 2 Geschütze) unter Major Elern am 18. September zur Sicherung der Eisenbahn nach Nancy auf Saverne entsendet, um gegen Raon zu rekognosziren, hatte, nach wiederholten leichten Gefechten am 21. und 22. südlich Blamont, am 27: September bei einer Rekognoszirung von Vacca= rat auf Raon l'Etape, diese Stadt von ca. 1200 Mobilgarden be= setzt gefunden und war auf Blamont zurückgegangen. Major Elern erhielt hier Verstärkung durch Bayerische Infanterie und Sächsische Kavallerie von Luneville und stand am 4. Oktober in Marainviller, Thiébauménil und Manonviller östlich Luneville.

Mit den Meldungen dieser Detachements stimmten auch sonstige Nachrichten überein, daß zwischen St. Dié, Raon l'Etape und Ramberviller größere Abtheilungen Franktireurs und Mobilgarden, im Ganzen 4—6000 Mann stark, in einzelnen größeren Banden sich gebildet hatten.

Da nun dieserhalb das General = Gouvernement im Elsaß aus Mangel an eigenen Truppen das Kommando des Belagerungs= Korps um besseren Schutz der Eisenbahn ersucht hatte, dem letz= teren auch die frühzeitige Sicherung der Debouchéen aus den Vo= gesen dringend geboten schien, so wurde in der Nacht zum 29. Sep= tember, also sofort nach der Uebergabe von Straßburg, bei General Moltke telegraphisch um Genehmigung nachgesucht, mit einer Brigade gegen Raon l'Etape operiren zu dürfen. Diese sollte dort gründlich aufräumen und sodann bei Luneville die Eisenbahn erreichen. Die Genehmigung des großen Hauptquartiers traf am 30. Septem= ber früh ein, und da General Werder es für wichtig erachtete, diese Operation ohne Verzug zur Ausführung zu bringen, so wurden

die gerade bereitesten Truppen ohne Rücksicht auf die Ordre de Bataille in Marsch gesetzt.

Das Kommando wurde dem General-Major Degenfeld, Kommandeur der 2. Badischen Infanterie-Brigade übertragen; als Generalstabs-Offizier fungirte Hauptmann Oberhoffer vom Badischen
Generalstab.

Das entsendete Detachement (6 Bataillone, 2¼ Eskadrons, 2
Batterien, 2 Sanitätszüge der Badischen Division) sammelte sich den
Befehlen gemäß am 1. Oktober in 2 Kolonnen in Barr resp. Mutzig.
Für die nördliche Kolonne war der Marsch über Schirmeck (am
2. Oktober) Raon s/Plaine (3.), Celles (4.), für die südliche von Barr
über Ville resp. Belmont (2.), St. Blaise—Plaine und Saales (3.), la
Pt. Raon—Senones (4.) vorgesehen. Die Kolonnen wollten sich am
5. zwischen Raon l'Étape und Étival vereinigen, am 6. einen Ruhetag halten, sodann das vereinigte Detachement am 7. auf Lüneville
marschiren. Weitere Befehle sollten am 8. in St. Clément abge-
wartet werden. Zur Sicherung der Verbindung mit Straßburg
wurde 1 Bataillon mit einigen Pferden auf Schirmeck nachgeschoben.

Dieser Disposition gemäß überschritt General Degenfeld das
Gebirge. Die Pässe waren vielfach durch Barrikaden gesperrt, die
unter Leitung eines Genie-Offiziers von der Bevölkerung in theilweise kolossalem Maßstabe (es waren dabei Verhaue von 1000
Schritt Tiefe) angelegt waren und deren Wegräumung große Anstrengungen bot. Eine wesentliche Vertheidigung derselben fand aber
nicht statt; auch setzte die Bevölkerung' der Entwaffnung nirgends
eigentlichen Widerstand entgegen.

Nach leichten Zusammenstößen mit Franktireurs und einzelnen
bewaffneten Bauern bei la Trouche*) und Champenay**) bewerkstel-
ligte General Degenfeld am 5. Oktober die Vereinigung seiner
aus dem Plaine- und Rabodeauthal herabsteigenden Kolonnen bei
Raon l'Étape. Ein kurzer leichter Kampf gegen einige hundert Mobilgarden und Franktireurs und angeblich gegen ihren Willen zum
Gefecht gepreßte Bürger des Städtchens hatte in den Besitz von
Raon geführt, das durch Verhaue und Schützengräben in langer
Linie hauptsächlich gegen die Straße vom Plainethale zur Vertheidigung vorbereitet war. Kleine Reste der Vertheidiger wurden von
der verfolgenden Kavallerie niedergehauen, größere Trupps von dem
über Étival gegen die Straße Raon l'Étape—St. Benoit entsendeten

---

*) nordöstlich Raon l'Étape.   **) westlich Plaine.

Füsilier=Bataillon des 6. Regiments nochmals bei la Chipotte er=
reicht und zersprengt. Der Haupttheil derselben ging auf Ramber=
villers im Mortagnethal zurück.

Der Verlust des Feindes betrug über 30 Mann todt, der dies=
seitige war unbedeutend.

Am gleichen Tage, den 5. Oktober, in der Frühe setzte sich das
14. Armee=Korps, in sofortiger Ausführung der am 4. eingegangenen
Direktive, von Straßburg aus in Bewegung, um unter Basirung
auf letztere Stadt über die Vogesen in das Moselthal auf Epinal
vorzugehen. —

In diesem Augenblick erlitten die Befehls=Verhältnisse erhebliche
Aenderungen. General=Lieutenant Glümer, welcher mit der Führung
der Großherzoglich Badischen Division beauftragt war, blieb schwer
krank in Straßburg zurück. Generallieutenant v. La Roche, der
nunmehr das Kommando dieser Division übernahm, erkrankte eben=
falls, desgleichen der General=Major Boswell, Kommandeur der
kombinirten Infanterie=Brigade. Um nun eine angemessene Befehls=
führung zu ermöglichen, wurde das Korps in 4 Kolonnen getheilt
und zwar bestand

a. Die Kolonne des General=Major Degenfeld aus 6 Ba=
    taillonen, 2¼ Eskadrons, 2 Batterien nebst 2 Sanitäts=
    zügen:

      1. und Füsilier = Bataillon des (1.) Leib = Grenadier=
      Regiments *),

      3. Infanterie=Regiment,

      Füsilier=Bataillon des 6. Infanterie=Regiments,

      2¼ Eskadrons des Leib=Dragoner=Regiments,

      2. schwere Batterie,

      4. leichte Batterie.

b. Die Kolonne des General=Major Keller (jetzt, so lange
    dieser das Komммando der Division übernommen, geführt
    von Oberst Sachs, Kommandeur des 5. Infanterie=Regiments)
    aus 4 Bataillonen, 3 Eskadrons, 3 Batterien nebst 1 Zug
    Pioniere mit dem leichten Feldbrückentrain und 1 Sanitäts=
    Zug:

---

*) Das 2. Bataillon Oberst=Lieutenant Hoffmann stand zunächst zur Ver=
bindung mit Straßburg in Schirmeck.

5. Infanterie-Regiment,

Füsilier-Bataillon des 4. Infanterie-Regiments,

3 Eskadrons*) des 3. Dragoner-Regiments

3 Batterien Korps-Artillerie:

    3. schwere Batterie,

    4.   =   =

    3. leichte   =

c. Die Kolonne des General-Major la Roche, Kommandeurs der Badischen Kavallerie-Brigade: 5 Bataillone, 5³/₄ Eskadrons, 4 Batterien nebst 1 Zug Pioniere:

    2. Grenadier-Regiment,

    1. und 2. Bataillon des 4. Infanterie-Regiments,

    1³/₄ Eskadron des 1. Leib-Dragoner-Regiments,

    2. Dragoner-Regiment,

    Reitende Batterie,

    3 Batterien Divisions-Artillerie:

    1. schwere Batterie,

    1. leichte   =

    2. leichte   =

d. Die Kolonne des General-Major Krug von Nidda: das combinirte preußische Detachement, 6 Bataillone, 8 Eskadrons, 3 Batterien.

Die Truppen sollten, um ein möglichst weites Gebiet zu durchstreifen und der sicheren Verpflegung halber, in dieser Formation in Kolonnen überschreiten, die, aus allen Waffen gemischt, stark genug und so dirigirt waren, um sich gegenseitig unterstützen zu können. Es war beabsichtigt, zunächst im Meurthe-Thal auf der Linie St. Dié, Etival, Raon l'Etape das Korps aufmarschiren zu lassen.

General Degenfeld erhielt Befehl, als Avantgarde des Korps zur Sicherung des Debouchirens in das Meurthe-Thal am 6. Oktober St. Dié zu besetzen, nach Süden und Westen zu rekognosziren und an den vorgenannten drei Konzentrationsorten die nöthigen Verpflegungsvorbereitungen zu treffen.

Das Gefecht bei Etival.

Die dem Detachement Degenfeld zugekommenen Nachrichten hatten indeß St. Dié als zur hartnäckigsten Vertheidigung vorbereitet und

---

*) 1 Eskadron war nebst dem 1. Bataillon des 6. Infanterie-Regiments zur Bedeckung der Trains kommandirt.

von einigen hundert Mobilgarden besetzt angezeigt, und da, abgesehen von dem zu erwartenden Rencontre, die Größe der Stadt, wie ihre Bedeutung als Centrum der feindlichen Neuorganisationen ein Auftreten mit imponirenden Kräften zu erfordern schienen, so marschirte General Degenfeld am 6. Oktober früh mit dem größten Theile des Detachements (4 Bataillone, 1½ Eskadrons und beiden Batterien) das Meurthe-Thal aufwärts; ein weiteres Bataillon wurde in Etival à portée gestellt. (cfr. Beilagen-Plan.)

Bei Etival theilte sich das Detachement; der Haupttheil, bei welchem auch der Führer sich befand, (1. und Füsilier-Bataillon des 3. Regiments, 1 Eskadron, die schwere Batterie und 4 Geschütze der leichten Batterie) unter Oberst Müller vom 3. Regiment hielt die Straße über la Voivre ein; der Rest (das Füsilier-Bataillon des 6. und das 2. Bataillon des 3. Regiments, ½ Eskadron, 2 Geschütze der leichten Batterie unter Major Kieffer wurde zur Deckung der rechten Flanke auf Nompatelize, den Vereinigungspunkt der Straßen von Bruyères und Rambervillers, dirigirt.

Major Kieffer stieß südlich le Ménil um 9½ Uhr*) auf starken Feind; Nompatelize und die anstoßenden Höhen waren mit dichten Schützenschwärmen besetzt, in der Richtung von la Bourgonce wurden feindliche anmarschirende Abtheilungen sichtbar; ebenso entwickelten sich von la Salle her bedeutende Kräfte gegen die rechte Flanke.

Nompatelize wurde indeß, nach glücklicher Vorarbeit des Artilleriezuges (Sekonde-Lieutenant Nüßlin), der auf der dominirenden Höhe westlich Haut Biarville aufgefahren war, von einem Halbbataillon des 6. Regiments und kleinen Theilen des 3. Regiments mit dem Bajonnet genommen, während das andere Halbbataillon des 6. Regiments in die rechte Flanke vorgeschoben wurde.

Das 2. Bataillon des 3. Regiments (Major Steinwachs) hatte inzwischen über Deyfosse und Haut Biarville vorgestoßen, sich sodann mit 2 Kompagnien gegen das stark besetzte Dorf les Feignes gewendet und den nördlich vorspringenden Häusercomplex desselben erstürmt. Der übrige Theil des Dorfes und das dahinter aufsteigende Bois de Jumelles blieben im Besitze des Feindes, der hier mit ca. 3 Bataillonen stand.

---

*) Der starke Frühnebel hatte General Degenfeld veranlaßt gehabt, das Detachement bei Etival einige Zeit halten zu lassen.

Bei der sich entwickelnden Heftigkeit des Gefechtes sandte General Degenfeld dem engagirten rechten Flügel Verstärkungen von der Haupt-Kolonne zu und eilte persönlich dorthin. Zunächst trafen vom 1. Bataillon des 3. Regiments zwei Kompagnien, welche die Meurthe durchwatet hatten, östlich les Feignes ein, und es wurde nun gegen ³/₄ 12 Uhr von den zur Stelle befindlichen Theilen des 3. Regiments unter persönlicher Führung des Regiments-Kommandeurs, Oberst Müller, das Dorf völlig genommen. Oberst Müller wurde hierbei durch einen Schuß durch die Brust schwer verwundet. Ueber das Dorf hinaus konnte nicht vorgegangen werden; das feindliche Feuer war zu stark, und es entwickelte sich hier zunächst ein stehendes Feuer-Gefecht.

Um den endgiltigen Besitz von Rompatelize war inzwischen ein schwerer Kampf geführt worden. Sofort nach der Wegnahme des Dorfes durch das Halbbataillon des 6. Regiments begannen die Franzosen zur Zurückeroberung desselben vorzustoßen, und drängten in wechselndem Kampfe bis gegen 12 Uhr wieder bis gegen die Mitte desselben heran. Es gelang aber der Besatzung, sich zu behaupten, trotz der schwierigen Situation; die Patronen wurden den Kompagnien im heftigen Infanteriefeuer in den Kochgeschirren zugetragen.

In noch ungleicherem Kampfe hatten die zwei Geschütze der Avantgarde gestanden, nachdem gegen 10 Uhr feindliche Artillerie, 4 bis 6 Geschütze, südwestlich Rompatelize, sowie bei St. Remy in Thätigkeit getreten war. Trotz des Kreuzfeuers derselben konnte der Infanterie-Angriff auf Rompatelize unterstützt und das feindliche Feuer im Schach gehalten werden, bis die von der Haupt-Kolonne über Etival im Trabe herangezogene schwere Batterie Göbel zunächst mit 4 Geschützen in das Gefecht eingriff, und die Französische Batterie rasch zum Positionswechsel und bald zum Abfahren zwang.

Auch weiter nach dem rechten Flügel gegen den von la Salle vorgedrungenen Feind waren Fortschritte gemacht worden.

Als die bedrohliche Bewegung gegen die rechte Flanke deutlich wurde, dirigirte General Degenfeld das in Etival stehende Füsilier-Bataillon des 1. Leib-Grenadier-Regiments (3 Kompagnien) unter Major Betz auf das inzwischen von dem Feinde stark besetzte St. Remy. Das große weit auseinanderliegende Dorf wurde von dem Halbbataillon der Centrum-Kompagnien genommen; der südöstliche Theil ward vom Feinde wieder besetzt und mußte später von der letzten Kompagnie nochmals gestürmt werden. Auch das Gehöft le Han und

die Waldparzelle südlich St. Remy kamen in den Besitz des Ba=
taillons. Weiter vorzudringen war aber nicht möglich.

Es trat eine kurze Pause ein, die von den Truppen des Gene=
rals Degenfeld zur Ergänzung der Munition verwendet wurde.

Im Allgemeinen waren zwar Fortschritte gegen den Feind auf
allen Punkten gemacht und Terrain gewonnen worden, bald aber
sahen sich bei der bedeutenden Ueberlegenheit der Franzosen und der
großen Ausdehnung der Gefechtsfront die Abtheilungen zur Defensive
gezwungen, obgleich nach und nach alles Verfügbare auf das linke
Meurthe=Ufer gezogen war; nur 3 Kompagnien, ½ Eskadron und
⅔ der 4. leichten Batterie waren auf der Straße nach St. Dié
gegen eine schwache feindliche Abtheilung und zur Deckung der Ba=
gage stehen geblieben, so daß jetzt im direkten Gefechte standen: um
les Feignes 10 Kompagnien des 3. Regiments, in Nompatelize und
gegen la Salle 4 Kompagnien des 6. Regiments; um St. Remy
3 Kompagnien des Leib=Grenadier=Regiments, zusammen 17 Kom=
pagnien und 8 Geschütze*) nebst 1 Eskadron; die noch übrigen 4 Ge=
schütze trafen gegen 2 Uhr auf dem Gefechtsfelde ein.

Der Feind, offenbar von der Stärke des Detachements wohl
unterrichtet, ging nun nach 1 Uhr auf der ganzen Linie mit einge=
troffenen Verstärkungen und unter dem Feuer seiner jetzt bei la Bour=
gonce vereinigten, 10—12 Geschütze starken Artillerie zum energischen,
umfassenden Angriffe über. Nur der höchsten Anstrengung und der
ganzen Zähigkeit aller Abtheilungen wurde es möglich, diesen noch=
mals abzuweisen; am rechten Flügel kam das brennende Gehöft le
Han wieder in den Besitz des Feindes, dessen Ueberflügelung immer
drohender wurde.

Die Lage des Generals Degenfeld war eine kritische geworden;
die Niederlage des isolirten Detachements hätte bei der großen Ueber=
legenheit des Gegners und den schwierigen Terrainverhältnissen eine
unheilvolle werden dürfen.

In diesem Augenblicke — gegen 2 Uhr — trafen die letzten
Truppen des Generals Degenfeld ein. Es waren dies 3 Kom=
pagnien des 1. Bataillons des Leib=Grenadier=Regiments und 43
Dragoner des Leib=Dragoner=Regiments, die ursprünglich zur Deckung
und Füllung des Magazins in Raon l'Etape zurückgelassen worden.

---

*) Der Zug der 4. leichten Batterie, der sich gänzlich verschossen gehabt, war
nach Ergänzung der Munition neben der jetzt vereinigten Batterie Göbel wie=
der aufgefahren.

Sie zählten mit den gerade zur Stelle befindlichen nicht abkomman= dirten Mannschaften circa 400 Mann (eine Kompagnie blieb in Raon l'Étape).

Der vorausgeeilte Kommandeur des Leib=Grenadier=Regiments, Oberst Wechmar, dirigirte sofort (2 Uhr) die Infanterie in die große Lücke zwischen Rompatelize und la Salle, und sandte dem schwer ringenden rechten Flügel die noch einzige Reserve, die Eskadron der Geschützbedeckung, zur Unterstützung.

Unter frischem Hurrah drangen die Grenadiere (Major Gemmingen) gegen die stark besetzten Höhen von la Salle heran; das Schlagen der Tambours, das Signal „Avanciren" elektrisirte die ganze Linie; la Salle wurde trotz heftiger Gegenstöße des Feindes unter starken Verlusten genommen, das feindliche Centrum durchbro= chen. Mit gleicher Bravour und gleich großen Opfern stürmte das 3. Regiment (nachdem auch der Kommandeur des 1. Bataillons, Oberstlieutenant v. Knohn, verwundet worden) unter Major Stein= wachs die steilen Hänge des Bois de Jumelles; am rechten Flügel entriß über St. Remy hinaus Major Betz dem Feinde die Lisiere des Bois de St. Benoit. Die Eskadron (Rittmeister Oehlwang), in die Tirailleur=Linie zur Verlängerung des rechten Flügels einge= rückt, hatte trotz mehrfacher Verluste ihre Stellung behauptet, und durch Täuschung des Feindes über die diesseitige Stärke wesentlich zu dem Erfolge beigetragen.

Der Feind, nach zähem, ununterbrochenem siebenstündigem Ge= fechte um 4¼ Uhr aus allen Positionen geworfen, wich ziemlich auf= gelöst und eilig nach Süden und gegen Bruyères und Rambervillers zurück.

Ueber 300 Todte bezeugten die Heftigkeit des feindlichen Wider= standes; 6 Offiziere, 582 unverwundete Gefangene, die blutgetränkte Fahne*) der Franctireurs de Neuilly, eine Menge von Waffen und durchaus neuer Ausrüstungsstücke, darunter hauptsächlich schöne Lager= decken fielen in die Hände des Siegers. Die Zahl der feindlichen Verwundeten wird von den Franzosen selbst auf 500 geschätzt.

Auch General Degenfeld's Verluste waren dem vierfach über= legenen, gut manoeuvrirenden Feinde gegenüber bedeutend; er verlor

---

*) Von der 1. Kompagnie des (1.) Leib=Grenadier=Regiments bei dem An= griff gegen die Höhe vor la Salle unter der Leiche des erschlagenen Porte= Drapeau aufgefunden.

22 Offiziere, 381 Mann an Todten und Verwundeten, fast 10 Pro=
zent der im Gefecht gestandenen Truppen. *)

Die sofortige Verfolgung nach dem Gefechte wurde bei der
rasch hereinbrechenden Dunkelheit wegen des unübersichtlichen Ter=
rains und der unzureichenden Kräfte um so mehr ins Werk zu setzen
unterlassen, als die Gefangenen übereinstimmend die Ankunft weiterer
größerer Verstärkungen aus dem Süden aussagten. Auch die Ka=
vallerie folgte nicht. General Degenfeld bivouakirte auf dem ge=
nommenen Schlachtfeld.

Die hier so kräftig aufgetretenen feindlichen Truppen waren
Theile des zur Vertheidigung der Vogesen=Defileen gebildeten Korps
des General Cambriels.

An verschiedenen Punkten Frankreichs hatten die ersten An=
strengungen der Delegation von Tours, theilweise aus Truppen der
afrikanischen Armee, theilweise aus Depottruppen, neue Regimenter,
die Anfänge der erstehenden Armeen, zu bilden vermocht. Ein Theil
derselben wurde dem General Cambriels zugewiesen, der, seit Mitte
September Kommandant von Belfort, später zum Kommandanten
der Region be l'Est ernannt wurde. General Cambriels sammelte
seine sich rasch durch Mobilgarden und einzelne Franctireurs=Abthei=
lungen verstärkenden Truppen in Langres, Belfort und dem Vogesen=
departement, und stellte hiervon im Süden der Vogesen ein besonde=
res Detachement von 4—5000 Mann unter dem Artillerie=Kapitain
Perrin auf. Die hierbei gehegte Absicht, die Einwohner daselbst
zum bewaffneten Widerstande fortzureißen, scheiterte nach französischen
Quellen an der Panik, von welcher die Bewohner des oberen Rhein=
thales bei dem Erscheinen der 4. Reserve=Division trotz der von
Belfort geschickten Proklamationen und Waffen erfaßt wurden.

Den Haupttheil und zugleich die tüchtigsten Truppen des Korps
hatte General Cambriels in den ersten Tagen des Oktober aus
Belfort nach den Vogesen entsendet, und diese waren, eiligst verstärkt
durch Truppen ferner Garnisonen, nach dem Meurthe=Thal vormar=
schirt, um über das kleine Detachement Degenfeld herzufallen. Die
Stärke derselben betrug gegen 14—16,000 Mann, darunter das 32.
Marsch=Regiment, Mannschaften von 18 verschiedenen Depot=Cadres,
Mobilgarden der Meurthe und der Vogesen, und eine völlig formirte
und uniformirte Abtheilung Franctireurs. An Artillerie waren zur

---

*) Die Details der Verluste siehe Beilage.

Stelle 10—12 Geschütze von Depot=Batterien aus Lyon. Befehligt hatte General Dupré, dem eine größere Zahl Linienoffiziere zur Seite standen*). — —

Das Gros des 14. Armee=Korps war, wie oben berührt, in= zwischen aus der Gegend von Straßburg abmarschirt. Die Badische Division hatte sich in 2 Kolonnen am 5. Oktober am Fuße des Ge= birges gesammelt; die südliche unter General=Major la Roche in Barr mit der Marschrichtung auf St. Dié; die nördliche unter Oberst Sachs um Mutzig mit der Richtung über Schirmeck auf Etival. Als 3. Kolonne folgte vom 6. Oktober ab das preußische Detache= ment unter Führung des General=Major Krug über Schirmeck auf Raon l'Etape. Die großen Trains des Korps unter Bedeckung des 1. Bataillons des 6. Regiments nebst 1 Eskadron des 3. Dra= goner=Regiments wurden über Saverne, Saarburg auf Baccarat in= strabirt, wo sie zum 9. eintreffen sollten.

Zur Sicherung der Verpflegung bei dem Marsche durch das Gebirge wurden den Truppen, bei dem jetzt schon herrschenden Mangel an Lebensmitteln daselbst, außer dem eisernen Bestand noch 2 Ratio= nen mitgegeben; jeder Kolonne folgte eine Proviant=Kolonne und 80 Fourage=Wagen. Die Verpflegung geschah durch Requisition und theilweise so, daß Verpflegs=Beamte mit der Avantgarde marschirten, requirirten und dann eine regelrechte Vertheilung an die nachrücken= den Truppen vornahmen. Zur Sicherung der Kolonnen wurden die Kantonnements im Gebirge möglichst enge genommen.

Am 6. Oktober erreichte die nördliche Badische Kolonne (Oberst Sachs) Schirmeck, die südliche (General=Major la Roche) St. Martin und Gegend; das General=Kommando mit dem preußischen Detachement traf um Molsheim ein und erlebte hier den einzigen sonnigen und ruhigen Tag des ganzen Feldzuges. Der Kolonne Krug waren aus der Straßburger Beute die fehlenden Branchen, namentlich ein Sanitäts = Zug französischen Materials, hergestellt worden.

Am 7. Oktober wurde von Oberst Sachs Belval la Pt.= Raon—Senones, vom General La Roche Provenchères—Lesseux— Betrimoutier besetzt. Das General=Kommando erreichte mit dem preußischen Detachement Schirmeck. Hier traf Nachmittags durch

---

*) Die von einigen Seiten gebrachte Nachricht, daß General Cambriels selbst zur Stelle gewesen, konnte diesseits nicht konstatirt werden.

einen als Franctireur verkleideten Füsilier*) die Meldung des Generals Degenfeld über das Gefecht vom 6. ein. General Werder ließ sofort die Badische Division davon in Kenntniß setzen mit dem Befehl, am 8. früh vor Tagesanbruch mit beiden Kolonnen vorzurücken, um General Degenfeld event. zu unterstützen. Desgleichen sollte das Detachement des General Krug v. Nidda um ½6 Uhr aufbrechen, um wenn nöthig in einem Gewaltmarsche bis gegen Raon l'Etage vorzurücken, wohin auch je nach Umständen das General-Kommando gehen wollte.

General Degenfeld war am 7. konzentrirt südlich Etival stehen geblieben und hatte das Gefechtsfeld aufgeräumt. Fühlung mit dem Feinde wurde nicht gewonnen; kleine feindliche Franktireur-Patrouillen befanden sich noch zerstreut in den Bergen, ohne aber die geringste Widerstandslust zu zeigen. Die Anlage von Magazinen war nicht ausführbar gewesen.

Am 8. stiegen die Kolonnen der Badischen Division bei Etival und St. Dié in das Thal hinab.

Das Detachement Krug erreichte Allarmont und Celles; den letzteren Ort auch das General-Kommando;**) am 9. folgte das preußische Detachement, mit welchem das General-Kommando marschirte, auf Raon l'Etape; und es stand an diesem Tage das Korps auf der Linie St. Dié—Etival—Raon l'Etape. Die Badische Division stellte ihre Ordre de Bataille wieder her.

Die Verbindungen des Korps über die Vogesen auf Straßburg, welche am 7. und 8. durch 2 Bataillons des General-Gouvernements von Elsaß in Mutzig resp. Schirmeck***) unterhalten worden waren, während 2 Bataillone und einige Eskadrons der 1. Reserve-Division zur Deckung der linken Flanke in Barr standen, wurden abgebrochen und auf Lunéville gelegt.

---

*) Vom (1.) Leib-Grenadier-Regiment. Die Verbindungen des General Degenfeld über das Gebirge waren durch die Bevölkerung gänzlich unterbrochen worden.

**) Ein auf Befehl des General-Gouvernements im Elsaß durch Oberst Hügel, von Montigny aus, dem General Degenfeld zu Hilfe geschicktes Württembergisches Bataillon vom 4. Infanterie-Regiment unter Major Schallich traf am gleichen Tage in Celles ein. Es wurde mit Proviant versorgt und kehrte am andern Tag nach Montigny zurück.

***) Das 2. Bataillon des (1.) Leib-Grenadier-Regiments war am 7. in einem starken Marsch nach Raon l'Etape gezogen worden.

Das Gefecht bei Etival hatte dem General Werder die Deboucheen aus den Vogesen geöffnet und gesichert; seine Wirkung auf das feindliche Korps war eine solche, daß letzteres sich nach dieser ersten Aktion zu größerer Leistung nicht mehr aufraffte und allmählich, ohne Widerstand, vor den anrückenden Kolonnen des 14. Armee=Korps auswich. Wie französische Berichte sagen, sank das Korps Cambriels, hauptsächlich durch Desertionen, auf die Hälfte seines Bestandes herab (von 55,000 auf 24,000 nach den Angaben von Freycinet*)) und ging in wenig schlagfertigem Zustande auf die um Besançon stehenden Abtheilungen zurück. In Folge dessen kam auch die mit Anlehnung an dasselbe organisirte Lokalvertheidigung des Departements des Vosges nicht recht in Fluß.

Fühlung mit den größeren Theilen des feindlichen Korps war am 8. und 9. auf den Straßen nach Süden und Westen nicht gefunden worden. Die bei Etival zersprengten Abtheilungen desselben schienen, wie auch die Einwohner aussagten, hauptsächlich in der Richtung auf Epinal und in das Moselthal zurückgegangen zu sein. General Cambriels vereinigte, nach später eingehenden Nachrichten, in den nächsten Tagen alle seine verfügbaren Truppen, auch die Berg=Artillerie, unter General Thornton im Moselthal bei Remiremont.

Auf allen Straßen aber, besonders in der Richtung auf Epinal, wurden bei vielfachen Absperrungen der Straßen und Verbarrikadirungen der Wälder kleinere feindliche Abtheilungen getroffen, die oft mit viel Tapferkeit den nutzlosesten Widerstand versuchten.

Die Bevölkerung im Meurthe=Thal verhielt sich ruhig.

9. Oktober. Um wieder Fühlung mit dem Feinde zu gewinnen, hatte gleich nach der Ankunft in Raon l'Etape am 9. früh General Werder von dem Preußischen Detachement eine Avantgarde (2 Bataillone vom 30. Regiment und 1 Eskadron des Reserve=Husaren=Regiments) unter Oberst=Lieutenant Nachtigall auf St. Benoit vorgeschoben mit dem Auftrag, auf Rambervillers und Autrey zu rekognosziren. Eine um 1½ Uhr nach ersterem Orte entsendete Abtheilung (1 Kompagnie vom 2. Bataillon und 1 Zug Husaren) stieß auf Widerstand der Bürger, die die starke Lisiere besetzt hatten, und die gleichzeitig durch Allarmsignale und Sturmläuten aus den umliegenden Ortschaften Unterstützungen herbeiriefen. Die Kompagnie ging hierauf zurück.

---

*) Diese Zahlen dürften zu hoch gegriffen sein.

Inzwischen war aber auf der Mairie zu St. Benoit eine Pro=
klamation des Präfekten des Vogesen=Departements aufgefunden wor=
den, die für den 10. eine Versammlung der mobilisirten National=
garden des Kantons nach Rambervillers anordnete, von wo dieselben
nach Epinal geführt werden sollten. Als zur selben Zeit die Mel=
dung von dem bei Rambervillers gefundenen Widerstande einlief, ent=
sendete Oberst=Lieutenant Nachtigall 2 weitere Kompagnien des=
selben Bataillons, Major Berckefeld, dahin, um durch Besetzen der
Stadt den Zusammentritt der Mobilgarden zu hindern und jene für
den geleisteten Widerstand zu züchtigen.

Es gelang nun diesen 3 Kompagnien nach ernstlichem Kampfe
um die lange Lisiere und den Kirchhof, in dessen massive Mauern
Scharten gebrochen waren, in die durch Barrikaden gesperrte Stadt
einzudringen; einzelne mit Zähigkeit vertheidigte Häuser mußten mit
der blanken Waffe genommen werden. Mit dem Eintritt der Dun=
kelheit war Oberst=Lieutenant Nachtigall, der noch eine Kompagnie
herangezogen, im Allgemeinen im Besitz der Stadt; er ließ aber das
Gefecht abbrechen und behielt für die Nacht nur einen bestimmten
Abschnitt besetzt. Die bei Tagesanbruch vorgehenden Patrouillen
fanden die Stadt von Bewaffneten frei.

Die Vertheidiger vom 9. waren die durch die Allarmsignale zu=
sammengerufenen Nationalgarden der Stadt und Umgegend gewesen,
ca. 450 Mann. Sie waren nicht uniformirt und theilweise mit
Privatwaffen ausgerüstet. Ihr Verlust betrug nach französischen An=
gaben ca. 60 Mann, meist Todte, 11 Mann wurden gefangen.
Der diesseitige betrug 4 Todte, 26 Verwundete, darunter der Ba=
taillons=Kommandeur Major Berckefeld schwer verwundet.

Die von dem General=Kommando in der Nacht der Avantgarde
zugesandten Verstärkungen kamen nicht zur Aktion. Rambervillers
blieb am 10. mit 2 Bataillonen, 2 Eskadronen, 1 Batterie besetzt,
ein kleines Detachement blieb in Bru, 1 Batterie und 1 Eskadron
in St. Benoit.

Nachdem die Badische Division die Ordre de Bataille wieder
hergestellt hatte, wurde die 1. Infanterie=Brigade mit dem 3. Dra=
goner=Regiment und 2 Batterien nach und um Etival dislozirt; die
2. Brigade mit dem 1. Leib=Dragoner=Regiment und 2 Batterien
stand zwischen Etival und St. Dié; die 3. Brigade mit dem 2.
Dragoner=Regiment und der Divisions=Artillerie nebst der reitenden
Batterie in und um St. Dié; der Divisionsstab befand sich in Eti=

val. — — Das 14. Armee-Korps tritt von jetzt ab zu 4 Kolonnen oder Detachements formirt auf.

Diese von den gebräuchlichen Formen der Armee abweichende Ordre de Bataille des Korps gründete einmal in der Zusammensetzung der Truppen, und dann in der Aufgabe, die durch die Eigenart des Krieges bedingt war.

Die Großherzoglich Badische Division war ein geschlossener, für sich bestehender Körper mit eigener Verwaltung und eigenen, vollständig einem kleinen Armee-Korps angepaßten, administrativen und militairischen Organen; sie in der Art zu trennen, daß eine Brigade mit den preußischen Truppen eine neue Division bildete, war nicht rathsam; denn es fehlten hierzu ein Stab mit seinem Apparat, und dann kamen die in beiden Kontingenten sehr verschiedenen Patent-Verhältnisse hemmend zur Geltung.

Das feindliche Land war insurgirt; es zu entwaffnen und die Truppen-Ansammlungen zu zerstreuen war die Aufgabe des Korps; es mußten daher selbstständige Körper formirt werden, die zu kleineren Unternehmungen befähigt und weit zu detachiren waren. Von selbst ergab sich hieraus die in vielen Kreisen der Armee noch heute sehr beliebte Form der kleinen Divisionen, wie sie in den Freiheitskriegen bestanden.

Die Badische Division formirte drei solcher Detachements, bestehend aus je 2 Infanterie-Regimentern, 4 Eskadrons und 2, 3, auch 4 Batterien je nach der resp. Aufgabe; die Preußischen Truppen bildeten ein Detachement aus 2 Infanterie-Regimentern, 8 Eskadrons und 3 Batterien. Das Badische Divisions-Kommando führte je nach den Umständen mehrere Detachements. Die Badische Pionier-Kompagnie und der Brückentrain wurden nach Ermessen des General-Kommandos je nach den Umständen verwandt und einem der Detachements attachirt.

Das gesammte Verpflegungswesen, die Disposition über die Lazarethe ꝛc. sowie die Munitions-Ergänzung blieb in den Händen des General-Kommandos konzentrirt. Es geschah dies, weil dem Preußischen Detachement die Administrationen bis November fehlten, die Badische Division also aushelfen mußte, und weil die Etappenlinie zu lang, die Verhältnisse auf ihr zu wechselnd und von den untergebenen Truppenführern nicht zu übersehen waren. Als später die 4. Reserve-Division zum Korps stieß, traten mehr die gebräuchlichen For-

men der Ordre de Bataille ein; der Krieg wurde ein anderer, das
Korps mußte konzentrirter und die Befehlsertheilung einfacher sein.

Die Detachements-Formation hat sich ungemein bewährt und
allseitige Anerkennung gefunden; sie gestattete ein zweckmäßiges De=
tachiren, unter Verwendung der geeigneten Person, ein kräftiges Auf=
treten und Ausnützen der Waffen bei größter Beweglichkeit.

Die Organisation des General-Kommandos war den Verhält=
nissen beider Kontingente angepaßt; die Offiziere des Generalstabes,
von denen täglich einer du jour war, bearbeiteten die Operationen
und die Geschäfte des Generalstabsdienstes für sich völlig getrennt
von der Adjutantur; außerdem aber die Verpflegungs=Angelegenheiten
und die Direktiven für das Sanitätswesen. Der Intendant, der
Korps=Generalarzt und der Feld=Lazareth=Direktor erhielten täglich
vom Chef des Generalstabes die speziellen Weisungen und Aufträge;
sie waren daher von Allem, was die wechselnden Verhältnisse be=
dingten, beständig unterrichtet.

Einer der Adjutanten oder ein Ordonnanz=Offizier hatte stets
mit einigen Stabsordonnanzen gesattelt; in wichtigeren Fällen ritten
die Offiziere, im Allgemeinen aber 2 bis 3 Ordonnanzen zusammen;
niemals durfte ein Mann allein reiten, sobald ein Befehl verschickt
wurde. Die Expedition erfolgte stets durch einen Generalstabs=Offi=
zier persönlich, der auf dem Couvert sämmtliche zu passirende Ort=
schaften, so wie sie französisch ausgesprochen wurden, deutsch auf=
schrieb. Mit Genugthuung muß hier erwähnt werden, daß nicht Ein
Befehl verloren ging. Nicht Ein Befehl kam zu spät, und niemals
ist ein Mißverständniß eingetreten. Oft ritten die Ordonnanzen bei
schneidender Kälte, bei Schnee und Glatteis in die dunkle Nacht, in
fremde Gegenden meilenweit, stets bedroht von den Einwohnern, und
doch stets sicher und stets zuverlässig. Es ist dies wohl eine Er=
fahrung, daß Deutschlands intelligentes Volk keine Eliten wie Guiden
und Feldjäger=Korps bedarf; die Truppe liefert aus ihren eigenen
Elementen vollkommen gutes und sicheres Material. — —

Der von dem General=Kommando sofort nach dem Eintreffen
in Raon l'Etape (am 9.) beabsichtigte Weitermarsch auf Epinal er=
litt eine unliebsame Verzögerung dadurch, daß die Trains durch einen
irrthümlichen Befehl der Etappeninspektion von Saarburg am 8. dort
zurückgehalten und das Bedeckungs=Bataillon (1. des 6. Regiments)
auf Montigny beordert wurde. In Folge dessen konnte die Ergän=
zung des eisernen Bestandes und der Munition nicht sofort ins Werk

gesetzt werden, und es entstand eine Pause in den Bewegungen des Korps. Diese wurde aber, da neben dem aktiven Widerstande in Rambervillers auch die übrigen Patrouillen am 9. vielfach auf den Straßen angefangene Verschanzungen und Barrikaden vorgefunden hatten, zu Avantgarde = Bewegungen behufs Oeffnung der Straßen vor dem Weitermarsch in das Moselthal und zu Rekognoszirungen nach Süden und Westen benützt. Diese Rekognoszirungen sollten sich von der Widerstandslust des Feindes verläßigen und wo möglich Fühlung mit der Hauptstärke desselben aufnehmen.

10. Oktober. Hierbei stießen nur die am 10. Oktober von der 1. Infanterie = Brigade gegen Maillefang, und die von der 3. über St. Leonard gegen Anould entsendeten Patrouillen auf feind= lichen Widerstand; letztere (2 Kompagnien des 5. Infanterie=Regi= ments und 1 Zug Dragoner) unter Major Roeder wurde ernst= lich engagirt. Es gelang diesem aber unter Verlust von 7 Mann die feindliche Abtheilung, die Arrieregarde einer über Fraize abziehenden feindlichen Kolonne, von welcher ca. 3—400 Mann Linie und Mo= bilgarden in erster Linie fochten, aus Anould und über die das Meurthe=Thal beherrschenden Höhen zu werfen und zu zersprengen.

Die Entwaffnung des bis jetzt occupirten Gebietes wurde über das Mortagnethal bis Bult und St. Hélène südlich und bis Magnières nördlich Rambervillers ausgeführt.

11. Oktober. Am 11. wurde der Weitermarsch zunächst auf Epinal angetreten. Auch dieser Marsch wurde, da der Feind sich nur in den erwähnten kleinen Abtheilungen zeigte, und mit Rücksicht auf die Aufgaben des Korps, besonders der Entwaffnung, wie auf die leichtere Verpflegung in breiter Front (8 Meilen) und in 4 Ko= lonnen angeordnet.

Und zwar sammelte sich das preußische Detachement, General Krug von Nidda in Rambervillers, wohin auch das General= Kommando marschirte; die 1. Badische Kolonne unter Oberst Bayer (1. Infanterie=Brigade, 3. Dragoner=Regiment, 3. leichte und 3. schwere Batterie, nebst ½ Pionier=Kompagnie und 1 Sanitäts=Zug) nahm die Richtung auf Bruyères, die 2. Kolonne unter General= Major Degenfeld (2. Infanterie=Brigade, 1. Leib=Dragoner=Regi= ment, 4. leichte und 4. schwere Batterie, nebst ½ Pionier=Kom= pagnie und 1 Sanitäts=Zug) marschirte auf Corcieux. Der Marsch dieser Kolonnen war so angeordnet, daß er in möglichster Verbindung ausgeführt wurde. Die 3. Badische Kolonne unter General=Major

La Roche (3. Infanterie-Brigade [4 Bataillons*)], 2. Dragoner-Regiment, 5 Batterien Divisions-Artillerie nebst dem leichten Feld-brückentrain) folgte mit dem großen Train der Division, nachdem das Gebirge von den beiden ersten Kolonnen frei gefunden worden war, auf la Houssière; die Proviant-, Fuhrpark- und Munitions-Kolonnen wurden in Baccarat gesammelt.

War der Marsch über die Vogesen in das Meurthe-Thal mit theilweise großen Anstrengungen verknüpft gewesen, so steigerte jetzt die Ungunst der Witterung diese in fühlbarer Weise.

Sämmtliche Kolonnen erreichten die befohlenen Kantonnements, Oberst Bayer erst nach kurzen Avantgarde-Gefechten.

Eine Abtheilung Mobilgarden und Franktireurs, ca. 5 — 600 Mann stark, darunter vorzügliche, mit weittragenden Gewehren be-waffnete Schützen, hatten sich auf einem, die Thal-Oeffnung der Mortagne gegen Brouvelieures beherrschenden Höhen-Vorsprung fest-gesetzt. Von hier durch die Avantgarde (das Füsilier-Bataillon 2. Grenadier-Regiments) unter Major Wolff vertrieben, suchten sie nun Brouvelieures und die Höhe des Bois d'Obtinrupt zu halten, wur-den aber unter Mitwirkung der 3. leichten Batterie, Hauptmann Holtz, und des 2. Bataillons des gleichen Regiments (Hauptmann Lang) delogirt, und auf Bruyères und in der Richtung auf Grand-villers zurückgeworfen. Bei dem demnächstigen konzentrischen Vor-marsch der Kolonne über Brouvelieures resp. Vervezelle auf Bruyères nahmen feindliche Abtheilungen, die hoch hinauf durch die Wälder vertheilt waren, theilweise durch Feuer auf weite Distanzen nochmals das Gefecht auf; sie wurden aber durch die Kompagnien des 2. Bataillons leicht geworfen und sodann Bruyères besetzt. Der Feind verlor ungefähr 30—40 Todte und Verwundete, an Ge-fangenen wurden 26 Mann Abends noch eingebracht.

Der diesseitige Verlust betrug 4 Offiziere und 34 Mann.

Für den 12. war beabsichtigt gewesen, mit der Kolonne des Generals Krug und der des Oberst Bayer sich Epinals zu be-mächtigen und mit einem über Magnières entsendeten Detachement die Verbindung zwischen Epinal und Charmes über Châtel sur Moselle herzu-stellen; General-Major Degenfeld sollte Laval, die Reserve-Kolonne des General-Major La Roche Bruyères erreichen. Die Trains

---

*) Das 1. Bataillon des 6. Regiments war zur Bedeckung der Trains kommandirt.

des Korps wurden auf Ramberviller8 inſtradirt. Gleichzeitig wur=
ben die Einleitungen zur Organiſation der Eiſenbahn = Abtheilung
(Nr. 5) getroffen und die ſofortige Herſtellung der telegraphiſchen
Verbindung von Lunéville über Epinal angebahnt.

Am 11. Oktober Abends ging aber von der badiſchen Diviſion
die Nachricht ein, daß das feindliche Korps mit ca. 10,000 Mann
in ſtarker Stellung bei Champdray event. Faucompierre ſtehe, mit
Vorpoſten gegen Bruyères, unter perſönlichem Befehle des Gene=
rals Cambriels. Gleichzeitig beſtätigten die Papiere zweier der
Spionage verdächtigen Perſonen, von denen die Eine — eine nicht
unſchöne Amazone — officier d'ordonnance war, obige Nachricht.

Sofort wurde für den 12., falls die Rekognoszirungen dies
ebenſo feſtſtellten, der Angriff auf den verſammelten Feind befohlen
und die Marſch=Dispoſitionen ſo getroffen, daß Oberſt Bayer von
Bruyères aus und General Degenfeld im Marſch gegen Leval die
feindliche Stellung in der Front angreifen konnten, während Gene=
ral=Major Krug über Girecourt, Charmois, Chenimenil und Do=
celles gegen den feindlichen linken Flügel zu ſtoßen hatte. Die Ko=
lonne Bayer hatte Befehl, ſo lange bei Bruyères ſtehen zu bleiben,
bis die Situation geklärt war.

12. Oktober. Die feindlichen Abtheilungen waren indeß vor
Annäherung der diesſeitigen Rekognoszirungen unter Zurücklaſſung
ſchwacher Arrieregarden ſüdlich auf Remiremont ausgewichen. Das
General=Kommando beſtimmte dieſerhalb von Girecourt aus, wo es
die Meldungen erwartet hatte, das Detachement Krug noch am 12.
zur Beſetzung von Epinal; die Badiſche Diviſion ſollte den Feind
noch am gleichen oder aber am folgenden Tage angreifen und zurück=
drängen, und ſodann mit der 1. Brigade Epinal, mit der 2. Jarmenil
und Sarment erreichen. Eine energiſche Verfolgung des nicht angriffs=
luſtigen, vielmehr jeder ernſteren Aktion ausweichenden Feindes ſchien
bei dem zu erwartenden geringen Erfolg nicht gerechtfertigt. Die
Wichtigkeit des Beſitzes von Epinal und die beſtimmte Aufgabe des
Korps ließen ein erhebliches Abgehen von der Hauptmarſchrichtung
ohne ſehr zwingende Gründe nicht zu. —

Auch der Beſetzung von Epinal ſetzte der Feind ernſtlicheren
Widerſtand nicht entgegen. Eine von der Avantgarde des preußiſchen
Detachements Morgens vorgeſandte Rekognoszirung (60 Mann des
30. Regiments auf Wagen und ½ Eskadron Huſaren), der ſpäter
eine Kompagnie zur Unterſtützung nachrückte, war zwar ſchon jenſeits

Deyvillers auf feindlichen Widerstand gestoßen; Epinal schien stark besetzt. Nachdem aber nun die inzwischen zum Vormarsch befehligte Avantgarde selbst (1. und 2. Bataillon des 30. Regiments, 2 Eskadrons des 2. Reserve-Husaren-Regiments, 2 Batterien [Fischer und Ullrich*)]) unter Oberstlieutenant Nachtigall gegen die vor Epinal befindlichen Höhen, den Kirchhof, Park und einzelne Gehöfte vor der Ostfront die Artillerie hatte wirken lassen, fand die vorrückende Infanterie nur noch schwachen Widerstand und besetzte gegen 3 Uhr die Stadt. Diesseitiger Verlust 4 Mann; 30 Mann des Feindes wurden gefangen, in der Stadt eine Anzahl Waffen erbeutet und das Tabaks-Depot konfiszirt. Der Feind hatte sich ungefähr mit 5—600 Mann am Gefechte betheiligt; wie es scheint aber nur, um den Rückzug größerer Abtheilungen zu sichern, die vor dem Beginn des Gefechtes und theilweise unter Benützung der Eisenbahn auf Remiremont (3—4000 Mann stark) abgezogen sein sollen. Ebenso war sämmtliches Eisenbahn-Material von Werth südwärts geborgen worden.

Die Bevölkerung von Epinal zeigte keinerlei feindliche Gesinnungen. Das General-Kommando nahm Quartier in der Präfektur.

Die Kolonne Bayer erreichte Girecourt, Degenfeld Lépanges, der Stab der Badischen Division und die Kolonne la Roche belegten Bruyères. Ein über Magnières auf Châtel sur Moselle und Romexy vorgegangenes Detachement der Kolonne Krug, (2 Kompagnien des 34. Regiments auf Wagen und 2 Eskadrons des 2. Reserve-Husaren-Regiments), unter Major Dohna stellte über Châtel die Verbindung mit Charmes her, wo Etappen-Truppen des General-Gouvernements Lothringen eingerückt waren. Die Trains des Korps wurden auf Ramberwillers nachgezogen.

13. Oktober. Der Aufmarsch des Korps im Moselthale auf der Linie Epinal — Jarmenil vollzog sich am 13. Oktober ungestört vom Feinde; das Hauptquartier, die Kolonnen Krug und Bayer standen in Epinal, die Kolonne Degenfeld in Pousseux, General-Major la Roche in Chenimenil und Docelles. Die Pontonkolonne wurde auf Luneville dirigirt. Die Entwaffnung des occupirten Gebietes wurde in ausgedehntem Maße durchgeführt.

Zur Ausfüllung der Lücken in den Kommandostellen trafen an diesem

---

*) Letztere war aus dem Gros des Detachements vorgezogen worden.

Tage bei dem General=Kommando in Epinal ein: Seine Großherzogliche Hoheit Prinz Wilhelm von Baden als Kommandeur der 1. Infanterie = Brigade und Seine Excellenz der General = Lieutenant und Kriegsminister v. Beyer als Führer der Badischen Division.

Die 4 Kolonnen des Korps wurden von jetzt ab von folgenden Generalen geführt:

die 1. Badische Kolonne von General=Lieutenant Prinz Wilhelm,

die 2. von General=Major Degenfeld,

die 3. von General=Major Keller,

das Preußische Detachement von General=Major Krug.

Da nunmehr die Verbindungen des Korps über Blainville zu verlegen waren, so wurde sofort die Herstellung der durch bedeutende Brückensprengungen unbrauchbar gemachten Eisenbahn, von welcher die vollständige Basirung auf Blainville abhing, und die einstweilige Establirung einer Land = Etappenstraße auf Luneville in Angriff genommen. Die Sicherung dieser Verbindung zur Haupt = Etappenstraße Seitens der General = Gouvernements glaubte das General=Kommando vor dem Beginn des Weitermarsches westwärts anstreben zu sollen.

Der 14. Oktober sollte zunächst zu Rekognoszirungen verwendet, hauptsächlich die Verhältnisse des Korps Cambriels aufgeklärt, sodann am 15. in 2 Kolonnen auf Jussey*) vorgegangen werden. —

Die letzten Tage hatten gezeigt, daß die täglichen Kämpfe der Infanterie, die, wenn sie allein im Gefecht steht, schließlich doch zur Attaque übergehen muß, unverhältnißmäßig große Opfer kosten. Diese Erfahrung veranlaßte das General=Kommando zu befehlen, daß grundsätzlich allen bedeutenderen Detachirungen Artillerie beigegeben werden solle; letztere sollte die Gefechte einleiten und erst nach guter Wirkung derselben die Infanterie vorgehen. —

In Folge des dem preußischen Detachement für den 14. gegebenen Befehles, gegen Dompair und Damas auf der Straße nach Mirecourt zu rekognosziren, hatte General=Major Krug noch zum 13. für einen Theil seiner Truppen Dislokationsveränderungen angeordnet; das Infanterie=Regiment Nr. 34, das 2. Reserve=Dragoner=Regiment und 2 Batterien wurden westwärts gegen Dompair vorgeschoben.

---

*) Straßenknotenpunkt im obern Saônethal an der Eisenbahn nach Langres.

Hierbei stieß das nach les Forges bestimmte Detachement (3 Kompagnien, 1 Eskadron, 4 Geschütze der 1. leichten Reserve=Batterie) unter Major Herzberg östlich dieses Dorfes auf Widerstand einer ca. 300 Mann starken Abtheilung Franktireurs und Linie (unter einem Kapitän Nicora vom 55. Regiment aus Korsika), die nach einigen Granatschüssen, durch die Infanterie unter diesseitigem Ver= lust von 4 Mann südwärts gegen la Bonvieure abgedrängt wurden. Der Feind verlor außer vielen Todten 20—25 Gefangene; les Forges wurde besetzt.

Von der Badischen Division detachirten am 14. früh Prinz Wilhelm nach Uriménil und Dounoux; General Degenfeld auf Raon aux bois, die Kolonne la Roche sollte Remiremont besetzen und sich gegen Vagney, Vereinigungspunkt der aus dem obern Rheinthal über das Gebirge führenden Hauptstraßen, und gegen Süden sichern.

Bald nach Tagesanbruch gingen Meldungen der Kolonnen Degenfeld und la Roche ein, daß das vereinigte Korps Cam= briels bei Remiremont stehe, ca. 20,000 Mann stark, darunter Linien=Truppen und Artillerie. General la Roche beabsichtige, gegen dasselbe vorzugehen, General Degenfeld wolle zur Unterstützung des Ersteren um les Barres bei Cloyes im Moselthale Stellung nehmen.

Wenngleich das General=Kommando nicht einen Augenblick gezau= dert hätte, jedenfalls, wenn die gedachten Meldungen sich bestätigen wür= den, den General Cambriels anzugreifen, so trat jetzt doch die Frage an dasselbe heran, wie weit ohne höhere Genehmigung von der Aller= höchsten Direktive vom 30. September abgewichen werden durfte. Daß General Cambriels weiter südlich auswich, wurde als sicher ange= nommen; folgte man ihm, so wich das 14. Korps von der gegebenen Marsch = Linie auf Troyes und Châtillon sur Seine erheblich ab; folgte man ihm jedoch nicht und marschirte dem Befehl gemäß weiter, so gab man das Departement des Vosges dem Feinde frei und gefährdete die große Eisenbahn=Linie auf Paris. Die Allerhöchste Direktive be= tonte außerdem, daß kein großer Zeitverlust entstehen sollte, wenn ein Versuch Langres zu nehmen gemacht würde; es mußte also vor= ausgesetzt werden, daß das baldige Erscheinen des Korps an den gegebenen Marschzielen erwünscht sei. Die Eisenbahn=Linien waren nicht vor 4 Wochen herzustellen, das Belagerungsgeschütz also nur äußerst mühsam und langsam nach Langres zu ziehen, die ganze Situation daher seit Ende vorigen Monats wesentlich geändert.

3*

Dies waren die Gründe, weshalb das General-Kommando sich, wenn auch schwer, entschließen mußte, bei der obersten Heeresleitung anzufragen. Bereits am 13. Oktober hatte dasselbe an letztere berichtet, daß es „sich auf Jussey zwar in Marsch setzen würde, aber sehr leicht zu einem Stoß gegen Südosten genöthigt werden könne; der weitere Rechtsabmarsch erscheine aber nur dann angängig, wenn Etappen-Truppen, welche bis dahin nicht eingetroffen seien, die Verbindung mit der Haupt-Etappenstraße deckten."

Am 14. Oktober, als General Cambriels in Remiremont gemeldet wurde, lag die Vermuthung nahe, daß dessen Korps sich in die schützenden Westabhänge der Vogesen mit Basirung auf Belfort abzog und sodann bei dem weiteren Rechtsabmarsch des 14. Korps wieder hervorbrechen würde. Es wurde deshalb am 14. an General Moltke telegraphirt, daß „bei der völligen Zerstörung der Eisenbahn und der Nähe des Korps Cambriels der Weg über Jussey nicht ausführbar sei; es schiene am Besten über Neufchâteau und Chaumont*) zu marschiren"; doch wurde hinzugefügt; „Ich bemerke, daß mit Abmarsch des Korps ein feindlicher Druck auf Lunéville sehr wahrscheinlich ist und bitte dieserhalb um weitere Befehle." —

Die Antwort auf letztaufgeführte Depesche betonte, daß Seine Majestät befählen, unbedingt den Feind anzugreifen. Es könnten dem 14. Korps gegenüber nur Depôttruppen und Mobilgarden versammelt sein.

Hierauf antwortete General Werder am 15. Oktober, daß er sich seit 8 Tagen vergeblich bemühe, den Feind anzugreifen, da er nie Stand halte. Dem Befehl gemäß werde er nunmehr bis Luxeuil und Lure, wohin derselbe sich gewendet haben solle, vorgehen. Gleichzeitig bat er aber um höhere Entscheidung, ob er dem Feinde dann noch weiter folgen oder das Hauptmarschziel nach der oberen Seine wieder aufnehmen solle.

Hierauf traf am 17. Oktober in St. Loup die Antwort aus dem großen Hauptquartiere vom 16. ein, welche in ihrem Schlußpassus sagte: Für Richtung weiteren Vormarsches sei nicht der Ort Vesoul, sondern der Standpunkt des Feindes maßgebend.

Somit war der Marsch nach Troyes aufgegeben und der Führung blieb nunmehr freie Hand. —

Wie schon erwähnt, waren im Laufe des 14. Oktober die feindlichen Hauptkräfte vor den anrückenden Truppen der Badischen Division

---

*) Ersteres an der obern Maas, letzteres an der obern Marne.

aus Remiremont weiter südlich zurückgegangen, ohne den geringsten Widerstand zu leisten; Remiremont wurde durch General la Roche besetzt. Der Feind hatte etwa 10000 Mann stark daselbst gestanden, darunter zwei seit dem Gesechte von Etival neu hinzugetretene Bataillone des 3. Marsch=Zuaven=Regiments, 2 Eskadrons Chasseurs d'Afrique und 6—800 Franktireurs. Die bisherigen Erfolge des 14. Korps, noch mehr aber die inneren Verhältnisse seiner Truppen scheinen den General Cambriels einen nochmaligen Widerstand nicht mehr haben wagen lassen.

Die Brigade Prinz Wilhelm besetzte am 15. Xertigny und Gegend; der große Viadukt von les Granges war schon am 13. von den Franzosen gesprengt worden. Fühlung mit dem Feinde wurde nicht genommen; derselbe war hauptsächlich in der Richtung auf Lure und gegen Belfort abmarschirt. Das Departement des Vosges war nunmehr in seiner ganzen Breite, von Mirecourt bis Saulxures, durchpatrouillirt und entwaffnet.

Der Weitermarsch des Korps wurde wie bisher in 4 Kolonnen auf den 2 Straßen nach Vesoul am 16. Oktober über Bains resp. Plombières angetreten. Mit dem rechten Flügel, Kolonne Prinz Wilhelm, gefolgt von der Kolonne Krug, marschirte das General=Kommando, mit dem linken Flügel, Kolonne Keller, dahinter Degenfeld, der Stab der Badischen Division.

Die Trains blieben unter Bedeckung des 1. Bataillons des 6. Regiments und eines Halbbataillons des 34. Regiments in Epinal, wo Verpflegungsvorkehrungen getroffen wurden; die unentbehrlichsten Trains an Proviant=und Munitions=Kolonnen sowie Feld=Lazarethen folgten, begleitet durch das Detachement des Major Dohna, welches gleichzeitig die Verbindung auf Epinal aufrecht erhielt.

Die rechte Flanke gegen Langres sicherte ein Detachement der Kolonne Krug (7 Kompagnien des 34. Regiments, 2 Eskadrons des 2. Reserve=Dragoner=Regiments und die schwere Reserve=Batterie) unter Oberst=Lieutenant Osten Sacken über Grandrupt; die ausreichende Sicherung der linken Flanke wurde dem General Degenfeld zugewiesen, der durch 2 Batterien der Kolonne Keller verstärkt worden war.

Am 17. erreichte die Kolonne Keller Luxeuil, deren Avantgarde Baudoncourt. Ein Detachement zerstörte in der Nacht die Eisenbahn Belfort-Vesoul bei la Creuse; die Spitze einer Rekognoszirung auf Luers ging bis Lure vor und nahm eine Post weg.

Prinz Wilhelm belegte Conflans und Briaucourt. Ein nach Port f./Saône entsendetes Detachement desselben zerstörte bei Amoncourt und Port d'Atellier die Bahn nach Jussey (Langres).

Oberst-Lieutenant Osten Sacken erreichte Vauvillers, das General-Kommando und die Kolonne Krug St. Loup. Das Verbindungs-Detachement des Majors Dohna, kam mit 2 Feld-Lazarethen und 2 Munitions-Kolonnen, nach la Chapelle aux bois.

Der Feind war nicht getroffen worden; die Nachrichten besagten, derselbe sei im Rückzug auf Besançon und Belfort.

In St. Loup traf, wie oben erwähnt, das General-Kommando, welches unter diesen Umständen am 18. Vesoul besetzen und am 19. auf Langres abmarschiren wollte, das Antworttelegramm aus dem großen Hauptquartier, das „nicht Vesoul, sondern den Standort des Feindes als Ziel für die nächsten Operationen bezeichnete und die Inangriffnahme der Herstellungsarbeiten der Eisenbahn Epinal-Blainville" forderte. Diesen erweiterten Spielraum für die Operationen des 14. Korps hatten die dem General-Kommando noch nicht bekannten günstigen Verhältnisse an der Loire ermöglicht, wo die von der Loire her gegen die Cernirungs-Armee im Süden vordrängenden größeren Neuformationen der Franzosen nach glänzenden Gefechten und nach der Einnahme von Orleans am 11. Oktober durch General v. d. Tann hinter jenen Fluß zurückgeworfen worden waren; es war hierdurch eine wesentliche Störung in den französischen Neuformationen eingetreten.

Am 18. Oktober besetzte Prinz Wilhelm, verstärkt durch das 2. Dragoner-Regiment und die reitende Batterie, Vesoul, Port f./Saône und Favernay; Kassen und Tabaksmagazine waren aus Vesoul geflüchtet worden. General Keller erreichte Conflans und Gegend.

Das Detachement Osten Sacken in Vauvillers rekognoszirte nach Montureux les Baulay an der Saône. General Degenfeld entsendete eine starke Rekognoszirung auf Lure, Amblans und in der Richtung gegen Belfort.

Die übrigen Abtheilungen blieben stehen und benützten die Ruhe zur Ausbesserung, hauptsächlich des Schuhwerks. Die Entwaffnung der Ortschaften hatte nirgends eine besondere Renitenz der Bevölkerung zu Tage treten lassen. Einige Schwierigkeiten dagegen bot die Verpflegung der Truppen, da in der nicht sehr dicht bevölkerten Gegend zwischen Epinal und Vesoul größere Truppenmassen nur durch Nachschub genügend und sicher verpflegt werden konnten. Brod und Hafer mußten theilweise von den Kolonnen bezogen werden.

Nirgends wurde der Feind gefühlt; er sollte auf Besançon und Dijon in wenig schlagfertigem Zustande zurückgegangen sein. Wie an der Loire, hatte auch hier die im Felde stehende Französische Truppenmacht den Schauplatz verlassen müssen; ihre Standorte waren voraussichtlich die Festungen Belfort, Besançon und Langres, also unangreifbar. Französische Quellen geben an, daß General Cambriels in Folge der schlechten inneren Verfassung und des tadelhaften Benehmens seiner Truppe im Gefechte, einen weiteren Widerstand nicht für möglich hielt. Hierzu kam der Umstand, daß durch das Auftreten der 4. Reserve-Division im Süd-Elsaß General Cambriels fürchtete, durch eine Umgehung von Süden her im Gebirge eingeschlossen zu werden. Er ging deshalb unter den Schutz von Besançon zurück, wo er sein durch die Gefechte und Strapazen, hauptsächlich aber in Folge von Desertionen zusammengeschmolzenes Korps mittelst Heranziehen seiner anderen Abtheilungen verstärkte und neu zu formiren suchte.

Diese wiederholten Echecs der neu geschaffenen regulären Streitkräfte Frankreichs hinderten wesentlich die Bildung der Mobilgarden und ließen auch die Versuche des Widerstandes in der Bevölkerung nicht allseitig zum Durchbruch kommen; sie verhinderten vor Allem in den benachbarten Departements die durch Dekret vom 14. Oktober angeordnete Lokal-Vertheidigung.

Zweites Kapitel.

Die Operationen mit der Hauptrichtung über Dijon auf Bourges.

Der Feind war unter die Mauern von Belfort und Besançon gegangen; General Werder wollte demgemäß am 19. Oktober auf Langres marschiren. Auf die Meldung hiervon an das große Hauptquartier traf ein Telegramm des Generals Moltke ein, das die Fortsetzung der Offensive gegen das Französische Korps bis Be= sançon gestattete, und im Weiteren den Abmarsch des 14. Armee= Korps in westlicher Richtung über Dijon auf Bourges anordnete.

Der Befehl lautete bestimmt; er ließ eine Modifikation nicht zu, und sofort begannen die Vorarbeiten, um die bezüglichen Bewegungen einzuleiten.

Im Hauptquartier des 14. Armee=Korps werden die folgenden Tage zu den aufregendsten und schwersten des Feldzuges gerechnet. Dem weniger Betheiligten war jenes Telegramm ein Geheimniß, dem Eingeweihten konnte die äußerst schwierige Aufgabe nicht ent= gehen.

Es wird von Interesse sein, die Situation im Allgemeinen und die Anordnungen anzuführen, welche zur Ausführung jenes bestimm= ten Befehls vom 18. Oktober getroffen wurden.

Im Hauptquartier war ein Nachrichten=Bureau etablirt, welchem der Premier = Lieutenant la Roche, Adjutant der Großherzoglich Badischen Division, mit großem Geschick vorstand; alle Verhöre der Gefangenen, die aufgebrachten Posten, Zeitungen und son= stigen Nachrichten wurden hier tageweise zusammengestellt und bilde= ten die einzigen zuverlässigen Nachrichten, welche für die Entschlüsse maßgebend waren. Alle anderen Nachrichten waren stets veraltet oder höchst unsicher, namentlich die über die Schweiz gekommenen.

Man wußte hierdurch vom Feinde, daß bei Besançon das Korps Cambriels in Unordnung angelangt war; einige Bataillone, etwa sechs, waren von Rambervillers über den Ballon d'Alsace auf Bel= fort abgegangen, die Hauptkräfte über Lure auf Besançon dirigirt worden. Zahlreiche Verstärkungen sollten dort aus Lyon eingetroffen sein. Die in der Beilage befindliche Ordre de bataille des Korps Cambriels wurde in diesen Tagen formirt; über ihre Richtigkeit konnte ein sicherer Aufschluß bisher nicht erlangt werden.

Man wußte ferner, daß Garibaldi in französischen Dienst ge= treten war und bei Dôle die Formation eines Korps begann. Die Festung Langres sollte 9000 Mann Besatzung haben, und rekognos= zirte mit kleinen Detachements auch mehrere Meilen weit täglich gegen die Saône.

Von Auxonne hatte man zu dieser Zeit nur geringe Kenntniß.

Die Bevölkerung war durch die vorhergegangenen Gefechte äußerst eingeschüchtert; an allen den Orten aber, wo die deutschen Truppen bisher noch nicht erschienen waren, zeigte sich eine große

Rührigkeit und die Gerüchte sprachen bereits von erheblichen Erfolgen des Massen-Aufgebots von Gambetta.

In den Vogesen waren zahlreiche Freikorps, die bald im Elsaß, bald gegen Remiremont und St. Loup Unternehmungen ausführten.

Die Disposition des General-Kommandos für den Marsch zwischen den 4 Festungen durch war in allgemeinen Zügen folgende: Es wurde beabsichtigt, über Fresnes St. Mamès und Gray auf Dijon derart zu marschiren, daß letztgenannter Ort am 24. erreicht wurde; nach Passiren der Saône bei Gray sollten alle Brücken abgebrochen werden, um ein Nachfolgen des Korps Cambriels zu erschweren. Nach Ausnützung der Hülfsquellen von Dijon wurde ferner beabsichtigt, den Marsch auf Bourges in zwei Kolonnen nur mit einem Feld-Lazareth und einer verstärkten Munitions-Kolonne anzutreten, und zwar derart, daß als erster Haltepunkt Semur und Montbard in Aussicht genommen wurde. Von hier aus sollte wieder mit Châlons sur Marne, welches allerdings 22 Meilen entfernt war, in Verbindung getreten werden, nach welchem Ort sämmtliche Trains, Posten und Nachersatz von Epinal resp. der Heimath instradirt wurden.

Der auszuführende Marsch auf Bourges betrug 48 geographische Meilen; man vermied aber so den südlichen, einige Meilen näher führenden Weg über Saulieu und Corbigny, der durch das steilere Gebirge führte, dessen Gipfel bereits mit Schnee bedeckt waren.

Seit dem Ueberschreiten der Vogesen war das Wetter äußerst schlecht. Man konnte sagen, es gab nur Stunden, wo es nicht regnete, die Bekleidung und das Schuhwerk, welches letztere bei den oft sehr nassen Tranchee-Arbeiten vor Straßburg bedeutend gelitten hatte, war nicht in günstigem Zustande.

Die gestellte Aufgabe enthielt der Schwierigkeiten viele; sie alle zu erwägen, war kaum möglich, es blieb nur der feste Entschluß übrig, geschlossen und möglichst schnell, also unter Zurücklassung aller Trains, vorwärts zu gehen, und den bestimmten höheren Befehl ohne den bereits einmal betretenen Weg der Rückfrage auszuführen.

Wie es bei dem Feldzug des 14. Armee-Korps vom Beginn an eine Signatur der Situation überhaupt ist, daß fast nie der folgende Tag sicher zu übersehen war, so geschah es auch mit den soeben besprochenen und beabsichtigten Bewegungen.

Bereits der 19. Oktober machte Aenderungen nothwendig.

Der Inhalt einer bei Lure aufgefangenen Post, sowie das Auftreten rekognoszirender Abtheilungen des Feindes in der Gegend von

Rioz ließen mit Gewißheit schließen, daß die Kantonnements des Korps Cambriels gegen den Ognon bis Etuz und Marnay ausgedehnt waren; man konnte also hoffen, durch ein schnelles Vorgehen und Ueberschreiten der Ognon-Linie den Feind in die Festung Besançon zu werfen, und gewann so den Vortheil, bei dem Weitermarsch im Rücken zunächst nicht beunruhigt zu werden.

Zur Durchführung der zuerst aufgeführten Disposition war als einleitende Bewegung zum 19. Abends das Korps um Vesoul mit vorgeschobenen Abtheilungen gegen Besançon und Langres konzentrirt worden. Es stand Prinz Wilhelm in Velle le Châtel, mit Avantgarden in Traves, Raze, Velleguindry; der Korpsstab, der Stab der Badischen Division und die Kolonne Degenfeld in Vesoul, mit Abtheilungen in Vellefaux und Villers le Sec; die Kolonne Keller in Port sur Saône und Umgegend; die Kolonne Krug in und um Faverney; das Detachement Osten Sacken bei Jussey, mit Patrouillen gegen Vitry, zerstörte die Eisenbahn auf Langres; ein linkes Seiten-Detachement stand bei Lure, Belfort beobachtend; das Verbindungs-Detachement, Major Dohna, durch eine Badi'sche Batterie verstärkt, in Conflans. Die Munitionskolonnen und ein Feldlazareth kamen nach Port sur Saône.

In Folge der erwähnten Nachrichten über das Korps Cambriels wurden am 19. Abends die Befehle geändert.

Das ganze Korps sollte unter Festhalten von Vesoul und mit der Saône als rechter Flankendeckung links schwenken, mit je einer Brigade auf den drei Straßen über Voray, Etuz und Bin in der Richtung auf Besançon vorstoßen, den vor der Festung stehenden Feind schlagen, und hierauf in das Saônethal zurückkehren.

Gleichzeitig sollte der Kommandeur der Badischen Kavallerie-Brigade, General-Major la Roche, mit 8 Eskadrons, der reitenden Batterie und 2 Kompagnien auf Wagen, gegen Dôle und Auxonne zur Rekognoszirung und zur Zerstörung der Eisenbahnen vorgehen. Die Kolonnen 2c. wurden bei Vesoul zurückgelassen, auch zur möglichsten Beweglichkeit der Truppen für den Tag des eigentlichen Stoßes die Trains der Brigadestäbe in den Stabsquartieren zurückgehalten.

20. Oktober. Am 20. blieben die Badischen Kanonen zunächst stehen; die Truppen sollten für den Stoß ins Gebirge gu ausgeruht sein.

Das Detachement Krug wurde auf Combeaufontaine vorgezogen und besetzte Arbecey.

Das Seiten-Detachement Osten Sacken marschirte von Juffey und Cemboing über Vitry auf Pierrefaites und Fayl-Billot, stieß aber jenseits Ouge am Bois du Châtelet auf Widerstand von Franktireurs und etwa einer Kompagnie Mobilgarden. Nach leichtem Gefechte wurde der Wald genommen und später im Bois du Monsieur östlich Pierrefaites einige 20 Franktireurs und 3 Mobilgarden gefangen. Fayl-Billot wurde entwaffnet. Außer dem Erscheinen dieser aus Langres gekommenen Truppen zeigte sich aber auch eine gewisse Bewegung unter der Bevölkerung; Einwohner zu Pferde und zu Wagen, die zu rekognosziren schienen, wurden bemerklich und das Detachement stieß bei Charmoy nochmals auf Franktireurs, die aber leicht durch eine Eskadron auseinander gesprengt wurden. Das Detachement kantonnirte in Fayl-Billot.

Sichtlich war eine Organisation des Lokal-Widerstandes der Bevölkerung im Gange. Um so mehr mußte daher der Stoß gegen das feindliche Korps vor Besançon von Wirkung werden.

Die Bewegung hierzu begann am 21. Oktober. Am rechten Flügel erreichte Prinz Wilhelm Frasne le Château, mit den Vortruppen Bucey les Gy; in der Mitte General-Major Degenfeld, der 2 Bataillone und etwas Kavallerie unter Oberst Bayer zur Besatzung von Vesoul zurückgelassen hatte, Frétigney, mit der Avantgarde Oiselay; dahinter stand General-Major Krug, der das Detachement Dohna an sich gezogen, in Neuvelle les la Charité; am linken Flügel General-Major Keller in Bellefaux, mit Vortruppen bis Courbour. Das Detachement Osten Sacken erreichte Combeaufontaine, die Kavallerie-Brigade Beaujeux und Mottey f./Saône; ihre Avantgarde machte die Eisenbahnen in Gray unbrauchbar.

Die noch zur Train-Bedeckung in Epinal stehenden Truppen (1½ Bataillon, 1 Eskadron) wurden zum 23. auf Vesoul heranbeordert.

Vom Feinde war bei dieser Bewegung nichts gefühlt.

Die Gefechte am Ognon.

22. Oktober. Das nächste Ziel für den 22. war, mit allen Kolonnen frühzeitig den Ognon zu erreichen; um 11 Uhr Morgens sollten sodann, je nach dem Ergebniß der Meldungen über den Vormarsch, die weiteren Befehle von dem kommandirenden General bei Oiselay ertheilt werden.

Das Hügelland zwischen den Thälern der Saône und des Ognon nimmt hier fast den Charakter des Gebirges an; das Terrain ist der vielen kleinen Seitenthäler und der bewaldeten Hügel wegen schlecht übersichtlich und die Bewegung mühsam.

Sämmtliche Abtheilungen erreichten zur festgesetzten Zeit die befohlene Rendez=vous=Stellung und den Ognon, und zwar:

Prinz Wilhelm (4³/₄ Bataillone, 1 Eskadron, 1²/₃ Batterien), Autoreille, Avantgarde in Pin, eine 2. Avantgarde (1 Bataillon 2 Geschütze) in Marnay;

General Degenfeld (4 Bataillone, 2 Eskadrons, 2 Batterien) Belloreille les Thoye; die Avantgarde marschirte auf Etuz;

Der Stab der Badischen Division war in Oiselay; ebendaselbst stand General Krug (3½ Bataillone, 4 Eskadrons, 3 Batterien);

General Keller (3 Bataillone, 2 Eskadrons, 2 Batterien) in Rioz; dessen Avantgarde marschirte auf Voray und Buthier; ein linkes Seiten = Detachement (1 Bataillon) zerstörte die Brücke in Montbozon;

Oberst=Lieutenant Osten Sacken besetzte Port sur Saône, und klärte gegen Westen und Süden auf.*)

Prinz Wilhelm hatte den Ognon unbesetzt gefunden; die Avantgarde des Generals Degenfeld (das 1. Bataillon des 3. Re=

---

*) Die Vertheilung der Truppen ist kurz folgende:

In Epinal 1. Bat. des 6. und ¹/₂ Bat. des 34. Regts., 1 Esk. das 3. Drag. Regts.

In Vesoul 2. und Füsilier=Bat. des 4. Regts., einige Dragoner.

Auf Montbozon dirigirt Füsilier=Bat. des 6. Regts.,

Auf Rioz dirigirt 5. Regt., 2 Esk. des Leib=Drag. Regts., 1. l., 1. schw. und 2. schw. Batterie.

Auf Etuz dirigirt 3. Regt. und 1. Bat. des 4. Regts., 2 Esk. des Leib=Drag. Regts., 4. l. und 4. schw. Batterie.

Auf Oiselay dirigirt 2³/₄ Bat. des 30. Regts., und ³/₄ Bat. des 34. Regts., 2 Esk. des 2. Res. Huf. und 2. Esk. des 2. Res. Drag. Regts , 1. und 2. l. Res. Batt., 2. Bad. l. Batt.

Auf Pin dirigirt 1³/₄ Bat. des 1. Leib=Gren. und das 2. Gren. Regt., 1 Esk. des 2. Drag. Regts. ²/₃ der 3. l. und die 3. schwere Batt.

Auf Marnay dirigirt das 2. Bat. des 1. Leib=Gren Regts., ¹/₃ der 3. l. Batt.

Auf Port s./Saône dirigirt 1³/₄ Bat. des 34. Regts., 2 Esk. des 2. Res. Drag. Regts., die schw. Res. Batt.

Im Marsche gegen Gray ¹/₄ Bat. des 1. Leib=Gren. Regts. und ¹/₄ Bat. des 30 Regts., 3 Esk. des 2., 3 Esk. des 3. Dragoner= und 2 Esk. des 2. Res. Huf. Regts., 1 (reitende) Batterie.

giments, ½ Eskadrons des 1. Leib-Dragoner-Regiments und 2 Geschütze der 4. leichten Batterie) unter Hauptmann Unger war bei Etuz auf feindliche Kräfte gestoßen, die in einer Vorwärtsbewegung begriffen schienen und über Etuz rekognoszirten; es hatte sich (10 Uhr) ein leichtes Gefecht entsponnen.

Von General Keller war noch keine Meldung eingetroffen.

Da die Dispositionen richtig ausgeführt waren und der Feind, wie auch die Nachrichten der Einwohner besagten, zum größten Theil an den Ognon vorgeschoben, diesen selbst zu halten beabsichtigte, Pin aber nicht besetzt war, so disponirte General Werder dahin, daß General Degenfeld in der Mitte sich zurückhalten sollte, während Prinz Wilhelm bei Pin über den Ognon vorrücken und auf Cussey in Flanke und Rücken des Feindes stoßen würde. Um 1 Uhr war auch Meldung von General Keller eingetroffen, daß seine Avantgarde südlich Rioz auf überlegenen Feind gestoßen und daß ihm Verstärkung erwünscht sei.

Die ganze Sachlage erschien äußerst günstig. Das feindliche Korps war, dem Schutze der Festung entzogen, auf 2 Straßen in Bewegung; General Werder glaubte große Hoffnungen auf die Erfolge des Tages setzen zu dürfen.

An General Keller wurde folgender Befehl überschickt:

„General-Major Degenfeld ist bei Etuz auf starke feindliche Abtheilungen gestoßen und hat den Befehl zu verhalten, bis Prinz Wilhelm, der Pin und die Brücke unbesetzt fand, den Feind im Rücken faßt.

Sie können keine Verstärkung bekommen und müssen, wenn der Feind nicht zu werfen ist, defensiv verfahren.

Nehmen Sie sodann eine Aufnahmestellung. Sollte das Defilee bei Voray erreicht werden können, ist sofort Meldung zu schicken.

Ich reite nach Bonnevent.

(gez.) v. Werder.

Abgegangen um 1 Uhr aus Oiselay."

Die Avantgarde des Generals Degenfeld hatte inzwischen bei Etuz ein hinhaltendes Gefecht geführt. Als aber nach 1 Uhr der Feind verstärkt zur Offensive übergegangen, hatte General Degenfeld nach und nach seine ganze Brigade entwickelt; Boulot wurde durch das 1. Bataillon des 4. Regiments vom Feinde gesäubert, die

Artillerie beschoß aus Positionen nördlich von Etuz starke von Auxon und Geneuille auf Cussey vorgehende feindliche Kolonnen.

Der kommandirende General ließ nun zur Verstärkung der Brigade Degenfeld von der Kolonne Krug 2 Bataillone des 30. Regiments unter Oberst = Lieutenant Nachtigall vorziehen und stellte außerdem dem General Degenfeld 2 Eskadrons des 2. Reserve-Dragoner-Regiments Major, v. Walther, und die 2. leichte Batterie zur Verfügung. Zu frühe und wider die Absicht und Instruktion des kommandirenden Generals wurde nun Etuz nach ¹/₂2 Uhr dem Feinde entrissen und das ganze diesseitige Ufer des Ognon gesäubert.

Als aber nach 3 Uhr der Feind, dem inzwischen wiederholt Verstärkungen zugekommen waren, wieder heftiger zu feuern begann, ging General Degenfeld unter dem wirksamen Feuer seiner Batterien zum weiteren Angriff über. Unter dem Schlagen des Tambours und den Klängen des Avanzirmarsches des 3. Regiments wurde in schnellem Laufe die Brücke und die feste Position von Cussey genommen, der Feind wich in den Wald südlich dieses Dorfes. Die nachhauende Eskadron machte reiche Ernte unter den Fliehenden.

Da nunmehr auch der Beginn einer Wirkung von dem rechten Flügel erwartet werden durfte, so ließ der kommandirende General auch die 2 Eskadrons des 2. Reserve-Dragoner-Regiments nebst der 2. leichten Batterie über den Ognon vorgehen. Diese verfolgten den Feind bis gegen Auxon dessus. 2 Stabs-, 11 Oberoffiziere und 180 Mann wurden verwundet gefangen. Gegen 50 Todte und mehr als 80 Verwundete lagen auf dem Gefechtsfelde.

Die Brigade Degenfeld sammelte sich am Südausgange von Cussey.

Der Feind hatte sich bei Auxon dessus und längs des Berghangs festgesetzt, auf seinem rechten Flügel eine Batterie, die von Positionsgeschützen in Schloß Châtillon le Duc unterstützt wurde. Zur Säuberung der Wälder gegen Auxon dessus gingen das 1. Bataillon des 4. und sodann das 1. Bataillon des 3. Regiments nebst den Batterien vor; die Infanterie mußte des starken feindlichen Feuers wegen in einer beobachtenden Stellung im Walde stehen bleiben. Die Artillerie arbeitete aus Stellungen westlich und südwestlich Geneuille gegen die feindlichen Kolonnen und die Artillerie auf den Höhen bei Châtillon.

Größeren Erfolg hatten die 2 Bataillone des 30. Regiments unter Oberst = Lieutenant Nachtigall. Sie waren auf Befehl

des kommandirenden Generals, zur Deckung der linken Flanke
des Generals Degenfeld und um dem aus Voray retirirenden Feinde
den Weg zu verlegen, in der Richtung auf Buffières vorgezogen
worden, hatten die Ognon=Brücke und Schloß Chalande besetzt, und
wurden nun um 4½ Uhr nebst der 2. leichten Batterie und gefolgt
von dem 2. Bataillon des 3. Regiments auf Geneuille und die be=
waldete Höhe südlich davon, die zur Deckung des feindlichen Abzuges
von Voray auf Besançon stark mit Artillerie und Infanterie besetzt
war, vorgeschickt. Oberstlieutenant Nachtigall richtete den Angriff
gegen die Weinberge und warf den Feind mit großer Bravour aus
günstigster Position über die Höhen auf Châtillon zurück.

In wilder Flucht flohen die feindlichen Abtheilungen auf Be=
sançon zurück.

Jetzt trafen, fast schon bei Dunkelwerden, auch die ersten Theile
der Brigade Prinz Wilhelm auf dem Gefechtsfelde ein.

Prinz Wilhelm, der sich bei seinem Gros bei Autoreille auf=
gehalten, hatte erst durch den überbrachten Befehl nach 2 Uhr Kennt=
niß von dem entsponnenen Gefechte bekommen. Seine Avantgarde war
schon um ¾ 10 Uhr bei Pin angekommen; sie hörte des abstehenden
Windes wegen vom Gefechte nichts, der bei Etuz aufsteigende Rauch
war für Rauch aus Fabriken gehalten worden. Prinz Wilhelm
brach zwar sogleich nach Eintreffen des Befehls mit dem Gros auf,
es wurde aber ½ 4 Uhr, bis er den Ognon überschreiten konnte.
Zur Deckung der rechten Flanke gegen Besançon hatte er nach dem
Ueberschreiten des Flusses den Oberst Wechmar mit 1½ Bataillon
vom Leib=Grenadier=Regiment, 4 Geschützen der leichten Batterie und
einigen Dragonern über Chaucenne auf Auxon dessous und =dessus
instradirt, während er selbst mit dem Reste der Brigade unter Be=
setztthalten der Uebergänge von Marnay und Pin über Montelcy durch
die Wälder auf Geneuille vormarschirte.

Gelegenheit zum Eingreifen in das Gefecht gab es hier nicht mehr.

Um 5 Uhr hatte das General=Kommando die Truppen im All=
gemeinen an den Ognon zurückbeordert. Prinz Wilhelm erhielt
Pin, Emagny und Beaumotte les Pin als Kantonnements zugewiesen.

Das Seiten=Detachement des Oberst Wechmar traf nach
Aufhebung mehrerer feindlicher Patrouillen erst gegen 8 Uhr in tiefster
Dunkelheit bei Auxon dessus ein und stieß im Dorfe selbst auf feind=
liche Truppen, 2 Bataillons des 3. Marsch=Zuaven=Regiments, wie
sich später herausstellte. Nach kurzem aber heftigem Gefechte wurden

diese völlig auseinander gesprengt und flohen aus dem Dorfe, gegen welches jetzt auch die 2 Bataillone des Generals Degenfeld aus dem Walde vorgekommen waren.

Oberst Wechmar wurde auf Pin und Beaumotte zurückgenommen; die letzte Abtheilung desselben traf um ½ 2 Uhr früh in Beaumotte ein.

General Degenfeld hatte die Orte um Cussey belegt; General Krug blieb um Oiselay, wo sich auch das Hauptquartier befand; das 30. Regiment war bei Bussières stehen geblieben, bis Verbindung mit den Abtheilungen des Generals Keller in Voray hergestellt worden.

Während dieser Vorgänge im Centrum und am rechten Flügel hatte am linken die Avantgarde des Generals Keller, auf 2 Bataillone, 1 Batterie verstärkt, den Wald von Perouse von den kleineren feindlichen Abtheilungen gesäubert und bis 4 Uhr die Dörfer Buthier und Voray dem darin stehenden Feinde (ca. 5—600 Mann) entrissen. Letztere waren vom Ognon zurückgegangen. Die nachgeschickten Infanterie-Abtheilungen waren aber zu schwach, um von der Flanke in das gegen Châtillon le Duc engagirte Gefecht des Centrums einzugreifen und gingen deshalb wieder über den Fluß zurück.

Die Brigade Keller behielt Voray und Buthier besetzt; der größte Theil der Truppen und der Stab blieben in Rioz; das auf Montbozon entsendete Bataillon hatte die dortige Brücke unpassirbar gemacht.

Waren somit auch die einzelnen Gefechte des Tages ohne rechten Zusammenklang geblieben, so hatten sie doch den direkten Erfolg erzielt, daß das feindliche Korps beträchtliche Verluste an Todten und Verwundeten erlitten, 13 Offiziere, darunter 2 Stabsoffiziere, und 180 Mann fielen in Gefangenschaft. Andererseits ließ die Menge von weggeworfenen Waffen und Ausrüstungsstücken darauf schließen, daß sein noch lockerer innerer Halt voraussichtlich einen schweren Riß erhalten hatte.

Der diesseitige Verlust*) betrug bei Voray 9, bei Etuz und Cussey 34 Mann, bei Geneuille 5 Offiziere 59 Mann, bei Auxon dessus 14 Mann, im Ganzen 5 Offiziere 126 Mann.

Die Kavallerie-Brigade General la Roche besetzte ohne Kampf Pesmes, glaubte aber des koupirten Terrains wegen nicht weiter vorgehen zu dürfen. Die Rekognoszirungen gegen Dôle brachten die Bestätigung der Nachrichten über die Organisation eines Garibaldi'schen Frei-

---

*) Die Details der Verluste am 22. und 23. siehe in Beilage.

korps in Dôle, wo Garibaldi selbst seit 14. Oktober eingetroffen war; Auxonne wurde wohl besetzt und wachsam gefunden.

23. Oktober. Um sich über die nunmehrige Stellung des Feindes vor Besançon womöglich zu vergewissern, ließ General v. Werder am 23. gemischte Detachements auf den Straßen gegen die Festung vorgehen. Der Feind, hierdurch zur theilweisen Entwickelung seiner Kräfte veranlaßt, zeigte sich in starker Stellung auf der Linie Châtillon le Duc, Valentin, Ecole, den rechten Flügel an das befestigte, mit Positions-Geschützen armirte Schloß Châtillon, den linken Flügel an die Festung gelehnt, die bewaldeten Felsenhänge vor der Front mit Infanterie und Artillerie wohl besetzt.*) Sein ganzes Verhalten ließ aber durchaus annehmen, daß ein Hervorbrechen aus dem Schutze der Festung in der nächsten Zeit nicht zu erwarten war.

Die Absicht des General-Kommandos war erreicht.

Da nun ein abermaliger Angriff auf die feindlichen Abtheilungen, ohne das gewonnene Resultat wesentlich zu erhöhen, bei der überaus starken Stellung des Feindes in unmittelbarer Nähe der großen Festung nur unverhältnißmäßige Opfer verlangt, ein längeres Verbleiben vor der letzteren aber nicht in der allgemeinen Lage begründet war, so führte General v. Werder vom 24. ab seine Truppen in das Saône-Thal zurück auf Gray, um im Besitz der Saône-Uebergänge vor dem Weitermarsch auf Dijon den Truppen einige Tage der Ruhe und Retablirung bei den reichen Hilfsmitteln jener Stadt zu gewähren.

Von einer Fortsetzung der Operation aus dem Ognonthal gegen Garibaldi bei Dôle wurde vorerst abgesehen, da die jetzige geringe Bedeutung dieses von einer besonderen Zuneigung der Bevölkerung und der französischen Behörden nicht getragenen und darum in seiner Organisation nur langsam vorschreitenden Korps ein so weites Abgehen von der eigentlichen Aufgabe nicht gerechtfertigt hätte.

Vor dem Abmarsche nach Gray wurde die Sprengung der Brücken über den Ognon versucht. Sie konnte aber bei deren massiven Anlagen und bei dem großen Mangel an Pulver nachhaltig nicht ausgeführt werden.

Die Gefangenen und Verwundeten wurden nach Vesoul gebracht, von dort nach Epinal.

---

*) Die Details der Verluste am 22. und 23. siehe Beilage.

Löhlein, Operationen des Gen. Werder.   4

Die Kavallerie=Brigade hatte am 23. aus Pesmes gegen Auxonne und Dôle patrouillirt. Die Besatzung von Auxonne war wachsam, die Höhen bei Jouhe nördlich Dôle zeigten sich von feindlichen Abtheilungen stark besetzt. General la Roche wurde am 24. auf Gray zurückgenommen.

Das Korps echelonirte auf den Straßen dahin, das Detachement Osten Sacken war über Port sur Saône, dessen Brücke unterminirt und mit 12 Centnern Pulver geladen war *), in Fresnes St. Mamès eingetroffen. Vesoul blieb wie bisher besetzt; der Korpsstab verlegte sich nach la Chapelle St. Quillain.

In dieser Zeit des Marsches vom Ognon in das Saônethal begannen wieder größere Versuche einer aktiven Betheiligung der Bevölkerung am Kriege.

Jeder rechte Bürger eines Landes ist verpflichtet, dem Feinde alle Kräfte entgegenzusetzen, alle Hindernisse zn bereiten, alle Hilfsmittel zu entziehen.

Ein Volk, das Alles wagt, Alles hintansetzt, den Feind zu vernichten, verdient die Anerkennung der Geschichte, verdient den Glanz des endlichen Erfolges, oder den Ruhm eines stolzen Unterganges; und die Regierung eines Volkes, welche die volle Wirkung der Volkskraft zu solchem Ziele geführt hat, hat das Höchste geleistet.

Wird aber die Kraft des Volkes durch einen ungeordneten, unsinnigen Verbrauch zur unrechten Zeit nach blinden Eingebungen wilder Leidenschaft ziellos eingesetzt, wird durch Lügen der zitternde Greis und der unmündige Knabe zwecklos zur Schlachtbank gehetzt, dann darf die urtheilende Nachwelt jeden vergossenen Tropfen Blutes als ein Verbrechen bezeichnen, das mit der Weckung der gefährlichsten Leidenschaften den schmählichen Untergang' eines Volkes herbeiführen muß.

Dem 14. Armee=Korps gegenüber waren es zunächst die ersten Anstrengungen der Comités de la défense locale, welche einigen Widerstand verursachten. Durch planmäßige Abgrabungen und Verbarrikadirungen der Straßen, Verhauen der Wälder, sollte die Bewegung unserer Truppen erschwert und auch weitergehend durch Anlegung von Schützengräben an solchen Hindernissen der aktive Widerstand der ununterbrochen mit Waffen und Munition versehenen Be-

---

*) Diese erbeuteten 12 Centner Pulver bildeten das einzige Sprengmaterial, dessen geringe Qualität in späterer Zeit noch störend zur Geltung kommen sollte.

völkerung aufgemuntert werden. Zur Unterstützung der Einwohner dienten einzelne Franktireursbanden, sowie das Korps des Oberst Perrin, welcher sich das Ognonthal herauf wieder nordwärts vor- schob.

Nach beiden Richtungen zündeten die Bestrebungen der Leiter des Volksaufstandes vor dem 14. Armee-Korps um so mehr, als diese den Rechtsabmarsch des Generals Werder vom Ognon auf Gray als Folge seiner totalen Niederlage bezeichneten, und die Be- völkerung aufgestachelt wurde, dem verhaßten Feinde auf seinem Rück- zuge vom Ognon, der fluchtartig dargestellt war, den lebhaftesten Widerstand entgegen zu setzen. Doch fehlte auch hier zur Erzielung großer Erfolge eine organisirte Oberleitung, nach deren einheitlichem Plane, entsprechend den wohlabgewogenen Bedürfnissen der Situation im Großen, die Zerstörung von Kommunikationen allein vollzogen werden darf, soll nicht, abgesehen von den bedeutenden Kosten, die dem Lande dadurch aufgebürdet werden, das Resultat oft ein Hemmniß für die eigenen Operationen sein.

An dem gleichen Mangel einer einheitlichen Leitung litten die da und dort mit viel Hingebung unternommenen aktiven Leistungen der Bevölkerung durch Ueberfälle kleinerer Detachements, Patrouillen, Requisitions-Kommandos ꝛc., die deshalb selten im Zusammenhang unter sich oder im Einklang mit den Operationen der geschlossenen Truppenkörper ausgeführt wurden. Sie nahmen indeß einen namhaften Theil der Kräfte des 14. Armee-Korps in Anspruch, erreichten aber bei der schlagfertigen Wachsamkeit der Truppen größere Erfolge selten.

Die deutsche Heeresleitung mußte diesen neu entstandenen Fein- den entschieden entgegentreten; die einzelnen Gemeinden mußten für feindliche Handlungen, die sie in der Nähe oder in ihren Bezirken unterstützt, verantwortlich gemacht werden.

So gewissenhaft jedes durch militairische Abzeichen oder eine andere genügende Legitimation als einem soldatischen Verbande an- gehörig erkanntes Individuum der völkerrechtlichen Behandlung als Soldat theilhaftig wurde, ebenso gewiß konnte dem ohne Legitimation in offenem Angriffe mit der Waffe in der Hand Betroffenen nach dem Kriegsrecht der Tod gesprochen werden *).

---

*) Von dem 14. Armee-Korps wurde nur Eine derartige Exekution vorge- nommen, bei welcher in Gray vier Individuen kriegsrechtlich verurtheilt und erschossen wurden. Dieses Beispiel hat eine gute Wirkung gethan.

4*

Von diesem Rechte haben indeß die Deutschen einen sehr spar=
samen Gebrauch gemacht, und daß der Krieg namentlich in den Ge=
genden, wo ein eigentlicher Volkskrieg in Scene gesetzt war, nicht
viel grausamer, nicht viel empfindlicher für Land und Leute geführt
worden, das ist ein Verdienst der deutschen Heerführung.

Daß die Wirkung der organisirten Franktireurs=Korps keine be=
deutendere war, liegt zum Theil darin, daß denselben ihres nicht
gerade thatendurstigen Auftretens und ihrer oft mangelhaften Diszi=
plin wegen eine wesentliche Unterstützung Seitens der Bevölkerung
nicht immer entgegen gebracht werden konnte.

Die bedeutenderen der kleinen Unternehmungen der Einwohner
waren in diesen Tagen folgende:

Am 24. Oktober hatte die Avantgarde des von Oiselay über
Etrelles vorrückenden Detachements Krug zur Besetzung der Saône=
Uebergänge bei Seveux und Savoyeux, von Igny aus, ein Detachement
unter Major Herzberg (7 Kompagnien, 1 Eskadron, 1 Batterie) dahin
entsendet; dieses stieß bei la Vaivre mit ca. 400 bewaffneten Bauern
zusammen, die nach ernsterem Engagement unter Zurücklassung von
38 Gefangenen zersprengt wurden.

Auch eine Patrouille bei Beaujeux hatte Rencontre mit Bauern.

Bei Seveux wurde am 27. durch Einwohner ein Ueberfall auf
die Post versucht; das Begleit=Detachement nahm 15 Mann gefangen;
eine ziemliche Zahl der Bauern war im Gefecht geblieben.

Auch Franktireurs machten sich an einigen Punkten bemerkbar.
Unter Anderm wurde von solchen am 23. in der Nähe von Pesmes
in Broye les Pesmes ein Requisitons=Kommando mit Verlust über=
fallen; in Remiremont in der Nacht vom 24. zum 25. zwei mit Ver=
laden von Holz und Eisen beschäftigte badische Ingenieurs (Gockel
und Spitzmüller) durch eine Abtheilung derselben aufgehoben; am
27. ein Transport zwischen Fougerolles und St. Loup, also rückwärts
auf der Etappe, angegriffen; ein Detachement der Besatzung von Vesoul
bestand ein leichtes Gefecht gegen 50—60 Franktireurs bei Calmoutier
an der Straße nach Lure. — —

Am 25. Oktober hielt das 14. Korps einen allgemeinen Ruhe=
tag; es wurden nur kleine Unternehmungen und Dislokations=Ver=
änderungen ausgeführt; der Regen fiel fortgesetzt in Strömen; Gray
wurde stark durch die 1. Infanterie=Brigade besetzt.

26. Oktober. Am 26. stand das Korps mit 3 Brigaden im
Halbkreis in und um Gray mit Beobachtung gegen Besançon und

Langres, und zwar Prinz Wilhelm auf den Straßen nach Fontaine Française resp. Mirebeau sur Bèze in Mantoche, Natilly, Bouhans und Autrey, mit Sicherung gegen Dijon; General Krug in Gray, wohin auch das Hauptquartier verlegt wurde, mit Sicherung nach Süden; General Keller auf den Straßen nach Besançon bei Chantonnay und Villefrançon mit Sicherung gegen Besançon; als Arrieregarde des Korps besetzte General Degenfeld Dampierre sur Salon; die Reserve-Kavallerie unter dem Befehle des Generals la Roche (gebildet aus dem 2. Badischen Dragoner-, 2. Reserve-Husaren-Regiment nebst der reitenden Batterie und 2 Kompagnien auf Wagen, und den direkten Befehlen des General-Kommandos unterstellt) wurde auf der Straße nach Langres bis Oyrières echelonirt. Die Verbindung mit Epinal wurde auf das rechte Saône-Ufer verlegt; der Uferwechsel geschah bei Gray und Seveux. Die bisherige Besatzung von Vesoul (Oberst Bayer)*) marschirte nach Port und Scey sur Saône, eine Anzahl Kranke nebst einigen Aerzten mußten in Vesoul zurückgelassen werden; zu ihrer Sicherheit wurde der Maire als Geißel abgeführt.

Noch war der stets bereite Telegraph gangbar und durch diesen benachrichtigte das General-Kommando am 26. Seine Königliche Hoheit den Prinzen Friedrich Karl, als Antwort auf ein eingegangenes Schreiben, von der allgemeinen Situation und der Unmöglichkeit, eine fernere Verbindung mit Epinal aufrecht zu erhalten.

Die Kolonne Prinz Wilhelm war am 26. beim Vorschieben der Avantgarden von Gray gegen Mantoche und St. Seine l'Eglise auf große Abgrabungen und Verbarrikadirungen gestoßen; der orkanartige Sturm hatte das Weitertreiben von Rekognoszirungen über die belegten Orte hinaus indessen verhindert. Nur die auf Mantoche dirigirte Seitenkolonne unter Oberst Wechmar (1⅔ Bataillone, ½ Eskadron, 2 Geschütze) fand, mit einer Kompagnie (9.) des Leib-Grenadier-Regiments gegen Essertenne aufklärend, feindlichen Widerstand bei einer Barrikade im Walde, die nach kurzem Gefechte genommen wurde. Ein weiteres Vorgehen verhinderte die Dunkelheit und der schwere Sturm und Regen.

Auch die auf der Straße von Langres über Oyrières vorgehende Avantgarde der Reserve-Kavallerie (1 Eskadron des 2. Dragoner-, ½ Eskadron des 2. Reserve-Husaren-Regiments, 2 Züge der 10. Kompagnie des Leib-Grenadier-Regiments, und ⅓ der reitenden

---

*) cfr. Seite 44, unten.

Batterie) unter Oberst Wirth hatte ein leichtes Engagement mit Franktireurs beim Forêt de Champlitte zu bestehen gehabt.

Aus dem Auftreten dieser feindlichen Abtheilungen und dem Vorfinden dieser Abgrabungen fand das General=Kommando die Vermuthung bestätigt, welche aufgefangene Briefschaften sowie gefundene Ordres eines gewissen Lavalle erweckt hatten, daß nämlich, außer dem Garibaldi'schen Korps im Süden, vor der Front sich neue größere, bis jetzt nicht gekannte Formationen befinden mußten. Lavalle, seit 24. um Pontailler seine Truppen sammelnd, hatte in seiner Eigenschaft als Kommandant en chef de l'armée, wie er sich unterzeichnete, alle an den Straßen liegenden Ortschaften zum Fällen der Bäume aufgefordert. Ferner hatten die Patrouillen die Ognon-Uebergänge bei Marnay wieder vom Feinde besetzt gefunden; zuverlässige Nachrichten gaben das Garibaldi'sche Korps durch Zuzüge aus dem Süden schon auf 8—10,000 Mann gewachsen an; alle Freikorps in dem Rayon der Vogesen waren Garibaldi's Befehlen unterstellt worden*); ebenso unterstützten ihn die mobilisirten wie die seßhaften Nationalgarden um Dôle. Die Meldungen über Dijon besagten, daß die Stadt stark besetzt und durch Feldverschanzungen zur hartnäckigsten Vertheidigung vorbereitet sei.

Unter diesen Umständen mußte der völlig disponirte Weitermarsch auf Nevers erhebliche Bedenken erregen, da ein Vordringen des Feindes von Besançon und Dôle gegen die Linie Luneville—Nancy, zu deren direktem Schutze genügende Kräfte nicht vorhanden waren, erwartet werden mußte. Zudem konnte das General=Kommando, das seit mehreren Tagen ohne Nachrichten aus dem großen Hauptquartier war, bei der Unkenntniß mit den Verhältnissen auf den anderen Kriegstheatern nicht übersehen, ob das Niederhalten des Feindes im Saônethal oder der Weitermarsch nach Westen das Wichtigere sei. Der demnächstige Fall von Metz konnte zwar nach der oben erwähnten Mittheilung des Ober=Kommandos der II. Armee vom 19. Oktober vermuthet werden; eine annähernde Bestimmung des Zeitpunktes war indeß nicht gegeben worden.

Es schien dem General Werder deshalb zunächst dringend geboten, vor dem Abbruch der mühsam aufrecht erhaltenen Verbindung mit Epinal so lange als möglich auf eine Mittheilung aus

---

*) Garibaldi's Proklamation bei der Uebernahme des Kommandos und seine Instruktion für die Franktireurs und Freiwilligen siehe in Beilage.

dem großen Hauptquartier zu warten. Der folgende Tag (27.) sollte zu größeren Rekognoszirungen im Saônethal und gegen Westen zur Klarlegung der Verhältnisse des neu aufgetretenen Feindes verwendet werden, auch den Truppen diese kurze Ruhe Gelegenheit zu bringenden Reparaturen gewähren.

Der Nachschub an Material war bei dem Mangel einer Eisenbahn-Verbindung ein nur langsamer und schwerer. Die Requisition von Schuhwerk in allen bedeutenderen Orten hatte kein erhebliches Resultat geliefert, und so war diese kleine Pause in den größeren Bewegungen den Truppen sehr erwünscht, wenngleich sie nicht allen Theilen zu Gute kommen sollte.

27. Oktober. Von den im Saône- und Doubsthal vorhandenen feindlichen Kräften stellte sich am 27. die Armee de la Côte d'Or (Lavalle) den Rekognoszirungen nach Nord und Westen entgegen. Westlich Autrey fand die Avantgarde des Prinzen Wilhelm (2 Bataillone, 2 Batterien) bei St. Seine l'Eglise den ersten Widerstand; sie warf aber mit der Tête (2 Kompagnien des 2. Grenadier-Regiments und 4 Geschützen der 3. schweren Batterie) unter Major Wolff, den Feind unter eigenen geringen Verlusten in leichtem Gefechte zurück und nahm ihm 60 Gefangene und das Gepäck von 600 Mann, das in dem Hofe des burgähnlichen Schlosses von St. Seine wohlgeordnet zurückgelassen worden, ab. In der rechten Flanke des Prinzen Wilhelm von le Fahy her erscheinende feindliche Abtheilungen wurden leicht zurückgewiesen. Letztere stießen dort mit anderen Flüchtigen zusammen, welche von Auvet her gedrängt wurden, wo ein feindlicher Ueberfall auf einen Theil der Reserve-Kavallerie, 2. Dragoner-Regiment und 10. Kompagnie des Leib-Grenadier-Regiments, versucht, aber in erfolgreichem Gefechte abgewiesen wurde.

Noch stärkeren Feind hatte das Detachement des Oberst Wechmar gefunden.

Zur Besetzung von Essertenne und demnächstiger Rekognoszirung gegen Renève l'Eglise resp. Talmay war das 2. Bataillon des 1. Leib-Grenadier-Regiments nebst ½ Eskadron des 3. Dragoner-Regiments, und ⅓ der 3. leichten Batterie unter Oberst-Lieutenant Hoffmann aus Mantoche vorgegangen. Die von circa 500 Mann vertheidigte Stellung des Feindes nordöstlich Essertenne wurde nach leichtem Gefechte aufgeräumt, der Feind in die Wälder südlich und südwestlich getrieben. Nachdem nun bei der Verfolgung im Walde große Beute an Waffen und Ausrüstungsstücken gemacht und ein Zeltlager für mehrere hundert Mann gefunden worden war, stieß ein in der allgemeinen Richtung auf Jancigny vorgehendes Halbbataillon (5. und 8. Kompagnie) auf eine starke von Talmay auf Renève l'Eglise im Marsche befindliche feindliche Kolonne von ca. 12—1500 Mann, zersprengte in energischem Anlaufe deren Tête und warf diese in die Vingeanne; die Queue der feindlichen Kolonne hatte sich frühzeitig gegen Talmay zurückgewendet, traf aber daselbst auf eine andere inzwischen dorthin vorgegangene Kompagnie (6.), Premier-Lieutenant Ris, der sofort zum Angriff ansetzte. Ihr ergab sich nach wenigen Schüssen die feindliche Abtheilung, da sie sich umschlossen fühlte, im freien Felde in der Stärke von 13 Offizieren 483 Mann.

Bald darauf zeigten sich abermals größere feindliche Abtheilungen, auf ca. 6000 Mann geschätzt, im Marsche von Westen gegen Talmay. Das Detachement konzentrirte sich daher bei Essertenne. Bei eintretender Dunkelheit nahm sodann Oberst Wechmar die Truppen auf Mantoche zurück.

Die Vorposten am linken Saône-Ufer waren nicht mit einem Feinde in Berührung gekommen, Abtheilungen aus Besançon hatten Pin und Marnay wieder besetzt.

Die im Westen so zahlreich, aber ebenso zaghaft aufgetretenen feindlichen Kräfte waren die nach dem Dekret der französischen Regierung vom 4. Oktober aus der mobilisirten Nationalgarde des Côte d'Or-Departements gebildete Armee de la Côte d'Or, welche unter den Befehlen des erwähnten Lavalle*) stand, der als Präsident des Vertheidigungs-Comitees zu Dijon mit dem Titel eines Obersten der Mobilisirten der Côte d'Or mit viel Eifer und Hingebung im Vereine mit Garibaldi das Departement zu vertheidigen versuchte. Ein direktes Eingreifen Garibaldi's hatte nicht stattgefunden. Ebensowenig bestand ein Zusammenhang dieser Operationen mit den von Norden her aufgetretenen Mobilgarden und Franktireurs.

Da die Hauptstellung Lavalle's nach dessen Auftreten am 27. dem diesseitigen linken Flügel gegenüber oder aber seine Hauptkräfte im Vormarsche von Dijon und Pontailler auf Gray anzunehmen waren, so ordnete das General-Kommando für den 28. den Angriff gegen dasselbe mit 3 Brigaden derartig an, daß unter Versagen des

---

*) Die Ordre de Bataille dieser Truppen, soweit sie eruirt werden konnte, siehe in Beilage.

linken Flügels durch ein Vorgehen mit dem rechten der Feind an die Saône gedrängt würde. Die Brigade Degenfeld wurde auf Gray herangezogen.

Die Armee de la Côte d'Or war aber nach Zerstörung der Brücken bei Pontailler und la Marche*) eilig auf Dijon, völlig zersprengt und in Auflösung, ein kleiner Theil auf Auxonne abgezogen und konnte nicht erreicht werden.

Der Vormarsch der Truppen des 14. Armee-Korps gestaltete sich äußerst schwierig, da das durch den Regen aufgeweichte Terrain seitwärts der Straßen nicht betreten werden konnte, und das Wegräumen der theilweise geschickt angebrachten Weg- und Brückenverbarrikadirungen, das Ausfüllen der Straßenabgrabungen und das Aufräumen der Verhaue bei dem aufgeweichten Boden ungemein aufhielt.

Das Korps nahm am Abend Stellung an der Vingeanne, und zwar General Keller in Talmay**), das Detachement Krug in Renève l'Eglise wohin auch das Hauptquartier verlegt wurde, die Kolonne Prinz Wilhelm stand vorgeschoben in Mirebeau sur Bèze, General Degenfeld in Gray, die Reserve-Kavallerie übernachtete in Champagne—Attricourt. Eine Unternehmung von Talmay auf Pontailler kam der späten Abendstunde wegen nicht mehr zur Ausführung. Die Eisenbahnbrücken bei Gray und Seveux wurden zerstört.

Die allgemeine Situation war jetzt folgende:

Das 14. Armee-Korps stand an der Vingeanne konzentrirt und hielt Verbindung über Port sur Saône auf Epinal, mit 23 Bataillonen, 20 Eskadrons, 72 Geschützen. Vor der Front desselben stand die Armee de la Côte d'Or; im Süden zunächst machte sich die Festung Auxonne geltend mit einer Besatzung von ca. 2000 Mann und einer von der Lyoner Armee entsendeten Brigade unter Oberst Fauconnet von etwa 3000 Mann nebst einigen Geschützen; in der Gegend von Pesmes standen verschiedene kleinere Abtheilungen unter Oberst Bourras, die sehr thätig waren; in Dôle, auf 6 Meilen herantretend, das Korps Garibaldi's 10,000 Mann stark; in Be-

---

*) Die Garibaldianer behaupteten, aus diesem Grunde nicht im Stande gewesen zu sein, später bei der Vertheidigung von Dijon direkt mitzuwirken.

**) Das 1. Bataillon des 6. Regiments nebst der Eskadron des 3. Dragoner-Regiments, welche in Epinal gestanden, waren am 27. bei der Brigade wieder eingetroffen; ebenso das Detachement Osten Sacken bei der Kolonne Krug eingerückt.

fançon, 6 Meilen von Gray, das Korps Cambriels, ohne die Besatzung der Festung auf 30,000 Mann gerechnet, mit ca. 50 Geschützen; in der rechten Flanke, 7 Meilen von Gray, 9 Meilen von Vesoul, 12½ Meilen von Epinal, die Festung Langres mit ca. 6000, im Rücken 7—8 Meilen von Vesoul Belfort mit ca. 10,000 Mann Besatzung; das ganze Gebiet insurgirt.

Da aus dem großen Hauptquartier noch immer eine Nachricht auf die in verschiedenen Telegrammen geltend gemachten Bedenken gegen den Weitermarsch auf Nevers nicht eingegangen war,*) und das Korps Cambriels noch am 27. in der alten Stellung bei Befançon gefühlt wurde,**) so gedachte das General-Kommando, in Ausführung des weiteren Vormarsches westwärts, zunächst den bei Dijon vermutheten Feind zu zersprengen, und so dahin vorzurücken, daß diese Stadt am 30. bei guter Tageszeit genommen werden könnte. Auch die übrigen zum Marsche durch die Côte d'Or nöthigen Vorbereitungen wurden eingeleitet; die Befehle zum Abbruch der Verbindungen mit Epinal erlassen, und in einem durch Ordonnanz von Station zu Station zu befördernden Telegramm an General Moltke der Weitermarsch des Korps angezeigt und Auskunft über Lage desselben und Stellung des Feindes gegeben.

Die Befehle für den 29. zum Aufmarsch hinter der Tille auf der Linie Biévigne, Beire le Châtel und Arc sur Tille waren schon expedirt, als in der Nacht ein Feldjäger aus dem großen Hauptquartier eintraf mit Direktiven vom 23., die dem Korps neue Ziele setzten. —

Das 14. Armee-Korps hatte in den Tagen vom 5. zum 28. Oktober nach Ueberschreiten der Vogesen die Departements des Vosges und de la Haute Saône von den feindlichen Neuformationen unter fast täglichen Gefechten gesäubert; den besten Theil des Korps Cambriels im freien Felde und Theile des wiederformirten und versammelten Korps dieses Generals fast unter den Mauern von Be-

*) Ein Telegramm des General Moltke vom 23., das dem Korps neue Aufgaben stellte, und ein solches vom 24., welches „das Weitervorgehen westlich vorerst von hierzu einladenden feindlichen Bewegungen abhängig machte, war, wegen Unterbrechung der Verbindung in der Gegend von Luxeuil, dem General Werder nicht zugegangen.
**) Die Unthätigkeit des Generals Cambriels erklärt sich theilweise durch eine schwere Kopfwunde desselben, die ihn auch veranlaßte, am 29. sein Kommando niederzulegen.

sançon geschlagen, die Departements entwaffnet und der Neuorgani=
sation entzogen. Nach der Besetzung des Saônethals bei Gray wurde so=
dann die Armee des Côte d'Or=Departements zersprengt; General
Werder stand vor den Thoren von Dijon.

Der Feind hatte ca. 1400 Gefangene verloren; viel bedeutender
war sein Verlust an Todten und Verwundeten. Das 14. Korps
hatte etwas über 700 Mann eingebüßt.

Trotz der Bewegung zwischen den nahe herantretenden Festungen
Belfort, Besançon, Auxonne und Langres war es von der Führung
verstanden worden, mit möglichster Schonung der Truppen einen aus=
giebigen Sicherheitsdienst zu unterhalten, und, bei aller Berücksichti=
gung der Verhältnisse des Feindes und des feindlichen Landes, die
die grundsätzliche Unterbringung auch der letzten Sicherungs=Abthei=
lungen unter Dach und Fach zu ermöglichen. Die Vereinfachung des
Vorpostendienstes wurde dadurch erreicht, daß die Kantonnements enge
belegt wurden; an allen Ausgängen standen kleine Wachen; stärkere
Posten wurden in einzeln liegende Häuser oder Gehöfte vorgeschoben,
und durch einen lebhaften Patrouillen=Gang zwischen diesen Außen=
posten unter sich und von ihnen vorwärts gegen den Feind die volle
Sicherheit der ruhenden Truppen gewonnen.

Der Sicherheitsdienst auf weitere Strecken und damit verbunden
der Kundschaftsdienst wurde von der mit Chassepots und allen brauch=
rauchbaren Büchsen bewaffneten Kavallerie*) mit großem Eifer und
gutem Erfolg versehen. Das Pferdematerial hielt sich im Allgemei=
nen vorzüglich.

Die Verpflegung bot an sich keine zu großen Schwierigkeiten.

Die Requisition und demnächstige ordnungsmäßige Verthei=
lung der requirirten Verpflegungsmittel wurde im Interesse der
Disziplin, wie auch der gleichmäßigen Ernährung wegen als
beste Methode anerkannt; von der Verpflegung durch den Wirth
wurde abgesehen; für irgendwie stationäre Verhältnisse, selbst bei
kleinen Detachements, empfahl sich statt des Selbsteintreibens das
Ausschreiben von Lieferungen nach den Prozenten der Kopfzahl auf
die Dörfer rc. vertheilt, in deren Rayon die Detachements rc. stan=
den. Diese für die Disziplin der Truppen wie für die Sicherheit
der Einwohner der gewöhnlichen Requisition weit vorzuziehende Art

---

*) Die Kolbenpistolen der Badischen Dragoner=Regimenter waren nur auf
nahe Distanzen brauchbar; die Zündnadelkarabiner für die Preußischen Reserve=
Kavallerie=Regimenter des Armee=Korps kamen erst Mitte November zur Ausgabe.

der Sicherstellung der Verpflegung fand auch wegen der gerechteren Vertheilung der Last die freudige Zustimmung der Gemeinden. Die Lieferungen mußten aber trotzdem meist durch Detachements eingeholt werden, weil die Gemeinde-Vorsteher die Abfuhr derselben ohne das Gepränge eines Zwanges, der späteren etwaigen Folgen wegen, nicht gestatten konnten. Aus denselben Gründen hatten auch Lieferungsausschreibungen gegen sofortige Bezahlung keinen erheblichen Erfolg.

Diese selbstständige Versorgung der Truppen mit Lebensmitteln bewährte sich vortrefflich und ihr Werth wurde noch dadurch erhöht, daß im Innern der Truppenkörper eigene Bäcker- und Schlächterabtheilungen formirt waren.

Da auf diese Weise die Verpflegung eine gute war, so herrschte im 14. Korps auch ein günstiges Verhältniß des Krankenstandes. Während der Belagerung von Straßburg hatten in Folge der großen Anstrengungen des Trancheedienstes im Zusammenhang mit dem Witterungs-Charakter der Monate August und September Ruhr und Typhus in erheblicher Zahl und auf ernste Weise die Lazarethe gefüllt. Sobald aus dem Stillliegen zum frischen Bewegungskrieg übergegangen wurde, besserte sich auch der Gesundheitszustand bei den günstigen Verpflegungs-Verhältnissen, trotz der großen Strapazen, der vielen Nässe, und der ununterbrochenen Aktion, ganz entschieden. Der Prozentsatz der Kranken erreichte zu dieser Zeit die Höhe der Friedensgarnison bei Weitem nicht.

III. Kapitel.

Operationen im Saônethal unter Festhalten des Gebietes von Dijon und Vesoul.

Durch die bereits oben angeführte neue Direktive vom 23., welche ein Feldjäger in der Nacht zum 29. Oktober überbrachte, wurde General Werder benachrichtigt, daß der Fall von Metz nahe bevorstehe und daß alsdann die II. Armee den Vormarsch über Troyes gegen die Loire antreten würde. (Vgl. Blume S. 89.)

„Die Euer Excellenz bisher gestellte Aufgabe," heißt es in dem Schreiben weiter, „erhält hierdurch, wie bereits in einem Telegramm vom heutigen Tage *) angedeutet, eine Veränderung dahin, daß das 14. Armee-Korps (welchem die 1. und 4. Reserve-Division unter- stellt werden, während die Garde-Landwehr-Division vorläufig aus- scheidet) die Einschließung und demnächstige Belagerung von Schlett- stadt, Neu-Breisach und Belfort auszuführen, den Elsaß und die linke Flanke der II. Armee zu decken, und vor seiner eigenen Front die der eigenen Stärke angemessenen feindlichen Kräfte zu fesseln hat.

Das Armee-Korps wird hiernach, so lange der Feind starke Kräfte bei Besançon versammelt hält, mit den jetzt schon unter Euer Excellenz Befehl vereinigten Truppen hauptsächlich bei Vesoul stehen, Dijon stark besetzen und sich gegen Langres, Besançon und Belfort sichern.

Die nunmehr selbstständig zu deckenden Verbindungen des Korps werden wieder über Epinal zu führen sein, und sind die Herstellungs- Arbeiten an der Eisenbahn Blainville—Epinal—Vesoul thunlichst zu fördern, auch die Bahnstrecke Vesoul—Dijon möglichst gegen feind- liche Zerstörungen zu sichern.

Zur Offensive gegen schwächere feindliche Abtheilungen vorzu- gehen, werden Euer Excellenz nicht zögern; namentlich ist bis zur Einschließung von Belfort durch die 1. Reserve-Division, welche kaum vor dem 6. November dort eintreffen kann, jene Festung stark zu beobachten, und die etwa von ihr aus beabsichtigte Organisation eines Guerillakrieges gegen die Vogesen und den obern Elsaß zu hindern. Es kann unter diesen Umständen selbst eine Verwendung erheblicher Streitkräfte gegen Belfort erforderlich werden."

Hieran reihte sich das Ersuchen an General Werder, auch Seine Königliche Hoheit den Prinzen Friedrich Karl in fort- laufender Kenntniß seiner Operationen zu halten, „deren weiterer Ausdehnung nach Süden hin," fährt die Direktive fort, „auch über Besançon hinaus Nichts im Wege steht, sobald die Verhältnisse dies ohne Beeinträchtigung der Euer Excellenz in erster Linie gestellten Aufgaben gestatten.

Mit den General-Gouvernements in Elsaß-Lothringen und zu

---

*) Kam erst am 3. November in die Hände des Generals Werder.

Rheims wollen Euer Excellenz gleichfalls in unausgesetzter Verbindung bleiben, da der Stand Ihrer Operationen einen wesentlichen Einfluß auf die Organisation jener Landstriche übt."

Von den hiernach gestellten Aufgaben an das Korps und die neu unterstellten Abtheilungen war indessen ein Theil schon gelöst, ein Theil in günstiger Lösung begriffen.

General-Major Schmeling hatte zunächst nach dem Uebergang über den Rhein die Cernirung von Neu-Breisach und Schlettstadt begonnen. Ein Detachement (2 Bataillone, 2 Eskadrons, 1 Batterie) unter Oberst Loos durchstreifte von Colmar aus den Süd-Elsaß mit fliegenden Kolonnen zur Entwaffnung der Einwohner und zur Zerstreuung der da und dort sich bildenden Franktireurs-Banden.

Um die Belagerung jeder einzelnen der zwei Festungen mit dem gehörigen Nachdruck durchführen zu können, wandte sich hierauf General Schmeling, unter Zurücklassung eines Cernirungs-Detachements vor Neu-Breisach, zunächst gegen Schlettstadt am 17. Oktober und begann, verstärkt durch ein Detachement der 1. Reserve-Division (2 Bataillone, 1 Batterie, 1 Eskadron), die Belagerung.

Das Hauptquartier kam nach Kinzheim.

In der Nacht vom 22. zum 23. Oktober wurde die erste Parallele gegen die Festung eröffnet. Das Feuer der Angriffsbatterien wirkte so gut, daß schon am 24. die Besatzung kapitulirte. 2400 Mann und 120 Geschütze wurden übergeben.

General Schmeling wandte sich sofort gegen Neu-Breisach. Das Hauptquartier wurde am 27. Oktober nach Kuhnheim, an der Straße nach Straßburg, verlegt; die vor Schlettstadt disponibel gewordenen Truppen und der Belagerungs-Train wurden zum Angriff herangezogen.*)

---

*) Dislokation der 4. Reserve-Division:
1) vor Neu-Breisach: 1 Linien-Bataillon,
              10 Landwehr-Bataillone,
              2 Eskadrons,
              $3\frac{2}{3}$ Batterien,
              12 Festungs-Artillerie-Kompagnien,
              5   „   Pionier-   „
2) Zur Verbindung mit der 1. Reserve-Division und Beobachtung der Vogesen:
              1 Linien-Bataillon,
              2 Eskadrons,
              $\frac{1}{3}$ Batterie,

Die erste Reserve-Division unter General-Lieutenant Tresckow stand noch als Besatzung um Straßburg. Zu ihrer Ablösung und um sie zur Okkupirung des Süd-Elsaßes und für die Belagerung von Belfort frei zu machen, waren aber durch Befehl vom 17. Oktober 12 Landwehr-Bataillone vom Reserve-Korps bei Glogau, 2 Reserve-Eskadrons und 2 Reserve-Batterien in Marsch auf Straßburg gesetzt worden. Nach Maßgabe des Eintreffens dieser Truppentheile sollte General Tresckow seine Division (15 Bataillone, 4 Eskadrons, 3 Batterien) bei Colmar konzentriren. —

Die den Kräften des bisherigen 14. Armee-Korps verbleibenden Aufgaben schienen dem General Werder bei der dadurch nöthigen Zersplitterung derselben und bei der ganzen Lage der Verhältnisse eine gleichzeitige Ausführung nicht zu ermöglichen. Er beschloß, um denselben vielleicht nach und nach gerecht werden zu können, zunächst das Korps mit den Hauptkräften um Vesoul zu konzentriren, Belfort von hier aus zu beobachten, resp. einzuschließen, und mit 2 Brigaden das Festhalten von Gray und die Sicherung gegen Besançon und den Ognon zu versuchen. Die Besetzung von Dijon wurde für einen späteren günstigeren Zeitpunkt vorbehalten, wenn die flüssig gewordenen Kräfte der 1. und 4. Reserve-Division das Korps zum Festhalten der gewonnenen Erfolge fähig gemacht haben würden.

Demnach wurden in der Frühe des 29. die zum Weitermarsch auf Dijon gegebenen Befehle sistirt und die Truppen angewiesen, stehen zu bleiben. Am 30. sollte das ganze Korps zurückmarschiren und zwar General Degenfeld mit allen Gefangenen, Kranken, den Munitions-Kolonnen ꝛc. auf Lavoncourt, um am 31. unter Festhalten von Port und Scey sur Saône Vesoul zu besetzen; die übrigen Brigaden sollten am 30. Gray, die Reserve-Kavallerie Dampierre sur Salon erreichen. Die abermalige Basirung auf Epinal wurde wieder eingeleitet, und sämmtliche Kolonnen und Branchen dahin beordert. Oberst Bayer besetzte zur Aufrechterhaltung der Verbindung St. Loup; Verpflegungsvorbereitungen für das Korps wurden in Vesoul angeordnet. — Diese Tage sollten aber der Wechselfälle noch mehrere bringen. Nachdem die neue Situation völlig durchgearbeitet, alle Benachrich-

---

3) An die 1. Reserve-Division abgegeben:

1 Linien-
2 Landwehr- } Bataillone.
2 Batterien,
4 Eskadrons,

tigungen und Details erledigt waren, traf Abends 5 Uhr eine Mel=
dung des Prinzen Wilhelm ein, nach welcher eine auf Dijon vor=
getriebene Kavallerie=Patrouille, Rittmeister Stehberger vom 3.
Dragoner=Regiment, die Straße nach Dijon völlig frei gefunden
hatte. An den ersten Häusern der Stadt war die Patrouille
zwar beschossen worden; mitgenommene Geißeln behaupteten aber,
was auch mit dem Augenscheine übereinstimmte, daß Dijon nicht die
Absicht habe, sich zu vertheidigen; die Schanzarbeiten seien eingestellt,
die Gewehre der Nationalgarde den Behörden ausgeliefert, und die
als Besatzung vorhanden gewesenen Mobilgarden auf Lyon abmarschirt.

Dijon konnte, wie es schien, wenn rasch zugegriffen wurde, ohne
jegliches Opfer genommen werden, was in späterer Zeit und wenn
das Korps sich erst weiter rückwärts aufgestellt, als nicht wahrschein=
lich anzunehmen war. Der Besitz der Stadt war politisch immerhin
von Bedeutung; die materiellen Bedürfnisse des Korps konnten leicht
daselbst nach allen Richtungen befriedigt werden. Auch mußte die in
der Aufstellung deutscher Truppen in Dijon liegende Bedrohung der
Straßen nach dem Süden, sowie die Okkupirung der Eisenbahn läh=
mend auf die französischen Operationen wirken.*)

Die Führung verhehlte sich nicht, daß bis zum Eintreffen der
4. Reserve=Division die Wirkung des Korps bei seiner Zersplitterung
eine weniger eingreifende werden mußte und die Besatzung von Dijon
einer schwierigen Aufgabe entgegen ging. Man hatte aber auf an=
derer Seite die Hoffnung, daß die bereits ausgetheilten effektvollen
Stöße auf 8—14 Tage noch Ruhe im Gefolge haben würden. Be=
günstigt wurde übrigens diese Situation dadurch, daß die Saône nach
Abbruch der Brücken wenigstens gegen Besançon einige Sicherheit
gewährte; Gray wurde als Haupt=Etappe stark zu besetzen beabsichtigt.

Auch die zweiten neu ausgegebenen Befehle für den 30. mußten
demnach sistirt und die Disposition nach der veränderten Sachlage
(zum dritten Male in 24 Stunden) abgeändert werden. General
Werder entschied sich dahin, daß nunmehr die Kolonnen Degen=

---

*) Nach französischen Angaben soll die Besetzung von Dijon in General
Michel, dem Nachfolger des Generals Cambriels im Kommando der Region
de l'Est, die Besorgniß, daß er vom Süden abgedrängt werden könne, erregt,
und er deshalb beabsichtigt haben, nach Lyon abzumarschiren. Ebenso hat später im
Saônethal das Erscheinen kleiner von General Beyer später aus Dijon ent=
sendeter Detachements eine förmliche Panik erzeugt, die sich bis Lyon fort=
pflanzte und die Entsendung von Truppen auf Chagny veranlaßte.

feld und Krug auf dem bezeichneten Marsche in der Richtung auf Vesoul im Allgemeinen belassen werden, Prinz Wilhelm und General-Major Keller unter Befehl des General-Lieutenants Beyer dagegen Dijon besetzen sollten.

Das Gefecht bei Dijon.

30. Oktober. Der kommandirende General hatte am Morgen des 30. mit dem General-Lieutenant Beyer über die ganze Situation noch nähere Rücksprache in Renève l'Eglise genommen, und letzterem aufgegeben, daß, wenn Dijon dennoch besetzt sei, die Brigaden an der Tille mit den Vorposten und in Mirebeau sur Bèze mit dem Gros stehen bleiben sollten.

Die befohlenen Bewegungen des Korps begannen am 30. früh. Die Kolonne Degenfeld erreichte Lavoncourt. Das General-Kommando mit der Kolonne Krug traf in Gray ein.

General Beyer stieß jedoch mit der an der Tête marschirenden Brigade Prinz Wilhelm (4¾ Bataillone,*) das 2. Dragoner- und 2 Eskadrons des 3. Dragoner-Regiments, die 2. leichte, 3. leichte und ⅔ der 3. schweren Batterie*) schon jenseits Arc sur Tille auf feindlichen Widerstand.

In Folge einer Arbeiteremeute waren die Behörden von Dijon zur Vertheidigung der Stadt gezwungen worden.

In der Nacht zum 30. wurden von Beaune, Auxonne und Langres, theilweise mit der Eisenbahn, Truppen herbeigezogen, 3 Linien-, 5—8 Mobilgarden-Bataillone, 1 Jäger-Kompagnie, in Summa 8000—10000 Mann. Die Nationalgarde der Stadt, die Bürgerwehr und auch die übrige fanatisirte Bevölkerung schloß sich den Truppen thatkräftig an. Den Oberbefehl**) führte Oberst Fauconnet, Kommandeur der von der Armee von Lyon auf Pesmes und Auxonne dirigirten Streitkräfte, der seit 24. Oktober mit einem Detachement von 3000 Mann bei Auxonne gestanden hatte. Auch das Kommando der Armee de la Côte d'Or hatte Lavalle diesem abgetreten. Mit den

---

*) Das Füsilier-Bataillon des 2. Grenadier-Regiments mit ⅓ der 3. schweren Batterie stand in St. Seine, eine Kompagnie des Leib-Grenadier-Regiments, die zur Reserve-Kavallerie detachirt gewesen, war noch nicht herangekommen. Die Letztere war als selbstständiger Körper wieder aufgelöst worden.

**) Eine Ordre de Bataille der bei Dijon im Gefechte gestandenen französischen Truppen, soweit solche zu ermitteln war, siehe in Beilage.

Truppen schlossen die Behörden eine Art Vertrag ab, wonach jene sich verpflichteten, die Stadt selbst nicht zum Kampfplatze werden zu lassen. Daher suchten dieselben auch die ersten Widerstandspunkte östlich der Stadt, und diese ihre Absicht führte im Laufe des Gefechtes und gegen Abend zu Bewegungen gegen die Flanken der deutschen Truppen.

Die Vortruppen des Oberst Fauconnet, ca. 1 Bataillon stark, standen über Varois gegen Orgeux und Arcelot resp. Arc sur Tille vorgeschoben. Der Kommandirende selbst rekognoszirte den Anmarsch des Generals Beyer von der Höhe bei Varois aus.

Nachdem die Avantgarde des Prinzen Wilhelm (5 Kompagnien des 1. Leib-Grenadier-Regiments, 1 Eskadron des 3. Dragoner-Regiments und die 2. leichte Batterie) unter Oberst Wechmar den Norgesbach erreicht, ließ letzterer die Batterie (Hauptmann Leiningen) nördlich der Straße hinter dem Bache auffahren und das Feuer gegen Varois und die Straße Varois—Arcelot eröffnen; eine Kompagnie wurde gegen Orgeux, eine weitere gegen Couternou vorgesandt; ersterer folgte, als eine feindliche Kolonne bei Chaignot sichtbar wurde, ein Bataillon des 2. Grenadier-Regiments aus dem Gros.

Nach einigen wirksamen Schüssen der Batterie zog aber Oberst Fauconnet seine Abtheilungen gegen Varois zusammen und replirte gegen St. Apollinaire.

Dieses Dorf liegt etwas unterhalb des Kammes an dem Ostabhange des langen Höhenrückens, der den Raum zwischen dem Bâmont- und Suzonbache ausfüllt; die Ostlisiere wird durch mehrere massive Mauern, die eine fast zusammenhängende Front bilden, äußerst stark; ein vorliegendes ummauertes Gehöft bietet einer ersten Vertheidigung einen guten Stützpunkt. Die hohen Heu-, Stroh- und Fruchthaufen, die zu beiden Seiten der Straße noch im Felde standen, vor Allem aber die angefangenen Feldverschanzungen auf der Höhe gewährten den feindlichen Schützen sichere Deckung.

Um $^3/_4$12 Uhr vor St. Apollinaire eingetroffen, ging Oberst Wechmar mit der Infanterie der Avantgarde (Major Gemmingen) sofort zum Angriffe über; er entriß nach kurzem, aber heftigem Feuer dem Feinde das Dorf und setzte sich, kräftigst unterstützt von der Batterie, trotz energischer Gegenwehr des Feindes bis gegen $^1/_2$1 Uhr in den Besitz der Höhe.

Ein Sonnenblick beleuchtete die unten liegende stolze alte Haupt=
stadt Burgunds; düster stiegen die hohen Kegel Talant und Fontaine
dahinter auf, während nach Nord und Süd auf den weinreichen
Hängen der Côte d'Or die weißen Dörfer wie Bildwerk sich von dem
dunkeln Hintergrunde abhoben. Ein reges Leben herrschte in der
Stadt und in den Villen und Gehöften vorwärts derselben; die alten
Wälle, die Gärten längs des Suzonbaches, und der Bahneinschnitt
waren dicht besetzt; ein Bahnzug dampfte von Süden gegen die Stadt
heran.

Zwar hatte der feindliche Widerstand bereits eine harte Einbuße
erlitten; Oberst Fauconnet war bei der Vertheidigung der Höhen
von St. Apollinaire schwer verwundet worden. Jenseits der Höhe
aber hatten die französischen Hauptkräfte in den großen Gehöften,
wie in dem außerordentlich günstigen Rebgelände, und gestützt auf
eine große Barrikade auf der Straße Gray—Dijon, an der Nordostecke,
des Montmusard und an diesem selbst festen Fuß gefaßt.

Oberst Wechmar entwickelte nach und nach die sämmtlichen
Kompagnien seines Regiments (elf) in der ersten Gefechts=Linie; ein
Halbbataillon war zur Deckung der linken Flanke über Quétigny auf
Mirande entsendet. 2 Batterien (Leiningen und Holtz) fuhren
südlich, 1 Batterie (Hecht) nördlich St. Apollinaire auf. Die 2 Ba=
taillone des 2. Grenadier=Regiments hielt Prinz Wilhelm als zweites
Treffen zur Deckung der Batterien und gegen die auf beiden Flanken
unternommenen Flankirungs=Versuche des Feindes zurück, während
die Kavallerie auf beiden Flügeln selbst Umgehungen vorzubereiten
begann.

Als das Gefecht immer ernstlicher und heftiger geworden, hatte
General Beyer der Brigade Keller Befehl zugehen lassen, ihren
Marsch zu beschleunigen und die Artillerie im Trab vorzuschicken.
General Keller sollte der ursprünglichen Absicht gemäß von Talmay
über Etevaux und Binges marschiren. Die zweifelhafte Passirbarkeit
dieser Straße ließ aber davon absehen; die Brigade wurde über
Renève l'Eglise und Mirebeau dirigirt, und konnte deshalb trotz aller
Anstrengung auf den sehr schlechten Wegen mit der Infanterie erst
gegen Abend auf dem Gefechtsfelde eintreffen.

Hart am Feinde drängten indeß trotz der mühsamen Bewegung
in dem aufgeweichten Ackerboden die Kompagnien des Leib=Grenadier=
Regiments, trefflich unterstützt von den Batterien, weiter gegen die
Stadt hinab.

5*

Am rechten Flügel nördlich der Straße wurde die Barrikade beim Montmusard erstürmt; eine sich entwickelnde feindliche Infanterie-Abtheilung, ca. 3 Kompagnien, und eine kleine Abtheilung Kavallerie*), ca. 30 Pferde, geriethen in das Salvenfeuer der Kompagnien, und wichen nach der Stadt zurück; ein kleiner feindlicher Vorstoß aus der Richtung von Pouilly her gegen den rechten Flügel wurde leicht abgewiesen; unaufhaltsam drückten die Kompagnien vorwärts, und setzten sich in den großen Gehöften diesseits des Suzon-Baches fest, wo eine bedeutende Zahl Gefangene gemacht wurden.

Mit gleicher Heftigkeit hatte der Feind südlich der Straße sich geschlagen; ein Vorstoß desselben um 2 Uhr gegen den linken Flügel des Oberst Wechmar mit etwa 3 Kompagnien von der Höhe bei Mirande herab konnte nur mühsam abgewiesen werden; eine vom Feinde besetzte kleine Anhöhe in den Weinbergen mußte unter Beihilfe des aus Mirande herankommenden Halbbataillons förmlich gestürmt werden. Doch auch hier drangen die Kompagnien in frischem Zuge gegen und in die Stadt vor.

An der Lisiere aber entspann sich nun von 3 Uhr ab ein erbitterter Kampf. Der Feind stand wohl gedeckt hinter zahlreichen Barrikaden und in den verrammelten Häusern und unterhielt jetzt, wesentlich verstärkt durch die Nationalgarde der Stadt, der sich viele der mit Waffen und Munition versehenen übrigen Einwohner und selbst Weiber angeschlossen, den Kampf auf das Kräftigste. Von Haus zu Haus, von Mauer zu Mauer, drangen aber die deutschen Abtheilungen trotz der sich mehrenden Verluste in der Lisiere vor und setzten sich theilweise in den Faubourgs St. Nicolas und St. Michel, und theilweise in den inneren Stadttheilen fest.

Während dieses Anlaufes der Infanterie waren auch die Batterien der Brigade Keller (1. leichte, 1. und 2. schwere Batterie) unter Bedeckung von 2 Eskadrons des 3. Dragoner-Regiments auf dem Gefechtsfelde erschienen und westlich auf der Höhe bei St. Apollinaire und südlich des Montmusard aufgefahren, so daß jetzt 34 Geschütze disponibel waren, deren Feuer aber durch die vordringende Infanterie bald maskirt wurde. Ein Bombardement der Stadt, bevor die Infanterie sich so fest an der Lisiere verbissen hatte, war wohl wegen der von dem kommandirenden General mündlich empfohlenen

---

*) Es hat sich nicht aufklären lassen, ob dies Ordonnanzen 2c. waren, oder eine Abtheilung der Kavallerie des Korps Lavalle unter Bresson und Girard.

möglichsten Schonung der Stadt und Rücksichtsnahme auf die Artil=
lerie=Munition*) nicht unternommen worden, obgleich ein solches, bei
der sehr ungünstigen Lage der Stadt gegenüber einem im Besitz der
Höhen von St. Apollinaire befindlichen Gegner, großen Erfolg
haben mußte.

Es war ¹/₂5 Uhr vorüber und begann zu dunkeln.
Sämmtliche Bataillone der Brigade Prinz Wilhelm standen im
Gefechte. Die Lage der in die Stadt eingedrungenen Abtheilungen
war, bei der schnell hereinbrechenden Dunkelheit und Angesichts der
Größe der Stadt, eine nicht unbedenkliche; auch die feindlichen Bewe=
gungen aus der Flanke mußten Vorsicht gebieten.

So stieß ein Halbbataillon des 2. Grenadier=Regiments (6.
und 7. Kompagnie unter Hauptmann St. Ange, das vom rechten
Flügel gegen die Straße von Langres und die Nordeingänge von
Dijon vorging, im Thalgrunde in der Dunkelheit überraschend auf
nächste Nähe mit einem von Norden anmarschirenden feindlichen Ba=
taillon zusammen. Letzteres ging unter wüstem Geschrei der Mann=
schaften sofort gegen die Grenadiere vor, wurde aber nach kurzem
heftigem Feuergefechte durch einen entschlossenen Gegenangriff von
dem Halbbataillon zurückgeworfen. Durch die Straßen der Stadt
tobte der Kampf weiter.

Obgleich nunmehr auch die Infanterie der Brigade Keller her=
angekommen und das 5. Regiment von Varois über Quétigny gegen
den feindlichen rechten Flügel, das 6. (2 Bataillone) als Reserve nach
St. Apollinaire gezogen war, beschloß General Beyer den Straßen=
kampf abzubrechen und die eingedrungene Infanterie aus der Stadt
und von der Lisiere zurückzunehmen.

Zwar belebte sich sofort wieder das feindliche Feuer auf allen
Punkten; das schwierige Manöver des Abzuges wurde aber mit vie=
ler Ordnung, wenngleich unter schweren Verlusten, ausgeführt; nicht
ein einziger unverwundeter Gefangener blieb in der Stadt zurück.
Durch das zur Deckung des Abzuges der Infanterie sofort eröffnete
Artilleriefeuer geriethen einige Häuser der Stadt in Brand.

General Beyer beabsichtigte, am 31. frühbeide Brigaden auf
den Höhen von St. Apollinaire gefechtsbereit aufzustellen, und event.
sodann die Stadt zu bombardiren.

---

*) Wir erinnern daran, daß die Trains und Munitions=Kolonnen noch in
Epinal resp. auf dem Marsche nach Châlons sur Marne waren.

Prinz Wilhelm nahm Stellung bei St. Apollinaire und Varois, der Divisionsstab blieb in Varois; die Brigade Keller in Quétigny. Von Abtheilungen dieser letzteren wurde noch in der Nacht auf Befehl der Division auf der Südseite der Stadt Stellung genommen und die Bahnhofeinrichtungen im Westen der Stadt resp. die Bahnlinien nach Lyon und Auxonne zerstört. Die letzten Truppen des 5. Infanterie-Regiments (Bataillon Röder) kamen um 3 Uhr früh in die Kantonnements.

Diese Abtheilungen hatten eine bedeutende physische Leistung gemacht; sie waren fast volle 24 Stunden, ohne abzukochen, auf den Beinen gewesen, hatten hierbei auf den schlechten Wegen einen Marsch von stark 9 Stunden zurückgelegt, dem Gefechte zum Schluß angewohnt und waren sodann gegen die Bahnlinie vorgegangen. Nach wenig Stunden Ruhe marschirten dieselben aber den anderen Tag in guter Haltung in Dijon ein.

Auf die erste Meldung über das Gefecht und das Engagement der Truppen vor Dijon, die um 10 Uhr Abends in Gray eintraf, hatte das General-Kommando den Major Grolman vom Generalstab mit einer mündlichen Instruktion an General Beyer entsendet, „wonach letzterer sich nunmehr nach eigenem Ermessen in den Besitz von Dijon setzen sollte, falls dies ohne bedeutende Verluste und ohne Straßenkampf geschehen könne. Hierzu solle hauptsächlich nur die Artillerie verwendet werden. Träte der Feind mit zu überlegenen Kräften auf, so solle er sich auf Mirebeau zurückziehen," wohin auch zur sofortigen Verstärkung 2 Batterien der Kolonne Krug unter Major Ullrich und 2 Eskadrons des 2. Reserve-Dragoner-Regiments noch in der Nacht entsendet wurden. Desgleichen wurde ein Feld-Lazareth auf Mirebeau instradirt. An den weiteren Entschlüssen änderte General Werder im Großen Nichts mehr; der Marsch auf Besoul sollte dennoch fortgesetzt werden; doch wurde beschlossen, zunächst am 31. für alle Eventualitäten mit der Kolonne Krug in Gray stehen zu bleiben.

Indeß waren bei General Beyer in Varois um 3³/₄ Uhr in der Nacht Abgeordnete von Dijon erschienen und hatten um Schonung der Stadt gebeten. Es wurde unter Annahme der von General Beyer gestellten Bedingungen eine Konvention*) abgeschlossen und Dijon am 31. Oktober gegen Mittag von den deutschen Trup-

---

*) Siehe Beilage.

pen beſetzt. General Beyer ſchlug das Hauptquartier in der Prä=
fektur auf.

Die feindlichen Streitkräfte waren, von den Behörden und
einem Theil der Bevölkerung gedrängt, in der Nacht, hauptſächlich
nach Süden und gegen Auxonne, abgezogen.

Die Verluſte des Generals Beyer am 30., größtentheils der
Brigade Prinz Wilhelm zufallend, waren beträchtlich; 10 Offiziere,
258 Mann todt und verwundet*). Der feindliche Verluſt**) läßt ſich
nur annähernd angeben, da franzöſiſche Angaben fehlen, die Zahl der
verwundeten Bürger ſich aber ſelbſt der Schätzung entzog. Von ge=
fallenen Soldaten wurden beim Einzug der Truppen auf 2 Plätzen
zuſammengetragen gefunden 126 reſp. 32; von der Bürgerſchaft ſollen
gegen 50 geblieben ſein; giebt zuſammen 208 Todte. An Gefan=
genen wurden eingebracht 1 Offizier, 102 Mann.

Die Beerdigung des tapfern, bald nach ſeiner Verwundung ge=
ſtorbenen Oberſt Fauconnet wurde am nächſten Tage in feierlich=
ſter Weiſe nach den Reglements der deutſchen Armee von den Trup=
pen vollzogen, und es durften hierbei die Nationalgarde=Offiziere
der Stadt in Uniform erſcheinen.

Die Einnahme von Dijon machte einen großen moraliſchen Ein=
druck in Frankreich. Sie vereitelte die Konzentrirung ſtärkerer feind=
licher Streitkräfte daſelbſt, die, nach den angefangenen umfangreichen
Verſchanzungen zu ſchließen, beabſichtigt war.

Dijon mußte jetzt, einmal beſetzt, nun auch trotz der großen Zer=
ſplitterung der Kräfte des 14. Korps auf weitem Raum, gehalten
werden. Obgleich dem General=Kommando eine offizielle Mittheilung
darüber, ob die Kapitulation von Metz ſchon erfolgt ſei,***) bis jetzt
nicht zugekommen, ſo mußte dieſe doch in einigen Tagen ſtattfinden
und ſo vielleicht einige Kräfte frei machen, um die mißliche Situation
zu beſſern. Eine dringende Veranlaſſung zu einer demnächſtigen Auf=
gabe der Stadt lag zunächſt auch nicht vor; eine ſolche wurde für

---

*) Die Details der Verluſte ſiehe in Beilage.

**) Als Charakteriſtikum iſt anzuführen, daß ein großer Theil der auf dem
Gefechtsfeld liegenden Verwundeten in einem Zuſtand ſtarker Trunkenheit ſich be=
fand.

***) Ein am 31. aufgefangener Brief des bei Marnay angeblich mit einigen
Tauſend Mann ſtehenden Oberſt Bourras an ſeinen Vorpoſten=Kommandeur
ſagte, daß Metz kapitulirt habe. Andere Nachrichten hatte das General=Kommando
nicht, das ſeit 5 Tagen ohne Poſt war.

den Moment ins Auge gefaßt, wenn das fortdauernde Festhalten von
Vesoul mit den jetzigen Kräften oder eine Offensive gegen Dôle und
Garibaldi dies bedingen sollte.

So blieb Dijon durch General Beyer besetzt, während die
Bewegung der übrigen Theile des Korps auf Vesoul ausgeführt
wurde.*)

General Degenfeld erreichte diese Stadt am 31. und besetzte
Port- und Scey fur Saône. Fliegende Kolonnen wurden von hier
entsendet und die Straßen von Langres beobachtet, jedoch nirgends
der Feind gefühlt. Dagegen hatte ein Detachement der Kolonne
Krug (2 Kompagnien und 2 Eskadrons unter Rittmeister Gerlach),
das in Ancier südwestlich Gray stand, einen leichten Zusammenstoß mit
Mobilgarden bei Batterans. Hierbei wurde einer feindlichen berit-
tenen Ordonnanz der oben erwähnte Brief des Oberst Bourras
abgenommen, aus welchem ferner hervorging, daß ein auf Gray
beabsichtigter Ueberfall, weil nicht gehörig unterstützt, und Angesichts
der stärkeren Besetzung dieser Stadt, wieder aufgegeben sei.

Am 2. November erreichte das General-Kommando, über Vau-
concourt, Vesoul; die Kolonne Krug folgte am 3.; in Gray wurde
ein starkes gemischtes Detachement (3 Bataillone, 2 Eskadrons,
1 Batterie) unter Oberst-Lieutenant Nachtigall zurückgelassen.

Zur Verbindung desselben mit Dijon stand ein Detachement des
Generals Beyer (1 Bataillon, 1 Eskadron, 1 Batterie) unter
Oberst Bauer vom 6. Infanterie-Regiment in Mirebeau. In und
um Vesoul verfügte jetzt das General-Kommando über 7 Bataillone,
8 Eskadrons, 5 Batterien.

Sämmtliche Trains und Kolonnen waren wieder herangezogen;
die Verbindung mit Epinal, wo jetzt Etappentruppen als Besatzung
eingetroffen waren, hielt ein Bataillon in St. Loup aufrecht. Die
Sicherung der Etappenstraße von da bis Epinal wurde von den
Etappentruppen übernommen.

Das Korps stand somit wie folgt:

---

*) Eine einheitliche Leitung der französischen Streitkräfte hätte diese Be-
etzung des weiten Gebietes dem General Werder unmöglich gemacht. Man begnügte sich aber feindlicherseits damit, einzelne kleine Demonstrationen an
verschiedenen Punkten auszuführen, und wich jeder ernstlichen Berührung aus.

In Dijon: General-Lieutenant Beyer:	11 Bat.	8 Esk.	6 Batt.
„ Gray: Oberst-Lieut. Nachtigall:	3 „	2 „	1 „
Auf Etappe in Fresnes St. Mamès	— „	2 „	— „
In Vesoul	4 „	6 „	4 „
Um Vesoul	3 „	2 „	— „
In Port= und Scey s. Saône	1 „	— „	1 „
In St. Loup	1 „	— „	— „
zusammen	23 Bat.	20 Esk.	12 Batt.

Wie gleich nach dem Vormarsche des Korps auf Gray um Vesoul wieder zahlreiche Franktireursbanden erschienen waren, die unter Anderm am 26. Oktober bei St. Sauveur die Post überfallen und die in Luxeuil zurückgelassenen Kranken geplündert hatten, so zeigten sich auch jetzt wieder solche Abtheilungen des Feindes auf verschiedenen Straßen. Es waren dies hauptsächlich im Süden die durch den raschen Vormarsch der ersten Reserve-Division auf Belfort aus dem Süd-Elsaß vertriebenen Streifkorps.

Schon am 3. November Abends traf ein Verbindungsdetachement der 1. Reserve-Division (½ Eskadron und ⅓ Kompagnie auf Wagen) unter Major Ohlen u. Adlerskron vom 3. Reserve-Ulanen-Regiment, von Groß-Magny kommend (7½ geograph. Meilen) in Vesoul ein.

Nach Versammlung der 1. Reserve-Division um Colmar hatte General Trescow unter täglichen Gefechten bei Gebersweier (30. Oktober), Gebwiller (31. Oktober), um Cernay und Guevenheim (1. November), bei Rougemont und Petit-Magny (2. November), und bei les Errues am gleichen Tage, die zahlreichen Franktireurs- und Mobilgardenbanden zerstreut und vertrieben.

Bei Petit-Magny fielen dem Detachement Ostrowski (3 Bataillone, 1 Batterie, 1 Eskadron) nach Erstürmung der festen Positionen 400 Tornister mit Zelten, eine Hornmusik, viele Waffen und 25 Gefangene in die Hände; der Feind hatte hier einen Verlust an Todten von 5 Offizieren, 203 Mann. Der Verlust der Division an diesem Tage betrug 18 Mann todt und verwundet.

Noch an demselben Tage begann die Cernirung von Belfort, hauptsächlich von der Nord= und Westseite, zunächst mit 11 Bataillonen, 4 Batterien, 7¼ Eskadrons, darunter 3 Bataillone, 2 Batterien, 3¼ Eskadrons von der 4. Reserve-Division.

Das Hauptquartier wurde in les Errues etablirt.

Bei der Schwäche dieser Truppen gegenüber der starken Besatzung und Angesichts der zahlreichen ringsum stehenden feindlichen Abtheilungen, konnte die Cernirung zunächst nicht sehr dicht sein, doch wurde dieselbe bei der Wichtigkeit der Sache sofort ins Werk gesetzt.

Den Cernirungskreis bildeten die Orte Sermamagny, Chalonvillars, Banvillard, Sevenans, Bezelois, Chêvremont, Vessoncourt, Roppe; die Reserven standen in les Errues und la Chapelle.

Alle Kantonnements wurden in Vertheidigungszustand gesetzt.

Die Verpflegung in dem armen, von der Festung bereits stark ausfouragirten Lande war höchst unzureichend und machte die beständige Entsendung starker Requisitions-Detachements nothwendig.

Trotz der Schwäche dieser Division und der äußerst losen Cernirung war dadurch, daß die Unterstützung der Festung den Streifkorps entzogen, für General Werder eine wesentliche Verstärkung auf seinem Operationsfelde erwachsen.

Zur Herstellung der sicheren Verbindung mit General Tresckow und zur weiteren Aufklärung des Terrains wurde am 4. ein Detachement des 14. Armee-Korps (1 Bataillon und ⅔ Batterie der Brigade Degenfeld und 2 Eskadrons des 2. Reserve-Dragoner-Regiments) unter Major Walther vom letztgenannten Regimen nach Lure gelegt.

Eine andere, wenn auch mehr indirekte Verstärkung wurde demselben am gleichen Tage (3. November) Nachts durch eine Mittheilung (Chiffre-Telegramm) aus dem großen Hauptquartier angesagt, welches gleichzeitig die Aufgabe des 14. Armee-Korps wesentlich erweiterte.

Da die II. Armee, besagte das erwähnte Telegramm, am 8. November die Seine bei Châtillon und Troyes erreichen müsse, und die 1. Reserve-Division am 1. von Colmar auf Belfort abmarschirt sei, so werde hierdurch für General Werder die weitere Offensive gegen Dôle und den Bahnknoten Arc et Senans ermöglicht. Von Dijon wäre dann gegen Chalon sur Saône vorzupoussiren und Bésançon zu beobachten. —

Zunächst wurden nun zur Aufklärung der Situation von Besoul, Gray und Dijon aus Rekognoszirungen angeordnet.

6/7. November. Die von Besoul auf den Straßen von Besançon vorgehenden Abtheilungen fanden die Gegend nördlich Besançon vom Feinde frei; einzelne Ognon-Uebergänge waren nur schwach besetzt. Oestlich Besançon konstatirte dagegen eine am 6. gegen Villersexel und l'Isle sur le Doubs entsendete Patrouille (½ Kompagnie [4.] des 3. Infanterie = Regiments auf Wagen und ½ Eskadron des Leib = Dragoner = Regiments) unter Hauptmann Schrickel vom 3. Infanterie= Regiment nach einem glücklichen nächtlichen Ueberfalle der feindlichen Vorposten bei Geney die Anwesenheit stärkerer feindlicher Abthei= lungen um l'Isle, die aber alle als im Rückzug auf Besançon befind= lich sich darstellten.

Ebenso machte eine Verstärkung des bei Dôle stehenden Feindes sich täglich bemerkbarer; feindliche Abtheilungen drängten immer näher auf der Straße von Besançon und Dôle an die diesseitigen Vorposten vor Gray heran.

General Michel, seit 29. Oktober der Nachfolger des Generals Cambriels im Kommando der Region de l'Est, hatte den Nachrich= ten zufolge in 2 aktiven Divisionen à 2 Brigaden, die Brigade aus 1 Marsch= und 1 Mobilgarde=Regiment bestehend, 8 Regimenter In= fanterie, 6—7 Batterien und etwas Kavallerie; Garibaldi sollte in 3 Brigaden 11 Bataillone und 24 Kompagnien (Franktireurs) Infanterie, eine 4pfünder Mobilgarden=Batterie und 2 Genie=Kom= pagnien stark sein. —

Um Dijon war es zunächst nach der Besetzung (31. Oktober) ruhig geblieben; vom 5. November ab aber begann die Situation des Generals Beyer sich schwieriger zu gestalten. Das Entsenden mobiler Kolonnen nach dem Süden veranlaßte mehrere Truppenver= stärkungen von Lyon auf Chagny. Im Süden bei Nuits erschienen Kavallerie=Patrouillen, im Südosten auf den Straßen nach St. Jean= de Losne und Auxonne drängten stärkere feindliche Kräfte nicht ohne Zuversicht heran, deren Spitzen am 5. November bei Brazey*) und Genlis**) (am letzten Orte Franktireurs de l'Egalité von der Bri= gade Bossack***) des Garibaldi'schen Korps) den diesseitigen Ko= lonnen ernsten Widerstand entgegensetzten. Die Verbindung mit dem Detachement des Oberst Bauer in Mirebeau war bedroht und theil= weise unterbrochen, jene mit Gray nur konnte durch Manövriren aufrecht erhalten werden.

---

*) ½ Bataillon des 2. Grenadier=, ½ Eskadron des 2. Dragoner = Regi= ments und ⅓ der 1. schweren Batterie unter Hauptmann Lang vom 2. Gre= nadier=Regiments.

**) Die 10. Kompagnie des 5. Infanterie = Regiments unter Hauptmann Schmidt.

***) Die Ordre du jour dieses Generals bei Uebernahme seines Komman= dos siehe in der Beilage.

Zu dieser Zeit trafen die erſten Nachrichten ein, daß eine große Lyoner Armee in Formation begriffen ſei. General Beyer, der zum Feſthalten der 46,000 Einwohner zählenden Stadt Dijon mit einer ſtarken und aufgeregten Arbeiterbevölkerung, ſowie zur Ab= weiſung der äußeren Feinde, eingerechnet das Detachement in Mire= beau, nur über 11 Bataillone, 8 Eskadrons, 6 Batterien verfügte, — 10,500 Mann und 36 Geſchütze — traf Vorbereitungen zur Vertheidigung in ſeiner exponirten, durch die Lage der Stadt unmit= telbar vor den Debouchéen der Côte d'Or doppelt ungünſtigen Stellung.

Es dürfte intereſſant ſein, die gegenſeitigen Stärkenverhältniſſe und Situationen in dieſen Tagen überſichtlich zuſammengeſtellt zu ſehen.

General Werder ſtand mit 21,500 Mann und 72 Geſchützen auf der ca. 12 geographiſche Meilen langen Linie Dijon — Beſoul zwiſchen 3 Feſtungen und deckte außerdem die Etappenlinie nach Epinal und die Verbindung mit Belfort.

Ihm gegenüber verfügte der Feind um Beſançon über das Korps Michel, nach franzöſiſchen Angaben mit der Beſatzung der Feſtung 45—46,000 Mann und 7 Batterien (42 Geſchütze) ſtark; im Saônethal bei Chagny reſp. bei Beaune und Seurre ſtand ein klei= nes Korps des Oberſt Bonnet, eine Brigade des in Nevers ſich bil= denden 18. Armee=Korps nebſt Bataillonen der mobiliſirten National= garde der Departements Rhône und Saône et Loire, 18—20,000 Mann mit 3 Batterien (18—24 Geſchützen), die, wenn auch nicht ſehr angriffsluſtig, doch durch thätiges Manövriren ſich ſelbſt die nö= thige Kriegsgewöhnung zu erwerben und die Deutſchen zu ermüden ſuch= ten. Die Garibaldianer, etwa 10—12,000 Mann mit 6 Geſchützen ſtark, ſtanden mit dem Centrum in Dôle, dehnten ſich aber von Pesmes bis gegen St. Jean de Losne aus. Eine Brigade derſelben echelonirte auf den Straßen um Auxonne. Die Streifkorps des Oberſt Bourras, über deren Stärke Zuverläſſiges nicht erhoben werden konnte, ſtanden zerſtreut durch das Saônethal.

Immerhin war mit dem Korps des Generals Michel um Be= ſançon und den Abtheilungen des Oberſt Bourras auf franzöſi= ſcher Seite nach Abzug der Beſatzung von Beſançon, eine Streit= macht verfügbar von über 60—72,000 Mann mit ca. 12 Batterien (72 Geſchützen). —

Die Offenſive auf Dôle wurde nun von General Werder derartig projektirt, daß, um ſich genügend Luft zu machen, unter zeit=

weiliger Aufgabe von Dijon mit sämmtlichen Kräften des Korps von
Gray und Vesoul aus konzentrisch zwischen Besançon und Dôle durch=
gebrochen, die feindlichen Korps getrennt und wo möglich einzeln ge=
schlagen werden sollten. Da aber der sofortige Angriff auf Dôle
vor genauerer Aufklärung der Verhältnisse um Belfort nicht ausführ=
bar erschien, so wurde ein Handstreich auf Auxonne und die Besitz=
name von St. Jean de Losne als vorbereitende Operation in An=
griff genommen und dem General Beyer die Ausführung derselben
durch Befehl vom 6. übertragen. Zur Verstärkung wurden dem=
selben von dem Detachement in Gray 2 Bataillone, 4 Geschütze,
1 Eskadron überwiesen, mit der Einschränkung jedoch, diese keines=
falls weiter als bis Auxonne zu verwenden.

Inzwischen waren bei dem General=Kommando die Meldungen
vom 5. November aus Dijon, Mirebeau und Gray eingetroffen,
welche in ziemlicher Uebereinstimmung sämmtlich eine bemerkbare Be=
wegung bei dem gegenüberstehenden Feinde konstatirten und den Be=
ginn einer Operation desselben gegen Gray vermuthen ließen. Außer
den Zusammenstößen der Badischen Division bei Brazey und Genlis
sowie dem Erscheinen von Franktireurs auf der Straße Pontailler—
Dijon, hatten auch in der Nähe von Gray kleine Rencontres mit
geschlossenen Körpern (Mobilgarden) bei Apremont, Germigney und
le Tremblois stattgefunden. Die Eisenbahn zwischen Besançon und
Rochefort, deren Zerstörung gleichfalls ins Auge gefaßt worden, zeigte
sich stark von Franktireurs=Abtheilungen besetzt.

Mit Rücksicht auf die immerhin nicht unwahrscheinliche Bedro=
hung von Gray ordnete daher der kommandirende General die Sisti=
rung der projektirten Bewegungen gegen Auxonne an und ließ zur
Verstärkung des Oberst=Lieutenants Nachtigall in Gray das De=
tachement aus Port= und Scey sur Saône (1 Bataillon und 1
Batterie) unter Major Bauer vom 4. Infanterie=Regiment in einem
Gewaltmarsch bis zum 7. früh auf Gray sich dirigiren, wohin im
Laufe des Tages noch 2 Eskadrons folgten.

Die Hauptaktion auf Dôle sollte nunmehr mit dem ganzen
Korps über Pesmes sofort ins Werk gesetzt werden, wenn das Ge=
neral=Kommando die Ueberzeugung gewonnen, daß General Treschow
stark genug sei, die Cernirung Belforts auszuführen.

Inzwischen machte sich vom 8. November ab immer wahrschein=
licher, daß auch ein Abzug des Feindes von Dôle süd= und westwärts
zu beginnen schien, und als am 9. die Anzeichen dieses Abmarsches

sicher wurden, so wurde, um wenigstens die Organisation der feind=
lichen letzten Massenaushebung in diesen Gegenden zu hindern, am
10. die Bewegung dahin von Vesoul aus begonnen.

Vesoul blieb mit 2 Bataillonen, 1 Eskadron, 2 Geschützen von
der Brigade Degenfeld unter Oberst=Lieutenant Kraus vom 3. In=
fanterie=Regiments besetzt, 2 Kompagnien standen in Lure.

Eine Bedrohung von Vesoul oder eine erhebliche Gefährdung
der Cernirung von Belfort konnte nach Abmarsch des feindlichen Korps
von Besançon nicht stattfinden; allerdings war ein lebhafter Partei=
gängerkrieg wahrscheinlich, dieser aber nicht sehr zu fürchten.

Aus Gray war Oberst=Lieutenant Nachtigall, um bei einer
etwaigen Wiederaufnahme der Operation gegen Auxonne rechtzeitig
zur Stelle zu sein, und zur besseren Sicherung der Verbindung mit
Dijon mit seinem Detachement am 8. nach Pontailler marschirt; er
kehrte am 9., da die feindlichen Vortruppen abgezogen, nach Gray
zurück; in Pontailler blieb 1 Bataillon, 1 Eskadron, $\frac{1}{3}$ Batterie;
letztere wurde am 10. auf Gray zurückgezogen und dafür die Batterie
des Detachements in Mirebeau nach Pontailler dirigirt.

Französischerseits besorgte man,*) daß die deutschen Truppen
weiter im Saônethal abwärts marschiren und besonders die reiche
Weingegend bis südlich Chagny occupiren könnten. Man supponirte,
daß ein Theil der von Metz kommenden Truppen das 14. Korps
verstärken würde. Dieserhalb wurde das Korps Michel nach Ver=
stärkung der Garnison von Besançon zur Deckung der Straßen
auf Lyon, in das Saônethal genommen und Garibaldi, zur Deckung
der Straßen auf Bourges und Nevers, nach Autun dislocirt. Ge=
neral Michel, dem bald darauf General Crouzat im Kommando
nachfolgte, marschirte am 8. November von Besançon ab und traf
am 12. in Chagny ein. Besançon blieb von circa 15,000 Mann
besetzt. Laut den Angaben Freycinet's wurde das Korps Crouzat
nach Vereinigung mit Oberst Bonnet 50,000 Mann stark. Auch
der Abmarsch Garibaldi's aus Dôle hatte am 8. begonnen; in
Dôle war als Arrieregarde die Brigade Ricciotti Garibaldi
geblieben.

---

*) Die Gründe für die Maßregeln der französischen Heeresleitung in diesen
Tagen, sowie diese Maßregeln selbst wurden dem General=Kommando des 14.
Armee=Korps erst viel später bekannt. Sie sind des besseren Verständnisses halber
hier aufgeführt. Ueber den Umfang der Nachrichten des General=Kommandos
cfr. unten Befehl an General Beyer vom 10. November.

Den Befehlen des General-Kommandos gemäß marschirten von
den Truppen aus Vesoul am 10. November das Preußische Detachement unter Führung des Oberst Wahlert, der an Stelle des
erkrankten General-Majors Krug am 7. das Kommando übernommen
hatte, nach Grandvelle. General-Major Degenfeld, dem die reitende Batterie zugewiesen wurde, konzentrirte sich in und um Vesoul;
ebendahin kam das Detachement aus Lure. Das auf der Etappe
in St. Loup gestandene Bataillon wurde am 9. durch Etappentruppen
abgelöst und nach Port sur Saône gelegt. Am 11. erreichte Oberst
Wahlert Gray; das General-Kommando mit der Kolonne Degenfeld kam nach Frasne le Château. Von dem Belagerungs-Korps
vor Belfort wurden zur Unterstützung der Operation mobile Kolonnen nach l'Isle sur le Doubs, Bavans und Dampierre am Doubs
entsendet.

An General Beyer in Dijon waren am 10. die betreffenden
Mittheilungen über die Operationen in folgendem Befehle er-
gangen:

„Vom Feinde sind erhebliche Nachrichten nicht eingegangen; ein Theil des Cambriels'schen**) Korps bildet
die Besatzung von Belfort; seine 1. Brigade stand am 6.
mit einem Theile südlich Lure. — Bei Dôle scheinen nur
Franktireurs und die Mobilen des Departements Côte d'Or
zu stehen; die Mobilgarden der letzten Massenaushebung
sind noch nicht bewaffnet und bekleidet. Um die Organisation dieser letzten Korps zu stören, wird folgende Operation beabsichtigt:

„Am 10. marschirt die Brigade Wahlert (früher
Krug) nach Grandvelle, Brigade Degenfeld konzentrirt
sich in Vesoul. Die Ponton- und Artillerie-Munitions-Kolonnen marschiren nach Gray. Am 11.: Brigade Wahlert nach Gy, Brigade Degenfeld und General-Kommando nach Frasne le Château. An diesem Tage reklamirt
Major Wentz, Ingenieur-Offizier der Division, so viel
Material von der Pontonkolonne in Gray, als er zur
Ueberbrückung der Saône bedarf. Die Badische Division
hat sich an diesem Tage zu entschließen, ob sie die Saône
bei Pontailler oder St. Jean de Losne überschreiten will.

---

*) sc. Michel'schen.

Am 12. November wird sodann beabsichtigt, bis Pesmes, Montagney und Bonboillon vorzugehen, erstgenannten Ort aber nicht anzugreifen, wenn er besetzt ist. Am 13. soll bei Sornay der Ognon überschritten und gegen den Doubs, wenn möglich auf Dôle, vorgegangen werden. An diesem Tage muß die Badische Division am frühesten Morgen die Saône überschreiten und nach Umständen eingreifen. Wenn der Uebergang bei Pontailler stattfindet, muß auf Montmi= rey le Château marschirt, findet er bei St. Jean de Losne statt, so muß Dôle direkt angegriffen werden, zu dem Zwecke aber der leichte Feldbrückentrain bei der Division verblei= ben. — Ob während dieser Operation Dijon besetzt bleiben soll, wird anheimgegeben; dem General=Kommando erscheint das Aufgeben des Orts besser. — In Besoul müssen vor= läufig zwei Bataillone der Brigade Degenfeld (3. Regi= ment unter Oberst=Lieutenant Kraus) zurückbleiben. Eine Benützung des dortigen Magazins durch die Division ist gestattet, jedoch wird die Anlage eines zweiten Magazins durch Landeslieferungen in Arc sur Tille, Mirebeau oder Dijon empfohlen."

General Beyer entschloß sich nun am 11., in Anbetracht der technischen Schwierigkeiten, welche die Saône=Ueberbrückung bot, da der Fluß über die Ufer ausgetreten war, bei Pontailler überzugehen und Dijon momentan aufzugeben.

Zum 12. hatte das General=Kommando der Badischen Division folgenden Befehl ertheilt:

„Nach allen Nachrichten scheint es, daß der Feind bei Chalon sur Saône und Chagny eine Position bezieht und im Begriffe des Abzuges von Dôle ist. Wenn also überhaupt noch etwas zu erreichen ist, so erscheint dies durch Erzwin= gung des Ueberganges bei St. Jean de Losne möglich. — Am 13. gedenkt der kommandirende General mit der Avant= garde bis vor Dôle zu kommen, und wenn die Stadt besetzt sein sollte, am 14. anzugreifen. Auxonne soll jetzt augen= blicklich nur leicht beobachtet werden, und die Unterneh= mungen gegen diesen Platz vorbehalten bleiben."

Durch einen unglücklichen Zufall kam der schon am 11. Abends expedirte Befehl erst am 12. früh gegen 7 Uhr zur Kenntniß des Generals Beyer. Pioniere und Brückentrain waren bereits in Pontailler und hatten um 6 Uhr den Brückenschlag begonnen; ein Theil der Truppen hatte den Marsch in der Richtung auf Pontailler angetreten; die Ausführung des neuen Befehls schien bei der Kürze der disponiblen Zeit nicht mehr angängig. General Beyer blieb deshalb bei der Bewegung auf Pontailler.

Der nunmehrige frontale Angriff traf das Garibaldi'sche und Michel'sche Korps nicht mehr.

Zum 12. erreichte das General = Kommando mit der Kolonne Degenfeld und den Detachements Wahlert und Nachtigall Pesmes und Gegend. General Beyer schob seine Spitzen, Brigade Keller, zur Aufnahme der Verbindung mit Oberst=Lieutenant Nachtigall bei Pontailler über die Saône auf Perrigny sur l'Ognon; sein Gros blieb am rechten Ufer; das Divisions=Hauptquartier in Pontailler. Gray blieb mit 2 Kompagnien und 50 Pferden unter Major Bauer besetzt; der Rest des Detachements desselben belegte la Grande Résie.

Dôle war vom Feinde geräumt, die letzten Truppen Garibaldi's am 12. abmarschirt und jener Ort nur durch Nationalgarden besetzt, die auf die rekognoszirenden Husaren feuerten.

General Werder, dessen Nachrichten auch den Abmarsch des Korps Michel von Besançon nach Chalon sur Saône heute sicher annehmen lassen mußten, ordnete nunmehr für den 13. eine Rekognoszirung von Auxonne an. Die Festung sollte, wenn möglich, durch Handstreich genommen werden, um von da die Kommunikation mit Dijon zu öffnen und einen Stützpunkt im Saônethal zu gewinnen. Diese Bewegung schob gleichzeitig das ganze Korps mehr Saône abwärts und versetzte es in die Lage, bis zur vollständigen Aufklärung über die Stellung des Feindes diesen entweder auf dem linken Ufer oder während seiner Passage über den Fluß anzugreifen, oder aber selbst rasch das Ufer bei Pontailler und event. auch St. Jean de Losne zu wechseln, um einer etwaigen Diversion des Feindes von Chagny auf Dijon in die Flanke zu operiren.

Zu diesem Zweck wurde folgende Disposition ausgegeben:

„General Beyer schickt eine Brigade auf Genlis und patrouillirt gegen St. Jean de Losne; 1 Brigade und 4 Batterien marschiren nach Athée und Villers les Pots; von hier aus ist Auxonne zu rekognosziren und zu erwägen, ob die Stadt vom rechten Ufer in Brand geschossen werden kann. Meldungen per Kahn über la Marche, von wo durch

Kavallerie-Patrouillen weiter. Die Kolonne Wahlert läßt
1 Regiment auf Flammerans, ein zweites auf Chevigney
vorgehen und rekognoszirt von hier aus die Festung, ohne
sich dem feindlichen Feuer auszusetzen. Das Husaren-Regi-
ment marschirt auf Dôle, sucht dort möglichst viel Nachrichten über die Stärke des abgezogenen Feindes einzuziehen.
Es soll Abends nach Montmirey zurückkehren. Brigade
Degenfeld marschirt nach Champagney; sämmtliche Trains
bleiben in Pesmes.

Das General-Kommando geht nach Flammerans."

Die Rekognoszirungen, auf dem linken Ufer durch den kommandirenden General selbst vorgenommen, ergaben, daß die Besatzung
wachsam und der Kommandant vorbereitet war. Noch am Morgen
waren Truppen aus der Festung vorgeschoben gewesen; jede sich nä-
hernde Abtheilung wurde sofort von den Wällen unter Feuer genommen. Die Umgegend war auf 1000 Schritt vollständig rasirt,
die Werke sichtlich in gutem Stande und die Stärke der Besatzung,
ca. 2000 Mann mit 200 Geschützen (darunter Depôts eines Linien-
Regiments, sowie der 12. und 14. Chasseurs a pied), ließ annehmen,
daß ein Handstreich wohl nicht gelingen werde. Das Bombardement
mit Feldgeschützen unterblieb, weil bei der geschilderten Verfassung der
Werke und Besatzung ein rascher Erfolg nicht möglich, im Falle des
Mißlingens die Munitions-Verschwendung höchst bedenklich war, da
bei der Schwierigkeit der Ergänzung derselben nach einem ausgie-
bigen Bombardement die Artillerie auf mindestens 8—10 Tage für
Gefechte im freien Felde leicht in Verlegenheit kam.

Aus diesen Gründen nahm General Werder von einem weiteren Engagement vor der Festung Umgang.

Während dessen war ein Schreiben des Dr. Lavalle an den
Präfekten in Beaune in die Hände des General-Kommandos gekommen, nach welchem Garibaldi im Marsche auf Dijon begriffen
sei. Diese an sich nicht unwahrscheinliche Nachricht erwies sich indeß als falsch; der Brief war wohl absichtlich auf der Straße verloren.

Wir erinnern uns, daß dem General-Kommando aufgetragen
war, mit der von Metz abmarschirten Armee Verbindung zu halten
und zwar nach Châtillon sur Seine. Zu diesem Zweck war der
Hauptmann Flachsland vom Badischen Leib-Grenadier-Regiment
mit 2 Kompagnien, 1 Eskadron und 2 Geschützen am 10. dorthin
entsendet worden; eine Verbindung konnte aber nicht aufgenommen

werden, da von den deutschen Truppen dort nichts bekannt war. Nur durch die größte Gewandtheit dieses Offiziers gelang es dem Detachement, wieder das Saônethal auf Seitenwegen zu gewinnen, da die Bauern mit Franktireurs die Gebirgswege verlegten und die Aufhebung desselben anstrebten.

Das General-Kommando erachtete ein längeres Verbleiben auf dem rechten Saône-Ufer unter diesen Umständen für nutzlos. Die Wiederbesetzung von Dijon, wo die Kranken und Verwundeten lagen, schien am räthlichsten, und es blieb nur übrig, den in der Direktive des Generals Moltke vom 3. gegebenen Auftrag, die Eisenbahn zwischen Lons le Saunier und Besançon zu zerstören, jetzt aufzunehmen.

Demgemäß wurde Major Bauer vom 4. Badischen Infanterie-Regiment mit ½ Bataillon, ½ Eskadron Leib-Dragoner-Regiments und 2 Geschützen der 4. leichten Batterie nebst einem Pionier-Detachement auf St. Vit und Arc et Senans entsandt. Der genannte Offizier setzte den größeren Theil der Mannschaft auf Wagen und gelangte unter mehrfachen Zusammenstößen mit der aufwieglerischen Bevölkerung bis an den ersten Ort, konnte aber wegen des schlechten oder schlecht gewordenen Pulvers, (desselben, welches in den Pfeilern der Brücke von Port sur Saône gefunden war) seinen Auftrag nicht ganz genügend vollziehen und kehrte am 15. über Pontailler zurück.

Beim Uebergang über die Saône bei Pontailler entdeckte das General-Kommando zufällig, daß die große Staats-Pulver-Fabrik dieses Ortes mit sehr bedeutenden Vorräthen an Faulbaum-Holz, Kohle und Nutzholz angefüllt war. Das Pulver und die Maschinen waren zum Theil abgeführt. Es lag im Interesse der Kriegführung, dieses militairische Etablissement fortzuschaffen; bald darauf erleuchteten denn auch die Flammen das Thal der Saône einige zwanzig Meilen weit. —

In Ausführung der Wiederbesetzung von Dijon wurden noch am 13. General Degenfeld und Oberst Wahlert über und an die Saône zurückgenommen. Das General-Kommando ging nach Pontailler, die Badische Division wurde auf Genlis dirigirt.

14. November. Vom 14. ab vereinigte General Werder das Korps in und um Dijon*), um diese Stadt zum Ausgangspunkt der

---

*) Die Stadt war von General Beyer gänzlich geräumt und vorübergehend von französischen Truppen leicht besetzt gewesen. Die entgegenstehende Ansicht bei Blume ꝛc. S. 91 ist darnach zu berichtigen.

weiteren Operationen zu machen. Die noch bei Dôle stehenden, nicht zahlreichen feindlichen Banden wurden unbeachtet gelassen; Auxonne durch ein Detachement (1 Bataillon, ½ Eskadron, 1 Batterie) unter Oberst Sachs von Villers les Pots, später von Soirons aus beobachtet.

Gegen St. Jean de Losne, wo Patrouillen Widerstand gefunden hatten, wurde am 14. General Keller entsendet, zur eventuellen Unterstützung die Brigade Prinz Wilhelm bei Thorey les Epoisses bereit gestellt. Eine feindliche Abtheilung, ca. 4 — 500 Mann stark, hatte sich bei St. Usage eingenistet; das Dorf wurde nach ¾ stündigem Gefecht, in welches auch die Artillerie eingriff, ohne Verlust von der Avantgarde der Brigade Keller genommen und St. Jean besetzt. Die Gegner, Mobilgarden und Franktireurs, waren meist auf Nachen über die Saône zurückgegangen. Das hölzerne Strandjoch der Brücke war auf Befehl des Kommandanten von Auxonne abgebrannt, und dies gab zu dem Schluß Berechtigung, daß von dieser Seite vorläufig nicht viel zu fürchten war.

Die Brigade Keller blieb in St. Jean de Losne, der Stab der Badischen Division und die Brigade Prinz Wilhelm in und um Longecourt; das General-Kommando mit den Brigaden Degenfeld und Wahlert wurde nach Dijon verlegt und auch die Badische Division in den nächsten Tagen herangezogen.

Eine Offensive gegen Châlon und Chagny, wo augenblicklich die bedeutendsten feindlichen Kräfte standen, wurde gleich nach der Ankunft in Dijon ernstlich erwogen, doch von der Ausführung abgestanden. Die Côte d'Or ist für eine Offensive äußerst ungünstig. Wir finden das Gebirge in inselartige Gruppen getheilt, die auf steilen Felswänden zu einander abfallen und in den Thälern die Wasserläufe mit den sie begleitenden Straßen begrenzen. Mit starken Neigungen und Windungen erreichen die an und für sich guten Wege die Höhen, die auf jeder der gedachten Gruppen zwar wenig sind, aus denen aber ebenso wie in den Thälern steile Felskegel citadellenartig herausspringen. Diese Bergkegel, dem Weinbau dienstbar, sind oben meist mit Dörfern besetzt, die vollständige natürliche Forts bilden. — Die obere Leitung war hierdurch verhindert, schnell fortschreitende Operationen zu machen, denn die auf den genannten Felskegeln eingenisteten Franktireurs-Banden sperrten die Straßen und nöthigten zu Umwegen. So nachtheilig dies Verhältniß war, so hatte es bei Dijon auch seinen Vortheil. Die Felskegel von Talant und Fon-

taine bildeten einen unbedingten sichern Schutz gegen den etwa plötz=
lich aus dem Gebirge im Westen erscheinenden Feind. Sie stets be=
setzt zu halten, mußte deshalb Sorge getragen werden.

Aus den angeführten Gründen war eine Operation auf Chagny
daher nur im Saônethal zu machen; that man dies mit 2 Brigaden,
ließ man eine dritte in Dijon zurück und disponirte die vierte gegen
Besançon, Auxonne und Langres, so war leicht vorherzusehen, daß die
selbst im Gefecht bei Beaune und Chagny glücklichen erstgenannten
beiden Brigaden vom Gebirge aus so belästigt wurden, daß ihre
Stellung isolirt und auf die Dauer nicht zu halten war. Abgesehen
hiervon mußte aber in Rechnung gezogen werden, daß die in Chagny
von Süden und Westen einmündenden Eisenbahnen sehr wahrschein=
lich schnellen Zuzug bringen würden, was die baldige Wiederaufgabe
der mit Opfern genommenen Position vorher sehen ließ.]

Eine bedeutende Schwierigkeit bei den Entschließungen des Ge=
neral=Kommandos verursachte stets die Frage, was bei weiter gehen=
den Operationen mit Dijon werden sollte. Diese Stadt mußte ent=
weder immer ganz geräumt werden, — dann wurde die ganze
Basis aufgegeben für Lazarethwesen, Kolonnenzuzug ꝛc., oder Dijon
mußte wegen der Bedrohung vom Gebirge oder vom Norden her
stark besetzt bleiben — dann gingen wesentliche Theile der Truppen
den Operationen verloren.

Das General=Kommando beschloß daher, die Operation nach
Süden erst dann aufzunehmen, wenn die 4. Reserve=Division einge=
troffen, und es so möglich wurde, gleichzeitig im Gebirg auf Autun
vorzugehen; dann war die Säuberung des Côte d'Or=Gebirges
zwischen Chagny und Autun wahrscheinlich und die Behauptung der
genommenen Positionen eher möglich. ◂—

Es sei hier vorausgeschickt, daß sofort nach Eintreffen der Di=
vision Schmeling die letzt aufgeführte Operation in Angriff ge=
nommen wurde; die Einleitungen waren bereits im Gange, als der
Feind selbst offensiv wurde. —

Im Bericht des General=Kommandos vom 14. November an
General Moltke, worin die Ereignisse vom 29. Oktober ab geschildert
sind, heißt es obiger Auseinandersetzung gemäß:

„General v. Schmeling habe ich befohlen, an Ge=
neral v. Treskow zur Belagerung von Belfort 3 Ba=
taillone Landwehr, 2 Batterien und 1 Kavallerie=Regiment
abzugeben und die Verbindung Vesoul—Gray zu decken.

Eine Offensive auf Chagny und Châlon, wo augen=
blicklich die bedeutendsten feindlichen Kräfte stehen, ist mög=
lich, doch nur dann rathsam, wenn das Côte d'Or=Gebirge
von anderen Korps durchzogen wird.

Ich halte die mir gewordenen Aufgaben daher augen=
blicklich für gelöst, bemerke jedoch ausdrücklich, daß ich
keinenfalls einen Zustand der Ruhe eintreten lasse, sondern
den Feind fortgesetzt beunruhigen werde."

Somit blieb das Korps konzentrirt stehen, zunächst, um, wie
gesagt, die Herankunft der seit 10. November nach der Kapitulation
von Neu=Breisach disponibel gewordenen 4. Reserve=Division abzu=
warten. Die Pause wurde der höchst nothwendig gewordenen Re=
tablirung, hauptsächlich der Bekleidung der Truppen gewidmet; auch
wurden, da namentlich Hafer zu mangeln begann, umfassende Maß=
regeln zur Sicherstellung der Verpflegung des Korps getroffen. —

Die Armee des Prinzen Friedrich Karl, am 10. November
auf der Linie Chaumont — Troyes eingetroffen, war in Folge der
Offensive der Loire=Armee westwärts gezogen worden. In Chaumont
blieb zunächst eine gemischte Brigade vom 10. Armee=Korps zurück
unter General=Major Kraatz, um Langres zu beobachten und wo=
möglich Verbindung mit General Werder herzustellen. Ein Theil
dieser Brigade wurde am 20. gleichfalls dem Korps nachge=
zogen, und es blieb nur 1 Detachement von 2 Bataillonen, 1 Batterie,
1 Eskadron vor Langres. — —

General=Major Schmeling hatte sich, wie oben*) erwähnt, nach
der Kapitulation von Schlettstadt gegen Neu=Breisach gewendet; das
Hauptquartier war seit 27. Oktober in Kuhnheim südlich Neu=Brei=
sach etablirt, und es wurden zunächst die Vorbereitungen zum Bom=
bardement begonnen.

Nach schnellster Arbeit und energischer Beschießung kapitulirte in
der Nacht vom 6./7. November das Fort Mortier, am 10. folgte
Neu=Breisach selbst; ca. 100 Offiziere und 5000 Mann wurden
kriegsgefangen, 200 Geschütze erbeutet.

Nach zwei wohl verdienten Ruhetagen marschirte nun auf Be=
fehl des Generals Werder die 4. Reserve=Division (3 Linien=, 9
Landwehr=Bataillone, 4¾ Eskadrons, 4 Batterien) — der Rest (3 Ba=
taillone, 3¼ Eskadrons, 2 Batterien) war an das Belagerungs=

---

*) cfr. S. 62.

Korps vor Belfort abgegeben, — auf Vesoul ab, wo sie etwa zum 19. erwartet wurde, um zunächst die Deckung der Verbindung von Vesoul nach Gray zu übernehmen. —

Um Dijon stand Mitte November die Brigade Prinz Wilhelm auf Vorposten gegen Süden, mit dem rechten Flügel an das Gebirge gelehnt, auf der Linie Nuits, Corcelles les Citeaux, Longecourt, Tart le haut, der Stab in Saulon la Rue; das Gebirge wurde von Patrouillen begangen; die Brigade Keller belegte am 16. Fauverney, Genlis, Magny sur Tille und beobachtete Auxonne mit ½ Bataillon, 2 Geschützen von Etevaux aus. Das Detachement Wahlert stand von Quétigny bis Chenôve näher der Stadt; die Brigade Degenfeld übernahm die Sicherung gegen das Gebirge und besetzte Plombières; Mirebeau und Gray belegte das Füsilier-Bataillon des 4. Regiments. Gegen Norden wurde durch Patrouillen aufgeklärt; in Dijon selbst alle Anordnungen für Begegnung einer eventuellen Revolte der Einwohner und eines etwa von Süden drohenden Angriffes getroffen. Die linke Flanke der Aufstellung war durch Aufheben aller Verbindungen über die Saône möglichst gesichert, die rechte Flanke durch Talant und Fontaine. In Vesoul stand ein Bataillon des 3. Regiments unter Oberst-Lieutenant Kraus, der Rest von dessen Detachement wurde zur Sicherung der Etappe über Fresnes St. Mamès und Gray verwendet.

Vom Feinde war nur bekannt, daß beide Korps noch immer im Saônethal bei Chagny resp. Châlon stehen sollten. Auf allen Straßen gegen Süden wurden feindliche Trupps gefühlt.

Inzwischen hatte aber die französische Regierung zur Bildung einer großen Loire-Armee in der Zeit vom 17.—20. November den General Crouzat (Nachfolger des abgerufenen Generals Michel) mit seinem Korps auf Gien gezogen. In Autun war Garibaldi geblieben. Im Saônethal trieben sich einzelne Theile des Korps Bonnet herum, von welchem aber der Kern, die Brigade des 18. Korps (6 Bataillone), an letzteres zurückgegeben worden war. Auch Oberst Bourras rührte sich wieder. Am lebhaftesten zeigte sich der Feind auf den Straßen von Seurre. Längs des Gebirges rückten aber frische Truppen vor, die nach Aussage von Gefangenen unter den Befehlen der Generale Cremer, Crevisier, sowie der Obersten

Celler und Bourras stehen sollten. Letzterer nannte sich Kommandant der Freikorps der Vogesen.*)

Diese feindlichen Abtheilungen hingen sich an die Vorposten des 14. Korps im Südosten und Süden an, am zähesten an den rechten Flügel an den Hängen der Côte d'Or, so daß es sich empfahl, um unnütze Verluste zu vermeiden, die hier stehenden Truppen hinter den Vougebach zurückzunehmen; die Straße Nuits-Dijon wurde stärker belegt.

Im Westen und Nordwesten der Stadt wurden einzelne Garibaldi'sche Schaaren gespürt, die sich bis zur Seine ausdehnten und am 19. Detachirungen gegen St. Seine nöthig machten, wobei 1—2 Kompagnien Franktireurs aus der Ferme de la Casquette östlich St. Seine vertrieben wurden.

Uebten alle diese kleinen Abtheilungen, wenn ihnen gleich einzelne unbedeutende Unternehmungen, Ueberfälle auf Patrouillen ꝛc. glückten, auch keine große Wirkung direkt gegen das 14. Armee-Korps, so bereiteten sie indirekt durch Einengung der Operations- und hauptsächlich der Verpflegungs-Zone demselben manche Schwierigkeit, und andererseits trug ihre Anwesenheit zu einer günstigen Entwickelung der Nationalgarden im Saônethal bei.*)

Ein Hauptschlag war gegen dieses Unwesen nicht zu führen; ein Theil der feindlichen Kräfte trat als fliegende Kolonne auf, die, nur des Nachts marschirend, täglich an andern Punkten der Vorpostenaufstellung erschienen, Ueberfälle gegen Patrouillen, Angriffe auf kleinere Detachements versuchten, eine bedeutendere Operation im Zusammenhange aber nicht zu unternehmen im Stande waren, da sie zum größten Theile von einander unabhängig und ohne sich gegenseitig verständigt

---

*) Bekannt ist nur die Ordre de bataille des Generals Cremer aus diesen Tagen. Sein Korps bestand aus:

1 Bataillon Mobiles de la Gironde: de Latour-Carayon,
1. Legion der Rhone: Oberst Celler,
2. „ „ „ „ Ferrer,
Chasseurs der Rhone: Marengo,
1 Batterie Armstrong: Hauptmann Pitrat.

Die 1. Legion (3 Bataillone) mit der Batterie scheint um den 13. November aus Lyon abmarschirt zu sein.

*) Ein Dekret der Regierung vom 2. November hatte die Mobilisirung der ganzen waffenfähigen Bevölkerung bis zum 49. Jahre, ein Befehl vom 3. die Errichtung von Departementalbatterien angeordnet; zum Theil vorzügliche Waffen (Remington, Spencer, Repetirgewehre ꝛc.) waren den Truppen zugegangen.

zu haben, manövrirten, auch nach Aussagen von Gefangenen und Einwohnern der innere Geist der Korps nicht der beste war.

Der Eigenart des Gegners entsprechend, beschränkten sich die Operationen des 14. Korps während mehrerer Tage auf Entsendung zahlreicher Straf= und Requisitions=Kommandos, Abweisung der kleinen feindlichen Abtheilungen und Vorstöße gegen Punkte, wo stärkere Ansammlungen gefühlt oder angesagt waren. Bei ständiger Bewegung aller Arten von Patrouillen fanden täglich Gefechte oft an 3 und 4 Punkten statt. Eine gute Wirkung hierbei machten namentlich für das Kundschaftswesen die Wagenpatrouillen der Infanterie.**) Für die Nacht wurde ein besonders angelegter Beobachtungsdienst eingerichtet. Hauptsächlich bewährte sich das weite Vorlegen kleiner Horchpatrouillen seitwärts der Straßen, wodurch die Unternehmungen der meist von der Bevölkerung mit Nachrichten gut bedienten feindlichen Trupps stets rechtzeitig entdeckt und vereitelt wurden.

Von den, übrigens nicht häufigen, nächtlichen Unternehmungen der Franzosen ist nicht eine einzige geglückt; die wenigen ins Werk gesetzten, wie z. B. der Angriff auf eine Kompagnie des 2. Grenadier=Regiments in Villebichot, wurden blutig abgewiesen.

Die Betheiligung der Bevölkerung am Kampfe fand in praktisch=richtiger Weise nur auf dem Osthange der Côte d'Or statt, wo eine Art Guerilla=Krieg in weiterem Sinne sich entwickelt hatte. Den Vorpostendienst hierbei versah die Bevölkerung. Wie harmlose Spaziergänger, ein Knabe und in Reserve dahinter ein älterer Mann, trieben sich die Doppelposten auf Schußweite vor den deutschen Vorposten an den Berghängen und in den Reben bei Tage umher; den gleichen Dienst versahen oft auch Frauen. Hinter diesen Posten war von Dorf zu Dorf eine Kette von Läufern bereit gestellt, die die Meldungen von vorn rasch weiter brachten und die Nachrichten mit den diesseits belegten Orten vermittelten. Es war erstaunlich, wie trefflich und prompt in den besetzten Gegenden die Behörden, die Maires und Geistlichen stets mit Mittheilungen von der Regierung (allerdings vielen sehr unwahren) bedient und im Zusammenhang mit letzterer erhalten wurden. —

**) Diese Patrouillen boten auf den zweiräderigen Landwagen mit meist zwei voreinander gespannten Pferden einen eigenthümlichen Anblick von fast komischer Originalität.

Die auf jener Straße nach Nuits stehenden deutsche Truppen (Leib-Grenadier-Regiment Oberst Wechmar) verstanden es aber mit ebensoviel Geschick als Thatkraft, sich trotz ihrer bedrohten Situation des Feindes zu erwehren, denn in den täglichen kleineren, wie in den bedeutenderen Gefechten schwere Verluste beigebracht wurden.

20. November. Das Auftreten von Franktireursbanden bei St. Jean de Losne, die dem Garibaldi'schen Korps angehören sollten, veranlaßte die Entsendung der Brigade Keller am 20. dahin. General-Major Keller fand die Stadt von einigen Hundert Mobilgarden besetzt und nahm sie nach leichtem Gefechte. Die auf der Straße von Seurre und gegen Bessey les Citeaux und Aubigny vorgegangenen Aufklärungs-Detachements fanden keinen Widerstand.

Der Vorpostenkampf an der Côte d'Or wurde von diesem Tage ab immer zäher und verbissener.

Prinz Wilhelm hatte Befehl, gegen Nuits vorzugehen, um durch Rekognoszirungen in der Richtung gegen Chagny sichere Nachrichten über die Verhältnisse des Feindes einzuholen. Im Saônethal wurden nur schwache Franktireurs und Gardes mobilisés gefunden, ohne große Widerstandslust; dagegen wurde der Feind im Gebirge aggressiv und drängte gegen Vougeot und Gevrey mit Nachhaltigkeit vor. Geschütze wurden hier in den Kampf gebracht.

Von den bedeutenderen Gefechten sind zu nennen: das vom 20. bei Nuits, wo einige Kompagnien des Leib-Grenadier-Regiments und 2 Geschützen der 3. leichten Batterie unter Oberst Wechmar den auf den Höhen über der Stadt entwickelten Feind in das Gebirge zurückwarfen; die Infanterie mußte die Hänge förmlich erklettern. Am 22. wurde im Gebirge bei Chamboeuf der unvorsichtig marschirende Feind von Theilen des Füsilier-Bataillons desselben Regiments in einem Hinterhalt überrascht und geworfen. Ebenso ungünstig für den Feind endigte ein gleichzeitig von demselben mit Infanterie und Artillerie unternommener Ueberfall von den Bergen herab auf Vougeot, das von dem 2. Bataillon des genannten Regiments, 1 Eskadron des 2. Dragoner-Regiments und der 3. leichten Batterie unter Oberst-Lieutenant Hoffmann belegt war, nach zweistündigem Gefechte mit schweren Verlusten und dem Rückzuge des Feindes.

Doch nicht allein hier zeigten sich die Verhältnisse beim Feinde zu seinen Gunsten verändert, auch nach Westen wie nach Nordwesten hatten die Vortruppen Fühlung mit größeren feindlichen Abtheilungen gewonnen.

Am 21. bestätigte sich die Nachricht sicher, daß General Crouzat nach dem Westen abmarschirt sei, und durch Verstärkungen aus Lyon Ersatz eintraf. Es waren dies 7 Bataillone, 1 Batterie unter General Cremer, wie schon weiter oben angeführt*). .

Am gleichen Tage traf ein von Plombières auf Sombernon dirigirtes Detachement unter Major Held vom 4. Infanterie-Regiment westlich dieses Dorfes beim Pachthofe la République auf eine starke Kompagnie Franktireurs; die Straße nach Malain war mit 4—500 Mann, darunter 300 Mann Linie besetzt. — —

Inzwischen war aber die 4. Reserve-Division näher herangekommen. Am 12. hatte sich General Schmeling mit allen Truppen, den Befehlen des Generals Werder gemäß, aus der Gegend von Colmar über Rougemont und Lure auf Vesoul in Marsch gesetzt.

Am 17. November trafen an letzterem Orte die näheren Befehle über die demnächstige Bestimmung der Division ein. Dieselbe sollte um Gray kantonniren, Pesmes beobachten, die Sicherung der Etappenlinie des Korps auf Vesoul und den Schutz der Brücken über die Saône bewirken. Demgemäß erreichte bis zum 23. November der Divisionsstab nebst den Branchen, Post und Telegraph, Gray mit 8 Bataillonen, 4 Eskadrons, 3 Batterien; hiervon wurde am 24. ein Detachement von 1 Bataillon, 1 Eskadron, 1 Batterie unter Major Malisius nach Mirebeau als Verbindungs-Etappe mit Dijon entsendet. Ein Detachement von 3½ Bataillonen, 1 Eskadron, 1 Batterie unter Oberst Zimmermann stand zur Beobachtung und Sicherung der Brücken von Port- und Scey sur Saône in Vesoul, ½ Bataillon zur Verbindung dahin in Fresnes St. Mamès. Ein Detachement von 3 Bataillonen, 3 Eskadrons, 2 Batterien, zum Belagerungs-Korps vor Belfort detachirt, hielt Mülhausen besetzt.

Die dem 14. Armee-Korps durch Heranziehung der bisher zur Deckung der Etappen verwendet gewesenen Truppen somit erwachsene Verstärkung und die in der 4. Reserve-Division gegebene Reserve gestatteten wieder, weiter aussehende Operationen vorzubereiten.

---

*) Nach den Angaben in der Schrift: „le General Cremer" soll dieser vom 23. ab von Chagny über Beaune die Offensive gegen Dijon ergriffen haben. Die 1. Legion der Mobilisés du Rhône (3 Bataillone) nebst der Batterie gingen über Tart le Haut vor; die 2. mit dem Bat. de la Gironde (4 Bataillone) kam an diesem Tage nach Beaune.

Zunächst wurden alle Truppen des Korps am 23. näher an Dijon herangenommen, auch die Trains dahin vorgezogen.

Erst an diesem Tage gelang es, den Feldtelegraphen, der bisher nur bis Gray ging, bis Dijon selbst zu leiten. Wenn von jetzt ab auch fast täglich Störungen auf der langen Verbindung eintraten, so mußte die überaus thätige Leitung des Feldtelegraphen-Direktors Böhnke doch alle Schwierigkeiten zu überwinden. Oft in der Nacht bei schneidender Kälte gingen die Beamten mit Laternen zur Aufsuchung der schadhaften Stellen ab; starke Strafen, welche der Härte nicht entbehren konnten, wurden stets den Gemeinden, auf deren Gebiet die Zerstörung erfolgte, auferlegt. So gelang es, daß die Bevölkerung, in Angst gehalten, selbst sich für die Leitung interessirte und sie bewachte, der Telegraph aber in einer späteren entscheidenden Zeit gut funktionirte.

Das 14. Korps stand nunmehr vollzählig in und um Dijon, und zwar am 23. am rechten Flügel die Brigade Degenfeld in Plombières mit einem vorgeschobenen Detachement in Fleurey; Corcelles les Mont wurde mit 3 Kompagnien, le Fort Yon mit 1 Kompagnie, 4 Geschützen besetzt. Von dem in Besoul gestandenen Detachement der Brigade, das entsprechend dem Anmarsche der 4. Reserve-Division sich vorschob, rückte der Rest, das 2. Bataillon des 3. Regiments, die Eskadron des Leib-Dragoner-Regiments und die 2 Geschütze der 4. schweren Batterie bei der Brigade ein. An General Degenfeld schloß sich (nach Ablösung der Brigade Prinz Wilhelm) das Detachement Goltz*) in Chenôve an, mit Vorposten auf der Linie Perrigny les Dijon, Saulon la Rue bis gegen Saulon la Chapelle; die Brigade Keller marschirte, nachdem sie die Brücke in St. Jean de Losne ungangbar gemacht, nach Longecourt und belegte Fauverney, Rouvres, Aiserey, Thorey les Egoisses und Bretenière. Prinz Wilhelm stand in Dijon; die Munitions-Kolonnen in Arc sur Tille; ein Verbindungs-Detachement in Mirebeau.

Die Deckung nach Norden und Nordwesten gegen eine etwaige Tournirung der rechten Flanke durch Garibaldi wurde dem General Schmeling, die Beobachtung von Langres durch fliegende Kolonnen dem Detachement der 4. Reserve-Division in Besoul übertragen.

---

*) General-Major Goltz (cfr. Beilage, Ordres de Bataille) übernahm am 18. November die Führung des kombinirten preußischen Detachements.

Das bisher in Mirebeau stehende Detachement der badischen Division sollte durch ein solches der 4. Reserve-Division aus Gray am 24. abgelöst werden. General Schmeling erhielt Befehl, gegen Bèze und Thil Châtel Kavallerie und Infanterie auf Wagen vorzuschieben, um etwa zwischen Dijon und Châtillon vorkommende Spitzen Garibaldi's zeitig zu rekognosziren. Auf diese Weise gegen die Festung gesichert, beabsichtigte General Werder durch eine Offensive mit 4 Brigaden am 25. gegen Chagny und Châlon die Verhältnisse im Süden klar zu legen, als die Garibaldianer selbst zum Angriffe auf Dijon vorgingen.

Garibaldi hatte von Autun aus bis zur Seine seine Abtheilungen vorgeschoben. Einer derselben war unter Ricciotti Garibaldi am 19. November ein nächtlicher Ueberfall in Châtillon sur Seine gegen Etappentruppen geglückt. In ähnlicher Weise sollte jetzt Dijon überraschend angegriffen werden, und es wurde hierbei auf die Mitwirkung der wohl vorbereiteten Einwohner und der Truppen des Generals Cremer gerechnet.

Der Abmarsch Garibaldi's von Autun nordwärts, seit dem 21., geschah unter dem Schutze der in die Côte d'Or vorgeschobenen Abtheilungen und maskirt durch die Bewegungen der im Westen und Nordwesten Dijons alarmirenden Truppen. General Cremer, der am 25. mit der 2. Legion und dem Bataillon de la Gironde in Nuits, in Summa mit ca. 8000 Mann und 6 bis 8 Geschützen südlich Dijon stand, war vor dem Entscheidungstage zu einer Cooperation von Süden her aufgefordert worden.

In Dijon wurde die Aufmerksamkeit gegen Westen indessen verdoppelt, namentlich seit am frühen Morgen des 23. auf der Côte d'Or vielfach französische Reveille-Signale gehört worden waren. Im Laufe dieses Tages erschienen Garibaldi'sche Abtheilungen bei Gissey im Ouchethal, und die Einwohner sprachen von der Ankunft größerer Verstärkungen. Das die Eisenbahn, das Ouchethal und die Straßen nach Nordwest und West sperrende hochgelegene Dorf Talant wurde stärker besetzt, und als in der Nacht vom 23. auf den 24. von dem Detachement in Mirebeau Meldung eintraf, daß eine nach Til Châtel entsendete Patrouille im Norden bei Lux auf größere, angeblich aus Langres kommende Franktireurs-Posten gestoßen war, so mußte das General-Kommando dieser Erscheinung um so mehr Gewicht beilegen, als am 23. die wegen Störung des Telegraphen bei St. Loup verspätete Mittheilung des großen Hauptquartiers den von Ricciotti Garibaldi auf Châtillon fur Seine ausgeführten Ueberfall und den Abzug des dortigen Detachements auf das des Generals Kraatz zur Kenntniß gebracht hatte. Das Auftreten von Garibaldi'schen Truppen ließ auf ein Vorrücken derselben von Châtillon gegen die diesseitigen Verbindungen schließen, und es wurde deshalb durch Befehl von ½1 Uhr Nachts die Brigade Keller am 24. über Arc fur Tille auf Beire le Châtel entsendet; ein Detachement derselben (1 Bataillon, ½ Eskadron, 4 Geschütze) besetzte Lur.

Die stets in Dijon bereite Stadtreserve, und zwar an diesem Tage das 1. Bataillon des 4. Regiments, 1 Zug der reitenden, 2 Züge der 4. leichten Batterie nebst einer Eskadron unter Oberst-Lieutenant Arnold, war noch in der Nacht auf Arc fur Tille gerückt und marschirte am 24. nach Arcelot.

Dijon bot in diesen Tagen einen interessanten Anblick. Man fühlte es leicht durch, daß die Bevölkerung einer Entscheidung entgegensah; zu Hunderten sammelten sich trotz strengen Verbotes Gruppen kräftiger Blousenmänner; die alten Stadtwälle waren von vielen mit Fernröhren ausschauenden Leuten besetzt, und die bisher so niedergeschlagenen Blicke der zahlreichen Schönheiten sahen triumphirend den Deutschen in das Auge.

Die Truppen verhielten sich äußerlich höchst gelassen; doch bis ins Einzelne war Alles so vorbereitet, daß das Schlagen des Tambours auf der Mairie in wenigen Minuten die Bataillone versammelte, und vor Allem die Trains in geordneter Weise die Ausgänge nach Norden erreichten. —

Es wird nöthig sein, hier eines Zwischenfalles Erwähnung zu thun, welcher auf die Führung im Allgemeinen nicht ohne Einwirkung blieb.

Die Direktiven des großen Hauptquartiers vom 23. Oktober unterstellten dem 14. Korps die 1. und 4. Reserve-Division mit den Aufgaben, Schlettstadt, Neu-Breisach und Belfort zu belagern. Die erstgenannten Festungen waren nunmehr genommen, Belfort jedoch bisher nur von der verstärkten 1. Reserve-Division zernirt. Am 11. November befahl das große Hauptquartier die Belagerung der Festung Belfort und die Uebertragung der Belagerungs-Arbeiten an General-Major Mertens. In Folge dessen verlangte General Trescow und General Mertens die Verstärkung des Belagerungs-Korps auf

25 Bataillone, und letzterer erläuterte die Forderung durch eine Denk-
schrift.

Gab General Werder die hierzu nöthig werdenden Truppen
(10 Bataillone) ab, so blieben von der 4. Reserve-Division zur
Unterstützung des 14. Armee-Korps 5 Bataillone und 6 Batterien
nebst 1 Kavallerie-Regiment, die sodann Vesoul zu besetzen hatten,
da Etappentruppen hier noch nicht standen. Eine Heranziehung der
Artillerie allein konnte nicht im Interesse der Kriegführung liegen.

Es war indessen Pflicht des Generals Werder, soweit als möglich das Belagerungs-Korps zu unterstützen; und es wurde deshalb
am 26. befohlen, daß die 4. Reserve-Division 1 weiteres Bataillon aus
Vesoul an General Tresckow abgab.

Zur Besetzung von Vesoul und der Etappe von da bis Gray
waren 3 Bataillone, 1 Eskadron, 1 Batterie, zur Verfügung; um
Gray und zur Verbindung mit Dijon in Mirebeau verblieben 8 Bataillone, 3 Eskadrons, 3 Batterien. —

25. November. Am 25. November wurde General Keller,
der das Detachement aus Etevaux*) an sich gezogen, auf Is sur
Tille und Til Châtel dirigirt; die 4. Reserve-Division besetzte Fontaine Française, Chaume und St. Maurice sur Vingeanne mit 3 Bataillone, 1 Eskadron und 1 Batterie unter Oberst Knappstädt und
klärte auf bis Sacquenay. Das badische Detachement in Mirebeau,
ursprünglich auf Asnières les Dijon im Norden der Stadt dirigirt,
rückte in Dijon ein, auch die Munitions-Kolonnen aus Arc sur Tille
wurden dahin herangezogen. Oberst-Lieutenant Arnold kehrte zur
Brigade zurück. Gleichzeitig wurden die Vorposten im Süden,
wo der Feind wieder stärker bis Vougeot und Gevrey (1 Meile
von Dijon) herandrängte, näher gegen die Stadt gezogen; in Dijon
selbst alle Vorbereitungen für einen etwaigen Angriff der Stadt getroffen. Das Detachement Goltz besetzte die Stellung gegen Süden
auf der Linie Chenôve bis Quétigny, mit dem Stab in Longvic.
Das 2. Reserve-Dragoner-Regiment in Quétigny, Chevigny, Sennecey
wurde den direkten Befehlen des General-Kommandos unterstellt.

Garibaldi hatte am 24. sein Korps um Pont de Pany konzentrirt, aber nur schwache Spitzen bei Clémencey gezeigt. Am 25.
versuchte er früh 7 Uhr mit stärkeren Abtheilungen (4 Kompagnien
Franktireurs und Mobilgarden und 1 Bataillon der Brigade

---

*) cfr. oben Seite 85.

Bossac) im Ouchethal von Velars und von Pasques gegen Plom-
biéres vorzudringen; der Vorstoß wurde von dem dortigen Detachement (2. Bataillou des 4. Regiments und ⅓ der 4. leichten Batterie)
unter Major Held abgewiesen und der Feind auf seine Stellung
bei Velars und gegen Pasques mit Verlust zurückgeworfen. Ein
wiederholter Versuch von Velars gegen Corcelles les Monts um 1
Uhr wurde ebenso kräftig von dem Füsilier-Bataillon des 4. Regiments,
Major Bauer, abgeschlagen; der Feind wich in ungeordneten Haufen
gegen Lantenay zurück*). Beide Gefechte trugen auf Seiten der Garibaldianer den Charakter von Demonstrationen und schienen wie zur
Uebung für die Truppen unternommen; das günstige Feuer der
diesseitigen Artillerie brachte dem Feinde schwere Verluste bei. Die
Detachements aus Plombières und Corcelles hatten sich geschickt
gegenseitig unterstützt.

Von General Keller und dem Detachement der 4. Reserve-
Division war im Norden ein Feind nicht gefunden worden. Hauptmann Ziegler vom Generalstabe des General-Kommandos hatte dort
persönlich rekognoszirt und konstatirt, daß die aufgetretenen Truppen
nicht zu Garibaldi, sondern zur Besatzung von Langres gehörten.
Dem General-Kommando war es äußerst schwer, stets richtig nach
den Uniformen zu unterscheiden, zu welchen Abtheilungen der Feind
zu zählen war. Oft wurde gemeldet, der Feind trage rothe Blousen,
und dies genügte damals um zu glauben, man habe Truppen Garibaldi's vor sich. Die Garibaldi'schen Truppen bestanden zu dieser
Zeit aus ca. 12 Bataillonen geworbener Truppen aller Länder,
meist alter Soldaten, nicht ohne Kriegserfahrung. Dem Korps
waren aber außerdem die verschiedensten Abtheilungen zugewiesen,
theils, Mobilgarden, Marschregimenter, Franktireurs ꝛc.; erst gegen
Ende November war man hierüber völlig klar und kannte deren
Ordre de Bataille. Das bunte und interessante Gemisch dieser
Truppen ergiebt sich aus der in den Beilagen folgenden Aufzeichnung,
welche aus französischen Quellen geschöpft ist.

Noch konnte, am 25., das General-Kommando die wahre Bedeutung der feindlichen Bewegungen nicht überschauen. Die Gefechte
in der rechten Flanke hatten indessen einen ernsteren Charakter gezeigt, als die bisherigen; die feindlichen Abtheilungen hatten eine

---

*) Hauptquartier Garibaldi's.

Eintheilung in Kompagnien 2c. deutlich erkennen laſſen. Die Be=
wegungen des Gegners im Großen trugen den Charakter wohlange=
legter Operationen.

Die Gefechte bei Velars und Prenois. Das Nachtgefecht bei Daix.

26. November. Zur beſſeren Aufklärung wurde am 26.
General Degenfeld gegen die nördlichen Theile der Côte d'Or in
der Richtung auf St. Seine und St. Martin mit 3 Bataillonen,
(2. und Füſilier=Bataillon des 3. und 1. Bataillon des 4. Regi=
ments) 2 Eskadrons des Leib=Dragoner=Regiments und die 1. ſchwere
und 1 Batterie entſendet; die Detachements in Corcelles les Monts
und Plombières wurden durch Abtheilungen der Brigade Prinz
Wilhelm abgelöſt.

Da nun in der Frühe des 26. Velars wieder vom Feinde be=
ſetzt gefunden wurde, gingen aus Corcelles les Monts und Fort Don
Major Betz (Füſilier=Bataillon des Leib=Grenadier=Regiments und
4 Geſchütze der 3. leichten Batterie und in Uebereinſtimmung damit
aus Plombières Major Wolff (Füſilier=Bataillon des 2. Grenadier=
Regiments, 2 Geſchütze der genannten Batterie und 1 Eskadron des
2. Dragoner=Regiments) in Uebereinſtimmung mit einander über
Velars gegen Fleurey vor.

Der Feind, etwa 2000 Mann ſtark, wurde hauptſächlich durch
das Artilleriefeuer um Mittag zum Abzug im Ouchethal und gegen
Lantenay gezwungen. Es war dies ein Seiten=Detachement Gari=
baldi's.

Inzwiſchen war General Degenfeld um 11 Uhr bei Prenois
mit dem auf den Höhen gegen Pasques verſammelten Garibaldi'ſchen
Hauptkorps zuſammen geſtoßen. In methodiſcher Ordnung avancirte
daſſelbe, von etwa 12 Geſchützen gedeckt, mit Eclaireurs vor der
Front und auf den Flügeln, unter dem perſönlichen Kommando
Garibaldi's. In erſter Linie ſtanden der Schätzung nach 6 Ba=
taillone.

General Degenfeld ging langſam und ohne nennenswerthen
Verluſt unter dem glücklichen Feuer ſeiner Batterie zunächſt in eine
Defenſivſtellung hinter Prenois, und dann auf die Höhe bei Haute=
ville zurück; Garibaldi folgte ebenſo langſam auf der Straße nach
Dijon gegen Darois.

Das Detachement aus Plombières war dem Kanonendonner nach um 1¾ Uhr gleichfalls gegen Prenois vorgegangen.

Auf die erste Meldung über das Auftreten größerer feindlicher Abtheilungen, die gegen 4 Uhr in Dijon eintraf, entsandte das General-Kommando sofort zur Verstärkung an General Degenfeld das 1. Bataillon des 3. Regiments und die reitende Batterie und erließ folgenden Befehl:

„Die Brigade Keller steht am 27. früh 8 Uhr bei Vantoux und Messigny.

Die Brigade Degenfeld steht mit 3 Batterien um 7 Uhr auf der Höhe westlich Hauteville.

Die Brigade Prinz Wilhelm zieht die Vorposten aus Corcelles nach der Ferme le Cras*); das Gros der Brigade steht um 7 Uhr auf dem Place d'Arcy.

Die Brigade Goltz zieht die Vorposten bis Longvic zurück und steht um ½8 Uhr mit 3 Bataillonen und 2 Batterien vor der Mairie in Dijon.

Das 2. Reserve-Dragoner-Regiment steht um 8 Uhr am Ausgang von Dijon nach Langres."

Es war somit Absicht, Garibaldi am 27. mit vereinigten Kräften konzentrisch anzugreifen.

Als dieser Befehl expedirt war, gab man sich bei dem General-Kommando großer Hoffnung auf Erfolg hin. Man konnte auch wohl mit Sicherheit sagen, daß, wenn Garibaldi vor der Front blieb, er durch die Direktion der Brigade Keller gegen die Felswände des Ouchethales gedrückt und zersprengt werden würde.

Da die Garibaldianer dem General Degenfeld nicht weiter nahe zu kommen versucht hatten, hatte dieser mit dem Haupttheile seiner Truppen Stellung bei Daix und Talant genommen; das 1. Bataillon des 3. Regiments besetzte Hauteville; das Füsilier-Bataillon bezog Vorposten auf den Höhen westlich gegen Darois.

Noch im Ordnen der Aufstellung begriffen, wurde nach 6 Uhr Abends dieses Bataillon von den Garibaldianern in 3 Kolonnen überraschend und heftig bei außerordentlicher Dunkelheit und strömendem Regen angegriffen. Die 2 vorderen Kompagnien wurden momentan zersprengt; der verwundete Bataillons-Kommandeur, Major

---

*) Auf der Höhe am südlichen Rande des Ouchethales, am Wege von Corcelles nach Plombières, etwa 2 Kilometer von da.

Widmann, fiel in Feindeshand. Es gelang aber den zwei andern tambour battant vorgehenden Kompagnien den Haupttheil der Versprengten
wieder um sich zu sammeln. Jetzt traf auch das aus Hauteville
nach der Chaussee im Laufschritt heranrückende 1. Bataillon (Hauptmann Unger) ein und stellte sich 4 Glieder hoch quer über die
Straße; das erstgenannte Bataillon schloß sich auf den Flügeln an.
Sofort erfolgte unter brausendem Getöse, Geläute von Glocken, Geschrei, Blasen aus verschiedenen Instrumenten und dem Absingen der
Garibaldi-Hymne aus dunkelster Nacht ein wilder Anlauf der
Garibaldianer; er prallte machtlos ab an den aus nächster Nähe,
auf 50 Schritt, abgegebenen viergliederigen Salven. Ein zweiter,
ein dritter Angriff erfolgte mit gleicher Bravour, mit gleich ge-
ringem Erfolge; die Todten lagen bis auf 8 Schritt vor der Front.
Jetzt wich der Feind in die finstere Nacht zurück. Tiefe Stille deckte
den während einer Stunde so lärmend belebten Kampfplatz; nur das
Aechzen der sich zurückschleppenden Verwundeten tönte noch durch die
Dunkelheit herauf.

General Degenfeld behielt Stellung zwischen Hauteville und
Talant.

Dieser nächtliche Angriff in unmittelbarster Nähe der Stadt
veranlaßte die Alarmirung des ganzen Armee-Korps.

Alle Truppen rückten auf die Alarmplätze und blieben die Nacht
über unterm Gewehr. Die Bagagen sammelten sich auf den Höhen
östlich St. Apollinaire.

Das General-Kommando durfte annehmen, daß zwischen den im
Saônethal stehenden feindlichen Truppen und den Garibaldi'schen
Schaaren ein Einverständniß zur Aktion für den 27. getroffen
war. Feuersignale leuchteten in der ganzen Umgebung, und in der
Stadt wogten Tausende von Blousenmännern, nur in Respekt ge-
halten durch die Kanonen und Gewehre, welche stets bereit zum
Schuß alle Hauptstraßen beherrschten. Dem Maire war außerdem
bestimmt verkündet, daß der Ausbruch einer Revolte in der Stadt
die Vernichtung derselben zur Folge haben würde. Die Gebäude der
Mairie und das alte Burgunder Schloß, die Reste einer Stadt-
Citadelle, waren zu Stützpunkten der Ortsvertheidigung bestimmt
und wohl kaum ohne längere Vorbereitungen zu nehmen.

In Erwägung dieser Verhältnisse war der Entschluß gefaßt, im
Osten unter dem Schutz der Ouche defensiv zu bleiben, Garibaldi

7*

aber mit allen disponibeln Kräften umfassend anzugreifen, und durch einen derben Schlag für längere Zeit zu entfernen.

General Goltz erhielt Befehl, seine Abtheilungen zwischen der Vorstadt St. Nicolas und St. Apollinaire zu sammeln, und am 27. früh ½6 Uhr auf dem nächsten Wege nach Talant und Fontaine les Dijon zu marschiren, um die dort stehende Brigade Degenfeld abzulösen, resp. wenn diese angegriffen, sie zu unterstützen. Die Artillerie des Generals Degenfeld sollte dem General Goltz zur Disposition gestellt werden, wenn Ersterer in das zweite Treffen rückte.

Zur Eclairirung gegen Süden sollte General Goltz 1 Bataillon, 1 Eskadron und 2 Geschütze zwischen dem Park und der Stadt Dijon zurücklassen; ferner zur Bedeckung der Bagage bei St. Apollinaire und Eclairirung gegen Osten 2 Eskadrons dahin abgeben.

Prinz Wilhelm erhielt Befehl, durch Kavallerie gegen Corcelles und Ferme le Cras patrouilliren zu lassen.

Das Wachbataillon besetzte die Brücke über den Kanal auf der Straße nach Nuits (pont Napoleon). Alle übrigen Truppen bezogen Bivouak auf dem Place d'Arcy.

Die Aufgabe des Generals Keller blieb unverändert.

Das Gefecht bei Pasques.

27. November. Früh Morgens am 27. standen die Truppen auf den befohlenen Punkten; General Goltz löste schon um 6 Uhr die Brigade Degenfeld ab und marschirte, durch die 3 Batterien der letzteren verstärkt, zwischen Talant und Fontaine zum Gefechte auf; die Bataillone der Brigade Degenfeld formirten sich hinter Talant als zweites Treffen. Fontaine wurde durch ein Bataillon des 4. Regiments besetzt; ein weiteres Bataillon desselben Regiments stellte über Ahuy Verbindung mit der Brigade Keller her.

Das Füsilier-Bataillon des 3. Regiments stand zur Deckung der Bagage in St. Apollinaire.

General Keller war nach anstrengendem Nachtmarsch um 8 Uhr früh in Vantoux und Messigny eingetroffen und sofort südwärts gegen das Bois du Chêne (w. Hauteville) vorgegangen.

Auf der Seite des Feindes waren die ganze Nacht über auf den Höhen westlich Hauteville zahlreiche Wachtfeuer sichtbar gewesen; am Morgen wurden noch Patrouillen gegen Daix und Hauteville vorgetrieben.

Da dem General Keller zur Ausführung seiner Bewegung ein Vorsprung gelassen werden mußte, ließ der kommandirende General, der nebst Stab mit Tagesanbruch nach Daix geritten, die Truppen um Talant und Fontaine zunächst in den genommenen Positionen stehen. Dagegen wurde vom linken Flügel von der Brigade Prinz Wilhelm ein Detachement unter Oberst Renz (2 Bataillone des 2. Grenadier-Regiments, 1 Eskadron des Leib-Dragoner-Regiments und die 3. leichte Batterie) über Plombières auf Pasques direkt gegen den Rücken der feindlichen Aufstellung entsendet.

Es war bei scharf fallendem Regen sehr spät Tag geworden und wurde 8 Uhr, bis die Patrouillen entdecken konnten, daß der Feind unter dem Schutze der Nacht und schwacher Posten mit seinen Massen wahrscheinlich aus seinen gestrigen Stellungen abmarschirt war. Als nun um ½9 Uhr Verbindung mit General Keller hergestellt war, trat der kommandirende General mit dem Detachement Goltz zur Verfolgung in der Richtung auf Prenois an.

Eine Menge weggeworfener Waffen und Ausrüstungsstücke zeigten die Deroute des Feindes, und zahlreiche Todte konstatirten die großen Verluste desselben bei dem Gefechte der gestrigen Nacht.

General Goltz erreichte gegen ½12 Uhr bei Prenois die feindliche Arrieregarde und trat sofort ins Gefecht. —

Oberst Renz hatte, als er um ½10 Uhr Plombières passirte, noch 2 Kompagnien des dort stehenden 2. Bataillons des Leib-Grenadier-Regiments an sich gezogen. Er passirte, vom Feinde unbelästigt, die engen Defileen und debouchirte, beim Hörbarwerden des Gefechtes bei Prenois den Marsch beschleunigend, glücklich aus dem schluchtigen Waldgebirge und entwickelte sich sofort gegen den vor dem Detachement Goltz auf Pasques retirirenden Feind, ca. 2000 Mann stark. Während die Batterie (Hauptmann Holtz) unter dem Schutze der 2 Kompagnien des Leib-Grenadier-Regiments 1000 Schritt westlich des Waldausganges auffuhr, entwickelte sich das 1. Bataillon des 2. Regiments zu beiden Seiten der Batterie, das Füsilier-Bataillon folgte hinter dem linken Flügel. In dieser Formation wurde unter heftigem Tirailleurs-Gefecht gegen Pasques avancirt, und Verbindung mit dem Detachement Goltz hergestellt.

Der nun folgende konzentrische Angriff beider Detachements zwang den Feind zur Aufgabe von Pasques. Letzterer floh in Deroute gegen den Wald westlich des Dorfes.

Während dessen hatte eine frische feindliche Abtheilung vom Wald von Lantenay aus einen Offensivstoß gegen die linke Flanke des Oberst Renz unternommen. Sie drang in regelmäßiger Weise mit Tirailleurs in den Intervallen zur Attaque vor. Sofort schwenkte das Füsilier-Bataillon des 2. Regiments nach der linken Flanke ein, ein Zug der Batterie fuhr im Galopp bis auf 400 Schritt gegen die feindliche Linie vor. Von den theilweise viergliedrigen Salven der Infanterie und den Kartätschen der Artillerie decimirt, machte der Feind kehrt; eine dichte Reihe Todter und Verwundeter bedeckte den Kampfplatz.

Das Gefecht war hiermit um 3 Uhr beendigt; nach allen Richtungen stoben die Garibaldianer auseinander und gingen gegen Westen und Süden, hauptsächlich auf Lantenay, zurück.

Der Wald von Lantenay wurde von dem Füsilier-Bataillon des 2. Regiments ohne Mühe vollends gesäubert. —

Die bei Pasques geworfenen Abtheilungen, ca. 4000 Mann, waren nach Angabe der Gefangenen zur Deckung des Rückzuges des Garibaldi'schen Korps von St. Seine vorgezogen worden; es war dies zunächst die Brigade Delpech. Der Kommandeur der Guerilla von Marseille, Oberst Chapeau, starb an den erhaltenen Wunden in der folgenden Nacht in Pasques. Aber auch Theile der 1. Brigade, vom 42. Marschregiment, sowie Mannschaften von Regimentern der Loire-Armee, Mobilgarden aus Bourges und Gegend, sowie Theile des Michel'schen Korps schienen im Kampfe gewesen zu sein. Der Haupttheil der Garibaldianer war, wie sich später ergab, in der Nacht vom 26. zum 27. in voller Flucht auf Autun zurückgegangen. —

Als es zu dunkeln begann, befahl General Werder, daß die vordern Truppen des Generals Keller am Feinde bleiben, und das Gros dieser Brigade Lantenay besetzen solle. General Goltz wurde in Pasques und Prenois untergebracht, und das Detachement des Oberst Renz nach Plombières wieder in Verbindung mit der 1. Brigade zurückgenommen. General Degenfeld rückte unter Besetzthalten von Talant und Fontaine nach Dijon ein.

Die Truppen waren zwar äußerst guter Laune, die bedeutenden Strapazen an ihnen aber doch sichtbar. General Keller war 2 Nächte und 1 Tag ununterbrochen bei strömendem Regen in Bewegung gewesen, General Goltz hatte einen Tag und eine Nacht nicht geruht.

Das General-Kommando beeilte sich mit einbrechender Dunkel=
heit nach Dijon zurückzukehren, um hier nach Eingang der Nachrichten
über die Bewegungen des Feindes im Saônethal den Befehl für
den 28. auszugeben.

Gleich beim Eintreffen in Dijon erhielt General Werder ein
Telegramm vom Etappen = Kommando in Chaumont (Oberst Plötz)
und von der General-Etappen-Inspektion in Troyes (General Tie=
demann): „daß bewaffnete Bauern und Franktireurs, von Theilen
der Besatzung von Langres unterstützt, gegen Châtillon und Chaumont
vorgedrungen seien; Gefechte hätten stattgefunden; ein auf Châtillon zur
Seine vorgeschobenes Detachement von 7 Kompagnien und 1 Eska=
dron sei in dieser Stadt durch ca. 6000 Mann eingeschlossen. Zur
Sicherung der ernstlich bedrohten Etappenlinie der II. Armee werde
dringend Hilfe erbeten.“

Diese Hilfe mußte unter allen Umständen sofort gewährt wer=
den, so sehr auch in Folge dessen die unmittelbar wichtigere Ausbeu=
tung der Erfolge gegen Garibaldi eine Verzögerung erlitt.

Von General Cremer war gemeldet, daß er über Gevrey auf
Marsannay stark rekognoszirt habe; ferner wurde konstatirt, daß Ga=
ribaldi am 26. und 27. ca. 400 Todte und Verwundete und 200
Gefangene verlor; der diesseitige Verlust*) belief sich auf ca. 70 Mann
und einige Pferde. Man wußte am 27. Abends ferner, daß die
Arriere = Garde Garibaldi's in Auflösung, daß das Gros aber
nicht erschüttert sei.

Eine Brigade des 14. Korps mußte gegen Châtillon zur Seine
entsendet werden; dies schien bei der Dringlichkeit der Depeschen noth=
wendig. Es fragte sich jetzt nur noch, ob die Brigade Keller am
28. auf Sombernon und weiter zur Verfolgung gegen Autun vorzu=
schicken sei. Obgleich General Werder persönlich sehr große Neigung
zu diesem Unternehmen hatte, so stand er doch für den 28. davon
ab, theils der großen Ermüdung der Truppen wegen, theils weil zu
einer weiteren Detachirung gegen Bligny ausreichende Kräfte nicht
zur Verfügung standen. Ein Blick auf die Karte wird die Ueberzeu=
gung geben, daß der Vormarsch über Arnay le duc auf Autun in
der linken Flanke, also bei Bligny, eine Deckung gegen die in der
Côte d'Or stehenden feindlichen Truppen erforderte.

---

*) Die Details der Verluste siehe in Beilage.

Aus diesen Gründen wurde befohlen, daß am 28. das Detachement Goltz den Marsch auf Châtillon antreten solle; die Verfolgung Garibaldi's und ein etwaiger Vorstoß auf Autun zur völligen Zersprengung desselben sollte mit der inzwischen ausgeruhten Brigade Keller ausgeführt werden, wenn die Verhältnisse im Süden eine weitere Detachirung von Truppen in das Ouchethal ermöglichen würden.

Von der 4. Reserve-Division war gegen Abend das Detachement aus Mirebeau in Dijon eingetroffen, General Schmeling hatte Mirebeau erreicht. Er erhielt nunmehr Befehl, am 28. Gray wieder besetzen zu lassen.

Dem General Goltz wurde Major Albrecht vom General-Kommando für die Dauer der Expedition als Generalstabs-Offizier zugewiesen. Das Detachement, welches bestimmt war, die in Châtillon bedrängten Truppen wenigstens durch ein Erscheinen in der Nähe zu degagiren, sollte am 28. St. Seine und St. Martin erreichen, und am 29. ein Regiment auf Baigneux les Juifs vorschicken. General Goltz erhielt außerdem Befehl, vorerst, bis sichere Nachrichten über den Zustand und die Rückzugsbewegung des Garibaldi'schen Korps eingekommen sein würden, in unausgesetzter Verbindung mit General Keller zu bleiben. Er wurde zum 3. oder 4. Dezember in Dijon zurückerwartet.

Die Brigade Keller wurde angewiesen, gegen Westen und in das Ouchethal zu patrouilliren; die übrigen Truppen sollten in und um Dijon stehen bleiben, Talant und Fontaine les Dijon von der am 27. eingetroffenen Ersatz-Abtheilung des Detachements Goltz unter Zutheilung einiger Dragoner besetzt werden. Die Brigade Degenfeld wurde in Dijon konzentrirt, während den Vorpostendienst von Plombières bis Neuilly les Dijon die Brigade Prinz Wilhelm übernahm; Oberst Knappstaedt, in Lux durch ein Detachement der Badischen Division abgelöst, wurde nach Thil Châtel verlegt, die Ponton-Kolonne und die Munitions-Kolonnen auf Gray dirigirt. —

In der Frühe des 28. traf ein Feldjäger aus dem großen Hauptquartier mit Befehlen vom 24. ein, die nach Billigung der früher beabsichtigten Operation gegen den Süden mittheilten, daß, da die Festsetzung der Loire-Armee bei Orléans, die Neuformation eines 17. Korps bei le Mans und eines 18. unter Bourbaki um Tours die volle Stärke der augenblicklich gegen die Loire in Bewegung gesetzten Streitkräfte zu entscheidenden Schlägen erfordere, es der

II. Armee nicht möglich sei, hinreichende Truppen zur Deckung ihrer Etappenlinie zu detachiren. Sobald es General Werder gelungen sein würde, den Garibaldi'schen Schaaren entscheidende Schläge beizubringen und deren Wirksamkeit auf längere Zeit zu lähmen, würden durch die Absendung mobiler Kolonnen des 14. Armee=Korps in das Terrain zwischen Saône und Loire die Operationen stärkerer feindlicher Abtheilungen aus dem Süden gegen die Etappenlinie der II. Armee unmöglich gemacht, und könnte somit die nothwendige Unterstützung indirekt geboten werden.

Gleichzeitig trafen bei dem General=Kommando die Meldungen ein, daß der Feind bei Gevrey und Chenôve in größeren Abtheilungen stehe und die Garibaldi'schen Truppen St. Marie und Sombernon besetzt hielten, aber in kläglichem Zustande seien, und die Bevölkerung gegen Letztere Partei nehme.

Nunmehr glaubte General Werder doch noch versuchen zu können, den Garibaldi'schen Truppen durch kräftige Verfolgung ganz entschiedenen Abbruch zu thun; er schickte dieserhalb den Major Grolman vom Generalstab sogleich an General Keller mit dem Befehle, am 29. auf Sombernon und dann weiter auf Autun zu marschiren.

Zur Ausführung dieses Auftrages wurden dem Letzteren noch das in Plombières stehende Detachement des Oberst Wechmar (1. und 2.*) Bataillon des Leib=Grenadier=Regiments, 1 Eskadron des 2. Dragoner=Regiments und die 4. leichte Batterie) und aus Dijon das Detachement der 4. Reserve=Division unter Major Malisius (das 1. Bataillon des 25. Regiments, 1 Eskadron des 1. Reserve=Ulanen=Regiments und die 1. leichte Reserve=Batterie) zugewiesen. Die genannten attachirten Detachements, unter dem Befehl des Oberst Wechmar vereinigt, sollten General Keller in seiner linken Flanke gegen Nuits—Beaune decken; sie konnten in zweiter Linie den weiter beabsichtigten Schlag gegen General Cremer, also einen Angriff in den folgenden Tagen von Dijon auf Nuits—Beaune, konzentrisch vom Gebirge her unterstützen.

Die Ausdehnung der Unternehmung war dem General Keller überlassen, ein Angriff auf Autun nicht vorgesehen. Das General=Kommando wollte vorläufig in Dijon die Resultate der Expeditionen der Generale Goltz und Keller abwarten.

---

*) 1 Kompagnie blieb zur Verbindung in Plombières.

Am 29. traf ferner ein Telegramm des Generals Zastrow ein, welches mittheilte, daß das 7. Armee-Korps, um die Etappenlinie besser zu sichern, sowie Verbindung zwischen der II. Armee und dem 14. Korps zu halten, und damit die Kräfte des letzteren nicht zu sehr zersplittert würden, vor Metz am 27. Befehl erhalten habe, auf Châtillon sur Seine abzurücken. Ein starkes Detachement (4 Bataillone, 1 Eskadron, 1 Batterie) unter General Osten Sacken sei am 28. und 29. mittelst der Eisenbahn auf Donjeux vorausgeschickt worden. Donjeux ist 3 Märsche von Châtillon entfernt; General Goltz mußte im Marsche dahin belassen werden. Vorausgeschickt kann hier werden, daß der Rest des 7. Korps bis zum 9. Dezember auf der Linie Chaumont—Joinville anlangte.

Im Laufe des 29. wurden die Orte längs des Gebirges gegen Nuits wieder stärker vom Feinde besetzt; Gefangene gaben das Eintreffen von Verstärkungen aus Lyon und von dem Korps Michel im Saônethal an.*)

General Werder befahl deshalb zum 30. behufs Aufklärung und zur Degagirung der Brigade Keller eine größere Rekognoszirung und Demonstration auf Nuits, welche eventuell am 1. Dezember bis Beaune ausgedehnt werden sollte. In Verbindung hiermit konnte auch General Keller seine Operation bis Autun ausdehnen; er wurde entsprechend benachrichtigt.

30. November. Zu der Bewegung auf Nuits wurden von den gegen Süden stehenden Truppen der Brigade Prinz Wilhelm 7 Kompagnien des 2. Grenadier-Regiments, 4 Züge des 2. Dragoner-Regiments und 6 Geschütze (4 der reitenden, 2 der 3. schweren Batterie) unter Oberst Renz bestimmt; 2 Kompagnien des Leib-Grenadier-Regiments kotoyirten den Vormarsch von Corcelles aus über das Gebirge.

Oberst Renz ging in zwei Kolonnen von Perrigny und Marsannay resp. Longvic und Ouges zunächst gegen das von feindlichen

---

*) Das Werkchen le général Cremer führt an, daß „Oberst Ferrer auf Nuits zurückgekehrt, am 29. mit der 2. Legion und dem Bataillon de la Gironde einen Angriff auf Nuits ausgeführt habe, welche Stadt mit 2000 Preußen und 3 Kanonen sollte vertheidigt worden sein. Die Preußen seien nach ¾stündigem Gefecht zurückgegangen." Hierauf ist zu bemerken, daß am 29. November, außer einem kleinen Patrouillengefecht, das eine auf Gevrey vorgehende Offiziers-Patrouille bei diesem Orte ohne Verlust zu bestehen hatte, wobei auf der Straße nach Nuits geschlossene feindliche Abtheilungen gesehen wurden, südlich Marsannay überhaupt eine diesseitige Truppe in Aktion nicht gewesen ist.

Patrouillen beſetzte Gevrey vor und räumte dies durch die Wirkung
der Artillerie gegen 10 Uhr leicht auf. Ebenſo wurde Nuits nach
einigen Schüſſen der Artillerie von den feindlichen Spitzen verlaſſen;
die Avantgarde des Detachements rückte ein und begann Requiſitio=
nen einzuleiten; das Gros blieb vor der Stadt. Die Einwohner
waren faſt ſämmtlich geflüchtet, die Fenſterladen meiſt geſchloſſen.
Plötzlich erſchienen auf den Höhen weſtlich der Stadt zahlreiche feind=
liche Trupps, welche mit Infanterie=Feuer die Straßen beſtrichen;
auf der Straße von Beaune zeigten ſich andere feindliche Abtheilun=
gen im Anmarſch. Es waren dies die 2. Legion und das Bataillon
de la Gironde unter Oberſt Ferrer, ca. 4000 Mann, von der
Diviſion Cremer. Zwar brachte das Feuer der Artillerie den
Feind auf der Höhe zum Stehen; auch der Kolonne auf der Straße
von Beaune gelang es nicht, weiter Terrain gegen den wohlvertheidig=
ten Stadteingang zu gewinnen; aber doch blieb der Feind ſo nahe,
daß ſein Feuer die Straßen beſtrich.

Nuits konnte unter dieſen Umſtänden die Nacht über nicht be=
ſetzt gehalten werden.

Der bei der Rekognoszirung anweſende kommandirende General
ordnete deshalb vor ſeiner Rückkehr nach Dijon, da der Rekognoszi=
rungszweck erreicht ſchien, das Loswickeln des noch nicht engagirten
Gros des Detachements an, mit dem Befehl, auf Boncourt le Bois
auszuweichen und, ſo die Aufſtellung des Feindes flankirend, deſſen
Bewegungen nicht aus dem Auge zu verlieren. Als nun Oberſt
Renz abzumarſchiren begann, um oſtwärts die Stadt umgehend
Boncourt zu erreichen, verſtärkte der Feind, unterſtützt von 2 Gebirgs=
geſchützen, ſein Feuer von den Höhen und drang deſſen Infanterie
mit großer Energie zum Angriff gegen und in die Stadt vor; Oberſt
Renz, trotz der ungünſtigen Situation und von der Uebermacht des
Feindes gedrängt, erkämpfte ſich unter dem Feuer der öſtlich der
Eiſenbahn aufgefahrenen Batterie den Uebergang über letztere mit
einem Verluſte von 2 Offizieren, 39 Mann.

Das Gefecht endigte erſt in der Nacht. 17 der Verwundeten
fielen nebſt 2 Aerzten in die Hände des Feindes. Stabsarzt Klein
wurde von den Franzoſen erſchlagen*).

---

*) Es verdient hierbei hervorgehoben zu werden, in wie hohem Grade die
Gefechtsthätigkeit des deutſchen ärztlichen Perſonals den perſönlichen Muth und die
Hingabe an die Pflichten des Standes in Anſpruch genommen hat, da ſie in den

Oberſt Renz nahm Stellung in Boncourt, ging aber ſodann bei dem erſchöpften Zuſtande der Truppen und Angeſichts der weni= gen noch vorhandenen Artilleriemunition in der Nacht, unbeläſtigt vom Feinde, auf Longvic zurück und rückte am 1. früh in die ur= ſprüngliche Vorpoſtenaufſtellung wieder ein.

Die Fühlung mit dem Feinde ging verloren.

1. Dezember. Die am 1. Dezember früh wieder gegen Nuits vorſtoßenden Patrouillen fanden die Stadt und Gegend ſtark beſetzt; nach eingehenden Nachrichten ſollten aus Lyon gekommene Truppen ſich ins Gebirge geworfen haben. Die Stärke des Feindes um Nuits wurde, was ſich jetzt auch als richtig herausſtellte, auf ca. 12,000 Mann unter Oberſt Bourras angegeben*). Mobilgarden=Abthei= lungen drangen bei Genlis heran, auch bei la Marche wurden ſolche gefühlt.

In Folge dieſer Ereigniſſe und Meldungen und bei der im Verhältniſſe zur Größe von Dijon geringen Truppenzahl, die zu einer etwaigen Vertheidigung und zum Niederhalten der Stadt nur knapp ausreichte, mußte der für den 1. Dezember vorgeſehene Offen= ſivſtoß gegen Süden auf Beaune naturgemäß als unmöglich erkannt werden; ebenſo mußten auch dieſe Verhältniſſe der Operation des Generals Keller eine weſentliche Einſchränkung auferlegen. Die über die veränderte Situation an denſelben erlaſſenen Mittheilungen trafen ihn im Gefechte vor Autun. — —

General Keller hatte am 29. November mit ſeiner Brigade in zwei Kolonnen über Pange reſp. Fleurey ſur Ouche noch Sombernon,

glücklichen Gefechten ſtets einen großen Theil der franzöſiſchen Verwundeten zur Pflege ſich überlaſſen ſahen, in den weniger glücklichen aber mit ihren eigenen Ver= wundeten einer Gefangenſchaft entgegengingen, die bei der Geſinnung der feindli= chen Truppen wie der Bevölkerung oft das Schlimmſte mußte erwarten laſſen. Ein franzöſiſcher Arzt iſt dem 14. Armee=Korps auf dem Gefechtsfelde nicht in die Hand gekommen.

*) Es iſt nicht ganz aufgeklärt, welche Truppen franzöſiſcherſeits an dieſem Tage um Nuits geſtanden haben. Nach dem Werkchen le général Cremer wa= ren es die oben genannten Abtheilungen der Diviſion Cremer. Es komman= dirte indeſſen in Nuits an dieſem Tage Oberſt Bourras, da mit dieſem auch die Unterhandlungen wegen der Gefangenen und Aerzte geführt worden ſind; und es iſt ſomit wahrſcheinlich, daß die vom Gebirge herkommenden feindlichen Abtheilungen zu dem Korps Bourras gehörten und letzterer etwa als älteſter Kommandeur den Oberbefehl geführt hätte. Nur bleibt dann räthſelhaft, daß die zitirte Schrift, die das Gefecht ausführlich ſchildert, deſſen gar nicht Erwähnung thut.

die Avantgarde Echannay erreicht, Oberſt Wech mar war über Fleurey
nach St. Marie im Duchethal gelangt. Am 30. ſtand General Keller
um Rouvres ſous Meilly*), ſeine Avantgarde nahm nach wenigen
Schüſſen gegen eine zurückgebliebene Garibaldi'ſche Abtheilung Arnay
le Duc. Oberſt Wech mar, an dieſem Tage um Veuvey im Duche=
thal ankommend, hatte ein kleines Renkontre mit feindlichen Vortrup=
pen bei Ducherotte. Es waren dies Enfants perdus (de Paris).
Gefangene derſelben ſagten aus, daß Bligny ſur Duche ſtark beſetzt
ſei. Alle Erſcheinungen auf dieſen Märſchen konſtatirten die Deroute
der Garibaldi'ſchen Truppen; die Bevölkerung hatte bei deren Rück=
zug viel zu leiden gehabt. Größere Abtheilungen des Feindes wa=
ren nicht zum Stehen gekommen.

In Rouvres erreichte nun den General Keller der Befehl des
General-Kommandos, der ihn von der am 30. auf Nuits und am
1. auf Beaune ins Werk zu ſetzenden Demonſtration benachrichtigte,
und „es ihm als wünſchenswerth bezeichnete, bis gegen Autun vorzu=
gehen, wo die feindlichen Depôts ſich befänden. Dieſen Verſuch ſolle
er nur unterlaſſen, wenn bedeutend überlegene Kräfte ſich zeigen
ſollten."

General Keller ſetzte für den 1. Dezember den Vormarſch auf
Autun feſt, für den Fall, daß Oberſt Wechmar die befohlene Weg=
nahme von Bligny ſur Duche ausgeführt haben würde.

Bligny wurde vom Feinde frei gefunden, die Bewegung auf
Autun begonnen; Oberſt Wechmar aber unter Feſthalten von
Bligny und Beobachtung der Straßen Bligny—Beaune und Ivry—
Chagny auf Arnay le Duc inſtradirt.

In Folge der veränderten Situation um Nuits war zwar am
1. früh die weitere Mittheilung des General-Kommandos bei Ge=
neral Keller eingetroffen, die von der Stärke des bei Nuits gefun=
denen Feindes Kenntniß gab, Beaune als am 1. von Truppen des
14. Armee-Korps nicht beſetzt bezeichnete, und die Ausführung des
Vormarſches auf Autun anheimſtellte. General Keller blieb im
Marſche. Er traf nach 2 Uhr vor Autun ein. Die Stadt war
mit Infanterie, die dahinter liegenden Höhen mit Artillerie, ca. 12
Geſchützen, beſetzt.

---

*) Eine auf dieſen Märſchen in mehreren Orten angeſchlagen gefundene,
für den Charakter der feindlichen Kriegführung höchſt bezeichnende Proklamation
ſiehe in Beilage.

Nach Angabe Freycinet's zählte Garibaldi 5—6000 Mann Infanterie und 6 Geschütze kleinen Kalibers.

General Keller hatte Mittags zur Stelle*): 5 Bataillone, 4 Eskadrons, 3 Batterien, — 4500 Mann mit 18 Geschützen.

Es entwickelte sich sofort ein Artilleriegefecht, unter dessen Wirkung die deutsche Infanterie St. Pierre, Pantaleon, St. Symphorien besetzte. Ein Vorstoß feindlicher Infanterie aus dem Bois de la Feuillée wurde mit Hülfe eines gegen die feindliche rechte Flanke entsendeten Detachements abgewiesen, sonst aber von der Infanterie mehr eine beobachtende Stellung eingenommen. Um 4 Uhr schwieg das feindliche Artilleriefeuer; feindliche Kolonnen zogen gegen Süden auf der Straße nach Antully und Mesvres ab; auch ein abfahrender Eisenbahnzug hatte noch von der Artillerie beschossen werden können; nach Aussage der Gefangenen sollten 2000 Mann der Brigade Milo noch in Autun stehen, die übrige Besatzung schon Vormittags abgezogen sein. Es trat eine Pause im Gefechte ein.

Da nun Patrouillen, die um $^1/_2$5 Uhr gegen Autun vorgeschickt wurden, Chassepotfeuer erhielten, die Stadt also noch besetzt war, so gab General Keller der Artillerie Befehl, sie, als Einleitung für den Angriff des folgenden Tages, mit Brandgranaten zu bewerfen, während die Infanterie eine Vorpostenstellung beziehen sollte.

In diesem Augenblick traf folgender Befehl des Generals Werder ein: „Die feindlichen Kräfte bei Nuits haben sich gestern am 30. doch so stark gezeigt, daß ein weiterer Vormarsch Euer Hochwohlgeboren auf Autun nicht wünschenswerth ist. Ich ersuche daher, wenn die Verhältnisse dort es gestatten, schon heute den Rückmarsch nach Dijon anzutreten; andernfalls erwarte ich Euer Hochwohlgeboren spätestens am 3. in und bei Dijon."

General Keller brach sofort das Gefecht ab und ging hinter den la Drée- und Lacanchebach auf Drach St. Loup zurück. Der Feind folgte nicht. Eine vom Detachement Wechmar herbeigezogene Verstärkung (1 Kompagnie, $^1/_2$ Eskadron, 1 Batterie) unter Hauptmann Kuntz traf jetzt ein.

General Keller hatte einen Verlust gehabt von 2 Offizieren und 20 Mann Verwundeten. Der feindliche Verlust — es sollen auf Sei-

---

*) 5. und 6. Infanterie-, 3. Dragoner-Regiment, 1. und 2. leichte, 2. schwere Batterie.

ten der Garibaldianer auch Deutsche (Hannoveraner) gefochten haben — läßt sich nicht überschauen; 23 Mann wurden gefangen.

Am 2. Dezember stand General Keller um Rouvres sous Meilly, Oberst Wechmar erreichte Sombernon. Hier traf vom General-Kommando die Benachrichtigung von der Stärke des Feindes bei Nuits (8000 Mann Mobilgarden und Linie) sowie der Befehl ein, daß am 3. General Keller sich auf Velars sur Ouche in Marsch setzen solle, und wurde demselben anheimgestellt, in ein am 3. etwa bei Dijon sich möglicherweise entspinnendes Gefecht einzugreifen. Oberst Wechmar sollte um 6 Uhr früh auf Plombières, Major Malisius auf Dijon marschiren.

In der Nacht zum 2. Dezember waren Franktireurs-Abtheilungen bei Genlis erschienen, Nuits und Vosne waren stark besetzt, auch im Gebirge bei Gevrey*) zeigten sich starke feindliche Abtheilungen; ein Angriff auf Dijon schien bevorzustehen.

3. Dezember. Wie befohlen, setzten sich die Detachements am 3. Dezember früh in Marsch. General Keller hatte eine besondere Deckung seiner linken Flanke gegen Nuits — Beaune nicht mehr für nöthig erachtet, da eine Beunruhigung derselben bisher nicht er=folgt war.

General Cremer, von Garibaldi benachrichtigt, war aber am 2. im Eilmarsche mit seiner Division auf Bligny sur Ouche ab=marschirt und hatte in der Nacht zum 3. unbemerkt das Defilee von Chateauneuf bis gegen les Bordes besetzt mit 7 Bataillonen, einigen Abtheilungen von Freikorps, 1 Armstrong=Batterie und mehreren Berggeschützen; zusammen ca. 8000 Mann und 8 bis 10 Geschütze.**) Er eröffnete vor 9 Uhr Morgens mit der Artillerie den Angriff. Sofort entwickelte sich die Brigade Keller zum Gefecht. Unter dem günstigen Feuer der Artillerie stürmten die Bataillone tapfer den steilen, glatten Berg, theilweise auf Händen und Füßen kletternd, hinauf und drängten, trotz der heiklen Situation, den Feind zurück.

General Keller konnte nach 10 Uhr den Marsch gegen Som=bernon fortsetzen, fast unbehelligt vom Feinde, der nur in der Marsch=

---

*) Man wolle nicht Gevrey und Chevrey verwechseln; ersteres liegt bei Dijon, letzteres westlich Nuits.

**) Freycinet giebt Cremer's Stärke auf 5000 Mann an und 8 Geschütze. General Keller hatte, eingerechnet die Abtheilung unter Hauptmann Kunz, 5¼ Bataillone, 4½ Eskadrons, 4 Batterien, oder ca. 4760 Mann und 24 Ge=schütze zur Verfügung.

linie und rechten Flanke bis in die Höhe von Montoillot leicht heran=
tastete. Die Brigade hatte einen Verlust von 4 Offizieren, 153
Mann an Todten und Verwundeten. Letztere fielen zum Theil (2
Offiziere und einige 50 Mann), aus Mangel an Fuhrwerk unter
Aufsicht von 6 Aerzten auf dem Verbandplatze zurückgelassen, in die
Hände Cremer's.*)

General Keller erreichte noch Fleurey, Velars und Plombières;
das zur Sicherung des Defilirens der Bagage von Plombières wie=
der auf Pont de Pany vormarschirte Detachement des Oberst Wech=
mar wurde durch Befehl des General=Kommandos noch am Abend,
ebenso wie Major Malisius, nach Dijon gezogen. — — —

Als die bedeutenden Detachirungen der Generale Goltz und
Keller einen großen Theil des Korps, 14 Bataillone, 13 Eska=
drons, 8 Batterien, auf mehrere Tagemärsche entfernt hatten, veran=
laßten die drängenden Verhältnisse im Süden und die schwierigen
Zustände in Dijon, woselbst Tausende brodloser Arbeiter herumbagir=
ten, das General=Kommando, am 2. Dezember den Stab der 4. Re=
serve=Division nebst 3½ Bataillonen, 2 Eskadrons, 2 Batterien zur
eventuellen Unterstützung nach Arc sur Tille heranzuziehen. Auch
diese wurden am 3. nach Dijon dirigirt; am 4. besetzte General
Schmeling Talant, Fontaine und Ahuy; ½ Bataillon stand in
Mirebeau; 2 Bataillone waren in Gray verblieben; das Ersatz=De=
tachement des 34. Regiments wurde nach Dijon gezogen. Hier über=
nahm die Brigade Prinz Wilhelm den Sicherungsdienst und den
gesammten Vorpostendienst.

General Keller, dessen Brigade in 5 Tagen einen Marsch von
24 Meilen zurückgelegt, und dabei an 2 Tagen Gefechte gehabt
hatte, erhielt Befehl, am 4. Ruhetag zu halten, und sich am 5. mit
General Goltz in Verbindung zu setzen. —

Die so bereitwillig angeordnete, sehr mühevolle Expedition des
Generals Goltz, welche dem kommandirenden General während 7
Tagen dieses Detachement entzogen hatte, war leider ohne eigent=
liches Resultat gewesen. General Goltz hatte über St. Seine und
Baigneux les Juifs am 1. Dezember Coulmiers le Sec erreicht, dort
aber in Erfahrung gebracht, daß Châtillon vom Feinde frei sei und
ein Detachement des VII. Korps am 2. dort eintreffen werde; da=

---

*) Das Werkchen le général Cremer berechnet den Verlust des Generals
Keller auf 120 Mann Gefangene, 800 Mann Todte und Verwundete.

gegen wurde gemeldet, daß Ricciotti Garibaldi bei Montbard stehe. Unverzüglich den Angriff gegen diesen beschließend, bog General Goltz am 3. dahin ab, fand aber die Gegend vom Feinde leer, und kehrte über Vitteaux (am 4.), auf Sombernon (am 5.) zurück. Da es möglich war, daß durch eine kombinirte Bewegung Garibaldi's und Cremer's, General Goltz auf seinem Rückmarsch auf Sombernon angegriffen werden konnte, so wurde, um ihm die Hand zu reichen, am 4. und 5. die Brigade Degenfeld nach Ablösung durch die nach Dijon rückende Brigade Keller auf die Höhen bei Pasques und Pange, und gegen Sombernon, unter Besetzung von Plombières, vorgeschoben; der Stab kam nach Pasques. Indessen stieß General Goltz nur auf einige feindliche Patrouillen bei Sombernon. Am 6. wurde er sowie die Brigade Degenfeld gleichfalls gegen Dijon herangezogen, wo General Werder das Korps abermals konzentrirte, um einem drohenden Angriff von Süden her, wo im Saônethal zwischen Nuits und Cîteaux starke Ansammlungen des Feindes gefühlt wurden und der Feind konstant der Stadt näher rückte, zu begegnen.

Die als Verstärkung vorgezogenen Truppen der 4. Reserve-Division wurden ihrer früheren Bestimmung wieder zurückgegeben. Am 6. standen dieselben in Fauvernay und Gegend, ein Rekognoszirungs-Detachement hatte bei Gilly am Bois Bernard ein Engagement mit einer stärkeren feindlichen Abtheilung. Da nun der Feind inzwischen wieder bis gegen Pesmes vorgedrungen war und die Verpflegungs-Schwierigkeiten eine Entlastung der Gegend von Dijon wünschenswerth machten, so erhielt die 4. Reserve-Division Befehl, am 7. auf Etevaux und Binges, und sodann von da bei Pontailler, wo eine Brücke geschlagen wurde, über die Saône zu gehen, um bis gegen Dôle aufzuklären und gleichzeitig eine größere Fouragirung zwischen Saône und Ognon auszuführen. Der Rückmarsch sollte über Pesmes (am 9.) auf Gray (am 10.) gehen, wo die Division der sicheren Verpflegung halber und zur Beobachtung der Straße Dôle — Pesmes wieder Stellung nehmen sollte.

Der Stab der 4. Reserve-Division rückte über Belleneuve (7.) schon am 8. in Gray ein.

Die Detachirung selbst unter General Treskow II. verlief nach beiden Richtungen ohne bedeutendes Resultat; der Feind war ausgewichen; von Lebensmitteln wurde nur Schlachtvieh gefunden; die lange belegt gewesenen Gegenden waren ausgesogen, die Einwohner selbst litten Mangel. Auch der Transport des Gefundenen verursachte die größten Schwierigkeiten.

Es war seit den ersten Tagen des Dezember eine scharfe Kälte eingetreten, die sich rasch auf 18° Reaumur steigerte; starker Schnee=fall hatte die Straßen fast unfahrbar gemacht. Hatte die Herbei=schaffung der Verpflegung des Korps bei dem Mangel einer Eisen=bahn=Verbindung schon im November ebenso viele Kräfte absorbirt, wie der Vorpostendienst, so konnte sie seit Eintritt der großen Kälte nur noch mit der höchsten Anstrengung bewerkstelligt werden. Die Versuche der Intendantur, durch Landeslieferungen ihre Bedürfnisse zu befriedigen, brachten, so sehr sie im Interesse des Landes selbst lagen, kein Resultat, da die französische Regierung bei Todesstrafe solche verboten hatte; selbst Salz mußte in großen Transporten be=zogen werden. Nunmehr saßen die Proviant=Kolonnen auf den Etappen oder unterwegs im Schnee fest. Ein Hauptmangel an Fourage war um so mehr eingetreten, als für die Bedürfnisse des Korps eine große Zahl in kleine Kolonnen eingetheilter requirirter Fuhrwerke bei dem Korps festgehalten werden mußten, deren ausreichende Verpflegung unumgänglich war.

Selbst die Pferde des General=Kommandos erhielten nur halbe, später nur Viertels Hafer=Rationen; die Pferde der Kolonnen nur Surrogate; Heu war fast keines mehr vorhanden; Stroh fehlte gänz=lich. Doch wurde nach Einschränkung einiger Tage auch diese Schwierig=keit glücklich überwunden. Der Bedarf an Pferden war so groß, daß die Sanitäts=Kolonnen mit den Pferden der Munitions=Kolonnen bespannt werden mußten.

Die Thätigkeit der Intendantur war in diesen Tagen eine ganz besonders anerkennenswerthe; sie wurde aber auch in vorzüglicher Weise unterstützt durch große Sorgfalt der Truppen=Kommandeure so wie durch die gesteigerte Felderfahrung der Truppen selbst, die mit Hülfe der eigenen Bäcker= und Schlächter=Abtheilungen möglichst unabhängig zu leben gelernt hatten.

Vom 6. bis 10. Dezember schneite es unausgesetzt. Die jungen Truppen des Feindes mochten wohl erheblich dabei leiden; ihre Un=ternehmungs=Lust war lahm gelegt.

Garibaldi stand beobachtend bei Autun; Cremer retablirte und verstärkte sich um Nuits und Beaune; nur kleine Streif=parteien bewegten sich hauptsächlich zu Requisitionszwecken auf den Straßen.

Das 14. Korps stand enge um Dijon, und zwar das Detache=
ment Golt in Plombières, Talant, Fontaine les Dijon, Ahuy und
Dijon; Brigade Degenfeld in Corcelles les Monts, Chenôve und
Dijon, Brigade Keller in Marsannay la Côte, Perrigny, Ouges,
Longvic und Dijon, Brigade Prinz Wilhelm am linken Flügel
im Osten und Südosten der Stadt, der Stab in Fauvernay, Vor=
posten in Genlis und Rouvres; 6 Eskadrons des Detachements
Golt in Arc=sur=Tille und Arcelot; ein gemischtes Detachement eben=
desselben in Mirebeau (Major Walther), ein solches der 4. Re=
serve=Division in Essertenne (Major Wulffen); alle Anordnungen
zur Vertheidigung in Dijon waren getroffen.

Um den in der Stadt beginnenden Mangel an Kohlen und
Lebensmitteln zu heben, hatte General Werder früher die Benützung
des Kanals de Bourgoigne zur Schifffahrt gestattet; letzterer wurde
jetzt, als wichtiges Fronthinderniß, wieder auf militairische Tiefe ge=
bracht; leider fror er aber alsbald zu. Eine erhöhte Bereitschaft
der Truppen wurde durch tägliche Früh=Appelle erhalten.

Der Feind blieb ruhig.

Für die Truppen des 14. Armee=Korps war die Pause höchst
erwünscht; die Versorgung mit warmer Kleidung konnte gründlich
vorgenommen werden. Es ist Pflicht, hierbei der kräftigen Unter=
stützung zu erwähnen, die der sorgsamen und umsichtigen Intendantur
aus den Gaben der freiwilligen Privathilfe erwachsen ist. Letztere
wirkte auch günstig mit bei der Versorgung der Truppen mit Tabacken,
deren Bezug schon seit Anfang Oktober im Lande selbst nicht genügend
bewerkstelligt werden konnte. —

Während so um Dijon einige Ruhe zu herrschen schien, war es
dagegen in diesen Tagen auf der Etappen=Linie lebendiger geworden.

Das Heranziehen der 4. Reserve=Division gegen und nach Dijon,
und die Abgabe von 2 Bataillonen der Besatzung von Vesoul an
das Belagerungs=Korps vor Belfort hatte die Etappen=Truppen so
geschwächt, daß die französischen Streitkräfte aus Langres und Besan=
çon seit Ende November die lange Kommunikation an verschiedenen
Stellen bedrohten; die Lage einzelner Etappen war geradezu höchst
bedenklich, der Dienst der Etappenbehörden und =Truppen ein fast
aufreibender geworden. — Nicht unerwähnt darf das Verdienst der
Kavallerie bleiben, das sie sich in der pünktlichen Ausführung des
ebenso mühsamen wie gefährlichen Relais=Dienstes erworben hat.

Zur Deckung der Linie Mirebeau—Vesoul mit Beobachtung von Besançon und Langres standen der 4. Reserve-Division nur 10 Bataillone, 5 Eskadrons, 4 Batterien zur Verfügung, die überdies vielfach zu direkter Unterstützung des 14. Armee-Korps verwendet werden mußten. Darum glückten auch mehrere der feindlichen Unternehmungen trotz der gesteigerten Thätigkeit dieser Truppen.

So wurde am 2. Dezember zwischen Fresnes und Vesoul ein auf dem Marsche nach Deutschland befindlicher Transport von 109 Gefangenen, hauptsächlich Garibaldianer, durch Truppen von Besançon befreit.

Ein Ueberfall am 12. auf einen mit einem Theile des 3. badischen Feldlazareths marschirenden Rekonvalescenten-Transport zersprengte diesen; 1 Offizier und 1 Mann wurden verwundet, 1 Portepee-Fähnrich und 10 Mann unverwundet gefangen*).

Zwar wurden die Gemeinden, mit deren Unterstützung solche Unternehmungen dem Feinde glückten, bestraft, und für die Sicherheit der Straßen aus ihnen Geißeln entnommen. Das Hauptkorrektions-Mittel, hinreichende Truppen, war aber nicht verfügbar; und so sah man sich leider darauf beschränkt, lediglich nur das Allerwesentlichste im Auge zu behalten.**)

---

*) Dieser Ueberfall, der leicht hätte verhängnißvoll werden können, beweist, wie gut die Festungen mit Nachrichten versehen waren.

Der interimistische Führer der badischen Division, General Beyer hatte nach dem Eintreffen des Generals Glümer die Absicht gehabt, am 11. Dezember aus Dijon sich auf den Heimweg zu begeben. Glücklicher Weise verzögerte sich diese Abreise um einen Tag. Der Feind war aber ungeduldig geworden und platzte zu frühe heraus.

Der von Truppen aus Besançon bei Velleron gelegte Hinterhalt traf nun den erwähnten, auf dem Rückmarsche von Vesoul nach Gray—Dijon befindlichen Transport, dem sich auch der neu ernannte Kommandeur der badischen Kavallerie-Brigade, Oberst Willisen, und Hauptmann Seyb vom Divisionsstab angeschlossen hatten. Letztere passirten unverletzt das äußerst lebhafte Gewehrfeuer, welches auf ganz nahe Distance abgegeben wurde, während der Adjutant des Oberst Willisen, Premier-Lieutenant Bonin, schwer verwundet in den Händen der Franzosen blieb. Auch ein Delegirter der freiwilligen Krankenpflege, Steinmetz aus Durlach in Baden, wurde in Gefangenschaft abgeführt.

General Beyer, beim Verlassen von Gray durch Oberst Willisen benachrichtigt, verblieb daselbst, und setzte andern Tags die Reise ohne Störung fort.

**) Die erste Abkürzung der Etappenstraße fand übrigens in diesen Tagen statt. Nach energischer Anstrengung der Eisenbahn-Abtheilung, Oberingenieur Krohn, wurde bis zum 15. Dezember die Strecke bis Epinal fahrbar; ein

Gegen Langres erschienen zum 9. Dezember Theile des 7. Korps; diese wurden aber nach einigen Tagen, am 15., der unklaren Verhältnisse an der Loire halber, wieder zurückgezogen.

Der erste große Offensivstoß der französischen Regierung gegen die Zernirungs-Armee vor Paris war in den Kämpfen um Orléans zwischen dem 30. November und dem 4. Dezember zwar gänzlich gescheitert, die geschlagene Armee hatte sich aber in 2 großen Theilen gegen Westen und auf Bourges zurückgezogen; die eine (II.) Armee unter General Chanzy, das 16., 17. und 21. Korps, nach Westen, die andere (I.) Armee unter General Bourbaki, das 15., 18. und 20. Korps, auf Vierzon und Gien. Von der Armee Bourbaki's rückten sodann, vom 7. Dezember an, das 18. und 20. Korps gegen Bourges hinab.

Es stand zu erwarten, daß die französischen Korps, rasch verstärkt durch die in den großen Lagern versammelten Truppen, bald neue und größere Unternehmungen ins Werk setzen würden.

Die französische Regierungs-Delegation war am 9. Dezember von Tours nach Bordeaux gegangen und arbeitete rastlos an der Schaffung frischer Streitkräfte. Schon machten sich auch dem General Werder gegenüber die Wirkungen des bei Lyon errichteten Lagers (Sathonay) geltend.

Wie zuverlässige an Ort und Stelle erhobene Nachrichten nunmehr ergaben, waren schon seit dem 6. Dezember Verstärkungen an Infanterie und Artillerie von Lyon nordwärts abgegangen; General Cremer erreichte hierdurch eine Stärke von mindestens 20,000 Mann mit 24—36 Geschützen; das Korps Garibaldi bei Autun wurde ebenso stark angegeben; Reserven für beide sollten auf den Etappen nach Lyon bereit stehen.

Hierdurch sowie durch das Drängen gegen die Etappenlinie aus den Festungen, hatte die Lage des Werder'schen Korps eine bedrohliche Wendung erhalten; umfassende Vertheidigungs-Maßregeln wurden in Dijon getroffen, namentlich auch gegen einen zwischen Châtillon sur Seine und Dijon etwa zu erwartenden feindlichen Angriff alle Aufmerksamkeit gerichtet, Langres von Vesoul, Gray und Epinal aus beobachtet und, um auch für die schlimmsten Eventualitäten bereit

---

regelmäßiger Verkehr zwischen Luneville—Epinal begann seit 21. Dezember, und es war somit dem Hauptquartier des 14. Armee-Korps die Eisenbahn bis auf 25 Meilen nahegekommen.

zu sein, die Evakuation der Lazarethe auf jede Weise, namentlich mittelst aller abgehenden Kolonnen angestrebt.

Um eine Kooperation mit dem Detachement des 7. Korps an-zubahnen, das nach den erhaltenen Mittheilungen am 8. Dezember unter General Osten (6 Bataillone, 4 Eskadrons, 3 Batterien) bei Châtillon bereit sein sollte, während General Zastrow selbst bei Chaumont stehen wollte, war an diesem Tage von Epinal über Mirecourt auf Lamarche ein Detachement von Etappentruppen (3½ Kompagnien des 1. Reserve-Jäger-Bataillons, 2 Züge des 4. Re-serve-Husaren-Regiments und 2 Geschütze) unter Major Paczinski entsendet worden; ebenso wurden aus Vesoul 1 Bataillon, 1 Eska-dron, 1 Batterie auf Combeaufontaine, von Gray Abtheilungen auf Champlitte, von Mirebeau auf Thil Châtel vorgeschoben, wogegen Detachirungen auf Sombernon in Folge des Vorrückens des Gene-rals Zastrow unterblieben.

Nur das erste dieser Detachements, Major Paczinski, hatte ein kleines Rencontre am 10. bei Dombrot le Sec gegen eine be-waffnete, angeblich von einem Kapitain Bernard geworbene Bande, und machte 16 Mann Gefangene.

Die Kooperation mit dem 7. Korps fiel aber aus, da nach Mittheilung des Generals Zastrow vom 10. Truppen seines Korps zu Detachirungen in dieser Richtung nicht entbehrlich waren.

Am 11. und 12. Dezember schien sich ein Rückgang der feind-lichen Truppen aus dem Saônethal bemerklich zu machen; die weit ausgehenden diesseitigen Rekognoszirungen kleiner mobiler Kolonnen (meist 1 Bataillon, ⅔ Batterien, 1 Eskadron stark) passirten unbe-helligt durch das insurgirte, mit feindlichen Truppen bedeckt ge-wesene Land; ob eine besondere Absicht oder Mangel an Thatkraft beim Feinde die Ursache dieser Unthätigkeit war, ist noch nicht auf-geklärt.

Die Ebene des Saônethals gegen Süden war vom Feinde frei; nur an den Berghängen und in Nuits schienen schwache Posten zu stehen.

In Folge dessen meldete das General-Kommando am 12. De-zember an das große Hauptquartier:

„Heutige Rekognoszirungen gegen Süden haben nirgends den gestern gefühlten Feind gefunden. Morgen fernere und weitere Rekognoszirungen.

Es ist möglich, daß sich der Feind aus dem Saônethal abge=
zogen hat." —

Die dem 14. Korps durch die großen Veränderungen in der
allgemeinen Kriegslage der Armeen zuwachsenden Aufgaben wurden
durch eine schriftliche Direktive aus dem großen Hauptquartier vom
8. Dezember präzisirt, die in Dijon am 13. früh 6 Uhr einging.*)

Zur Klarlegung der Situation wurde darin mitgetheilt, daß
in den Tagen vom 30. November bis 4. Dezember die feindliche
Loire=Armee geschlagen und zum Rückzug theils über die Loire in
südlicher Richtung theils auf Tours genöthigt, daß ferner die in
großem Stil unternommenen Durchbruchsversuche der Armee von
Paris am 30. November und 2. Dezember zurückgewiesen worden.
Es sei demnach von nun an Aufgabe des Generals Werder, die
mit allen Mitteln zu fördernde Belagerung von Belfort zu decken,
Langres zu isoliren, und in Gemeinschaft mit General Zastrow die
Verbindungen der II. und III. Armee zu sichern, sowie die vollstän=
dige Pacificirung der südlichen Theile der General = Gouvernements
Reims und Lothringen herbeizuführen. Dem General Zastrow sei
zunächst die Marschrichtung auf Châtillon sur Seine gegeben, von
wo aus derselbe dann weiter in südwestlicher Richtung vorzuschreiten
und speziell die Deckung der Bahnlinie Châtillon—Nuits—Tonnere—
Joigny zu übernehmen haben werde.

„Seine Aufgabe, wie auch diejenige des 14. Armee = Korps",
heißt es in der Instruktion wörtlich weiter, „wird sich nicht durch
längeren Stillstand, sondern vielmehr durch lebhafte, gegen feindliche
Ansammlungen gerichtete und mit ausreichenden Kräften unternom=
mene Offensivbewegungen lösen lassen, wobei die dauernde Besetzung
einzelner, für die eigenen Verbindungen, Sicherstellung der Verpfle=
gung 2c. wichtigen Punkte natürlich nicht ausgeschlossen bleibt."

Einer besonderen Aufmerksamkeit wurden sodann die Verhältnisse
von Langres empfohlen, als dem Ausgangspunkt für fortdauernde
kleine Unternehmungen des Feindes gegen Neufchâteau, Mirecourt
und Epinal, denen im Einvernehmen mit dem General=Gouvernement
von Lothringen durchaus ein Ende zu machen sei.

„Ferner," fährt die Instruktion fort, „lenke ich Euer Excellenz
Aufmerksamkeit auf das Terrain zwischen Dôle und Senans hin, in
welches das 14. Korps auf diesseitige Veranlassung schon einmal

---

*) Vergl. Blume 2c. S. 129, 130.

hineingerückt war. Der Euer Excellenz nicht entgehende Vortheil der dauernden Occupation desselben besteht in der Abschneidung von Besançon von den rückwärtigen Bahnverbindungen, sowie in der unmittelbaren Sicherung der Belagerung von Belfort gegen von Süden per Eisenbahn etwa heranzuführende Ersatztruppen. Doch muß es Euer Excellenz gefälligem Ermessen auf Grund der von anderen Punkten über Ansammlung feindlicher Streitkräfte eingehenden Nachrichten lediglich überlassen werden, ob eine Operation in der vorbezeichneten Richtung opportun erscheint".

Auf Grund dieser Direktive wurde sofort am 14. früh General Goltz mit seinem ganzen Detachement auf Langres in Marsch gesetzt, mit dem Auftrag, diese Festung so zu isoliren, daß fernerhin Unternehmungen gegen die Hauptetappenstraße der Armee und gegen die des Korps unmöglich werden würden. Zur Herstellung einer Postverbindung mit dem Detachement wurde die Detachirung eines Bataillons der 4. Reserve-Division auf Champlitte befohlen; die Verbindung mit dem 7. Korps sollte General Goltz durch Patrouillen über Grancey le Château am 15. aufnehmen.

Zur Verstärkung der Belagerungs-Armee vor Belfort wurden abermals Truppen der 4. Reserve-Division abgegeben, so daß jetzt 8 Bataillone, 3 Eskadrons und 2 Batterien der letzteren unter Oberst Zimmermann dort in Verwendung waren. Der schweren Aufgabe, mit dem Reste der Division die lange und gefährdete Etappe Gray—Belfort zu decken, konnte General Schmeling nur durch ununterbrochene Märsche einzelner Detachements, die zu häufigen Gefechten führten, gerecht werden. Ein solches bestand u. A. ein auf Choye vorgeschobenes Detachement (1 Bataillon des 2. kombinirten Ostpreußischen Landwehr-Regiments, ½ Eskadron, 2 Geschütze) unter Major Dutreux vom 3. Reserve-Ulanen-Regiment am 13. bei Autoreille an der Straße nach Pin gegen Truppen aus Besançon. Der Feind, ca. 500 Mann stark, wurde mit bedeutendem Verluste auf die Festung zurückgeworfen.

Eine auf der Straße nach Langres vorgehende Rekognoszirungs-Abtheilung stieß in Chassigny nördlich Champlitte auf eine aus Langres gekommene Kompagnie und drängte diese zurück.

Auch in der Gegend von Chaumont schien sich der Feind wieder verstärkt zu haben.

Zur Ausführung der in dem Schreiben vom 8. weiter gestellten Aufgabe einer Operation gegen Dôle und Arc et Senans beabsichtigte General Werder nunmehr mit einer Badischen Brigade Gray zu besetzen, mit den zwei übrigen unter zeitweiser Aufgabe von Dijon das mit geringen Kräften nicht zu behaupten war, bei Pontailler über die Saône zu gehen, Dôle vorübergehend zu halten und die Eisenbahn um Arc et Senans gründlich zu zerstören. Von dieser Absicht wie von den schon in Ausführung begriffenen Unternehmungen hielt aber der kommandirende General für geboten, dem großen Hauptquartier sofort telegraphische Meldung zu erstatten, da nicht zu übersehen war, ob die Aufgabe von Dijon den dortigen Absichten entsprechend wäre; zudem lagen ca. 500 nicht transportable Kranke daselbst. Das große Hauptquartier gestattete in einem am 14. Abends angekommenen Telegramm die Aufgabe von Dijon, wenn es gälte, größere Ansammlungen des Feindes mit allen Kräften zu schlagen.

Demgemäß wurden die einleitenden Vorbereitungen zu der Unternehmung nach Süden getroffen. —

Wir erinnern uns, daß unter dem Eindruck des Wetters der Feind im Saônethal sich zurückzog und deshalb telegraphirt wurde: „Es ist möglich, daß sich der Feind aus dem Saônethal abgezogen hat."

Alle Meldungen bis zum 14. ließen schließen, da nirgends feindliche Kolonnen oder Artillerie mehr gezeigt waren, daß wieder ein Abmarsch nach Westen erfolgt sei. General Werder telegraphirte dieserhalb am 14. abermals:

„Die stärkeren feindlichen Abtheilungen, die zwischen Nuits und Beaune in der Konzentration begriffen waren, sind aus dem Saônethal fort und wahrscheinlich per Eisenbahn nach Westen."

In Folge dessen erweiterte durch Befehl vom 15. Dezember die oberste Heeresleitung die Aufgabe des 14. Corps dahin, daß,

da General Zastrow bis Auxerre sich der Loire nähern müsse, General Werder nun durch Besetzung der Gegend von Nuits (sous Ravières) und Sémur das rückwärtige Bahnnetz zu decken habe. Bereithaltung der Hauptkräfte in der Gegend von Dijon erscheine auch jetzt noch nöthig, ebenso offensives Verhalten. Bahnverbindung Gray—Auxonne—Dijon—Chagny auf Nevers sei intakt zu erhalten; die Bahnen südlich davon, auch zwischen Dôle, Besançon und Arc et Senans gründlich zu zerstören. —

Inzwischen hatten sich aber die gemeldeten Verhältnisse im Süden Dijon's gänzlich geändert.

Es war gegen die Mitte des Dezember plötzlich Thauwetter eingetreten und im Saônethal wie im Gebirge rückte der Feind wieder in seine alten Positionen ein; dessen Truppen entwickelten in den Rencontres eine bedeutend größere Zähigkeit, als in der früheren Periode, und die Nachrichten der Spione, daß hinter den in erster Linie stehenden Korps der Generale Cremer und Garibaldi bedeutende Verstärkungen*) angekommen, die längs der Bahn Beaune—Lyon echelonirt seien, schienen sich zu bestätigen.

General Cremer's Korps und die andern Truppen im Saônethal mußten auf mindestens 30,000 Mann mit 5—6 Batterien geschätzt werden, Garibaldi's Kräfte auf 20,000 Mann mit 3 Batterien. General Werder verfügte zum Festhalten von Dijon und zu den Operationen gegen diese Feinde über die Badische Division, die nach Ankunft von Ersatzmannschaften rund 16,000 Mann mit 54 Geschützen zählte. Diese Kräfte waren aber durch die Freihaltung der Flanken, durch fortgesetzte Absendungen von Requisitions-Kommandos, sowie durch tägliche Gefechte mit den feindlichen Truppen im Saônethal aufs Höchste angespannt.

Das General-Kommando verhehlte sich nicht, daß der bisherige Zustand gegenüber solcher Ueberlegenheit des Gegners an Zahl und Stellung auf die Dauer unerträglich werden müsse und zu einer allmählichen Auflösung führen könne. Es blieb hier nur Ein Ausweg übrig, nämlich den Feind partiell zu schlagen, und zwar zuerst denjenigen, der am nächsten und stärksten war; dies waren die Truppen des Generals Cremer bei Nuits.

Demgemäß und in Ausführung der erhaltenen Directive ertheilte der kommandirende General am 16. Dezember folgenden Befehl:

a) Von der Brigade des Oberst v. Zimmermann der 4. Reserve-Division stoßen 6 Bataillone zum Belagerungs-Korps vor Belfort; 1 Bataillon besetzt Lure und 1 Bataillon zur Verstärkung der Etappe Vesoul.

b) Die Arbeiten zur Verlegung der Etappenlinie auf das rechte Saôneufer von Port sur Saône bis Gray werden sofort begonnen (Einrichtung des Telegraphen). Die Sicherung dieser Linie von Vesoul bis Mirebeau wird sodann von der Brigade Knappstaedt der 4. Reserve-Division übernommen und zwar: Scey sur Saône 1

---

*) Diese kamen hauptsächlich aus Westen, was dem General-Kommando erst später bekannt wurde.

Bataillon, Dampierre ½ Bataillon, Gray 2½ Bataillone, Mirebeau 3 Bataillone. Das Kommando der 4. Reserve=Division bleibt in Gray.

c) General v. d. Goltz behält seinen bisherigen Auftrag und stellt seine Verbindung mit Port sur Saône und Gray selbst her. Die Besetzung von Champlitte und Combeaufontaine Seitens der 4. Reserve=Division geht ein.

d) General v. Glümer wird am 17. einen Vorstoß gegen Süden machen und nach ausgeführtem Auftrag eine Brigade (durch die Côte d'Or) nach Sémur entsenden."

Die Ausführung des letztgenannten Befehls wurde sodann der kurzen Vorbereitungszeit wegen auf den 18. verlegt.

17. Dezember. Auch bei Pesmes waren von Dôle her feind=liche Abtheilungen erschienen, darunter die mobilisirte Legion du Jura, ca. 3000 Mann stark. Die Zerstreuung derselben wurde dem General Schmeling übertragen. Dieser entsendete am 17. Dezember ein Detachement von 7 Kompagnien, 1 Eskadron, 1 Batterie unter Oberst Knappstaedt dahin. Pesmes war vom Feinde besetzt. Indeß gelang es dem Detachement nach kurzem Gefecht in den Besitz des Ortes zu gelangen, wobei ein Zug Ulanen (Rittmeister Selle vom 1. Reserve=Ulanen=Regiment) eine in einen Klumpen formirte feindliche Abtheilung mit Glück niederritt; 15 Mann wurden er=stochen, 25 gefangen.

Auf die Nachricht hiervon ertheilte das General=Kommando an die 4. Reserve=Division den Befehl, das Detachement in Pesmes zu verstärken und einstweilen dort stehen zu lassen.

Einer von General Zastrow am gleichen Tage eingekommenen Aufforderung zur möglichst baldigen Besetzung der Eisenbahnlinie Chaumont—Châtillon—Nuits sous Ravières konnte zunächst bei den veränderten Verhältnissen, voraussichtlich auch vor dem 23., keine Folge gegeben werden.

Das Gefecht bei Nuits.

18. Dezember. Der dem General Glümer ertheilte Befehl wurde mündlich dahin präzisirt, daß derselbe in erster Linie das Dreieck Dijon—Bouilland—Beaune vom Feinde säubern, über dessen Stärke sichere Nachrichten einziehen und, wenn ohne große Opfer möglich, Beaune nehmen solle. Hieran sollte sich unter Umständen ein rascher Stoß über St. Jeane de Losne auf das linke Saône-Ufer reihen.

An Truppen wurden ihm zugewiesen: 2 Brigaden Infanterie (Prinz Wilhelm und Degenfeld), die Kavallerie-Brigade (Oberst Willisen) und 6 Batterien, in Summa 12 Bataillone, 7 Eskabrons, 36 Geschütze, höchstens 10—11,000 Mann. Dijon blieb mit der Brigade Keller besetzt, welche das in Mirebeau stehende Bataillon des 5. Infanterie-Regiments an sich gezogen. General Keller erhielt ferner zugetheilt das ganze 3. Dragoner-Regiment, die 1. leichte und die reitende Batterie nebst 1 Sanitätszug, so daß die Brigade stark war: 5 Bataillone, 4 Eskabrons, 3 Batterien und 1 Sanitätszug. Mirebeau wurde durch eine Abtheilung der 4. Reserve-Division und 1 Eskadron vom 2. Dragoner-Regiment besetzt.

Die am 18. Dezember früh begonnene Bewegung auf Nuits führte zu dem Gefechte bei Nuits.

Es dürfte motivirt sein, dieses interessante und blutige Gefecht eingehend zu betrachten.

Werfen wir zunächst einen Blick auf das Terrain, in welchem gekämpft wurde.

Die große Straße von Dijon über Nuits, Beaune 2c. nach Lyon zieht ähnlich der Bergstraße in Baden dicht am Ostabhange des Côte-d'Or-Gebirges entlang. Die Abhänge dieses Kalkgebirges sind sehr steil, vielfach zerklüftet und in Terrassen abgesetzt, die unten mit Weinbergen bepflanzt, oben aber kahl oder waldbedeckt sind. Die Straße ist daher nur zu Operationen nutzbar, wenn man sich im Besitz dieser anliegenden Berge befindet. Andererseits bilden zahlreiche größere, ganz ummauerte Ortschaften treffliche Vertheidigungs-Abschnitte an derselben, während auch die östlich daran grenzende Ebene des Saônethales durch zahlreiche Terrainwellen, größere Ortschaften und Waldungen sehr widerstandsfähige Stellungen bietet.

Das an dieser großen Straße liegende Städtchen Nuits (3500 E.), 21 Kilometer von Dijon entfernt, ist an eine für die Vertheidigung besonders günstig beschaffene Bergnase angelehnt, welche durch den von Westen dem Gebirge in einem tief eingeschnittenen Thal mit steilen Rändern entströmenden Meuzinbach von den vorliegenden Bergen getrennt wird und so bastionartig und terrassenförmig hinter der Stadt aufsteigend, diese und das Vorterrain vollständig beherrscht.

Die Stadt ist außer dem erwähnten, ziemlich bedeutenden Bach von mehreren Reihen massiver Gartenmauern umgeben und bildet im Verein mit der dahinterliegenden Höhe (die Höhe von Chaux) eine ungewöhnlich feste Position.

Das nächste Vorterrain gegen Osten und Norden ist ganz eben und wird von der Eisenbahn von Süden und Norden, 700 Schritt von der Stadt-Lisiere entfernt, in einem 7—10 Fuß tiefen, mit Brust-wehr und Banket versehen gewesenen Einschnitt, der sich nordwärts als hoher Damm fortsetzt, auf mehrere 1000 Schritt durchschnitten. Als vorgeschobene Punkte liegen gegen Norden (3000 Schritt) das Dorf Bosne mit einer bedeutenden Terrainwelle; gegen Osten auf 3000 Schritt von dem Eisenbahneinschnitt das hochgelegene größere Dorf Boncourt le Bois und auf 1700 Schritt die sehr feste und verthei-digungsfähige Ferme la Berchère. Dazwischen ist die Ebene viel-fach mit Rebgärten bedeckt, deren Stöcke zum Theil mit Draht durch-flochten sind, so daß sie von Reitern und Artillerie nicht ohne zeit-raubende Vorbereitungen passirt werden können. — Außerdem war der Boden durch das eingetretene Thauwetter überall sehr auf-geweicht.

Diese ganz außerordentlich feste Position war nun durch die Division des Generals Cremer wie folgt besetzt:*)

Der äußerste rechte Flügel hielt Boncourt und die Berchère mit 1 Bataillon des 32. Marschregiments, 1 Bataillon Mobiles de la Gironde, 2 Kompagnien Volontaires du Rhône und 2 Berg-haubitzen unter Befehl des Lieutenant-Colonel Graziani besetzt; da-hinter im Eisenbahneinschnitt standen 2 Bataillone der 2. Legion du Rhône; 2 Geschütze (4 pfünder) am Bahnhof, 4 Geschütze (4 pfün-der) am südlichen Ausgang nach Premeaux. Summa: 4½ Ba-taillone und 8 Geschütze.

Im Centrum unter Colonel Celler in Nuits und Bosne: 3 Bataillone der 1. Legion du Rhône, 1 Bataillon des 32. Marsch-regiments, 2 Armstrong-9 pfünder und 4 (4 pfünder-)Geschütze am Ostabhange der Höhe von Chaux. Summa: 4 Bataillone, 6 Ge-schütze.

Den linken Flügel befehligte der Generalstabschef Colonel Pou-let; er hielt die Höhe von Chaux mit 1 Bataillon des 32. Marsch-regiments und 1 Bataillon der 2. Legion du Rhône nebst 6 Ge-schützen (4 pfünder), welche die nach Norden vorliegenden Höhen unter Feuer hielten. Summa: 2 Bataillone, 6 Geschütze.

---

*) Diese Angaben sind aus französischen Quellen geschöpft.

General Cremer selbst rekognoszirte am Morgen gegen Gevrey auf der Straße nach Dijon mit 2 Bataillonen, 1 Batterie und einiger Reiterei.

Das 57. Marschregiment war im Begriff, auf der Eisenbahn von Beaune heranzufahren.

Die Angaben über die Stärke dieser Truppen variiren nach den französischen Quellen bedeutend. Nach den Angaben des Colonel Poullet in seiner Schrift: „Le Général Cremer. Ses Opérations militaires en 1870—71" waren sie sämmtlich neu organisirt und kompletirt, vortrefflich bewaffnet und ausgerüstet und hatten ohne die in der Gegend schon längere Zeit herumschwärmenden Franktireurs-Banden mindestens eine Stärke von 15—18,000 Mann mit 20 gezogenen Geschützen. Die Infanterie war durchweg mit Chassepot-, Remington- und Spencer-Repetir-Gewehren bewaffnet.

Im Laufe des 17. hatte man in Dijon von der ungefähren Stärke dieser Truppen und davon Kenntniß erhalten, daß Nuits bereits von starken Vortruppen besetzt sei. —

General-Lieutenant Glümer hatte wie folgt disponirt:

„Ich befehle für morgen den 18. Folgendes:

Entsprechend der nachfolgenden Ordre de Bataille steht:

1) Die Avantgarde des Oberst v. Willisen um ¼8 Uhr früh in Marschkolonne mit der Queue am südlichen Ausgange von Longvic.

2) Das Gros der Division unter dem Prinzen Wilhelm, Großherzogliche Hoheit, gleichfalls um ¼8 Uhr in Marschordnung auf der Chaussee nach Longvic, die Tête vor dem nordwestlichen Ausgange dieses Ortes.

Das 2. Dragoner-Regiment bleibt auf dem Wege von Sennecey nach Longvic mit der Tête vor dem Ostausgange von Longvic halten und fügt sich von hier beim Vormarsch in die Marschkolonne ein.

3) (Handelt von der Bagage).

4) General-Major v. Degenfeld mit dem 4. Infanterie-Regiment und 1 Bataillon des 3. Infanterie-Regiments, 1 Eskadron des 1. (Leib-)Dragoner-Regiments und der Batterie der 2. Infanterie-Brigade wird den Vormarsch der Division auf und längs dem Gebirge in der rechten Flanke kotoyiren.

5) Die 3. Infanterie-Brigade bleibt in Dijon stehen.

6) Selbstverständlich bleiben alle Kranken und Marschunfähigen in Dijon zurück.

(gez.) v. Glümer,

General=Lieutenant."

Ordre de Bataille.

I. Avantgarde. Oberst Freiherr v. Willisen.

1 Eskadron 1. (Leib=)Dragoner=Regiments (Stehberger).

Vom 1. Leib=Grenadier=Regiment, Oberst Freiherr v. Wechmar: Füsilier=Bataillon (Major Betz).

3. leichte Batterie (Holtz).

1. Bataillon (1.) Leib=Grenadier=Regiments (Major v. Gemmingen).

2. Bataillon (1.) Leib=Grenadier=Regiments (Oberst=Lieutenant [Hof=mann).

1 Pionierzug.

1 Sanitätszug.

II. Gros. Prinz Wilhelm von Baden, Großherzogliche Hoheit.

Vom 2. Grenadier=Regiment, Oberst v. Renz:

1. Bataillon (Major Bleibtreu).

Die Divisions=Artillerie (Oberst=Lieutenant v. Theobald):

1. schwere Batterie (v. Porbeck).

2. = = (Hecht).

3. = = (v. Göbel).

4. = = (v. Froben).

2. Bataillon 2. Grenadier=Regiments (Major Lang).

Füsilier=Bataillon 2. Grenadier=Regiments (Major Wolff).

Vom 3. Infanterie=Regiment, Oberst=Lieutenant Kraus:

2. Bataillon (Major Steinwachs).

Füsilier=Bataillon (Hauptmann Schrickel).

Vom 1. (Leib=)Dragoner=Regiment, Major v. Merhart:

2 Eskadrons.

2. Dragoner=Regiment*) Oberst Wirth.

Pionier=Kompagnie mit leichtem Feldbrückentrain.

Feld=Lazareth.

Train mit 1 Kompagnie 3. Regiments als Bedeckung.

---

*) 3 Eskadrons; die 2. stand in Mirebeau.

III. Rechtes Seiten=Detachement: General=Major v. Degenfeld.

1 Eskadron des 1. (Leib=)Dragoner=Regiments (Oehlwang).
Vom 4. Infanterie=Regiment, Oberst Bayer:
1. Bataillon (Oberst=Lieutenant Arnold).
2.   =   (Major Held).
Füsilier=Bataillon (Hauptmann Wolff).
1. Bataillon 3. Infanterie=Regiments (Major Unger).
4. leichte Batterie (Kuntz).

Das rechte Seitendetachement war in der Weise eingetheilt, daß General Degenfeld mit 2 Bataillonen, 6 Geschützen und 1 Zug Dragoner durch das Gebirge gegen Villars Fontaine, mit 1 Bataillon (Arnold) und 1/2 Eskadron gegen Concoeur vorging, während 1 Bataillon (Unger) und 1 Zug Dragoner als Verbindung mit dem Gros auf der großen Straße über Vougeot gegen Nuits vorrückte.

Wir haben oben gesehen, daß General Cremer persönlich mit einigen Bataillonen und 1 Batterie am Morgen des 18. gegen Gevrey (9 Kilometer nördlich von Nuits) rekognoszirte. Das Verbindungs=Detachement des Majors Unger stieß also hier gegen 11 Uhr auf diese Rekognoszirung und wurde sofort von der feindlichen Artillerie, jedoch ohne Wirkung, beschossen.

Ehe sich aber beide Theile zum Kampf entwickelten, erhielt General Cremer wohl die Meldung von dem Vordringen einer starken feindlichen Kolonne (Avantgarde und Gros der Badischen Division) in seiner rechten Flanke und zog sich deshalb eilig auf Nuits zurück. Major Unger folgte dieser Bewegung.

General Degenfeld war inzwischen bei Villars Fontaine auf den Feind gestoßen und hatte dort unter sehr ungünstigen Terrain= Verhältnissen den Kampf gegen den linken Flügel der feindlichen Stellung auf der Höhe von Chaux begonnen.

General Glümer war nach seiner Disposition um 1/28 Uhr von Longvic gegen Saulon la Rue aufgebrochen; die Spitze war hier bereits auf feindliche Eclaireurs zu Pferde und zu Fuß gestoßen, hatte diese mit einem Verlust von 7 Mann durch die 9. Kompagnie des Leib=Grenadier=Regiments auf Boncourt zurückgeworfen und wurde vor diesem Dorfe mit lebhaftem Feuer empfangen.

Es war, wie wir gesehen haben, von einigen Kompagnien der Truppen des Lieutenant-Colonel Graziani besetzt, welche aus dem hochgelegenen Dorfe über das vorliegende Gehölz hinweg die Tête der Marschkolonnen schon auf 1500 Schritt lebhaft beschossen. Während Oberst Wechmar das Füsilier-Bataillon (Major Betz) seines Regiments schnell an die jenseitige Lisière des Bois de Souzières vorzog und die anderen beiden Bataillone dahinter aufschließen ließ, fuhr die leichte Batterie der Avantgarde (Holtz) auf der Wiese diesseits des Gehölzes auf und beschoß das Dorf, von dem man nur den Kirchthurm sehen konnte. Nach kurzer Zeit brannte es im Dorfe. General Werder hielt hier neben der Batterie, welche von den feindlichen Geschossen erreicht wurde. Oberst Wechmar ließ jetzt das 2. Bataillon des Leib-Grenadier-Regiments (Oberst-Lieutenant Hofmann) das Gehölz westlich umgehen, verstärkte seine Gefechtslinie und ließ zum Angriff blasen.

Das Dorf wurde nach kurzem Gefecht ohne erhebliche Verluste im ersten Anlauf genommen; man sah den Gegner eiligst auf la Berchère abziehen. Es war ½1 Uhr.

Der Feind, durch 1 Bataillon de la Gironde und 2 Kompagnien Franktireurs verstärkt, setzte sich nun von Neuem in und bei dieser Ferme fest, welche mit seinem alten schloßartigen Gebäude und seinen großen massiven Wirthschaftsgebäuden zur nachhaltigsten Vertheidigung sehr geeignet war.

Während Oberst Wechmar das Füsilier-Bataillon nun in der ·Front gegen diesen Ort und die südlich desselben postirten feindlichen Abtheilungen vorgehen ließ, geschah dies durch das 2. Bataillon seines Regiments von Norden her. Die 5. Kompagnie, welche bereits früher zur Deckung der rechten Flanke über Gilly les Citeaux detachirt worden war, schloß sich hier wieder an und erhielt während dieses Angriffes von den seitwärts gedeckt stehenden Mobilen der Gironde überraschend sehr heftiges Flankenfeuer. Trotz des lästigen Feuers aus dem Hof und Park der Ferme gelang es dem 2. Bataillon doch, mit allerdings nicht unbedeutenden Verlusten sich derselben zu bemächtigen, wobei 60 Gefangene gemacht wurden, während die 9. und 10. Kompagnie den weiter südlich gegen die Eisenbahn zurückweichenden Gegner verfolgte. Das 1. Bataillon (Major Gemmingen), welches mittlerweile ebenfalls Boncourt passirte, wurde nun von Oberst Wechmar nach Agencourt dirigirt, um von hier aus den linken Flügel der Angriffsfront zu bilden.*) (1¼ Uhr.)

Während sich so die Avantgarde der Division in den Besitz dieser beiden wichtigen Vorwerke des feindlichen rechten Flügels gesetzt hatte, war auch General Degenfeld, welcher, wie wir oben sahen, bei Villars Fontaine auf den Feind gestoßen war, in ein heftiges Feuer verwickelt worden. Die außerordentlichen Terrainschwierigkeiten, welche sich ihm hier entgegenstellten, sowie die vorzüglichen Positionen, welche der Gegner besetzt hielt, ließen es nicht gelingen, das breite und steilrandige Thal des Meuzinbaches zu überschreiten und die Höhen von Chaux zu nehmen. Vom Kanonendonner bei Boncourt wurde Nichts gehört, und selbst die Verbindung mit dem auf Concoeur vorgegangenen Bataillon Arnold war wegen der großen Ausdehnung des Detachements nach Westen und dem dazwischen liegenden ungangbaren Felsplateau unglücklicher Weise völlig verloren gegangen.

Auch das auf der großen Straße vorgerückte Bataillon Unger des 3. Infanterie-Regiments fand vorläufig noch heftigen Widerstand in und bei Vosne, welches durch Bataillone der 1. Legion du Rhône vertheidigt wurde. So machte auf diesem Flügel der Kampf unsererseits keine Fortschritte und es trat die erwartete Erleichterung

---

*) Es dürfte nicht ohne Interesse sein, hier anzuführen, was Cremer's Generalstabschef, Colonel Poullet, in dem citirten Werke: „Le Général Cremer" über diese Einleitungskämpfe u. A. sagt:

„Oberst-Lieutenant Graziani in Boncourt, durch das Feuer von der Berchère aus unterstützt, schlug mit Energie 3 Attaquen zurück. Tödtlich verwundet, gab er das Kommando nicht ab, sondern dirigirte selbst den Rückzug auf das Château de la Berchère, als der Brand des Dorfes und die Bewegung der Preußen auf Agencourt ihm nicht mehr erlaubten, seine Position zu halten. Dieser Rückzug, mit bewunderungswürdiger Ordnung en échelon ausgeführt, ... wurde nicht beunruhigt." — Später heißt es: „Der Feind hatte sich Boncourts bemächtigt, wurde aber an der Berchère von Graziani in der Front zurückgeschlagen, während gleichzeitig der Kommandant de Carayon—Latour ihn in der Flanke faßte .... Die Preußen scheuten kein Opfer, um uns auf Nuits zurückzuwerfen, sie warfen ihre Truppen in Massen vor und schienen sie unserer Artillerie als Brandopfer darbringen zu wollen."

„Werder verdoppelte seine Kraft gegen die Berchère, welche zu einem wahren Nest von Geschossen wurde. .... Die tapferen Girondesen sollten auf ihrem Rückzuge durch wiederholte Attaquen der Kavallerie vernichtet werden, aber auf 200 Schritt empfingen sie die Eskadrons mit wohlgezielten Salven und vernichteten 2 Regimenter der Art, daß sie nicht mehr in Dijon erschienen!!"

beim Angriff auf die starke Front des Feindes durch den beabsichtig=
ten Druck auf dessen linke Flanke nicht ein.

Die vor Nuits engagirten Truppen mußten daher ihren Muth
und ihre Kräfte verdoppeln, um die starken Positionen des Feindes
lediglich in der Front zu überwältigen.

Wir hatten hier das Leib=Grenadier=Regiment verlassen, als es
mit seinem 2. Bataillon die Verchère besetzte, während die 11. und
12. Kompagnie sich links daneben, die 9. und 10. Kompagnie noch
weiter südlich am Verbindungswege nach Agencourt entwickelten und
das 1. Bataillon nach letzterem Orte in Marsch gesetzt war.

Die leichte Batterie war ebenfalls südlich des Weges Verchère—
Agencourt aufgefahren und eröffnete ihr Feuer.

Der Feind erkannte jetzt die ernstliche Bedrohung seines rechten
Flügels und beeilte sich, die starke Vertheidigungslinie der Eisenbahn,
welche bereits mit 2 Bataillonen besetzt war, nicht allein durch die
aus Boncourt und Verchère geworfenen Truppen, sondern auch aus
seinen Reserven, namentlich den von der Rekognoszirung von Vou=
geot zurückkehrenden Bataillonen zu verstärken und das Feuer seiner
Artillerie vom Bahnhof und von den Bergterrassen hinter Nuits her
auf diesen drohenden Angriff zu konzentriren.

Deutlich sah man die lange Marschkolonne der von Vosne her=
anziehenden Bataillone der Stadt zueilen. Die Batterie Holtz rich=
tete mit Erfolg ihr Feuer auf dieselbe. Schnell war die Gefechts=
linie des Leib=Grenadier=Regiments formirt, und wie es auf dem
Exerzierplatze gewöhnt war, avancirte die lange Schützenkette aller 3
Bataillone in erster Linie, dahinter auf 200 Schritt eine Linie kleiner
Soutiens, diesen folgend die 3. Züge der Kompagnien in Linie, sprung=
weise durch den aufgeweichten Boden und die mit Draht durchfloch=
tenen Rebgärten gegen die feindliche Stellung. Schon jetzt, auf
1500—1600 Schritt, empfing die tapferen Grenadiere ein ungemein
heftiges Feuer von den im Eisenbahneinschnitt völlig verdeckt liegen=
den Franzosen, ohne jedoch besonders wirksam zu sein. Eine Erwie=
derung desselben war nicht möglich, nur die Batterie Holtz sendete
ihre Granaten der langen dünnen Rauchlinie entgegen. Bald eilte
auch die schwere Batterie Porbeck heran und fuhr rechts des
Weges nach Nuits auf, der die Batterien Froben, Hecht und
Göbel folgten. Aber immer mehr feindliche Truppen hatten in=
zwischen den Eisenbahneinschnitt erreicht und vom Bahnhof bis über
die Höhe von Verchère hinaus in einer Länge von 2000 Schritt

lagen sie Kopf an Kopf und eröffneten aus ihren Chassepot=, Re=
mington= und Spencer=Magazin=Gewehren ein unaufhörlich rollendes
Schnellfeuer gegen unsere Linie. Schon mehrten sich die Verluste,
die Batterien verloren bereits viele Pferde und mußten theilweise
etwas zurückgezogen werden.

Mittlerweile war nun auch das Gros zu beiden Seiten der
Berchère aufmarschirt und wurde von General Glümer zur Unter=
stützung vorgesandt. Das 1. Bataillon (Bleibtreu) und das 2.
Bataillon (Lang) des 2. Grenadier=Regiments unter persönlicher
Führung des Oberst Renz rückten auf dem rechten Flügel zur
Verlängerung der Gefechtslinie ein, während das Füsilier=Bataillon
(Wolff) dieses Regiments über Agencourt den linken Flügel gegen
den Bahnhof hin ausdehnte. Die beiden Bataillone des 3. In=
fanterie = Regiments wurden einstweilen als Reserve an der
Berchère zurückgehalten. Gleichzeitig ging Oberst Wirth mit den
noch übrigen 5 Eskadrons zur Deckung des linken Flügels in der=
selben Richtung vor, um womöglich über den Meuzinbach gegen
Premeaux auf den feindlichen rechten Flügel zu drücken. 1 Eskadron
und 1 Kompagnie des 2. Grenadier = Regiments waren schon früher
in östlicher Richtung gegen Citeaux entsendet worden, da in den
Wäldern im Rücken unserer Stellung ebenfalls Franktireurs=Banden
gemeldet worden waren.

Es war 2 Uhr vorbei, als dieser Aufmarsch beendet war, und
General Glümer befahl nunmehr den allgemeinen Angriff auf die
Bahnlinie. Der kommandirende General Werder, sowie Prinz
Wilhelm und Oberst Willisen mit ihren Stäben schlossen sich dem=
selben an. Auf der Höhe der feuernden Batterien wurde später
General Glümer leicht, Prinz Wilhelm von Baden*) schwer
verwundet, während der Ordonnanz=Offizier des Ersteren, Lieutenant
Degenfeld, hier getödtet wurde.

Begleiten wir nun den Angriff vom linken Flügel her.

Das 1. Bataillon des Leib=Grenadier=Regiments war schon bei
seinem Debouchiren aus Agencourt auf eine zwischen diesem Orte
und der Eisenbahn gelegene feindliche Position gestoßen und hatte
dieselbe mit nicht unbedeutenden Verlusten genommen. Der ritter=
liche Kommandeur des 1. Bataillons, Major Gemmingen, war

---

*) Derselbe feierte an diesem Tage seinen Geburtstag.

u. A. hier tödtlich verwundet worden. Nachdem der Feind aus einer zweiten Position im Rebgelände geworfen, ging das Bataillon zum Angriff auf die Bahnlinie selbst vor.

Während dieser Kämpfe war auch das Füsilier=Bataillon Wolff des 2. Grenadier = Regiments herangekommen, debouchirte schnell aus Agencourt und griff nun auf dem äußersten linken Flügel energisch ein. Tambour battant stürmte die tapfere Schaar gegen den Bahnhof vor, hierbei kräftig unterstützt durch einen Zug der 1. Kompagnie und die 4. Kompagnie des Leib = Grenadier = Regiments. Der Feind leistete hartnäckigen Widerstand, und erst nach 4 Uhr ge= lang es nach großen Verlusten den beiden Bataillonen, den Bahnhof und den Theil des Bahneinschnitts bis zum Uebergang Agencourt— Nuits zu nehmen.

Gleichzeitig war Oberst Wechmar im Centrum mit seinen bei= den andern Bataillonen, denen sich Abtheilungen des 2. Grenadier= Regiments angeschlossen hatten, zum Angriff vorgegangen.

Unter einem wahrhaft betäubenden Feuer des Feindes wurde in dem völlig offenen Terrain sprungweise avancirt.

Die Verluste häuften sich jetzt beträchtlich; Oberst Wechmar sowie dessen Adjutant wurden blessirt. Oberst Renz hatte soeben nach der Verwundung des Prinzen Wilhelm das Kommando der 1. Brigade übernommen und kam vom rechten Flügel her, um sich bei Oberst Wechmar über die Gefechtslage an der Straße Nuits—Berchère zu orientiren, als er, von 3 Kugeln getroffen, fast gleichzeitig mit seinem Adjutanten (Premier=Lieutenant Waag) todt zusammenbrach. Aber immer von Neuem rafften sich die braven Badener auf und avancirten gegen die feuerspeienden Linien, während über dieselben hinweg von den Höhen von Chaux her die Shrapnels der feindlichen Artillerie ihnen entgegen braußten. Jetzt sandte Ge= neral Glümer noch das Füsilier=Bataillon des 3. Infanterie=Regi= ments (Hauptmann Schrickel) zur Unterstützung hierher vor, wäh= rend ½ Bataillon des 2. Bataillons dieses Regiments (Major Steinwachs) dem ebenso heiß kämpfenden rechten Flügel zu Hilfe gesandt wurde, das andere Halbbataillon aber als letzte Reserve bei der Berchère zurückblieb. Auch auf dem rechten Flügel nördlich der Straße Berchère—Nuits war bald Alles in die 1. Gefechtslinie ein= gerückt und fochten hier Theile des 2. und Füsilier=Bataillons des Leib=Grenadier=Regiments, untermischt mit dem 1. Bataillon (Bleib= treu) und 2. Bataillon (Lang) des 2. Grenadier=Regiments, sowie das Halbbataillon (Steinwachs) 3. Infanterie=Regiments in edlem Wettkampf und unter großen Verlusten.

Trotz des unausgesetzt rollenden Schnellfeuers der Vertheidiger, trotz der zahlreichen Opfer, die in dieser verhältnißmäßig kurzen Gefechtsperiode fielen, war das sprungweise Vorgehen niemals ins Stocken gerathen, und so gelang es denn auch im Centrum und auf dem rechten Flügel nach 4 Uhr überall die feindliche Position in einem letzten kühnen Anlauf zu nehmen.

Man muß den Franzosen die Gerechtigkeit widerfahren lassen, daß sie sich gut schlugen und mit großer Standhaftigkeit aushielten, so daß es zuletzt an vielen Punkten zum lebhaften Handgemenge kam. Der Feind floh nach Nuits und Premeaux zu, verfolgt von unserem Schnellfeuer. Die Straßen und Rebgärten waren mit seinen Todten und Verwundeten bedeckt.

Gleichzeitig war auch von Vosne her, welches Dorf inzwischen durch das Bataillon Unger genommen worden war, letzteres gegen Nuits vorgedrungen und ebenso begann das Bataillon Arnold von der Höhe von Concoeur her gegen diesen Ort herabzusteigen. Beide Bataillone trugen durch ihr kräftiges und rechtzeitiges Eingreifen wesentlich dazu bei, den Rückzug der Besatzung des Bahneinschnitts auf dieser Seite zu beschleunigen.

Den Truppen zum Ruhme, die hier selbstständig Großes geleistet, ist anzuführen, daß, als um 4 Uhr das Gefecht zum Stehen zu kommen schien, General=Lieutenant Glümer in Anbetracht der vorgerückten Tageszeit — es fing schon an zu dunkeln — und mit Rücksicht auf die sich häufenden Verluste bei dem Mangel jeglicher Reserve nach Rücksprache mit dem kommandirenden General Anstalt machte, die Einleitungen zum Abbrechen des Gefechts zu treffen. Da kamen die Meldungen vom linken, dann vom rechten Flügel und Centrum. Der Sieg war überraschender Weise erfochten, die Truppen in freudiger Weiterbewegung gegen Nuits. Aber noch war der Feind nicht aus seiner formidablen Position in Nuits selbst und auf den dahinter liegenden Felsterrassen vertrieben, noch beschoß trotz des vereinten Feuers unserer 5 Batterien seine Artillerie unsere eben errungene Position mit bis dahin nicht gekannter Präzision und forderte manches Opfer; u. A. wurde hier der Brigade = Adjutant Premier = Lieutenant Röder im Bahneinschnitt tödtlich getroffen.

Noch immer waren keine Nachrichten von dem Schicksal des rechten Flügel=Detachements unter General Degenfeld eingetroffen,

und schon führte die Eisenbahn von Beaune her dem Feinde neue
Verstärkungen zu. 1 Bataillon des 57. Marschregiments war eben
eingetroffen und ging von der großen Straße sofort zum Angriff auf
das Füsilier-Bataillon des 2. Grenadier-Regiments vor, welches im
Begriff war, sich in der an den Bahnhof stoßenden Vorstadt ein=
zunisten. Major Wolff wies aber diesen Angriff so glücklich ab,
daß selbst die nachfolgenden Soutiens des Feindes Kehrt machten
und keinen zweiten Anlauf wagten.

Inzwischen hatte man sich auf der ganzen Linie von Neuem ge=
sammelt. Die Batterien Porbeck und Holtz kamen mit vorzüg=
licher Bravour im Galopp bis an den Bahnübergang Berchère—
Nuits vorgejagt, und Erstere protzte sogar jenseits desselben ab, um
so auf kaum 500 Schritt die Stadt zu beschießen. Das Feuer aus
dieser war so heftig, daß jene in wenigen Minuten große Verluste
erlitt und von Oberst Wechmar zurückbeordert wurde. Dagegen ließ
dieser nun die zunächst stehenden 3 bis 4 Kompagnien seines Regi=
ments (vom Füsilier= und 2. Bataillon) gegen die Lisiere vorgehen,
während gleichzeitig ein Halbbataillon des Füsilier-Bataillons (Haupt=
mann Gockel) und das Halbbataillon Lang des 2. Grenadier-Regi=
ments, sowie das Halbbataillon Steinwachs des 3. Infanterie-Re=
giments, weiter nördlich das Bataillon Unger des 3. Regiments
auf der großen Straße von Vosne und das Bataillon Arnold von der
Höhe von Concoeur herunter gegen die Stadt vordrangen.

Der Muth und die physischen Kräfte des Feindes waren bereits
so erschüttert, daß seine Vertheidigung zu ermatten begann. Nur am
nördlichen Eingang raffte er sich noch einmal zu einem heftigen Of=
fensivstoße gegen die Halbbataillone Gockel und Lang auf; von dem
kräftigen Feuer derselben empfangen und von dem Bataillon Unger
in die Flanke genommen, mußte er mit großem Verluste weichen.
Ueberall drang man tambour battant in die Stadt ein, ein kurzer
aber heftiger Straßenkampf folgte (bei welchem u. A. Hauptmann
Gockel vom Leib-Grenadier-Regiment den Heldentod fand und über
400 Gefangene gemacht wurden); gegen ¹/₂6 Uhr konnte Oberst
Wechmar dem kommandirenden General melden, daß die Stadt voll=
ständig in unseren Händen und der Feind überall im vollen Rückzuge
sei. Es war bereits völlig dunkel geworden.

Oberst Wechmar ließ nun den Ort durch die vorhandenen
Truppen revierweise genau absuchen und besetzen, wobei es noch län=
gere Zeit zu kleineren Zusammenstößen kam und zahlreiche Gefangene

gemacht und Waffen erbeutet wurden. Die Stadt war mit vielen
Hundert verwundeter Franzosen angefüllt. In der Mairie fand man
noch 400 neue Spencer- und Chaffepot-Gewehre und große Quanti-
täten Munition sowie 4 Gebirgs-Laffeten.

Nachdem man starke Vorposten ausgesetzt und durch vorgeschobene Patrouillen gegen Chaux und Premeaux den Abzug des Feindes konstatirt, bezog der Rest der hier versammelten 4½ Bataillone
und ½ Eskadron des Leib-Dragoner-Regiments ein Bivouak auf
dem Markt. Die beiden Bataillone des linken Flügels, das 1. Bataillon (jetzt Hauptmann Rheinau) des Leib-Grenadier-Regiments
und Füsilier-Bataillon des 2. Grenadier-Regiments hatten sich bei
diesem Angriff auf die Stadt nicht mehr betheiligt. Die Kavallerie,
welche, wie wir oben sahen, gegen die feindliche Rückzugslinie auf
Premeaux vorgesendet worden war, hatte den Meuzinbach nicht überschreiten können und war in einer Aufstellung bei Agencourt zur Sicherung der Flanke aus den Wäldern von Citeaux durch eine größere
feindliche Abtheilung beschossen worden. Da deshalb die Bildung
einer Reserve, die nicht mehr vorhanden war, nöthig erschien, so
wurden die beiden genannten Bataillone nach Agencourt zurückgenommen und säuberten von hier aus die Gegend von Villebichot und
St. Nicolas von feindlichen Streifpartheien.

Bei der eingetretenen, vollständigen Dunkelheit, der großen Ermüdung der Truppen und dem Umstande, daß das rechte Flügel-
Detachement wegen der ihm entgegengetretenen Hindernisse zurückgegangen und für einen Druck auf die Rückzugslinie des Feindes nicht
mehr disponibel war, mußte von einer weiteren Verfolgung desselben
Abstand genommen werden.

Die nicht in Nuits befindlichen Truppen bivouakirten bei Agencourt und Berchère.

Am folgenden Morgen wurde der gänzliche Abzug des Feindes
auf Beaune, sowie das Verschwinden desselben in den Wäldern von
Citeaux durch weitgehende Patrouillen konstatirt, die Todten beerdigt,
die Verwundeten gesammelt und nebst den 16 Offizieren und 633
Mann unverwundeten Gefangenen zurücktransportirt, und es brach General Werder, welcher für den verwundeten General Glümer das
Kommando der Division übernommen hatte, mit dieser um Mittag
wieder gegen Dijon auf. Der projektirte Weitermarsch auf Beaune
kam nicht zur Ausführung. Der Zweck des Vorstoßes nach Süden
war erfüllt, andererseits aber auch der Feind zu stark und tüchtig

erkannt worden, um bei den sehr geschwächten Kräften der 2 Briga=
den für eine weit gehende Operation große Erfolge erwarten zu
können. —

In einem fast 6 stündigen sehr heftigen Kampfe hatte die Ba=
dische Division einen vorzüglich bewaffneten und gut ausgerüsteten, an
Zahl weit überlegenen Gegner, der eine von der Natur in seltener
Weise begünstigte Stellung besetzt hatte, glänzend geschlagen, ihm nach
seinem eigenen Geständniß 1500 Mann Verlust beigebracht, eine
große Menge Kriegsmaterial und gegen 700 unverwundete Gefangene
abgenommen und ihn moralisch derart erschüttert, daß General
Cremer, trotzdem er, in Beaune angekommen, die ganze Bri=
gade Ricciotti Garibaldi dort zu seiner Unterstützung vorfand,
eine Wiederaufnahme seiner Offensive auf längere Zeit vertagen
mußte.*)

Daß der Gegner unsere Stärke auf 24,000 Mann mit 48 Ge=
schützen schätzte, während sie in Wahrheit nur 11,100 Mann mit
36 Geschützen betrug, dürfte dafür sprechen, daß jeder Mann seine
Leistungen im Gefecht zu verdoppeln verstand.

Der diesseitige Verlust war allerdings bedeutend. Er betrug in
Summa 52 Offiziere und 893 Mann, von welchen allein auf die
beiden Grenadier = Regimenter 34 Offiziere und 711 Mann kommen.

In Anerkennung dieser Leistungen erließ der kommandirende
General folgenden Tagesbefehl:

„Die 1. und 2. Brigade hat am 18. in dem blutigen und sieg=
reichen Gefechte bei Nuits wiederum die ausgezeichnetste Tapferkeit
und Mannszucht bewiesen, die das deutsche Reich groß, stark und
geachtet macht.

Die Regimenter, welche den Sturm auf die Eisenbahn und die
Stadt Nuits ausführten, haben eine der höchsten militairischen Lei=
stungen erfüllt. Ohne einen Augenblick zu wanken, gegenüber einer
vorzüglichen Stellung, die von einem gut bewaffneten und einem an
Zahl überlegenen Feinde hartnäckig vertheidigt wurde, sind die Ba=
taillone musterhaft vorgegangen und haben glänzend gesiegt. Wenn

---

*) Das ganze Rhône=Departement, welches besonders durch die starken Verluste
se iner beiden Legionen direkt getroffen war, war in Aufregung. In Lyon brach
ei ne schmähliche Revolte aus, die in der Ermordung eines Bataillons=Komman=
deu rs auf dem Wege der Lynchjustiz gipfelte.

wir leider unter den Verlusten so viele tüchtige Offiziere und brave Soldaten, auch den Tod des tapferen Obersten v. Renz zu beklagen haben, so freuen wir uns doch, daß die Verwundungen zweier verehrter Führer, des General-Lieutenant v. Glümer und des Prinzen Wilhelm nur leicht sind und ihre Wiederherstellung bald wieder zu erwarten steht.

Die Erfolge des Tages waren bedeutend, der Feind verlor etwa 1000*) Mann an Todten und Verwundeten, 700 Gefangene und ein Gewehr- und Munitions-Depôt und zahlreiche Waffen.

Ich danke allen Führern und Soldaten, allen Aerzten und Beamten für ihre so glänzend bewiesene Tüchtigkeit und Ausdauer an diesem ehrenvollen Tage.

Den 18. Dezember.

Der kommandirende General.

(gez.) v. Werder."

Auch gegen Pesmes war am 18. Dezember der Feind vorgegangen; aber von dem um 1 Bataillon verstärkten Detachement des Obersten Knappstaedt bei Brans in leichtem Gefechte zurückgeworfen worden. Sämmtliche hier gestandenen feindlichen Truppen schienen sich auf höchstens 3—4000 Mann zu beziffern, die ohne große Widerstandslust in vollem Abzug auf Dôle zurückgingen. General Schmeling nahm mit Einwilligung des General-Kommandos nach Zerstörung der Brücke bei Pesmes seine Abtheilungen auf Gray zurück. —

Von dem Detachement Golß traf gleichfalls am 18. Meldung von Gefechten ein. General Golß war in Ausführung des Auftrages „Langres so zu isoliren, daß fernerhin Unternehmungen gegen die Hauptetappenstraße der Armee und gegen die des Korps unmöglich würden" am 14. von Dijon abmarschirt und hatte am 15. Selongey resp. Couzon erreicht. Er faßte nunmehr den Plan, sich zunächst der Südabhänge des Plateaus von Langres zu bemächtigen, sodann westlich bei der Festung vorbeizumarschiren, um seiner Aufgabe entsprechend von Norden zu operiren. Demgemäß wurde das Detachement zum 16. in zwei Kolonnen vorgeschoben; die linke Flügelkolonne, das 30. Infanterie-, 2. Reserve-Husaren-

---

*) Der Tagesbefehl wurde sogleich nach dem Aufhören des Gefechtes niedergeschrieben, wo die feindlichen Verluste 2c. noch nicht völlig konstatirt waren.

Regiment und die schwere Batterie Ulrich, von Selongey über Chalancey auf Baissey; die rechte Flügelkolonne, das 34. Regiment, 2. Reserve-Dragoner-Regiment und die zwei leichten Batterien von Couzon auf Longeau. Letztere Kolonne stieß auf den Feind.

Eine aus der Festung vorgesandte feindliche Abtheilung von ca. 5000 Mann mit einer Batterie hatte Verseilles, Longeau und Percey und die dominirenden Höhen dahinter besetzt; die Straßen waren durch Abgrabungen und Verhaue unpassirbar gemacht. Trotz energischer Gegenwehr nahm aber das 34. Regiment unter dem wirksamen Feuer der zwei Batterien Fischer und Riemer, zu denen gegen Ende des Gefechtes auch die Batterie der linken Flügelkolonne (Ulrich) gestoßen, die drei Dörfer mit dem Bajonnette; 2 feindliche Geschütze wurden im Feuer nebst 2 Munitionswagen genommen und der Feind mit einem Verluste von ca. 200 Mann Todten und Verwundeten und 64 Gefangenen über Bourg gegen die Festung zurückgeworfen. Der Verlust des Detachements betrug 1 Offizier und 17 Mann.

Die weitere Bewegung, um die Festung westlich zu umgehen, die Basis nordwärts zu legen und zu versuchen, von Humes aus in den Besitz der Festung zu gelangen, wurde am 18. mit Glück und unter unbedeutendem Verluste ausgeführt; die diesseits der Marne stehenden feindlichen Bataillone in den Kantonnements St. Ciergues, St. Martin, Beauchemin, Humes und Chanoy überrascht, von der Festung abgedrängt und zersprengt. Der Feind hatte ca. 30 Todte und Verwundete; 50 Mann wurden gefangen; Hunderte von Gewehren, Gepäck und Bagage auf den Straßen aufgefunden. Das Detachement bezog Allarmquartiere in den genannten Orten.

Die Festung wurde nun unter leichtem Gefechte am 19. vollends zernirt und die Truppen so dislozirt, daß die Straßen auf Châtillon, Chaumont und Nancy beobachtet waren. Das Hauptquartier kam nach Rolampont.

Nachdem sodann am 20. und 21. die Umgegend durchstreift und entwaffnet worden, die Rekognoszirung der Festung aber ergeben hatte, daß bei der starken Armirung ein Bombardement aus Feldgeschützen ebensowenig als eine Escalade Aussicht auf Erfolg haben würde, so beantragte General Goltz das Herbeiführen von Belagerungsgeschützen bei dem großen Hauptquartier. Um aber gleichzeitig die Etappen des 14. Korps zu decken, wurde das Detachement weiter östlich über Dampierre auf Neuilly l'Evêque geschoben und hierdurch am 24. die auf der Nordostseite der Festung befindlichen feindlichen Abtheilungen aus den Dörfern Changey, Charmes und Neuilly l'Evêque auf die Höhen gegen Süden getrieben und von dort durch das Feuer der Batterien mit Verlust zum Rückzug gegen die Festung gezwungen. Am 24. stand der rechte Flügel des Detachements an der Straße Langres—Châtillon, der linke beobachtete die Straße nach Vesoul. Sämmtliche außerhalb Langres befindlichen Abtheilungen waren zurückgeworfen, und es wurde mit den Vorbereitungen zum Bombardement mit den von dem großen Hauptquartier in Aussicht gestellten Belagerungsgeschützen begonnen, als am 26. die Befehle des Generals Werder das Detachement nach Vesoul beorderten. — —

Als man am 19. Dezember beim General-Kommando des 14. Armee-Korps die Erfolge der Gefechte von Nuits und Longeau übersah, durfte man die Hoffnung haben, bis zur Einnahme von Paris, welche zum Schluß des Jahres erwartet wurde, die Stellung bei Dijon behaupten zu können.

Bereits am 21. ging von mehreren deutschen Augenzeugen die Nachricht ein, daß die ganze Eisenbahnlinie bis Lyon, und namentlich diese Stadt, mit Truppen bedeckt und Kolonnen aller drei Waffen im Marsch nach Norden gesehen worden seien. Gleichzeitig ergab sich, daß die feindlichen Verstärkungen bei Dôle beträchtlich sein mußten, da neue Regimenter, so das 84. Marsch-Regiment, wie man glaubte einem neuformirten, dem XXIV. Korps angehörig, dort aufgetreten war. Dementsprechend wurde die Saônelinie, besonders Auxonne, jetzt auch unruhiger; es kamen Ulanen-Patrouillen in Sicht, eine Waffe, die auf dem Kriegstheater zum ersten Male erschien.

General Werder vermochte über die Saône herüber jetzt Nichts mehr zu unternehmen; der Feind konnte also ungestört von Lyon über Lons le Saulnier nach Dôle oder Besançon, ja bis l'Isle sur Doubs fahren und in konzentrirter Weise auf der Linie Belfort—Dijon auftreten. Zu verwehren war dies jedenfalls nicht*).

---

*) Die gedachten Nachrichten waren theilweise irrig; die französischen Verstärkungen kamen nur zum Theil aus dem Süden; der größte Theil derselben, aus Westen kommend, waren die Spitzen der langsam gegen die Eisenbahn Beaune—Chagny—Macon anmarschirenden Korps der Bourbaki'schen Armee.

Man mußte im Hauptquartier jetzt alle Fälle etwaiger Ueber=
raschung überlegen; es wurde dieserhalb der Entschluß gefaßt, Dijon
so lange wie möglich zu halten und im Fall der Noth, wenn ein
Vorbrechen von Auxonne stattfände, auf Châtillon sur Seine zurück=
zugehen.

Die sich immer gefahrvoller stellende Lage ließ allmählich den
Entschluß reifen, Dijon zu räumen und das zerstreut stehende Korps
bei Vesoul zu konzentriren.

21. Dezember. Am 21. Dezember ging vom General Moltke
die telegraphische Nachricht ein, daß es der diesseitigen Beurthei=
lung an Ort und Stelle überlassen bleiben müsse, ob die De=
tachirung einer Brigade nach Sémur jetzt angängig sei; jedenfalls
aber wäre die Bewegung mobiler Kolonnen in der bezeichneten Rich=
tung erforderlich, um die Bahnstrecke Chaumont—Nuits—Ravières
zu decken, da General Zastrow auch seiner letzten Truppen be=
dürfe.

In Folge dessen wurde angeordnet, daß am 22. der Major
Röder des 5. Badischen Infanterie=Regiments mit 2 Bataillonen,
1 Batterie, 2 Eskadrons und einem Pionier=Detachement nach St.
Seine marschiren und auf Sombernon patrouilliren solle. Es wurde
ihm aufgegeben, am 23. la Villeneuve zu erreichen und über Mont=
bard mit General Zastrow in Châtillon in Verbindung zu treten;
Letzterer war hiervon benachrichtigt.

Der Feind verhielt sich an diesem Tage wiederum im Allge=
meinen ruhig, wenn auch an verschiedenen Stellen Streifpartheien
die Etappe, namentlich zwischen Gray und Dijon, beunruhigten.

General Zastrow theilte am Abend mit, daß er bei Auxerre
angelangt und nur auf irreguläre Banden gestoßen sei.

Die Evacuation der Lazarethe und das Abführen des Beute=
Materials ꝛc. machten bedeutende Fortschritte, so daß sich erwarten
ließ, daß in wenigen Tagen, mit Ausnahme der nicht transportablen
Verwundeten, Dijon jeden Augenblick ohne unnütze Verluste verlassen
werden konnte.

Die Stimmung der Bevölkerung hob sich in ersichtlicher Weise,
namentlich sprachen alle Briefe, welche aus dem Süden kamen, von
einem Wiedersehen zu Weihnachten. Man wolle nur noch wenige
Tage den Druck des Feindes ertragen, dann sei die sichere Vernich=
tung desselben zu erwarten.

Das General-Kommando, vorsichtig in Behandlung derartiger Briefe, die auch möglicherweise mit Absicht oder sanguinischen Hoffnungen niedergeschrieben waren, mußte doch Veranlassung nehmen, jetzt an die Richtigkeit der aus so ganz verschiedenen Provinzen kommenden Nachrichten zu glauben. Es fügte deshalb am Schluß seines Tagestelegrammes an das große Hauptquartier die Bemerkung bei: „Hat das Korps Verstärkung zu erwarten? Bei umfassenden Angriffen wird Dijon mit jetzigen Kräften nicht zu halten sein."

22. Dezember. Der 22. Dezember brachte wieder mehrfache Unruhe in der Gegend von Auxonne.

Aus Versailles ging die Nachricht ein, daß in Rougemont feindliche Truppenabtheilungen angelangt seien.

General Moltke gab in Folge der gestern ihm mitgetheilten Nachrichten nunmehr ein Telegramm des Inhalts, daß ein Bataillon des 6. Badischen Infanterie-Regiments zur Verstärkung kommen würde. Ueberlegenen Kräften gegenüber empfehle sich der Rückzug in der Richtung auf Chaumont und könnte dann mit General Goltz und Zastrow gemeinschaftlich gehandelt werden. Würde der Feind dann nach Langres detachiren, so könne die Offensive aufgenommen werden.

23. Dezember. Am 23. Dezember rekognoszirte der Feind wiederum von Auxonne und St. Jean de Losne, sowie südlich Vesoul auf Rioz.

Ein Postbote, welcher in der Gegend von Marnay aufgegriffen wurde, trug unter zahlreichen Briefen den eines Mädchens von 14 Jahren, welche ihren Eltern in Lons le Saulnier schrieb, daß sie zu Weihnachten nicht nach Hause kommen könne, weil die Eisenbahn für Civilpersonen nicht mehr frei sei, in Besançon sei es voller Soldaten und sogar ihre Schule zu Lazarethen eingerichtet.

Diese Nachrichten, welche mit den früheren Briefen augenscheinlich übereinstimmten, machten es klar, daß der Feind in der Front augenblicklich unthätig, sich zwischen Dôle und Besançon sammle, und zu erwarten stand, daß er in den nächsten Tagen zur Offensive vorgehen würde.

Im Ouchethal zeigte sich Garibaldi wieder mit stärkeren Abtheilungen und besetzte Sombernon.

24. Dezember. Am 24. Dezember ging nunmehr von General Tresckow vor Belfort die Anzeige ein, daß der Gesandte Röder in Bern mittheilte, die Bahn von Lyon nach Besançon sei vom 23.

für Militairtransporte reservirt. Die sogleich an das große Haupt=
quartier hiervon erstattete Meldung wurde dahin erwiedert, daß nach
Versailler Nachrichten die nach Besançon instradirten Truppen nur
Nationalgarden sein könnten; nichts desto weniger wäre die Unter=
stützung durch General Zastrow in Aussicht genommen.

Dieser stand am 24. um Auxerre, ein Detachement desselben, 3
Bataillone, 2 Eskadrons, 2 Batterien unter Oberst Barby am 25.
in Châtillon, Nuits s. R. und Ravières.

Es war möglich, daß, wenn der Feind am 23. und 24. mit
seinen letzten Kräften in Besançon ankam, er schon am 25. resp. 26.
Vesoul angreifen konnte. Der dortigen Besatzung, welche durch Etap=
pen=Truppen verstärkt war, ging dieserhalb der Befehl zu, im Fall
der Noth auf Port sur Saône resp. Scey sur Saône zurückzugehen.
Außerdem wurden sämmtliche detachirten Kommandeure von der Sach=
lage unterrichtet.

25. Dezember. Am 25. Dezember telegraphirte General
Tresckow, daß nach Berner Nachrichten 25,000 Mann zum Ent=
satz von Belfort im Anmarsch seien. Eine Unterstützung konnte ihm
auf diese Anzeige leider für jetzt nicht in Aussicht gestellt werden;
jedoch ging an General Goltz vor Langres das Ersuchen, alle dis=
poniblen Kräfte nach Port sur Saône zur Besetzung der dortigen
Uebergänge vorzuschieben und sich mit diesem Orte durch Relais in
Verbindung zu setzen.

Im Süden bei Beaune verhielt sich der Feind fortgesetzt ruhig,
bei Sombernon hingegen verstärkte er sich.

26. Dezember. Am 26. früh 5½ Uhr theilte General Moltke
telegraphisch mit, daß er an General Zastrow folgende Befehle er=
lassen habe:

„Es sei wahrscheinlich geworden, daß die Armee Bourbaki's
von Nevers per Bahn nach Châlons sur Saône abgegangen sei. Ge=
neral Zastrow habe sogleich mit allen Kräften in östlicher Richtung
auf Châtillon abzurücken; Zweck sei event. Aufnahme des Generals
Werder und mit diesem vereint Offensive."

Nunmehr wurden vom General=Kommando die Trains und die
große Bagage nach Mirebeau dirigirt; und als am Nachmittag vom
General Tresckow die Meldung einging, daß der Feind bereits
Clerval, l'Isle sur le Doubs und Rougemont besetzt habe, so
mußte General Werder sich zur schleunigsten Räumung von Dijon
und zur Unterstützung des Generals Tresckow entschließen. Letzterer

hatte auf die Aufforderung des General-Kommandos vom General-Gouvernement im Elsaß nur 4 Bataillone, 1 Batterie und 1 Eskadron erhalten.

Zur Ausführung des oben angegebenen Entschlusses wurde die Konzentrirung des Armee-Korps bei Vesoul beschlossen und die 4. Reserve-Division sowie das Detachement Goltz sofort dahin in Marsch gesetzt. Die 2. Badische Brigade erhielt Befehl, mit 6 Bataillonen, 1 Kavallerie-Regiment und 3 Batterien den 27. derart abzumarschiren, daß 3 Bataillone, 2 Batterien und 2 Eskadrons am Abend Renève l'Eglise und Essertenne erreichten, 3 Bataillone, 1 Batterie und 2 Eskadrons sollten in Mirebeau verbleiben. — Die weiteren Spezialbefehle lauteten wörtlich:

„1) An General Schmeling in Gray.

a) Offensive des Feindes wird aus Versailles als wahrscheinlich bestätigt. Die Trains des Korps und Pontonkolonne sind nach Port s. S. in Marsch zu setzen, Brücke bei Gray zum Sprengen einzurichten. Pulver geht heute von hier ab.

b) Der Feind ist mit ca. 60,000 Mann von Besançon auf Belfort in Anmarsch. 3 Bataillone der 2. Badischen Brigade erreichen am 27. Abends Essertenne, am 28. früh Gray. Sie brechen mit Ihrer Division unter Zurücklassung eines Bataillons und einer Batterie in Arc am 27. des frühesten nach Vesoul auf und übernehmen dort am 28. das Kommando über alle dort befindlichen Truppen.

General Goltz wird voraussichtlich am 28. Abends Vesoul erreichen; die weiteren Operationen von Vesoul aus lege ich vorläufig in Ihre Hand.

2) An General Goltz — Rolampont.

Sie marschiren mit Ihrem ganzen Detachement in Eilmärschen sofort nach Vesoul, woselbst General Schmeling am 28. eintrifft. Ein starkes Detachement muß die Straße Vesoul—Langres an geeigneten Punkten schützen. Belagerungspark kommt nicht.

c) Die Badische Division erhält strengste Marschbereitschaft und die Truppen empfangen den eisernen Bestand. Sämmtliche Abtheilungen haben sich beim Früh-Appell derart bereit zu halten, daß von demselben weg der Abmarsch angetreten werden kann. Sobald der Befehl hierzu erfolgt, sammelt sich die 1. Brigade in einem Rendez-vous östlich St. Apollinaire, die 3. Brigade westlich St. Apollinaire; die letztere übernimmt die Arrieregarde. Mit der 1. Brigade hat sich zu sammeln die Divisions-Artillerie, der Rest der Kavalle-rie-Brigade, die Pioniere."

In der Nacht zum 27. Dezember genehmigte das große Haupt-quartier die in Aussicht stehende Operation und theilte mit, daß 8 Bataillone, 2 Eskadrons und 2 Batterien unter General Debschitz von Straßburg gegen Belfort dirigirt werden würden.

In Dijon wurden unter dem Schutze der Behörden 10 Offiziere 423 Mann untransportable Verwundete und Kranke zurückgelassen; das nöthige Sanitätspersonal unter Leitung des Oberstabsarztes Dr. Kaiser (das ganze badische Feld-Lazareth Nr. 5 und die Hälfte des preußischen Feld-Lazareths Nr. 6), waren zur Pflege bestimmt.

Es kann hier bereits eingeschaltet werden, daß, einzelne Fälle ausgenommen, wo Verwundete die glänzendste Aufnahme in französi-schen Familien genossen, die Behandlung derselben im Allgemeinen eine höchst unwürdige war. Die guten Absichten einer Zahl Gebil-deter standen zu sehr unter dem Druck des Pöbels, so daß Plünde-rungen und Mißhandlungen nicht ausblieben.

Man wollte dem Süden Gefangene zeigen und transportirte viele noch schwer Kranke in der rücksichtslosesten Weise bei schlimm-stem Wetter nach dem Süden. — —

Der in den letzten Tagen reichlich gefallene Schnee und an-haltender Frost hatten die Straßen spiegelglatt gemacht; die Pferde schwankten bei jedem Tritt und erschwerten das Fortkommen der Bagage und Kavallerie ungemein.

Unbehelligt vom Feinde wurde am 27. früh der Abmarsch aus Dijon angetreten.

Die Têten der Badischen Division erreichten am Abend Gray, wohin auch das General-Kommando verlegt wurde (7 Meilen). Die zweite und erste Brigade wurden zwischen Mirebeau und Essertenne echelonirt, die dritte Brigade blieb als Arrieregarde in Arc sur Tille. Das Detachement des Majors Röder hatte sich, von Vitteaux über Chanceaux kommend, am Morgen des 27. der Brigade wieder ange-schlossen. Der mit allen möglichen Anstrengungen verknüpfte Marsch desselben war ohne Berührung mit dem Feinde verlaufen.

Im Uebrigen war es auf der ganzen Linie im Allgemeinen ruhig und bestätigte sich von allen Seiten die Nachricht, daß aus den Lagern bei Lyon sich eine Armee gegen Besançon in Marsch gesetzt habe.

Das General-Kommando erwog zu dieser Zeit alle diejenigen Maßregeln, welche die in Aussicht stehenden Ereignisse bedingten resp. ermöglichten. Es wurde beschlossen, eine Avantgarde, die dritte Badische Brigade (5 Bataillone, 2 Eskadrons, 1 Batterie*)) unter General-Major Keller in Gray zu belassen. Sie sollte vor allen Dingen in Erfahrung bringen, ob der Feind von Dijon direkt auf Langres oder von Dôle auf Vesoul vorginge.

Das Korps selbst sollte möglichst konzentrirt bei Vesoul aufgestellt werden, mit dem rechten Flügel bei Port sur Saône an die Saône gelehnt. Die 4. Reserve-Division sollte nach Villersexel vorgeschoben werden, um den etwaigen direkten feindlichen Marsch von Besançon auf Belfort rechtzeitig zu erkennen resp. aufzuhalten.

In dieser Lage konnte man mit Ruhe abwarten, in wie weit die bisherigen Nachrichten sich bestätigen würden.

Am 28. Dezember trafen die Truppen in den eben angegebenen Stellungen ein; die Tête der Brigade Degenfeld erreichte am Abend spät Vesoul und hatte somit in zwei Tagen bei spiegelglatten Wegen und mangelhafter Verpflegung 14 deutsche Meilen zurückgelegt. Das General-Kommando selbst erreichte diesen Ort spät Abends, nachdem es auf dem bergigen Terrain nördlich Gray bereits einige Pferde verloren, mit einem Verlust von 16 Pferden.

General Tresckow zog an diesem Tage die Truppen des General-Majors Debschitz vor Belfort und besetzte mit einer Avantgarde nunmehr die Höhen von Arcey.

Wenn auch am 29. Dezember General Tresckow die Verstärkung des Feindes bei Pont de Roide und Voujaucourt sowie die Erbauung von Fähren in dieser Gegend meldete, was also auf eine

---

*) In der Ordre de Bataille des Korps war insofern ein Wechsel eingetreten, als mit Einwilligung des General-Kommandos seit einigen Tagen bei der Badischen Division die Vertheilung der Kavallerie und Artillerie Aenderungen erlitten hatte.

Zugetheilt wurden:

a. der 1. Infanterie-Brigade, seit 18. Dezember von Oberst Wechmar geführt, 2 Eskadrons des 3. Dragoner-Regiments nebst der 3. leichten Batterie;

b. der 2. Brigade 1 Eskadron des gleichen Regiments, nebst der 4. leichten Batterie;

c. der 3. Brigade 1 Eskadron nebst der 2. leichten Batterie.

Die Kavallerie-Brigade formirten das 1. und 2. Dragoner-Regiment.

Die Divisions-Artillerie bestand aus den 4 schweren, der 1. leichten und der reitenden Batterie.

Offensive schließen ließ, so konstatirten doch alle gegen den Ognon vorgetriebenen Patrouillen das Zurückweichen des Feindes hinter diesen Fluß.

Immer bestätigte jedoch der Gesandte General Röder aus der Schweiz, daß starke Truppentransporte von Lyon auf Tonnere gingen, die Truppentransporte auf Besançon jedoch erst am 27. begännen.

Das von dieser Sachlage unterrichtete große Hauptquartier erwiederte dem General Werder am 28., daß General Zastrow am 30. in Aisey s. S. sein würde.

Das 14. Armee-Korps vollendete bis zu diesem Tage nach äußerst großen Anstrengungen seinen oben angeführten Aufmarsch. —

Es erübrigt bei dem Abzug des 14. Armee-Korps aus Dijon nur kurz anzuführen, daß der Gesundheitszustand der Truppen trotz des ungewöhnlich frühe und streng eingetretenen Winters ein verhältnißmäßig günstiger gewesen; die Gesammtzahl der Kranken überschritt den Prozentsatz der Garnison nur wenig. Doch begannen die Folgen der früheren und seitherigen fortdauernden Anstrengungen und Aufregungen dadurch in die Erscheinung zu treten, daß die von Krankheit Befallenen bei der verminderten Widerstandskraft der Organismen gegen die Krankheitsfälle heftiger ergriffen wurden. Das bedeutendste Kontingent an Kranken in dieser Periode lieferten Typhus und Lungenentzündungen.

Besondere Erscheinungen auf dem Gebiete der Taktik sind bislang nicht zu Tage getreten.

Der Relaisdienst der Kavallerie nahm eine große Ausdehnung an, und es dürften die Erfahrungen, die über diesen wichtigen Zweig der Reiterthätigkeit geschöpft wurden, den Fragen über Organisation dieses durchaus nicht mechanischen Dienstes der Uebermittelung der Meldungen und Nachrichten wohl eine Menge neuer Gesichtspunkte erschlossen haben.

Viertes Kapitel.

Die Operationen aus der Stellung um Vesoul. Die Gefechte und die Schlacht vor Belfort.

Ehe wir den Zusammenstößen mit der Bourbaki'schen Armee näher treten, dürfte es geboten sein, die Verhältnisse des Belagerungs=Korps vor Belfort in Kurzem, soweit nöthig, hier ins Auge zu fassen.

Die erste Reserve=Division war, wie oben erwähnt, am 3. November vor Belfort erschienen und hatte mit schwachen Kräften die Cernirung des Platzes begonnen; das Hauptquartier des General=Majors Treskow war in les Errues. Die nachgezogenen Verstärkungen brachten die Division bis zum 9. November auf eine Stärke von 15 Bataillonen, 8 Eskadrons, 5 Batterien, ca. 13,000 Mann und 30 Feldgeschütze.

Von diesem Tage ab wurde das Cernirungs=Korps in ein westliches und östliches Detachement getheilt; das westliche (8 Bataillone, 4 Eskadrons, 2 Batterien) stand auf der Linie Giromagny bis Héricourt, das östliche, 6 Bataillone 2½ Eskadrons, 2 Batterien) von Roppe bis Sevenans; in Reserve blieb 1 Bataillon, ½ Eskadron, 1 Batterie. La Chapelle sous Rougemont auf der eventuellen Rückzugslinie für das östliche Detachement wurde befestigt; ein Rückzug für das westliche war auf Lure vorgesehen.

Alle besetzten Orte wurden zur Vertheidigung eingerichtet.

Die Besatzung von Belfort, über 16,000 Mann stark, darunter 4—6 Bataillone regulärer Infanterie, unterhielt anfänglich nur leichtes Artilleriefeuer gegen die besetzten Ortschaften und suchte durch kleine Ausfälle die Besatzung mehr und mehr auf das Gefecht und den Kampf einzuspielen. War an sich schon General Treskow zu schwach zu einer vollen wirksamen Cernirung, so mußten die jetzt schon zum Schutze dieser nach Außen zu verwendenden Kräfte der Wirkung gegen die Festung wesentlich Abbruch thun. Schon am 8. November war Montbéliard besetzt und mit dem hochgelegenen Schloß zur Vertheidigung hergerichtet worden; sodann wurde in den Abschnitt bis Delle an der Schweizergrenze eingerückt, während gleich=

zeitig das Doubsthal und Besançon von Montbéliard und Héricourt aus beobachtet wurden. L'Isle sur le Doubs und Clerval wurden am 12. November nach leichten Gefechten besetzt, die dort gestandenen Mobilgarden zogen über Besançon ab.

An demselben Tage traf aus dem großen Hauptquartier der Befehl ein, die Belagerung nunmehr einzuleiten. Der Belagerungs= park vor Neu=Breisach war disponibel geworden. Die Leitung der Arbeiten wurde dem General=Major Mertens, das Kommando über die Artillerie dem Oberst=Lieutenant Scheliha übertragen. Es war vorauszusehen, daß die Belagerung der großen, starken und stark be= setzten Festung in Folge der schwierigen Terrain= und Witterungs= verhältnisse an und für sich schon eine langwierige und mühevolle werden mußte.

Den ersten großen Ausfall unternahm die Besatzung mit ca. 3 Bataillonen und 6 Geschützen am 15. November gegen Bessoncourt, unter= stützt durch einen kleinen Stoß gegen Roppe und die gleichzeitige Inbrandschießung von Vezelois. Der Ausfall mißlang gänzlich. Die feindliche Abtheilung verlor 2 Offiziere, 200 Mann an Todten und Verwundeten, 58 Mann wurden unverwundet gefangen. Der dies= seitige Verlust betrug 2 Offiziere, 15 Mann.

Bis zum 23. November schob sich nun das Cernirungs=Korps auf eine engere Linie vor, die im Allgemeinen durch die Punkte Valdoye, Bessoncourt, Perouse, Bavilliers, Essert bezeichnet ist. Feind= liche Versuche zur Wiedergewinnung derselben und ein Ausfall gegen Vezelois am 23. wurden abgewiesen.

Schon jetzt begannen einzelne feindliche Vorstöße von Außen gegen das Belagerungs=Korps, zunächst hauptsächlich von Besançon ausgehend; sie sollten ohne Unterbrechung bis zur Ankunft des Werder'schen Korps vor der Festung fortdauern.

Am 23. und 24. November, gleichzeitig mit dem Vormarsch der Generale Cremer und Garibaldi auf Dijon, fanden kleine Rekognoszirungsgefechte südlich Montbéliard statt; die feindlichen Abtheilungen (Mobilgarden) wurden aber leicht abgewiesen.

Inzwischen waren die Vorbereitungsarbeiten zur Belagerung beendigt und beschlossen worden, den Angriff gegen die Festung von Osten her auszuführen.

Am 28. November traf die Genehmigung des großen Haupt= quartiers ein und wurden nunmehr in der Nacht vom 2. zum 3. De= zember zwischen Bavilliers und Essert, trotz des heftigen feindlichen

Feuers, die erften Batterien, 28 Gefchüße, in Pofition gebracht, die am 3. Dezember das Feuer eröffneten. Das Bombardement hatte aber bei der geringen Einwohnerzahl und der Menge geficherter Unterkunftsräume in der Feftung keinen wefentlichen Erfolg.

Nach und nach wurden auch einzelne Batterien öftlich und nörd= lich errichtet, ein Ausfall gegen letztere am 11. abgewiefen. Dem Fortfchritt der Arbeiten der Belagerer trat aber die geringe Zahl der verfügbaren Truppen hindernd in den Weg.

Gegen Ende Dezember wurde befchloffen, den Angriff von Süden her zu unternehmen, um nach Einnahme der beiden Perches von diefen aus gegen die Stadt vorzugehen. General Tresckow verlegte am 28. fein Hauptquartier nach Bourogne. Die Vortruppen des Be= lagerungs=Korps waren füdweftlich gegen Arcey und gegen Süden auf die Linie Abévillers—Seloncourt vorgefchoben.

Vom 28. bis 30. Dezember trafen nun die Truppen des Ge= neral=Majors Debfchiß ein, 8 Bataillone, 2 Eskadrons, 2 Batterien. Diefe wurden in Delle gefammelt und erhielten die Beftimmung, zunächft mit dem Centrum in Beaucourt, die Linie von Exincourt bis Croix an der Schweizergrenze zu decken, eventuell die ftarke Stellung der Allaine von Morvillars über Grandvillars, Joncherez, Delle zu vertheidigen.

Die auf Arcey vorgefchobenen Truppen des Belagerungs=Korps traten am 30. über Rougemont in Verbindung mit der 4. Referve= Divifion.

Kehren wir nun zu den Operationen des 14. Armee=Korps zurück.

Das Korps des Generals Werder hatte, wie oben erwähnt, am 30. Dezember feinen Aufmarfch um Befoul vollendet, und es ftand die 4. Referve=Divifion, verftärkt durch das aus der Heimath einge= troffene 2. Bataillon des 6. Badifchen Infanterie=Regiments, eine fchwere Batterie der Erfaßtruppen, in Summa 8 Bataillone, 5 Bat= terien, um Espreis—Villerfexel; von der Badifchen Divifion die 1. und 2. Brigade in Befoul und füdweftlich davon; die 3. Brigade (Keller) in Gray. Das Detachement Golß öftlich Befoul, ein De= tachement unter Oberft=Lieutenant Nachtigal, 3 Bataillone, 4 Es= kadrons, 2 Batterien in Lure. Die badifche Kavallerie=Brigade und die Korps=Artillerie wurden an die Straßen nördlich und nordweft= lich nahe Befoul gelegt, die Trains etwas zurück öftlich der Straße Befoul—Auxon, die Munitions=Kolonnen nach Grattery.

30. Dezember. Bereits am 30. erhielt das General-Kommando von den Nummern mehrerer Regimenter in Besançon ziemlich detaillirte Nachricht, und es wurde heute zum ersten Mal konstatirt, daß außerdem Truppen von Lyon in Besançon angelangt seien. Bei Gray wurden Kavallerie-Patrouillen von ebenfalls neu gekommenen Truppen nach allen Richtungen hin gefühlt.

Da nun verschiedene Nachrichten, namentlich von Deserteuren, darauf hinausliefen, daß die aus Afrika gekommenen Truppen wahrscheinlich unter Kommando eines Generals Bressolles bereits am 28. Besançon verlassen hätten, so beschloß General Werder, das 14. Korps südlich Vesoul so zu konzentriren, daß jeden Augenblick nach allen Seiten ein energischer Stoß ausgeführt werden konnte. Zur größeren Bewegungs-Freiheit wurden die Trains nördlich Vesoul dislozirt.

Am Abend spät ging auf die am 29. gestellte Anfrage, was im großen Hauptquartier über die Eisenbahn-Transporte bekannt sei, die Nachricht vom Grafen Moltke ein, daß vom Abmarsch der Bourbaki'schen Armee nichts bekannt sei und derselbe noch bei Bourges und Nevers stehe; bei Besançon schienen nur lockere Formationen des Feindes zu sein. General Schmeling konnte heute nur die Defensive des Feindes am Ognon konstatiren.

31. Dezember. Am 31. gingen sogar die Nachrichten dieses Generals dahin, daß die Brücken über den genannten Fluß abgebrochen seien, also der Feind sich auf volle Defensive setze.

Das General-Kommando beschloß an diesem Tage, gegenüber den sich immer steigernden Meldungen über die Größe der im Anmarsch befindlichen feindlichen Armee, die Avantgarden-Brigade Keller am 1. Januar mit dem Gros nach Neuvelle les la Charité zurückzuziehen und von hier den Ognon zu beobachten. Zur besseren Verbindung mit derselben wurde nach Fresnes St. Mamés eine Telegraphen-Station gelegt. Die Etappentruppen unter Major Schack, und zwar das Landwehr-Bataillon Eupen, (6 Kompagnien), 1 Eskadron des 1. Reserve-Husaren-Regiments und die von der 4. Reserve-Division zurückbeorderte Batterie (Hauptmann Dienemann), besetzten Port s/Saône und Scey s/Saône.

1. Januar. In der Nacht zum 1. Januar 1871 berichtete General Werder nach Versailles: „die heute eingegangenen Meldungen besagen: In Baume les Dames, Clerval und L'Isle sur le Doubs wurden nur schwache Kräfte getroffen, sämmtliche Brücken über den Doubs sind gesprengt. Dijon und Mirebeau wurden am

30. vom Feinde besetzt". In der Antwort, die am 1. Januar noch einlief, machte das große Hauptquartier darauf aufmerksam, daß die bis jetzt eingegangenen Telegramme des Generals Werder wie auch sonstige Nachrichten auf lediglich defensive Absichten des Feindes zwischen Besançon und Belfort deuteten. Es sei daher offensive Bewegung in westlicher und südwestlicher Richtung erwünscht, welche zur Wiederbesetzung von Dijon und Einschließung von Langres führen könnte. General Zastrow, dessen Unterstützung General Werder zunächst nicht bedürfe, werde ebenfalls in südwestlicher Richtung abrücken; vielleicht reiche es jetzt aus, wenn bei Belfort, außer erster Reserve-Division nur General Debschitz bleibe und die ganze 4. Reserve-Division mit General Werder abmarschire. Die Meldung seiner Entschlüsse wurde dem Letzteren noch anbefohlen.

Hierauf erwiederte General Werder, daß die Situation durch-aus noch nicht so geklärt sei, um sofort südwestwärts abmarschiren zu können, sofern Schutz der Belagerung Belforts seine Hauptauf-gabe sei. Nach heute eingegangenen Nachrichten über die Schweiz sei die Eisenbahn noch für 2 Tage militairisch belegt, und gegen Pont de Roide seien 10,000 Mann des Feindes dirigirt. Direkte übereinstimmende Nachrichten sprächen von größeren Truppen-An-sammlungen in Besançon und südlich. Die Regimenter 60 und 61, die früher nicht zur Garnison gehörten, seien wiederholt gesehen wor-den. Betreffs der befohlenen Vorwärtsbewegung wurde beigefügt, daß ein Generalstabsoffizier heute zum General Treskow gesandt sei, um eine offensive Bewegung zu verabreden.

Wir erinnern bei diesem Depeschenwechsel daran, daß General Zastrow in Aisey stand und die Absicht hatte, auf Dijon offensiv vorzugehen, als ihm vom großen Hauptquartier der Befehl wurde, in seiner jetzigen Stellung das Weitere abzuwarten.

Obgleich von Besançon, besonders gegen die Saône, am 31. Dezember und 1. Januar auf allen Straßen Rekognoszirungen des Feindes gesehen wurden, unter anderen auch wieder neu angekommene Kavallerie (Husaren), welche nach den Nachrichten des General-Kommandos nur den Truppen der ehemaligen Loire-Armee ange-hören konnten, so blieb man doch gegenüber den bestimmten Nach-richten vom großen Hauptquartier in einigem Zweifel, ob doch nicht vielleicht nur zahlreiche Depots und National-Garden auf Besançon instradirt waren.

2. Januar. Als in der Nacht zum 2. Januar von der 4. Re=
serve=Division die Meldung einging, daß der Feind bei Clerval und
Autechaux fortifikatorische Arbeiten ausführe, so beschloß General
Werder, nunmehr einen entschiedenen Offensivstoß über den Ognon
bis zum Doubs auszuführen.

Im Laufe des Tages häuften sich von allen Seiten die Nach=
richten über Verstärkungen des Feindes. So theilte General Zastrow
aus Montbard mit, daß General Cremer mit 12,000 Mann und
16 Geschützen in Dijon stände, und übereinstimmend wurde konstatirt,
daß in den letzten Tagen zwischen 20—30,000 Mann mit der
Bahn in Besançon angelangt sein sollten. Abends 9 Uhr telegra=
phirte General Röder aus Bern, daß 25,000 Mann Franzosen
östlich des Doubs vorrückten und die Avantgarde derselben bereits
bei Blamont mit 4000 Mann stehe. Diese Mittheilung erhielt
große Wahrscheinlichkeit durch das Vorgehen französischer Truppen
südlich Montbéliard. Ein im Marsche auf Abévillers befindliches
Bataillon griff Morgens das daselbst stehende Landwehr=Bataillon
Liegnitz, Major Sothen, an, wurde aber nach kurzem Gefecht auf
Glay zurückgeworfen. Ein Theil des Feindes, gegen 200 Mann
mit mehreren Offizieren, soll in die Schweiz übergetreten sein.

Ebenso war auf der Straße nach Rougemont bei Avilley am
Ognon ein feindliches Detachement von ca. 3 Bataillonen von den
Regimentern 61 und 85 vorgekommen. Da nun auch anderweitige
Nachrichten jene ganz positiv gegebenen Daten als wahrscheinlich er=
scheinen ließen, und ein sofortiger Versuch des Feindes gegen Belfort
möglich war, wurde zum 3. Januar Oberst Nachtigal mit dem
30. Regiment, 1 Batterie und 2 Eskadrons von Lure nach Héri=
court dirigirt.

General Goltz und General Schmeling erhielten noch in der
Nacht Weisung, etwaigen Requisitionen des Generals Tresckow Folge
zu geben.

General Schmeling wurde mit den Haupttheilen seiner Trup=
pen nach Arcey östlich geschoben, General Goltz mit dem Reste
seines Detachements auf Villersexel gezogen, woselbst auch das Ba=
taillon des 6. Badischen Regiments, Major Dern, bereit gestellt
blieb. Die Aufklärung gegen Rioz und Montbozon wurde der Badi=
schen Division aufgetragen. General Tresckow, dem hierdurch seine
disponibeln Truppen ganz nach dem Süden hin verfügbar wurden,
hatte das Vorposten=Detachement von Arcey, 3 Bataillone unter

Oberst Bredow, nach Dampierre bei Delle gezogen. An diesem Tage erwuchs auch dem General-Kommando durch Etappen-Truppen eine Verstärkung: von 2 Kompagnien des 1. Reserve-Jäger-Bataillons unter Befehl des Majors Paczinsky und der sächsischen leichten Reserve-Batterie Nr. 2 unter Hauptmann Krutsch. Sie blieben zunächst in Vesoul.

Bei General Treskow hatte sich auch im Laufe dieser Tage die Situation noch immer nicht weiter aufgeklärt. Es darf aber nicht Wunder nehmen, daß die obere Heeresleitung so schwer bestimmte direkte Nachrichten vom Feinde erhalten konnte. Wir erinnern uns, daß der Doubs tief eingeschnitten, von steilen Felswänden begleitet, nur auf wenigen Straßen zu passiren ist. Alle Patrouillen und Rekognoszi-rungen konnten dabei nicht mehr erreichen, als den Feind bis an die Brücken-Passage zurückzudrängen. Ein Engagement und Erzwingen des Ueberganges über den Doubs war aber eine Unternehmung, die nur durch zahlreiche Artillerie vorbereitet und dann auch höchst unsicher blieb, da der Angriff vom Thal herauf auf die felsigen Höhen gehen mußte. Eine ähnliche Situation fand sich bei Blamont. Hier windet sich die Straße in zahlreichen Serpentinen, stets von den Felsen ein-geengt, nach dem dominirend auf der Höhe liegenden Orte Blamont, welcher fortifikatorisch gesichert war. Ein direkter Angriff mit eini-gen Bataillonen mußte unzweifelhaft zu großen Verlusten ohne Re-sultat führen. So kam es, daß auch hier die Rekognoszirungszone sehr begrenzt war.

Der Feind rückte am 3. im Süden gegen Belfort nicht weiter vor; dagegen meldete General Goltz aus Villersexel, daß 20,000 Mann desselben in Rougemont erwartet wären. Er selbst sei im Begriff, nach Esprels aufzubrechen und die Ognon-Uebergänge südlich dieses Ortes zu besetzen. Das General-Kommando traf sogleich die Anordnungen, daß am 4. Januar früh ¹⁄₂11 Uhr bei Vallerois eine Badische Brigade, und bei Esprels eine zweite Brigade stehen solle. General Schmeling und Oberst-Lieutenant Nachtigal erhielten durch Relais*) den Befehl, nach St. Ferjeux zu marschiren. Dem General Keller wurde im Anschluß an obige Bewegung befohlen, daß er sich nach Vellefaux und nördlich näher an Vesoul heranziehen solle.

---

*) Villersexel war bisher durch einen Telegraph mit Vesoul verbunden, der vom General Goltz bei seinem mehr östlichen Abmarsch aufgenommen wurde.

Unter den obwaltenden Umständen war eine Ausführung der vom großen Hauptquartier gegebenen Direktiven jetzt wohl nicht angängig. General Zastrow, der am 2. wieder gegen Auxerre in Marsch gesetzt war, erhielt hiervon Nachricht, ebenso General Graf Moltke am 4. Januar früh.

Die am 3. angeordneten Bewegungen wurden am 4. Vormittags sämmtlich ausgeführt. Der auf verschiedenen Straßen gegen den Ognon vorgegangene Feind war wieder hinter den Doubs zurückgewichen.

Das General-Kommando befahl in Folge dessen:

„Das Korps bezieht folgende Kantonnements:

Eine Badische Infanterie-Brigade (die 1., Oberst Wechmar) nach Valleroi̇s le Bois, Thieffrans, Chassey und Presle; Vorposten gegen Süden.

Eine Badische Brigade (die 2., General Degenfeld) bezieht Vorposten bei Vellefaux nach Andellarot; gegen Süden und Südwesten Vorposten bis zur Saône.

Detachement Goltz nach Esprels und Villersexel; ebendahin Oberst-Lieutenant Nachtigal.

Die 4. Reserve-Division Kantonnements zwischen St. Ferjeux und Corcelles.

Die Korps-Artillerie*) der Badischen Division und Kavallerie-Brigade nach Noroy le Bourg und Gegend.

Die Bagagen sind heranzuziehen.

Eine 3. Badische Brigade nach Vesoul, Froten und Quincey.

Die Trains bleiben liegen; desgleichen die Munitionskolonnen.

Das Bataillon Dern tritt zur 2. Badischen Brigade zurück."

Man fühlte den Feind in stärkeren Abtheilungen nur am Doubs zwischen Besançon und Baume, während vor der Front nur Patrouillen gesehen wurden.

Am späten Abend kamen wieder auf der ganzen Linie Rekognoszirungen des Feindes vor. Das Wetter war kalt, tiefer Schnee deckte die Landschaft und machte die betretenen Wege glatt.

5. Januar. Am 5. Januar früh hatte sich der kommandirende General nach der Straße auf Esprels begeben, um von hier aus

---

*) Eine weitere Badische Batterie, die 5. schwere, war aus Rastatt eingetroffen. Die Badische Division war jetzt 10 Batterien stark. cfr. Anhang, Ordres de Bataille.

persönlich gegen Rioz und Montbozon zu rekognosziren. Kaum waren die Einleitungen hierzu getroffen, als gegen 9 Uhr vom Oberst-Lieutenant Kraus, dem Führer des 3. Badischen Infanterie-Regiments, die Meldung einging, daß nördlich Rioz eine feindliche Vorpostenlinie stände und dahinter größere Massen bivouakirten.

Der kommandirende General befahl in Folge dessen, daß der General Goltz, unter dessen Befehle auch die Brigade Wechmar trat, telegraphisch angewiesen wurde, sogleich nach Dampierre les Montbozon zu marschiren. General Schmeling wurde auf Valerois le Bois dirigirt, die Korps-Artillerie über Villers le Sec gegen die Straße nach Rioz vorgezogen. Die zweite und dritte Badische Brigade besetzten die Stellungen auf den Höhen südlich Vesoul.

Der Feind verhielt sich bis gegen Mittag ruhig. Als er sich jedoch nach 1 Uhr in Echenoz le Sec westlich Vellefaux mit 3 Bataillonen Mobilgarden der Haute Saône festzusetzen versuchte, wurde er nach lebhaftem Gefecht von zwei Kompagnien des 4. Badischen Regiments unter Befehl des Oberstlieutenants Arnold angegriffen und mit Verlust von 40 Gefangenen aus dem Dorfe vertrieben.

Eine weitere Ausdehnung des Feindes gegen unseren rechten Flügel konstatirte sich zuvörderst durch die Anwesenheit von zwei Eskadrons Lanciers auf der Straße von Raze und die Besetzung von Lévrecey durch ein Bataillon des 42. Marschregiments und Chasseurs à cheval. Major Jacoby vom 5. Badischen Infanterie-Regiment ging sogleich mit den Füsilier-Bataillonen des 3. und 5. Regiments gegen diesen Ort zum Angriff vor, räumte ihn unter beträchtlichen Verlusten und machte 111 Gefangene. Hauptmann Weinzierl mit dem 1. Bataillon des 6. Badischen Regiments wurde am Abend um 8 Uhr von zwei Bataillonen Zuaven mit einer Mitrailleusenbatterie angegriffen und erhielt Befehl, auf Mont le Vernois zurückzugehen. Der Feind folgte und setzte bis gegen 11 Uhr, begünstigt durch das helle Mondlicht, seine vergeblichen Angriffe fort.

Auch die Abtheilung des in Port sur Saône mit Etappentruppen stehenden Majors Schack hatte bei Traves ein lebhaftes Engagement, namentlich gegen Kavallerie. General Goltz räumte Abends Filain und By les Filain ebenfalls von feindlicher Kavallerie auf.

Der Schnee fiel seit Mittag unaufhörlich in stärkster Weise und verhinderte die Aussicht von dominirenden Höhen auf das Vorterrain. Die Aussagen der Gefangenen, von denen 500 Mann eingebracht waren, ließen mit ziemlicher Sicherheit auf die Ordre de Bataille der vor der Front stehenden Truppen schließen. Das 18. und 20. Korps waren völlig konstatirt, das 15. nicht mit Sicherheit. — —

Das in den nächsten Tagen in Betracht kommende Terrain süd= lich der Straße Vesoul—Belfort bis zur Grenze der Schweiz scheidet sich durch den Ognon und Doubs in drei verschieden zu charakteri= sirende Theile.

Der nördliche Theil zwischen der Straße Vesoul—Belfort und dem Ognon ist ein bergiges, vielfach mit dichtem Laubholz bedecktes Gelände. Die Formen sind weich, die Flüsse und Bäche im Allge= meinen nicht scharf eingeschnitten, jedoch von nassen, meist unpassir= baren Wiesen begleitet. Der Ognon hat in den hier in Betracht kommenden Theilen, mit Ausnahme mehrerer Fuhrten, militairische Wassertiefe.

Der zweite Abschnitt, vom Ognon bis zum Doubs, trägt be= reits den Charakter der Jura=Formation, also jener senkrechten, oft bis 50 und 80 Fuß hohen Felswände, welche mauerartige Abschlüsse bilden und nur auf den eingemeißelten Stufen zu erklimmen sind. Die Flüsse sind scharf und steil eingeschnitten; die Thäler tragen völlig den Gebirgscharakter. Das Terrain ist stark mit Laubholz be= setzt. Der Doubs=Fluß ist nur auf Brücken zu passiren.

Den dritten Abschnitt, den Theil zwischen Doubs und der Schweizer= grenze, bildet das Jura=Gebirge, dessen eigenthümliche Formen bekannt sind und sich allen Denen, die sie je gesehen, für immer einprägen.

Auf diese Terrainbildung hin und vor Allem im Hinblick auf das vorhandene Straßennetz traf das General=Kommando am 5. Januar seine Disposition mit allem Detail. Es wurde festgesetzt, daß nur unter den allerzwingendsten Umständen von dem jetzt in Ruhe überlegten Plane abgegangen werden sollte; den Generalen Glümer, Schmeling und Goltz wurde allein davon mündlich Mittheilung gemacht. Die hierbei stattgehabten Erwägungen waren folgende:

1. Der Feind hat die Absicht, auf Nancy zu marschiren. In diesem Fall bot die Stellung bei Vesoul, gebildet durch den Dur= geon=Bach, einen sehr vertheidigungsfähigen Abschnitt. Der rechte Flügel mußte an die Saône gelegt werden, der linke an die Stadt Vesoul. Die Offensive der Vertheidigung konnte nur von Frotey und Quincey aus geführt werden. Der Feind vermochte zwar in meh= reren Straßen anmarschiren; das Herabsteigen vom Plateau von An= delare südlich Vesoul war aber nur auf engen Straßen möglich, da

die oben erwähnte Jura = Formation den Durgeon = Bach südlich be=
gleitet, und lag ferner im Schuß der diesseitigen Artillerie, welche
vom Feinde nur aus weiter abliegenden Positionen bekämpft werden
konnte.

Dieser Fall wurde mit großen Hoffnungen vom General=Kom=
mando erwartet.

2. Der zweite mögliche Fall war, daß der Feind durch Rechts=
schieben auf Villersexel manövrirte und das 14. Korps von Belfort
abzudrängen suchte, also der Art, daß er von Montbozon, Rouge=
mont und Esprels nordwärts marschirte, oder südlich des Ognon de=
fensiv blieb und einen Theil seiner Kräfte zum Entsatz von Belfort
detachirte. Diese Eventualität war als die unangenehmste betrachtet.
Es wurde aber erwogen, daß hierzu viel Manövrirfähigkeit gehörte
und das 14. Korps bei seiner Beweglichkeit unter Ausführung eines
Offensivstoßes auf der Straße nach Esprels doch noch immer links
abmarschiren könne, um Belfort zu erreichen.

3. Der dritte Fall war, daß der Feind unter dem Schutz einer
Avantgarde südlich Besoul zwischen Ognon und Doubs und südlich
dieses Flusses auf Belfort abmarschire.

Hierzu waren offen:
1. Die Straße Rioz—Loulans—Montbozon—Villersexel—Héricourt;
2. die Straße Besançon—Marchaux—Rougemont—Héricourt;
   beide Straßen vereinigen sich bei Arcey;
3. die Straße Besançon—Baume les Dames—Clerval—l'Isle sur
   le Doubs;
4. die Straße Besançon—St. Juan d'Adam—Pont de Roide—Mont=
   béliard.

Die Armee Bourbaki's war mit schlechten Trains ausgerüstet,
konnte sich also bei ihrer großen Stärke nicht weit von der Eisenbahn
entfernen; sie war ferner nicht so in den Details mit Offizieren be=
setzt, daß Seitenstraßen mit kleineren Marschkolonnen benutzt werden
durften; man konnte darauf rechnen, stets starke Massen vereinigt zu
sehen.

Da nun nach der diesseitigen Berechnung, die ad 1 genannte
Straße nördlich des Ognon ihrer exponirten Lage halber wohl mit
Wahrscheinlichkeit nicht zur Marschlinie gewählt wurde, so blieben für
die 4 feindlichen Korps nur 3 Straßen, von denen die ad 4 genannte
bei der großen Glätte und tiefem Schnee höchst ungünstig zu betreten
war. Das General = Kommando wußte nun zwar, daß 1 Korps

zum Theil bereits südlich des Doubs bei Pont de Roide und Gegend stand; vor der Front waren jedenfalls am 5. aber noch 3 Korps, das 15., 18. und 20., also 9 Divisionen, die somit nicht an einem Tage rechts abzumarschiren vermöchten, sondern sich in Echelons zu theilen hatten.

Am 1. Tage des Abmarsches konnte von dem 1. Marsch-Echelon Montbozon und Baume les Dames erreicht werden, am 2. Tage Villersexel und l'Jsle sur le Doubs, am 3. Tage konnte westlich der Lisaine bei Arcey und Aibre aufmarschirt und am 4. Tage Belfort entsetzt werden. Schneller war die Bewegung kaum auszuführen, selbst mit guten Truppen nicht.

Erkannten dem gegenüber die deutschen Truppen den Rechtsab-marsch rechtzeitig am 1. Tage, so konnten sie die Marschkolonnen am 2. angreifen und am 3. noch früh genug vor Belfort sein, selbst wenn der Offensivstoß nicht gelingen sollte.

Ein solcher Offensivstoß konnte nirgends besser als bei Viller-sexel Aussicht auf Erfolg haben; die 4. Reserve-Division war hier mit der Lokalität gut bekannt, das Korps hatte verschiedene An-marschstraßen und der Feind konnte gerade hier nur schwer die eine Marschkolonne mit der anderen unterstützen, da die Verbindungswege zwischen den Parallelstraßen schlecht, eigentlich nur Feldwege waren. Gelang es, den schwierigsten Theil der Aufgabe auszuführen und den Ognon bei Villersexel zu überschreiten, so mußte ein Offensivstoß hier den Feind von der Haupt-Marschdirektion auf Belfort ableiten, große Stockungen bei demselben hervorbringen, also dem diesseitigen Korps Zeit geben, entweder über Leval und Beverne, oder im besten Falle über St. Ferjeux Héricourt zu erreichen.

Zur Annahme einer Schlacht vor Belfort war der Abschnitt an der Lisaine bereits ausersehen; eine weitere Detailkenntniß war von der Stellung zwar noch nicht gewonnen, immerhin ergab die Karte und die Nachrichten des Generals Tresckow, daß sie zu verstärken sei. — —

Kehren wir nun zu den Tagesereignissen zurück.

Die Bewegungen des Feindes am 5. hatten die Wahrscheinlich-keit ergeben, daß der erste der oben angeführten Fälle eintreten werde; während bisher der zweite Fall als der wahrscheinlich beabsichtigte angesehen wurde, daß die französische Armee sich rechts auf Viller-sexel schob und General Werder von Belfort abzudrängen suche.

Auf 3 Straßen waren verschiedene Korps mit ihren Avantgar=
den engagirt, auf dem rechten Saône=Ufer hatte sich ebenfalls der
Feind gezeigt, sein rechter Flügel hatte aber die Straße Vesoul—
Montbozon nicht überschritten, die Direktion nach Norden war also
konstatirt. Die Aussagen der zahlreichen Gefangenen ergaben über=
einstimmend, daß die Hauptkräfte Bourbaki's vor der Front stan=
den und als Marschziel Vesoul angegeben sei. Die Infanterie war
gut angezogen und bewaffnet, von der Kavallerie, die theilweise Holz=
schuhe trug, ließ sich dies weniger sagen, die ganze Thätigkeit dieser
Waffe war nicht erwähnenswerth. Es schneite unaufhörlich, die Pa=
trouillen wateten förmlich außerhalb der Wege im Schnee.

Zur Abwehr des zu erwartenden Angriffs wurde Nachts 11 Uhr
für den 6. folgender Befehl ausgegeben:

„Das 18. französische Korps ist auf der Straße Grandvelle—
Vesoul im Anmarsch, das 20. von Rioz, das 24. wahrscheinlich von
Rougemont aus. Das Korps bricht dieserhalb sofort auf und kon=
zentrirt sich nördlich Vesoul, die 2. und 3. Brigade mit der Korps=
Artillerie zwischen Pusey und Vesoul, Oberst Willisen rückt nach
Pusey. General Goltz, mit der 1. Badischen Brigade, marschirt sofort
nach Froteh—Calmoutier, die Division Schmeling auf die Höhe von
Villers le Sec und an die Straße Froteh—Calmoutier; die Trains
fahren sämmtlich nach Saulx, und die von Lure nach St. Sauveur.“

Von den Ergebnissen des Tages und den gefaßten Entschließun=
gen war um 5 Uhr Abends in einem Telegramm Meldung an das
große Hauptquartier erstattet worden. Letzteres mußte nach den ihm
vor Eingang der detaillirten Berichte des Generals Werder zu=
gekommenen Nachrichten Bourbaki noch mit der ganzen Armee bei
Nevers—Bourges annehmen. Es hatte deßhalb am 5. Nachmittags
durch Telegramm dem General Werder anempfohlen, „um das Korps
für die anderen Aufgaben frei zu machen, alle Kräfte zusammenzu=
fassen und demnächst die Offensive zu ergreifen, wodurch der Entsatz
von Belfort verhindert werde. Langres sei nicht nur zu isoliren, son=
dern im Sinne des gemachten Vorschlages anzugreifen“.

Die bei dem 14. Korps befohlenen Bewegungen wurden in der
Frühe des 6. ausgeführt; die Truppen marschirten noch vor Tages=
anbruch in die Stellungen ab. Da aber nach den einkommenden Mel=
dungen eine Verstärkung des Feindes in der Richtung auf Vesoul bei
Boursières und Aroz stattzuhaben schien, so wurde um 6 Uhr früh
die völlige Konzentrirung des Korps zwischen Port sur Saône und

Frotey angeordnet und demgemäß die 1. und 2. Badische Brigade mit der Korps-Artillerie in eine Stellung zwischen Pusey und Vesoul befehligt; General Keller sollte die südlichen Ausgänge von Vesoul besetzen und die Vorposten im Süden der Stadt geben, Oberst Willisen mit der Badischen Kavallerie = Brigade in Pusey stehen bleiben, General Goltz nach Frotey, die Division Schmeling nach Vesoul rücken und sich nördlich des Berges la Motte aufstellen.

Der erwartete Angriff des Feindes erfolgte nicht; seine Abthei= lungen hielten im Allgemeinen die innegehabten Stellungen ein. Um sich nun Klarheit über die völlig verhüllten feindlichen Absichten zu verschaffen, bestimmte General Werder zum 7. früh den General Glümer, während das Korps im Allgemeinen in den genommenen Stellungen verbleiben sollte, mit der 2. event. auch 3. Infanterie= Brigade, der Kavallerie = Brigade und der Korps-Artillerie, auf der Straße nach Raze gegen den feindlichen linken Flügel die Offensive zu ergreifen, da das Terrain gegen das feindliche 20. Korps zur Offensive völlig unbrauchbar gefunden wurde.

Auch im Süden des Doubs hatten feindliche Bewegungen nicht stattgefunden; doch waren Nachrichten und Meldungen eingegangen, die von einem Marsche feindlicher Abtheilungen von l'Isle sur le Doubs gegen Belfort sprachen. General Trescow hatte dieserhalb das am 5. über Arcey auf Villersexel in Marsch gesetzte Detachement, (3 Bataillone, 1 Batterie, 1 Eskadron) unter Oberst Ostrowsky, in Arcey anhalten lassen und beabsichtigte, am 6. unter Verstärkung dieses Detachements, sobald er Aufklärung habe, gegen l'Isle sur le Doubs vorzustoßen. General Trescow mußte zunächst seinen eige= nen Kräften überlassen bleiben, so lange der Haupttheil des Feindes vor der Front des 14. Armee=Korps sich befand.

Noch in der Nacht zum 7. wurde durch Gefangene ermittelt, daß der Feind auf seinem linken Flügel die Vorposten zurückzunehmen beginne; die französische Infanterie wurde bei Tagesanbruch hier auch schwächer gefühlt. Das General=Kommando sistirte deshalb augenblicklich die Offensivbewegung auf dem rechten Flügel, die nach verschiedenen Ermittelungen erst bei Noidans stärkere feindliche Ab= theilungen finden konnte. Dies lag zu weit ab; die einmal dorthin entsandten Abtheilungen konnten zu dem möglicherweise bereits am 8. zu erwartenden Links=Abmarsch des Korps nicht zurück sein.

Die Offensiv = Bewegung blieb definitiv abbestellt, obgleich ein

Telegramm*) aus dem großen Hauptquartier die Billigung der ge=
meldeten Offensive brachte. Gleichzeitig hatte aber auch in jenem
Telegramm General Werder Befehl erhalten, sich im Falle des
Mißlingens seiner Offensive auf den Elsaß zu basiren. Für den
Fall, daß der Feind über Langres gegen die Hauptverbindungen der
deutschen Heere vordränge, sollte das Korps sich dieser Bewegung
anhängen. Unterdessen werde das ganze 7. Korps bei Châtillon sur
Seine vereinigt und, wenn nöthig, noch durch ein Korps verstärkt,
den Feind in der Front angreifen.

Während nun im Laufe des 7. Januar zur Klärung der feind=
lichen Absichten nach Süd und West rekognoscirt wurde, traf gleich=
zeitig das General=Kommando alle nöthigen Anordnungen für den
event. Links=Abmarsch in die vorgesehenen Stellungen vor Belfort
und ließ die für eine Basirung auf den Elsaß nöthigen Befehle
und Benachrichtigungen ergehen.

Die Rekognoscirungen des Tages schienen ein allmähliches
Rechtsabmarschiren der feindlichen Massen auf Belfort hinter den
schwachen Arrieregarden anzuzeigen.

Es war am 7. Gewißheit, daß Vesoul nicht der Angriffspunkt
des Feindes sei.

Die stärkere Rekognoscirung der Brigade Keller um 12 Uhr
fand Clans und Raze geräumt, die dort gestandene französische Di=
vision war auf Mailley gezogen; feindliche Kavallerie stand noch
in Scey s/Saône; Villersexel war vom Feinde frei; l'Isle sur le
Doubs wurde von einer Abtheilung des Belagerungs=Korps besetzt;
in Bonnal und Dampierre les Montbozon zeigten sich einige Hun=
dert Mobilgarden und Franktireurs; im Süden gegen Blamont
fanden keine besondern Bewegungen statt. Privatnachrichten besagten
indeß ganz positiv, daß Bourbaki in Fühlung mit Garibaldi und
der Armee von Lyon und sein Plan sei, Belfort zu entsetzen und
gegen den Ober=Elsaß und Baden vorzustoßen.

Es lag nun jener oben bezeichnete Fall vor, den Feind auf
seinem Marsche nach Belfort rechtzeitig und kräftig anzugreifen. Vorläufig lag der Hauptaccent auf dem „rechtzeitig"; man mußte den

---

*) Es passirte an diesem Tage im General=Kommando, daß ein eingegan=
genes Chiffre=Telegramm nicht sofort zu entziffern war, weil das Dechiffrirbuch
in einem Handkoffer und dieser auf einem Bagage=Wagen sich befand. Es blieb
dies eine kleine Lehre, jenes Buch stets bereit zu halten.

Feind so mit Kavallerie umgeben, daß jede seiner Bewegungen sofort gemeldet wurde.

Zum 8. wurde nunmehr, außer den Rekognoscirungen des Detachements Goltz mit dem 2. Reserve = Husaren = Regiment nach Süden gegen Montbozon, das 2. Reserve=Dragoner=Regiment, Major Walther, begleitet von Hauptmann Friedeburg vom Generalstabe, über Noroy le Bourg und Aillevans auf Villersexel entsendet, so daß die Straße von Montbozon bis St. Ferjeux beobachtet war*).

Die Badische Division rekognoscirte von Vesoul südlich auf allen Straßen. Die Truppen erhielten auf 2 Tage Hafer, für 3 Tage eiserne Portion, und hatten sich zum sofortigen Abmarsch bereit zu halten. Zur Einleitung der Bewegung wurde General Schmeling nach Damvaley les Colombe, Colombe und Essernay dirigirt. Eine beabsichtigte Detachirung der Badischen Kavallerie=Brigade auf Port s/Saône wurde sistirt, obgleich es sich bestätigte, daß dort zahlreiche feindliche Abtheilungen auf dem linken Saône-Ufer nordwärts, also bei Vesoul vorbei, marschirten. Wie es sich bald darauf herausstellte, waren dies die Freikorps des Oberst Bernard, welche später von Mirecourt aus die Etappe beunruhigten. General Tresckow wurde angewiesen, auf Arcey und Secenans zu rekognosciren.

Die feindlichen Vortruppen standen noch immer auf einer Linie Scey s/Saône, Rosey, Mailley und von da durch alle Dörfer über Filain bis Vallerois le Bois; in St. Ferjeux wurde eine nicht zahlreiche Abtheilung von Mobilgarden gefunden; dagegen waren, wie eine Rekognoscirung des Majors Rundstedt vom 2. Reserve-Husaren=Regiment seststellte, starke feindliche Kolonnen von mindestens 15,000 Mann Infanterie und Artillerie im Marsche aus der Gegend von Authoison her gegen Montbozon beobachtet worden.

Obgleich dies für den feindlichen Rechtsabmarsch sprach, wollte General Werder, um sich noch weitere Aufklärung zu verschaffen, mit der 3. Brigade am 9. zunächst von Vellefaux südlich auf der Straße von Rioz vorstoßen, um sodann, wenn der feindliche Abmarsch nach Osten noch sicherer konstatirt war, mit dem Korps nach Villersexel und Esprels abzumarschiren. Die bezüglichen Befehle wurden erlassen, die 4. Reserve=Division um 8 Uhr Abends auf Noroy le

---

*) In dieser Periode der Operationen konnte zum ersten Male in dem Feldzuge die zahlreiche Kavallerie des 14. Armee-Korps zur Geltung kommen.

Bourg dirigirt, die auf Lure befohlenen Trains wieder nach St. Sauveur instradirt; die Ponton-Kolonne in Lure zurückgehalten. Die Munitions-Kolonnen blieben in Epinal, die Branchen in Lure. Die vorläufige Etappenlinie wurde über Luxeuil—Plombières gelegt.

Inzwischen vervollständigten und erweiterten die im Laufe der hellen Mond-Nacht allseitig zur Erforschung des Feindes vorgegangenen Patrouillen die bis jetzt gewonnene Ansicht über das Vorwärtsdringen des Feindes gegen Osten. Die besetzt gewesenen Dörfer auf den Straßen südlich Besoul wurden frei gefunden, während Hauptmann Friedeburg *) die Spitzen des 1. feindlichen Marsch-Echelons in Villersexel und St. Ferjeux konstatirte. Um 3 Uhr Morgens traf ferner die telegraphische Meldung des Generals Tresckow ein, daß gegen das auf die Linie Saulnot—Arcey—Onans vorgeschobene Detachement (7 Bataillone, 2¹/₃ Batterien, 2 Eskadrons **) unter Oberst Bredow am 8. Abends von Geney her der Feind stark angerückt und die Dörfer gegen die Straße Rougemont — St. Ferjeux und Arcollans — Bellechevreux von demselben schon besetzt seien. Auch ein zur Deckung einer Rekognoscirung der Doubsbrücken auf Longevelle dirigirtes Detachement wurde von dem jenseits des Flusses stehenden Feinde mit Verlust von 18 Mann angegriffen.

9. Januar. Jetzt war keine Zeit mehr zu verlieren, es wurden daher sofort die Befehle zu dem Offensiv-Stoße in die Marsch-Echelons Bourbaki's erlassen.

Das Gefecht von Villersexel.

Der bezügliche Befehl vom 9. Januar Morgens 3 Uhr lautete:

„Der Feind hat Villersexel stark besetzt, von Echenoz le Sec sind seine Vorposten zurückgezogen".

„Die Großherzoglich Badische Division bricht in Folge dessen sogleich auf und marschirt über Py les Lure nach Athesans".

---

*) Die Meldungen dieses Offiziers kamen telegraphisch von Lure und Py les Lure.

**) Das Regiment Nr. 67, vom 1. kombinirten ostpreußischen Landwehr-Regiment das Bataillon Insterburg, vom 1. komb. pommerschen Landwehr-Regiment das Bataillon Gnesen und die 2 Bataillone des 2. Niederschlesischen Landwehr-Regiments Nr. 47 Lauban und Hirschberg; ferner 2 Eskadrons des 3. Reserve-Ulanen-Regiments, 4. leichte Reserve-Batterie der 4. Reserve-Division und 1. leichte Reserve-Batterie des 9. Armee-Korps (1. Res.-Div.).

„Die Division Schmeling marschirt sogleich auf Villersexel, das Gros in Stellung bei Aillevans zurückhaltend. General Goltz läßt sogleich seine Kavallerie gegen les Monnins und Vallerois le Bois vorgehen und marschirt mit seinem Detachement nach Noroy le Bourg, wo ihm weitere Befehle zugehen werden. General Keller rekognoscirt mit der 3. Brigade nicht nach Süden".

„Zwei Bataillone der Badischen Division, möglichst solche die auf Vorposten sind, bleiben unter Befehl eines Regiments-Kommandeurs oder Oberstlieutenants in Vesoul stehen, um dieses zu halten, wenn es nicht von sehr überlegenen Kräften angegriffen wird, und um gegen Süden und Combeaufontaine (Straße nach Langres) aufzuklären, zu welchem Zweck Major Schack mit 6 Kompagnien 1 Eskadron und 2 Batterien auf Vesoul gezogen und Major Pa= czinski mit 2 Jäger-Kompagnien und 1 Eskadron in Port s/Saône zur Verfügung gestellt wird".

„Meldungen treffen mich in Noroy le Bourg, sodann bei der Division Schmeling".

Mündlich wurde angeordnet, daß „gleich beim Eintreffen der Truppen in Aillevans Brücken über den Ognon möglichst zahlreich hergestellt wurden, um gute Verbindung mit dem Terrain südlich Athesans zu haben".

Da ein feindlicher Angriff auf General Trescow vor Belfort nach seiner inzwischen eingegangenen Meldung zu erwarten war, so wurde um 6 Uhr befohlen: „die 1. Badische Brigade mit 2 Batterien und einiger Kavallerie marschirt über Lure, Roye, Lyoffans, Béverne, direkt auf Couthenans. Die übrige Bewegung bleibt bestehen. General Schmeling soll versuchen, bei Senargent den Uebergang zu gewinnen." Der kommandirende General begab sich über Noroy le Bourg nach Aillevans.

Die Bewegungen der Truppen begannen zu früher Tagesstunde um 4 und 5 Uhr bei starkem Schneefall.

Die Avantgarde der 4. Reserve=Division (zwei Bataillone des 25. Regiments, die 1. und 2. schwere Batterie, das 1. Reserve-Ulanen-Regiment, 1 Sektion des Sanitäts-Detachements) unter General=Major Trescow II. traf vom Rendezvous bei Vorey nach 8½ Uhr über Grange d'Ancin am Süd=Ausgange des Grand = Fourgeret = Waldes ein und eröffnete mit den beiden Batterien (Hauptmann Glagau und Hauptmann Otto) das Feuer gegen feindliche Kolonnen, die, im

Marsche von Cubrial auf Villersexel begriffen, bald Schutz hinter Terrainfalten suchen mußten.

Villersexel, auf dem südlichen Ufer des Ognon an einem ziemlich steilen Hange hinauf gebaut, war von einem großen gegen die Westlisiere liegenden Schloß überragt, dessen angrenzender Park mit starker Mauer eingefaßt ist. Das Terrain vom Grand Fourgeret bis zum Ognon ist völlig offen und ohne Deckung; den einzigen Uebergang über den Fluß bildet die breite massive Ognon-Brücke.

Diese letztere war stark verbarrikadirt, die anliegenden Häuser, die übrige Lisiere, hauptsächlich aber der Park und das Schloß in mehreren Etagen vom Feind dicht besetzt, der sogleich die Batterien mit Infanterie-Feuer erreichte.

Da der Frontalangriff unmöglich war, so ließ General Trescow einige Kompagnien des 25. Regiments zur Umfassung der feindlichen linken Flanke gegen die Fabrik westlich der Stadt vorgehen; diese setzten aber über einen von der vordersten Kompagnie (11., Premier-Lieutenant Hertel) aufgefundenen Hängesteg über den Ognon und drangen, während die Artillerie Schloß und Park unter Feuer nahm, nun in den letzteren vor.

Auch das dem Gros der Division zugetheilt gewesene 1. Bataillon des 25. Regiments war jetzt heran gekommen.

Der weitere, nunmehr konzentrisch auch gegen die Ognonbrücke unternommene Angriff führte bis gegen 11 Uhr in den völligen Besitz der Stadt. Zwei um diese Zeit auf der Höhe südwestlich Villersexel aufgefahrene feindliche Batterien zogen sich nach 12 Uhr wieder zurück.

Der kommandirende General war mit dem Detachement Goltz von Noroy le Bourg über Borey gegen Villersexel geritten und befahl dem letztgenannten General, auf dem Kreuzungspunkt der Straße Borey—Villersexel und Aillevans—Marat, wo sich eine große Waldblöße findet, stehen zu bleiben. General Goltz erhielt die Instruktion, die rechte Flanke gegen Marat und Moimay zu decken und der Avantgarde des Generals Schmeling event. auf dessen Requisition Unterstützung zu geben.

General Werder ritt hierauf mit den Offizieren des Stabes auf die Höhen südlich Aillevans, wo eine weite Aussicht in das Vorterrain geboten ist. Bald bemerkte man von hier, daß der Feind auf allen Straßen, besonders von St. Ferjeux her, Kehrt machte und auf Villersexel marschirte. Der Uebergang über den Ognon bei St.

Sulpice wurde von dem Gros der 4. Reserve = Division besetzt und eine Brücke südlich Longevelle hergestellt. Die im Marsche auf Byles Lure befindliche badische Division wurde über Arpenans auf Aillevans dirigirt, die 1. Brigade in Lure angehalten.

Die Infanterie der Avantgarde des Generals Schmeling besetzte indessen Villerfexel, das 1. Ulanen-Regiment wurde dem gegen Süd und Ost abziehenden Feind zur Verfolgung nachgeschickt. Die Besatzung von Villerfexel soll ca. 3000 Mann betragen haben, meist Bataillone korsischer Mobilgarden vom 20. Korps. 15 Offiziere, darunter 1 Stabsoffizier und über 400 Mann wurden durch die rasche Besetzung der Süd= und Südostausgänge gefangen, 2 Adler erbeutet; 2 Offiziere 61 Mann kamen durch die glückliche Attaque von 2 Eskadrons unter Rittmeister Wernstorff gegen eine auf les Magny abziehende Kolonne in Gefangenschaft.

Die Batterien der 4. Reserve=Division fuhren auf der Höhe bei les Breuleux südlich der Straße nach Villers la Ville (Plan, Punkt Nr. 311) gegen feindliche Batterien auf, welche gegen die inzwischen auf Moimay vorgegangenen Abtheilungen des Detachements Goltz feuerten.

Es war gegen 12 Uhr, als der Feind von Pont sur l'Ognon her eine Verstärkung von 5 Kolonnen erhielt.

In le Magny zeigte sich feindliche Artillerie. General Schmeling beorderte dieserhalb sein Gros heran. Zwei Bataillone des 30. Regiments unter Oberst=Lieutenant Nachtigal (9 Kompagnien) von der Avantgarde des Detachements Goltz waren außerdem als einstweilige Reserve dem General Schmeling überlassen worden.

General Goltz war inzwischen auf dem rechten Flügel mit seinem Gros (Regiment Nr. 34, 8 Eskadrons, 3 Batterien) unter Oberst Wahlert auf Marat und Moimay gerückt und hatte beide Orte etwa um 12 Uhr besetzt. Nunmehr drangen aber feindliche Kolonnen von Esprels her vor, die in Marat stehenden Kompagnien mußten zurückgehen, und der Feind wandte sich gegen die rechte Flanke des Generals Goltz und gegen Moimay von Marat und Autrey les Vay her; feindliche Batterien (etwa 3) hatten seit 11 Uhr von Esprels und vom Bois de Noire Bouze südlich Villerfexel seine Stellung unter Feuer genommen. General Goltz machte Front gegen Esprels; Moimay wurde nur mit Mühe gehalten.

Das General = Kommando war mit dem bisherigen Gang der Ereignisse durchaus zufrieden. Es war zwar nicht erwartet, daß von Esprels und Moimay die rechte Flanke stark bedroht wurde, eine erhebliche Gefahr schien hier aber nicht vorzuliegen, da nach den getroffenen Ermittelungen nur Theile des 18. Korps hier in Anmarsch waren. Die Leitung des Gefechtes mußte nur im Auge haben, daß die Truppen sich nicht unnütz verbissen und etwaige unvorhergesehene Zwischenfälle eintraten. Aus diesem Grunde ritt General Werder persönlich nach Villersexel; er traf daselbst um ½2 Uhr ein, während der Chef des Generalstabes, Oberst-Lieutenant Leszczynski, gegen Marat und Moimay rekognoszirte.

Bei Villersexel war augenblickliche Ruhe eingetreten, und General Schmeling, welcher von der tiefen Lage des Ortes aus den Anmarsch der zahlreichen feindlichen Kolonnen nicht sehen konnte, hatte bei der anscheinenden Mattigkeit des Feindes angeordnet, daß die Avantgarde Villers la Ville und womöglich auch Villargent besetzen solle. Er wollte also den Flankenmarsch weiter fortführen. General Werder überzeugte sich persönlich von der Lage, und befahl dem General Schmeling und dem Kommandeur der Avantgarde, General Tresckow, daß, da weiteres Vordringen nicht beabsichtigt, Villersexel nur leicht zu besetzen, jedoch bis zum Abend zu halten sei. In der Nacht werde voraussichtlich der Abmarsch erfolgen.

Oberstlieutenant Nachtigal, welcher, wie schon gesagt, vom General Goltz zur Unterstützung der Avantgarde der 4. Reserve-Division beordert war, hatte zu dieser Zeit mit seinen Kompagnien das Schloß nebst Park und die Südfront der Stadt besetzt. General Werder befahl dem genannten Regiments-Kommandeur, nunmehr zu seiner in Moimay bedrohten Brigade abzumarschiren, was auch sofort geschah, und theilte diese Anordnung den in Villersexel kommandirenden Generalen mit; sodann verließ er selbst den Ort, um sich ebenfalls über die Lage des Gefechts in Moimay zu unterrichten.

General Tresckow war im Begriff, die Avantgarde von Villers la Ville nach der Stadt zurückzuziehen und hatte dem Führer derselben, dem Oberst Loos, befohlen, „die Stadt so lange zu vertheidigen, als dies mit einem geordneten Rückzug möglich sei." Die Wiederbesetzung des vom Oberst-Lieutenant Nachtigal geräumten Schlosses unterblieb, möglicherweise aus Mißverständniß, möglicherweise, weil dieses auch nicht in erster Linie bedroht schien; denn der Feind zeigte sich mehr von Südost und das Schloß liegt in Nordwest.

Ein dicker Nebel bedeckte um diese Zeit das Ognon-Thal, man war nicht im Stande, auf 100 Schritte zu sehen.

So war es in Villersexel augenblicklich zu einer völligen Rückzugsbewegung der Truppen gekommen; die Artillerie paſſirte den Ognon; und ſchon waren die Reſerven beim Defiliren, als plötzlich heftiges Feuer aus Schloß und Park die Brücke und die nächſt liegenden Straßen beſtrich.

Der Feind hatte im Augenblick der von dem 25. Regiment begonnenen Rückzugsbewegung einen umfaſſenden Angriff auf die Stadt gemacht und war in mehreren Theilen, beſonders im Schloß, ungehindert eingedrungen.

Major Kretſchman, Generalſtabs-Offizier der 4. Reſerve-Diviſion, vermittelte nunmehr die beſtimmten Befehle des Generals Schmeling, daß Villerſexel keineswegs zu räumen, ſondern unbedingt zu halten ſei. Sofort ließ Oberſt Loos die Bataillone Kehrt machen und warf den nachdringenden Feind mit dem Bajonnet zurück. Letzterer zog ſich nun in die Häuſer, welche einzeln genommen werden mußten. Ein äußerſt erbitterter Kampf entſtand. Schon war es völlig dunkel geworden, als die wieder vorſtürmenden 25ger und Landwehren des Gros der Diviſion dem ſich immer mehr verſtärkenden Feind Schritt für Schritt Terrain abgewannen; bald erhellte der Mond und die brennenden Gebäude dieſen blutigen Kampf, der allen Truppen zum größten Ruhme gereicht. —

Ehe wir dieſes Gefecht zu Ende führen, kehren wir zum rechten Flügel zurück.

Oberſt Leszczynski hatte auf die wiederholten Geſuche um Unterſtützung für die im Gefecht bei Moimay fechtenden Truppen die nördlich des Ognon ſtehenden disponibeln Abtheilungen nach jenem Ort dirigirt und ſodann die zweite Badiſche Brigade, welche unter perſönlicher Führung des Generals Glümer von Aillevans herangezogen wurde, auf Marat geführt. Letztgenannter Ort wurde unter Mitwirkung der Korps-Artillerie mit einbrechender Dunkelheit genommen. Das Gefecht bei Moimay verſtummte allmählich, nachdem der Feind in wiederholten ſtarken Angriffen große Verluſte erlitten hatte.

Das General-Kommando ſtellte bei einbrechender Dunkelheit auf der engen Straße, welche von Villerſexel durch den Foret Fougeret führt, die Ordnung her, welche dadurch geſtört war, daß eine Fuhrpark-Kolonne von 80 Wagen, ohne einen Befehl zu haben, in der Richtung auf die Stadt fuhr: Die Straße war bereits von den 2. Staffeln der Munitions-Wagen bedeckt, das Umkehren daher mit Schwierigkeiten verknüpft.

Der kommandirende General versammelte um 7¼ Uhr im Ge= höft Grange d'Ancin die Adjutanten und gab, da die Angriffe des Feindes abgeschlagen und Villersexel jetzt wieder im unbestrittenen Besitze schien, folgenden Befehl aus:

„Die Truppen halten die heute gewonnenen und siegreich behaup= „teten Orte im Besitz. Die erste Brigade wird mit dem Frühesten am „10. in Arpenans stehen. Eine Badische Brigade besetzt Oricourt und „Openans. Eine 3. Badische Brigade steht in Reserve, da, wo der Weg „Lure=Aillevans vom Arpenans'er Weg gekreuzt wird. Brigade Goltz be= „setzt Aillevans, die Division Schmeling geht auf 2 Ponton=Brücken „über den Ognon bei Longevelle und besetzt Longevelle und Villafans; die „Brücke über den Sceybach als Vertheidigungsobjekt. Die Pionnier= „Kompagnie macht in der Nähe von Gouhenans Stege über den Ognon. „Die Bewegungen werden folgendermaßen ausgeführt: die Badische Di= „vision behält Marat mit allen 3 Waffen besetzt und tritt die Be= „wegung sogleich an, ihr folgt das Detachement Goltz, welches „Moimay besetzt hält und sich über den Abmarsch mit General „Glümer in Verbindung setzt. Die Division Schmeling marschirt „die neue Straße auf Longevelle, behält Villersexel mit 2 Bataillonen „und Kavallerie besetzt; nach Ermessen Artillerie, wenn die Division „es für zweckmäßig erachtet."

Die Absicht war, in der gewählten Stellung für einen even= tuellen Angriff des Feindes am 10. früh möglichst bereit zu sein, oder, wenn dieser sich nicht aussprechen sollte, auf Belfort abzu= marschiren.

Demgemäß wurde auch dem Detachement in Vesoul (2 Batail= lone des 4. Regiments, Landwehr=Bataillon Eupen und die leichte und schwere Etappen=Batterie) unter Oberst Bayer gleichfalls Be= fehl ertheilt, sofort den Major Paczinski heranzuziehen und am 10. frühestens nach les Velles Baraques abzumarschiren, um auf Espreis zu rekognosziren, im Falle eines Gefechtes daselbst aber einzugreifen. Major Paczinski solle versuchen, über Borey Ver= bindung mit General Werder aufzunehmen. Der Telegraph von Vesoul wurde nach Luxueil geschickt.

Die erst genannten Bewegungen begannen sogleich; General Werder ritt nach Aillevans.

Drei Korps der feindlichen Armee; unter persönlicher Führung Bourbaki's, waren mit Abtheilungen vor der Front gewesen: das 18. von Montbozon über Espreis, das 20. von Rougemont auf

Villersexel, ein drittes über Abbenans und Melecey, das schon bei St. Ferjeux gefühlt worden.

Es war wahrscheinlich, daß am Morgen des 10. drei franzö=
sische Korps um Villersexel versammelt sein würden. Die Straßen
südlich Vesoul waren vom Feinde frei und dieser ostwärts gezogen;
nach Meldung des Belagerungs=Korps waren die von Geney im
Marsche ostwärts begriffen gewesenen Abtheilungen von Mittag ab
nach Westen gegen Bournois abgegangen. Bourbaki suchte also ge=
gen Villersexel aufzumarschiren. —

Kehren wir nun nach Villersexel zurück.

Hauptmann Ziegler vom Generalstab war zur Orientirung
wieder nach genannter Stadt geritten und von diesem traf Abends
¹/₂10 Uhr Meldung in Aillevans ein. Der erbitterte Kampf war
dort weiter gegangen.

Zunächst kämpfte das 25. Regiment unter Oberst Loos — der
Führer des 2. Bataillons, Hauptmann Reisewitz, wurde hierbei
schwer verwundet — noch in den Straßen; General Schmeling
warf 3 Bataillone des Gros, die zu beiden Seiten des Ortes vor=
gezogen worden, unter Oberst Knappe in die Stadt. Zwei dersel=
ben (Osterode und Wehlau) drangen, geführt von Oberst Krane,
gegen das Schloß vor, und es begann nun im fußhohen Schnee in
der kalten Nacht (über 10⁰ Kälte) ein wechselvoller Kampf.

Als Reserve für die 4. Reserve=Division war das 30. Regiment,
dessen Unterstützung bei Moimay überflüssig geworden, gegen 6 Uhr
an der Brücke und der Lederfabrik aufgestellt.

Während dessen war bei General Schmeling Major Grolman
mit dem Auftrage von General Werder eingetroffen, das Nacht=
gefecht, wenn es ohne zu großen Nachtheil möglich wäre, abzubrechen
und die Truppen zurückzuziehen. Villersexel, Marat und Moimay
sollten nur noch schwach mit Avantgarden besetzt gehalten werden.

Im Park und Schlosse erreichte der Kampf den höchsten Grad
von Erbitterung. Die untere Etage des weitläufigen Gebäudes war
wieder in die Hände der 4. Reserve=Division gekommen, die obere
Etage und der Keller von den Franzosen besetzt. Kleine Ausfälle aus
dem Schloß in den tief dunkeln Park und wieder Angriffe aus letz=
terem gegen einzelne Eingänge des Schlosses wechselten ab. Gegen
10 Uhr fing das Schloß an zu brennen, das mit zahlreichen Bles=
sirten gefüllt war; um 12 Uhr stürzten die inneren Mauern ein und
erst jetzt endete hier das Gefecht, das zu den zähesten und erbittert=

sten des ganzen Feldzuges zu zählen ist. Der Widerstand der Franzosen schien gebrochen, da denn auch mehrfache Angriffe derselben, um die Lisiere wieder zu gewinnen, vom 25. Regiment mit Salven aus nächster Nähe abgewiesen wurden. *)

Der Feind verließ den Ort und gegen 2 Uhr ward es still.

General Schmeling konnte sich um diese Zeit nun auch leicht frei machen. Er räumte nach und nach abziehend die Stadt, die so unbestritten in seinem Besitze war, daß kein Feind dem zuletzt abziehenden 1. Bataillon des 25. Regiments (Major Malisius) zu folgen oder dessen Abmarsch zu stören wagte.

Nach 3 Uhr war die Räumung vollendet, die bei der Wiedereinnahme gemachten Gefangenen (ca. 200) waren während des Nachtgefechtes entkommen.

General Schmeling ging bei Aillevans über den Ognon und belegte Villafans, Longevelle und St. Sulpice, feindliche Patrouillen besetzten erst Morgens 5 Uhr die Brücke über den Ognon bei Villersexel.

General Goltz, über die Räumung Villersexels verständigt, ging auf Aillevans zurück.

Die Verluste **) des Tages waren nicht gering. Die 4. Reserve-Division verlor 12 Offiziere, 310 Mann, das 25. Regiment allein 8 Offiziere, 217 Mann; 15—20 Mann waren bei der zu frühzeitigen Wiederbesetzung der Mairie den Franzosen unverwundet in die Hände gefallen. ***)

Das Detachement Goltz hatte einen Verlust von 2 Offizieren und 94 Mann; die Badische Division verlor 6 Mann. In Summa 14 Offiziere, 410 Mann.

Die französischen Verluste dürften bedeutend gewesen sein. Außer den vielen Todten, die in Villersexel umherlagen, sind nach verbürg-

---

*) Das Schloß von Villersexel gehörte dem ritterlichen Marquis de Gramont, der es soeben neu ausgebaut hatte und mit seiner Familie bewohnte. Die größte Theilnahme begleitete diesen edlen, höchst achtungswerthen Mann, der sich aus dem brennenden Schlosse mit Frau und Kind retten mußte.

**) Die Details der Verluste siehe in Beilage

***) Der Rittergutsbesitzer Graf Schlieffen, welcher bei der 4. Reserve-Division als Delegirter der freiwilligen Krankenpflege eingetheilt war, blieb bei den Verwundeten zurück und hat sich hier großes Verdienst erworben. Die aufopfernde Thätigkeit dieses Mannes ist um so mehr anzuerkennen, als er der gröbsten Unbill Seitens der Franzosen ausgesetzt war.

ten Angaben von Bürgern und Todtengräbern über 200 verkohlte Leichname aus den Schloß-Ruinen hervorgeholt worden. 17 Offiziere und über 500 Mann wurden unverwundet gefangen.

Der Zweck des Tages war vollständig erreicht. Belfort konnte Bourbaki früher als das Werder'sche Korps jetzt nicht mehr errei= chen; es war möglich, daß der feindliche General am 10. sich wieder in Marsch-Kolonne setzte, also die früher überwiesenen Anmarsch=Linien wiedergewann; geschah dies, so konnte er am 11. bis Arcey kommen und am 12. frühestens von dort zum Angriff schreiten.

Ein Grund, noch länger in der besetzten Stellung zu bleiben, lag für General Werder jetzt nicht vor; es kam darauf an, den Feind zu täuschen und möglichst schnell die Lisaine=Linie zu gewinnen. Zur Freihaltung der Straßen waren bereits in der Nacht 2 Eskadrons des 2. Badischen Dragoner = Regiments unter Major Schmich auf allen Wegen vorausgeschickt worden; es sollten unter keinen Umständen Wagen irgend einer Art die Truppen aufhalten.

10. Januar. Der Feind verhielt sich am frühen Morgen sehr vorsichtig, er rekognoszirte Moimay und Marat und nur schwache Abtheilungen besetzten Villersexel. Zwischen 7 und 8 Uhr gab das General=Kommando demgemäß den Marschbefehl aus, der sofort aus= geführt wurde.

Die Badische Division mit der 3. Brigade als Arrieregarde, mit der Brigade Wechmar als Avantgarde, marschirte auf Lure und echelonnirte von da bis Ronchamp. Das Detachement Goltz mar= schirte zunächst nach Leval, um von dort die 4. Reserve=Division un= terstützen oder aufnehmen zu können, wenn sie vom Feinde gedrängt werden sollte; sie rückte, da dieser Auftrag gegenstandslos wurde, auf Béverne, die 4. Reserve=Division dirigirte sich über Athesans, wo die Deboucheen aus dem Foret de Grange beobachtet wurden, auf Lyof= fans. Gegen 9 Uhr waren sämmtliche Abtheilungen im Marsche.*)

---

*) Das Werk von Freycinet schreibt der Bourbaki'schen Armee den Sieg am 9. Januar zu, errungen trotz der großen Vortheile, welche die Deutschen durch Verschanzungen in Villersexel und Esprels, Verbarrikadirung der Dörfer, Crenelirung der Häuser, ja sogar Ausstattung der beherrschenden Punkte mit schwerer Artillerie sich geschaffen, so daß die französische Armee ge= nöthigt gewesen sei, eine Reihe verschanzter Stellungen zu nehmen. — Es genügt hier, daran zu erinnern, daß alle genommenen Punkte bis zur Ankunft der Deutschen von den Franzosen belegt gewesen waren.

Der Abmarsch der Truppen, dem gegebenen Befehl gemäß, ge=
schah in musterhafter Ordnung und großer Schnelligkeit. Die In=
fanterie marschirte in Halbzügen auf, die Kavallerie zu 6, die Ar=
tillerie und Wagen zu zwei. Generalstabsoffiziere hatten die engen
Theile der Straße nach Norden besetzt und ließen die Marsch=Ko=
lonnen an diesen Punkten traben. So kam es, daß bereits gegen
Mittag in voller Ruhe abgekocht wurde, da die Proviant=Kolonnen ꝛc.
zu diesem Zweck richtig auf den Rendezvous eintrafen. Am Abend
erreichten alle Truppen ihre Marschziele ohne irgend welche An=
fechtung.

Während des Marsches hörte man Kanonendonner beim Detache=
ment des Oberst Bayer, der von Vesoul gegen Esprels demonstrirte.
Zu ernsthafterem Gefechte kam es hier nicht, das Detachement ging
am Nachmittag unverfolgt auf Vy les Lure.

Der Feind verhielt sich vor der Front ruhig und wurde überall
von Kavallerie beobachtet.

Der kommandirende General hatte in Lure beim Maire des
Ortes einige Stunden gerastet und hier dem Oberst Willisen be=
fohlen, daß er mit 3 Regimentern Kavallerie (Badisches 1. Leib=
Dragoner = Regiment, 2. Reserve = Dragoner = Regiment, 3. Reserve=
Ulanen=Regiment) und den Etappen=Truppen, (Landwehr=Bataillon
Eupen und 2 Kompagnien des 1. Reserve = Jäger = Bataillons,
preußische schwere und sächsische leichte Reserve=Batterie) Lure besetzen
solle. Die Instruktion für den Führer dieses Detachements ging dahin,
daß er Vesoul und die ganze Ognon=Linie beobachten und beunruhigen
und Nachrichten über den Feind einziehen solle. Für den Fall der
Noth wurde der Rückzug auf Giromagny für die Sicherung der gro=
ßen Straße in Aussicht genommen.

Der Telegraph brachte in Ronchamp die Nachricht, daß
General Zastrow am 10. Châtillon sur Seine erreichen wolle und
daß ferner Oberst Bredow vom Belagerungs = Korps mit der Ar=
tillerie der Avantgarde den Feind bei Arcey kanonirt und vertrieben
habe. Am linken Flügel des Generals Tresckow I. war ferner heute
ein Detachement des Generals Debschitz (3 Kompagnien des Ba=
taillons Apenrade, 2 Geschütze der 1. leichten Reserve = Batterie
des 8. Armee=Korps und 20 Ulanen) unter Hauptmann Schulen=
burg bei einer Rekognoszirung gegen Abévillers bei diesem Dorfe
auf feindlichen Widerstand gestoßen. Es hatte sich ein verlustreiches
Gefecht um den Besitz des Dorfes entsponnen, das genommen,

aber sodann wieder aufgegeben wurde, da der Zweck der Rekognoszirung erreicht war. Hauptmann Schulenburg hatte einen Verlust von 1 Offizier 44 Mann. Der Feind war beim Abzug langsam nachgefolgt. Aus Bondeval wurden feindliche Abtheilungen vertrieben.

General Werder fuhr mit den Generalstabsoffizieren am Abend noch bis Frahier, um am nächsten Morgen mit General Trescow in Argiésans zusammenzutreffen und sodann die Lisaine-Stellung zu besehen. Auf dem Wege nach Frahier begegnete den genannten Offizieren ein Feldjäger, welcher Direktiven aus dem großen Hauptquartier vom 7. Januar überbrachte. (Vergl. Blume ⁊c. S. 189 ff.)

Nach Bestätigung der Meldungen, nach welchen es wahrscheinlich sei, daß der größte Theil der Armee Bourbaki's sich gegen den General Werder gewendet habe, fährt das Schreiben wörtlich fort:

„Seine Majestät haben hierauf die Versammlung des 2. und 7. Korps auf der Linie Châtillon sur Seine—Nuits*) angeordnet und behufs Herstellung einer gemeinsamen Leitung auf dem östlichen Kriegsschauplatz den Oberbefehl über diese Korps sowie über die Euer Excellenz unterstellten Truppen dem General der Kavallerie v. Manteuffel zu übertragen geruht. Derselbe wird in den nächsten Tagen zu Châtillon sur Seine eintreffen.

Bis zur thatsächlichen Uebernahme des Kommandos der Süd-Armee Seitens des Generals v. Manteuffel haben Euer Excellenz die Operationen der Ihnen bisher unterstellt gewesenen Truppen selbstständig zu leiten und nach wie vor direkt hierher zu melden.

Euer Excellenz Aufmerksamkeit empfehle ich hierbei noch die nachstehenden Punkte:

1) Die Belagerung von Belfort ist unter allen Umständen zu decken. Seine Majestät hoffen, daß, nachdem Eure Excellenz von der Deckung des Terrains westlich der Vogesen entbunden sind, es Ihnen, event. unter Heranziehung aller für die Cernirung nicht unbedingt nothwendigen Truppen gelingen wird, einer feindlichen Offensive gegen Belfort so lange zu begegnen, bis das Eingreifen der beiden andern Armee-Korps wirksam wird. Euer Excellenz würden nur Bedacht auf Sicherung Ihrer eigenen rechten Flanke zu nehmen haben, in welcher Beziehung eine durch Detachements zu überwachende gründliche Zerstörung der durch den südlichen Theil der Vogesen führenden Straßen wichtig sein kann.

---

*) sc. sous Ravières.

2) Euer Excellenz wollen die Beobachtung des etwa westlich der Vogesen in nördlicher Richtung vorrückenden Feindes nicht aus den Augen lassen und dieserhalb mit dem General-Gouvernement von Lothringen, welchem eine gleiche Aufforderung zugegangen ist, in Verbindung bleiben.

3) Das General-Gouvernement im Elsaß ist angewiesen, jede Insurgirung im Rücken Euer Excellenz nach Kräften zu hindern. Sollte eine solche im Bereiche Ihrer Truppen bemerkbar werden, so erfordert das Interesse der letzteren so wie der Landesbevölkerung selbst die rücksichtsloseste Bestrafung.

4) Euer Excellenz werden auch bei momentanem Zurückweichen stets danach trachten müssen, die engste Fühlung mit dem Feinde zu halten, um, wenn dieser sich vor Ihnen schwächt, sogleich die Offensive wieder ergreifen und den Feind hierdurch verhindern zu können, daß er sich mit Ueberlegenheit auf das zu Ihnen heranrückende 2. und 7. Korps werfe.

5) Da die Operationen der bezüglich Verpflegungs- und Munitions-Trains überaus mangelhaft organisirten feindlichen Armeen stets an die Eisenbahn gebunden sind, so ist eine Bedrohung derselben gegen die Queue des etwa vor Ihrer Front vorbeirückenden Feindes für letzteren überaus empfindlich und daher auch hierdurch der zeitgemäße Entschluß zur Offensive bedingt. Das General-Gouvernement von Lothringen ist beauftragt, die Zerstörung der Bahnstrecken Langres—Chaumont und Epinal—St. Loup vorbereiten und erforderlichen Falles ausführen zu lassen. Da die Strecke Belfort—Mülhausen noch für längere Zeit unfahrbar ist, so wollen Euer Excellenz eintretenden Falls dafür sorgen, daß die Strecke Mülhausen—Basel in einer die Wiederherstellung für 8 bis 14 Tage sicher hindernden Weise zerstört werde.

6) Das Großherzogliche Badische Kriegs-Ministerium ist ersucht, geeignete Ersatz-Truppen in den südlichen Theil des Großherzogthums Baden zu verlegen, behufs später etwa zeitweise nothwendig werdender Beobachtung des Rheins und Verhinderung des Uebersetzens feindlicher Streifkorps." — — —

Vor Belfort waren die Verhältnisse augenblicklich günstig, da der letzte vom Feinde außerhalb der Festung besetzte Ort, das Dorf Danjoutin, am 8. früh überfallen und genommen worden war. Der Feind hatte bei dieser Gelegenheit bedeutende Verluste erlitten; und eine gewisse Muthlosigkeit desselben wurde von vielen Seiten berichtet.

11. Januar. Bei der oben angeführten Unterredung zwischen General Werder und dem Kommandeur des Belagerungs=Korps in Argiésans, wurde bestimmt, daß alle irgend disponiblen Truppen zur Defensive an der Lisaine und die Festungs=Artillerie in größter Aus= nutzung zur Verstärkung der Stellung verwendet werden sollte.

Die auf Vorposten befindlichen Truppen der 1. Reserve = Divi= sion sollten abgelöst und die Ordre de Bataille hergestellt, die Be= lagerungs=Arbeiten sistirt werden.

Hierauf wurde in eingehender Berathung über die zur Verstär= kung der Lisaine=Linie anzulegenden Batterien eine Verständigung her= beigeführt.

Da bereits am 1. und am 7. Januar General Tresckow zur Verstärkung des Lisaine=Abschnittes aufgefordert worden war, so fand das General=Kommando auch bereits einige kleine Anfänge derartiger Arbeiten. In Schloß Montbéliard waren 4—6 Pfünder etablirt und auf der Höhe von Héricourt eine Batterie fast fertig, doch noch nicht armirt. Westlich Héricourt war eine brückenkopfartige Anlage in Arbeit.

Oberst Scheliha, Kommandeur der Belagerungs = Artillerie, welcher nebst Oberstlieutenant Leszczynski zu der Unterredung zu= gezogen war, hatte in vorsorglichster Weise auf der gewählten Ver= theidigungs=Linie Relais gelegt, so daß sofort nach der Besprechung der kommandirende General zur Rekognoszirung des westlichen Thei= les der Stellung und der Chef des General=Stabes zur Besichtigung des östlichen Theiles von Héricourt bis Montbéliard schreiten konn= ten. Diese in Ruhe ausgeführten Rekognoszirungen führten zu dem Korpsbefehl vom 11. Abends 7 Uhr, welcher unabgeändert voll= ständig durchgeführt ist und die Maßregeln enthält, welche zur Schlacht und in der Schlacht später zur Ausführung kamen. Die Umsicht und Thatkraft, mit welcher Oberstlieutenant Scheliha in den fol= genden Tagen das General=Kommando nach allen Seiten unterstützt hat, verdient besonderer Erwähnung. —

Ehe die getroffenen Anordnungen näher besprochen werden, wird es nöthig sein, einen Blick auf das Terrain zu werfen.

Die steilen Abhänge der Vogesen bei Giromagny sind von der Schweizer Grenze bei Delle nur 4 Meilen entfernt; in der Mitte liegt Belfort im Thal der Savoureuse, eingeschlossen im Allgemeinen von steilen Bergen, die der Cernirung einen guten Stützpunkt bieten. Die Savoureuse fließt in die Allaine, welche ihr Wasser größtentheils an den sie begleitenden Rhône-Kanal abgiebt. Beide Wasserläufe sind erhebliche Hindernisse, nur auf Brücken zu überschreiten, und bildeten die Anlehnung des linken Flügels, der im Schloß Montbéliard seinen Stützpunkt fand.

Mömpelgard oder Montbéliard liegt tief und wird nur wenig von dem Schloß einer alten aber wohl erhaltenen, mit gedecktem Geschützstand versehenen und kasemattirten Befestigung, die auf einem Felskegel liegt, überragt. Stadt und Schloß wird von der alten Citadelle westlich der Stadt eingesehen; letztere ist verfallen und schwer zu ersteigen, gewährt aber einen weiten Ueberblick nach Osten. Das Schloß der Stadt feuert mit gutem Schuß bis Bethoncourt nördlich und Sochaux östlich; es ist durch direktes Feuer nicht zu nehmen, auch nicht zu eskaladiren.

Bei Montbéliard fließt in die Allaine die Lisaine, ein Bach von circa 6—8 Schritt Breite, von oft sumpfigen Wiesen begleitet, und etwa 3—4 Fuß tief.

Das Terrain zu beiden Ufern der Lisaine ist bis Héricourt durchgehend ein sehr steiler Bergzug, von Schluchten durchsetzt und mit Laubholz bedeckt.

Der französische Anmarsch fand keine Wege, um hier die Lisaine zu überschreiten, nur von Laire nach Byans führt eine schlechte enge Straße; dieser Vortheil war vom General-Kommando um so mehr erwogen, als bei dem tiefen Schnee und den jungen Truppen es den Franzosen doppelt schwer werden mußte, hier anzugreifen.

Die Vertheidigung lag bei Montbéliard auf der nördlich der Stadt liegenden dominirenden Höhe von la Grange Dame, die dieserhalb mit einer schweren Batterie von 24 Pfündern gekrönt wurde und einen etwaigen Angriff auf Bethoncourt stark flankirte. Bei Bussurel lag die Vertheidigung für die Infanterie am Eisenbahndamm, welcher die Lisaine begleitet, für die Artillerie auf den Höhen östlich. Um hierhin schnell Verstärkungen bringen zu können, wurden von Brévilliers aus Durchhaue gemacht und der steile spiegelglatte Vicinalweg von diesem Ort nach Grand Charmont mit Mist beworfen.*) Südlich Héricourt erweitert sich das Lisaine-Thal in eine sumpfige Wiese, weithin dominirt durch den Mont Salamon, der ba-

---

*) Auf einigen besonders glatten Wegen wurden während der Schlacht an den Hauptsteigungen Feuer unterhalten, um jene fahrbar zu machen.

stionartig die Umgegend überragt. Von hier feuerten die placirten Batterien bis Bussurel und Tavey.

Die Stadt Héricourt, ein kleiner Ort mit einer breiten Haupt=straße, ist durch die Lisaine in zwei Abschnitte zerlegt, die im Fall eines Kampfes gehalten werden sollten. Auf der Straße nach Tavey springt südwestlich des Orts ein kleiner Berg, Mougnot, vor, der, brückenkopfartig für sich abgeschlossen, das in der Tiefe liegende Héricourt vollständig beherrscht. Dieser wichtige Stützpunkt des Cen=trums ward durch Anlage von Brustwehren, Verhauen und Schützen=gräben zur hartnäckigsten Vertheidigung eingerichtet. Das Schußfeld wurde frei gelegt und zwar so, daß der Feind, wenn er vom Plateau von Tavey oder Byans herabstieg, in direktes Feuer kam. Flankirt wurde diese Befestigung durch die Höhen nördlich Héricourt, auf wel=chen 12 Pfünder etablirt waren, und welche das General-Kommando während der folgenden Tage zur Leitung der Schlacht wählte.

Von Héricourt biegt sich die Lisaine mehr nördlich nach Cou=thenans, Luze und Chagey, dem rechten Flügel der Stellung, be=gleitet von einer breiten Wiese; die Thalränder selbst aber sind flacher und leichter passirbar. Hier lagen die besten Anmarschstraßen des Feindes, verdeckt durch den Bois de Communaux; hier mußte also auch die Vertheidigung am stärksten sein.

Der südliche Theil des Mont Vaudois geht ebenso bastionartig wie der Mont Salamon bis zur Lisaine; er bildete daher den Stütz=punkt des rechten Flügels. Der hohe Thalrand der Lisaine war mit eingeschnittenen Feld = Batterien und Schützengräben reichlich verstärkt.

Das Dorf Chagey wurde schwach besetzt und zur Vertheidigung eingerichtet. Einen Angriff vermuthete man hier aber nicht, da die ausgedehnten dichten Wälder westlich der Lisaine für unpassirbarer gehalten wurden, als sie es waren.

Man durfte sagen, daß durch die vielen festen Stützpunkte und die meist unpassirbare Lisaine die Stellung Montbéliard, Héricourt, Chagey eine gute war; denn, obgleich die Theorie ihre Ausdehnung von 1½ Meilen vielleicht für zu groß und die Verbindungen als ungenügend bezeichnen kann, so war doch nicht zu verkennen, daß der Feind nur ungünstige Anmarschlinien hatte und nirgends mit der vollen Kraft aller Waffen auftreten konnte.

Abgesehen von dieser eigentlichen Stellung kommen noch zwei

12*

Gefechtsfelder zur Geltung, die im weiteren Sinne als Flügel-An=
lehnungen bezeichnet werden können.

Das Terrain zwischen dem Kanal du Rhône und der Schweiz
mußte gesichert werden, da hier eine Umgehung höchst verderblich
werden konnte. Dieses bergige und bedeckte Land bot viele vor=
treffliche Abschnitte, die zu vertheidigen dem Detachement Debschitz
übertragen war. Glückte es nicht, in den mannigfach hier vorbereite=
ten Stellungen den Feind aufzuhalten, so blieb doch der Rückzug über
die Allaine bei Delle gesichert, da das breite und nasse Thal dieses
Flusses auf allen Straßen von schweren hier etablirten Geschützen
beherrscht war.

Im Norden war die weitere Flügel=Sicherung in dem freien
Terrain von Etobon bis Frahier zu suchen. Rings umgeben von
Wald und Berg und Schluchten liegen, in einzelne Dorfabtheilungen
getrennt, die Orte Etobon, Chenebier, Echevanne und Frahier. Ohne
bestimmten Abschnitt, ohne irgend welche Flügelanlehnung und bei
schlechter Wegbarkeit ist doch diese große Waldblöße allein geeignet,
um rechtzeitig einen Anmarsch des Feindes durch den Wald von
Béverne zu entdecken und aufzuhalten.

War die Gegend zwischen Frahier und Etobon verloren, so blieb
nur eine kleine aber gute Stellung zur Aufnahme übrig. Es ist dies
die Höhe Rougeot zwischen Frahier und Chalonvillars. Man hatte
hier links, also nach Süden, einen schwer zu passirenden Wasserriß
vor der Front und feuerte nach Norden weithin dominirend bis zur
Straße Frahier—Evette. —

Die Stellung des Generals Tresckow am 11. Vormittags war
folgende:

Auf Vorposten bei Arcey unter Befehl des Oberst Bredow die
gemischte Avantgarde von nunmehr 5 Bataillonen*), 2 Eskadrons,
1⅓ Batterien; diese hielt Chavanne und St. Marie besetzt.

Eine zweite Avantgarde stand von Montbéliard bis Bart, Dung,
und Présentevillers vorgeschoben, 2 Bataillone; Oberst Zimmer=
mann selbst mit dem Rest seines Detachements und 2 Bataillonen
des Generals Debschitz als Reserve in Montbéliard; General
Debschitz deckte die Linie von Exincourt bis Croix zur Schweizer=
grenze.

---

*) Das Regiment Nr. 67 und die Landwehr=Bataillone Insterburg und
Gnesen.

Zur Fortsetzung der Belagerung hatte General Tresckow um die Festung stehen: 15 Bataillone, 5 Batterien, 4 Eskadrons; 24 Festungs=Artillerie=, 5 Festungs=Pionier=Kompagnien. —

Das Hauptquartier des Generals Werder etablirte sich in Brévilliers. Der kommandirende General übernahm nunmehr den direkten Befehl auch über die Truppen des Generals Tresckow und ordnete durch Korps=Befehl vom 11. Januar, Abends 7 Uhr, Folgendes an:

„Das Detachement Debschitz behält seine bisherige Aufstellung bei Delle und Beaucourt—Exincourt; zieht jedoch das in Sochaux bisher gelegene Bataillon an sich, sobald dasselbe von der 4. Reserve=Division abgelöst ist. Die Bayerische Ausfall=Batterie tritt unter den Befehl der 4. Reserve=Division. Die Division Schmeling löst morgen früh den 12. das Detachement des Oberst Bredow in Arcey ab.

Die bisher zum Belagerungs=Korps abkommandirt gewesenen Truppen der 4. Reserve=Division treten wieder unter den Befehl des Generals Schmeling, sobald sie im Tranchee=Dienst von der Division Tresckow abgelöst sind. Am 13. Mittags soll die Division Schmeling mit einer Infanterie=Brigade und 4 Batterien die Vorposten und die Stellung bei Héricourt bezogen und 1 Brigade derselben, 2 Batterien und die Bayerische Ausfall=Batterie Keinart in Sochaux die Vorposten vor Montbéliard, das Schloß Montbéliard mit 2 Kompagnien, Bethoncourt und Sochaux mit je 1 Bataillon besetzt haben. In der Stellung Héricourt—Montbéliard, welche der Division Schmeling zur Vertheidigung obliegt, müssen die Batterien an denjenigen Stellen in Emplacements stehen, wo sie zur Verwendung kommen sollen. Mannschaft und Pferde sind in den zunächst liegenden Ortschaften unterzubringen. Ob General Schmeling die Vorposten in Arcey oder am Rupt=Bache aufstellen will, ist ihm überlassen. Jedenfalls ist dem Feinde ein so ernster Widerstand entgegen zu setzen, daß derselbe größere Kräfte entwickeln muß, um Terrain zu gewinnen.

Nördlich an die Division Schmeling schließt sich das Detachement Goltz an, seine Avantgarde in Chouthenans, sein Gros in Chagey und Luze. Die 1. Badische Infanterie=Brigade, 2 Batterien und 1 Eskadron belegen die Orte Echenans, Mandrevillars, Buc und Chalonvillars; im Falle eines Allarms mit dem Rendez=vous Mandrevillars. Die 2. und 3. Infanterie=Brigade konzentriren sich um Frahier, mit Oberst Willisen in Lure über Ronchamp Verbindung haltend, Vorposten in Etobon gegen Béverne. 4 Batterien der Badischen Division, als Korps-Artillerie formirt, belegen Chalonvillars, eventuell Frahier.

Der Badische Divisionsstab geht nach Frahier, nimmt dort sämmtliche Depeschen an das General-Kommando an und expedirt dieselben nach Durchsicht je nach der Wichtigkeit durch Relais. Die Divisionen haben sich über alle Vorkommnisse untereinander in Verbindung zu halten. (Oberst Willisen verbleibt in Lure und zieht sich, wenn gedrängt, auf Ronchamp und dann auf Giromagny zurück.)

Zwischen allen Kantonnements werden Relais gestellt und die Kavallerie dem entsprechend vertheilt. Die Relaisposten sind gut zu bezeichnen, des Nachts durch Laternen und möglichst in oder in der Nähe der Mairien zu legen. Die Pioniere des Belagerungs-Korps sprengen bereits die Uebergänge bei Bethoncourt und Bussurel, die bei Sochaux und die bis Delle abwärts liegenden Brücken sind zu unterminiren und mit Pionier-Detachements zu besetzen. Eine Festungs-Pionier-Kompagnie unter Bedeckung von einem Zuge Kavallerie und 2 Kompagnien Infanterie der Badischen Division mit 5 Zentnern Pulver sammelt sich am 12. Mittags in Chaux. Der Pionier-Hauptmann hat die Instruktion. *) Die Belagerungs-Artillerie verstärkt die Geschützzahl im Schlosse Montbéliard und erbaut eine starke Batterie auf den Höhen östlich dieses Ortes, so daß dieselbe das Thal bei Bethoncourt bestreichen kann und Montbéliard unter Schuß hält. Findet sich hier nicht eine gute Position, so wird dieselbe nordöstlich Bethoncourt zu wählen sein. Die in Frahier stehenden Trains sind von den Truppen-Abtheilungen am 12. früh heranzuziehen. General-Major Graf Sponeck instradirt 1 Infanterie-Munitions-Kolonne an den General Schmeling nach Héricourt. Diese fährt nach Entleerung nach Dannemarie. Die großen Trains unter Befehl des Majors Chelius fahren am 12. nach Giromagny, am 13. nach Massevaux und Sentheim. Die Badische Division dirigirt die Proviant- und Fuhrpark-Kolonnen, welche in Ronchamp und auf der Straße bis Champagney stehen, nach Frahier und Mandrevillars. Nach der Entleerung fahren dieselben sofort nach Sentheim zurück." —

Man fühlte den Feind im Laufe des 11. vor der ganzen Front

---

*) Anmerkung. Dieses Detachement wurde beauftragt, die Straße über den Ballon d'Alsace bei St. Maurice nördlich Giromagny unpassirbar zu machen.

der Hauptstellung; man konnte aber immerhin nicht wissen, ob er bei der veränderten Lage, in Folge des Gefechtes von Villersexel, sich nicht mit einigen Korps über Lure auf Giromagny, resp. über Béverne auf Belfort wenden würde. Mit großen Massen war dies bei der Gebundenheit desselben an die Eisenbahn kaum zu erwarten; es lag nahe, daß die Haupt=Armee die einmal eingeschlagene Richtung gegen Montbéliard und Héricourt beibehielt. Zur Begegnung der erst genannten Eventualität aber wurde die Badische Division zwischen Chalonvillars und Etobon belassen. Auch stand das Detachement Goltz derselben so nahe, daß es zu einer etwaigen Unterstützung bereit war. Die Avantgarden in Saulnot, Arcey, St. Marie und Présentevillers erhielten die besonderen Instruktionen, die besetzten Orte so lange zu halten, bis der Feind völlig aufmarschirt und die Hauptkräfte zu erkennen seien.

Abends traf die Mittheilung von General Manteuffel ein, daß er voraussichtlich am 11. in Châtillon sur Seine das Ober=Kommando übernehmen werde.

12. Januar. In der Nacht zum 12. wurden die weiteren fortifikatorischen Anordnungen getroffen und deren Ausführung sofort begonnen. An allen geeigneten Punkten wurden Schützengräben aufgeworfen; die Dörfer Chagey, Luze zur Vertheidigung eingerichtet; die Brücken bei Bethoncourt, Bussurel gesprengt, alle übrigen Brücken der Lisaine und Allaine zum Sprengen vorbereitet. Die Wassertiefe wurde durch Stauen und Räumen des Flußbettes erhöht und so das Angriffs=Terrain überschwemmt.

Die Vertheidigung des Abschnittes der Allaine von Sochaux bis Delle ward dem Detachement Debschitz übertragen, die Brücken der Allaine und des Kanals besetzt. Dieses Detachement, mit dem Zentrum in Beaucourt, hatte die Vorposten auf die Linie Exincourt, Dasle, Croix vorgeschoben; mit dem Gros sollte in der sehr guten Stellung bei Beaucourt zäher Widerstand geleistet werden, so daß der Feind keinenfalls in Einem Tage vom Doubs bis zur Allaine gelangen konnte. Nur auf diese Weise wurde eine etwaige rechtzeitige Unterstützung durch Reserven möglich. Zur Verstärkung des Abschnittes wurden ferner von Sochaux bis Delle an 6 Punkten, um einen Durchbruch von Süden zu verhindern, vier 6pfdr., vier 12pfdr. und acht 24pfdr. Belagerungs=Geschütze in Position gebracht. Diese 16 Geschütze kamen indeß nicht zum Schuß.

Das Schloß Montbéliard wurde um zwei 12pfdr. nebst Bedie=

nungs=Mannschaft (8 Unteroffiziere 32 Mann) der Badischen Fe=
stungs=Artillerie verstärkt, so daß jetzt 6 Festungs=Geschütze dort be=
reit standen. Die Besatzung erhielt auf 21 Tage Verpflegung. Auf
der Höhe östlich bei la Grange Dame wurde ein sehr wichtiges
Emplacement für 2 Batterien geschaffen; von hier aus konnte die
von dem tiefer gelegenen Schlosse nicht eingesehene feste Position von
Bethoncourt noch bestrichen werden, während der wichtige Uebergang
bei Bussurel von den Batterien am Bahnhofe bei Héricourt erreicht
wurde. Das erstgenannte Emplacement wurde mit 5—24pfdrn. armirt.

Die Vertheidigungs=Einrichtungen von Héricourt selbst wurden
vervollständigt, namentlich die kleine vorliegende bereits durch Schützen=
gräben und Verhaue verstärkte Höhe Mougnot zum zähesten Wider=
stande hergerichtet; das vorliegende Terrain abgeholzt, und auf den
Höhen östlich Luze bis Héricourt 5 Batterien eingeschnitten. Die
Positions=Geschütze wurden am 12. in die Stellungen eingefahren,
und zwar standen:

5 — 24pfdr. Belagerungs=Geschütze bei la Grange Dame,
      Hauptmann Weißwange,

4 — 6pfdr. und 2 — 12pfdr. Belagerungs = Geschütze im
      Schlosse Montbéliard, Sekonde=Lieutenant Sauer
      vom Magdeburgischen Festungs=Artillerie=Regi=
      ment und

7 — 12pfdr. Belagerungs=Geschütze auf der Höhe nordöstlich
      Héricourt, Hauptmann Schweder.

Allen Truppen auf der ganzen Linie wurde die möglichste Be=
festigung der einzelnen Stellungen zur Pflicht gemacht.

Sehr mangelhaft war die Kommunikation zwischen den Flügeln
der ausgedehnten Stellung in dem sehr bewaldeten und bergigen
Terrain. Nach eingetretenem harten Frost am 14. wurde sie des
Glatteises wegen immer schwieriger; das Bestreuen der Wege mit
Stroh, Dünger 2c. half wenig; die Geschütze mußten größtentheils
bergauf bergab durch die Mannschaften fortgebracht werden. Der
einzige leidliche Weg war der schmale Vizinalweg von Chalonvillars,
Echenans über Brévilliers und Chatenois nach Montbéliard. Er
war spiegelglatt gefroren und konnte bei den erheblichen Steigungen
nur mit großer Anstrengung benützt werden. Auf dem Gefechtsfeld
selbst wurden Kolonnenwege hergerichtet, kleinere Kommunikationen aus=
geholzt und fahrbar gemacht; und alle, auch die unbedeutendsten, Wege
und Passagen durch sämmtliche Offiziere des Generalstabes nach allen

Richtungen rekognoszirt, um bei etwaigem Vorschieben der Reserven jeder Irrung und jedem Zeitversäumniß möglichst vorzubeugen.

Luze, Ronchamp, Frahier, Brévilliers und Bourogne, letzter Ort Haupt = Quartier des Belagerungs = Korps, wurden Telegraphen= Stationen.

Bedeutende Schwierigkeit mußte die Verpflegung der Truppen bereiten. Durch Verlegung der Etappe auf Sentheim und Danne= marie waren Stockungen in den Zufuhren eingetreten; das ganze Korps mußte aber aus den Magazinen verpflegt werden, da die er= schöpfte Gegend wenig Hilfsmittel bot; und es konnte zunächst nur durch einige Vorräthe in Frahier und die bereitwillige Unterstützung des Belagerungs=Korps dem ersten Bedürfnisse genügt werden. Die Zufuhr der Lebensmittel zu den Truppen geschah allabendlich auf be= sonderen Befehl des General=Kommandos. Die gesammte Bagage war den Truppen entzogen, da die gesicherte Freiheit der Bewegung jeder andern Rücksicht vorgehen mußte.*)

Es kann hier vorausgeschickt werden, daß naturgemäß die Ver= pflegung einzelner Abtheilungen nicht den Strapazen entsprechend sein konnte und daß unter Anderm in den Schlußtagen der Schlacht großer Mangel an Brod und Hafer herrschte; eigentlicher Hunger ist aber nicht eingetreten, Dank der aufopfernden Thätigkeit und Uner= müdlichkeit der Kolonnen, die ihre schwierige Aufgabe würdig lösten.

Zur Sicherstellung der Munitions=Ergänzung wurden die Mu= nitions=Kolonnen in Tretudans und Chatenois etablirt; die 2. Staf= feln per Eisenbahn über Epinal durch Straßburg auf Dannemarie be= fördert und etwa nöthig werdender Nachschub auf Ansuchen von dem Großherzoglich Badischen Kriegs=Ministerium auf das Bereitwilligste beigestellt.**)

---

*) Anmerkung. Eine der Hauptverbindungen zwischen beiden Ufern der Savoureuse lag unter dem Feuer der Festung und konnte für Kolonnen ꝛc. nur Nachts benutzt werden.

**) Anmerkung. Trotzdem ist, hauptsächlich auch in Folge der glatten Wege, während der dreitägigen Schlacht die Munitions=Ergänzung der Artillerie sehr schwer geworden und konnte nur durch die große Rührigkeit des Oberst= Lieutenants Scheliha überwunden werden. Die aus den Beständen des Be= lagerungs=Korps abgegebene Munition war aber hauptsächlich Bayerische, bei welcher die Preßspannböden fehlen. Diese mußten nun aus den preußischen Be= ständen ergänzt werden, und es waren deßhalb die Batterien vor der Festung genöthigt, ihre Preßspannböden mehrere Male zu benützen.

Alle angeführten Maßregeln wurden im Laufe des 12. so weit nöthig vervollständigt; es kann vorausgeschickt werden, daß sie bis zum 13. Mittags perfekt waren. Das General-Kommando hatte also zur weitern Ausbesserung der Position noch 24 Stunden mehr Zeit, als nothwendig war. —

Kehren wir nunmehr zu den taktischen Verhältnissen des Korps zurück.

Es kam zuvörderst darauf an, die Ordre be Bataille der zu bildenden Armee wiederherzustellen und die gewählte Stellung nach Abschnitten zu zerlegen. Die 4. Reserve-Division hatte dieserhalb den Befehl erhalten, die gemischte Avantgarde des Belagerungs-Korps bei Arcey durch Truppen der Brigade des Oberst Knappstädt abzulösen, und mit dieser Ablösung Arcey und St. Marie zu besetzen.

In Folge dessen nahm am Morgen des 12. Oberst Loos mit 3 Bataillonen, 2 Eskadrons, 2 Batterien Stellung bei Arcey und St. Marie. Die abgelöste Avantgarde, Oberst Bredow, blieb stehen, bis am Abend die Avantgarde des Detachements Goltz, zur Verstärkung des etwas schwachen rechten Flügels vorgeschoben, in Chavanne eingetroffen war, 2 Bataillone, 1 Eskadron, 1 Batterie unter Oberst-Lieutenant Nachtigal.

Oberst Bredow hatte in Lösung seiner wichtigen Aufgabe mit viel Geschick und Energie auf dieser für seine schwachen Kräfte sehr ausgedehnten Linie operirt und vom 8. bis 12. Januar durch fortwährende kleine Offensivstöße mit allen Waffen das direkt auf Montbéliard und Héricourt dirigirte 24. Korps Bressolles völlig zu täuschen gewußt.

Das Detachement rückte nunmehr bei seinen resp. Truppentheilen ein, ein Bataillon des 67. Infanterie-Regiments blieb zur Disposition des Oberst Loos in St. Marie.

Oberst Zimmermann mit der ostpreußischen Brigade erhielt den Auftrag, den Eisenbahndamm bei Bussurel und Bethoncourt mit je 1 Bataillon zu besetzen, Vorposten gegen Dung, Bart und Courcelles les Montbéliard vorzuschieben, Sochaux zu besetzen und mit dem Reste der Brigade in Montbéliard zu bleiben.

Es waren hier zur Verfügung 8 Bataillone, 2 Eskadrons, 2 Batterien.

An Oberst Zimmermann schloß sich von der Südwestspitze des Bois du Mont Dannin bis Héricourt und an letzterem Orte die Brigade des Oberst Knappstädt, 7 Bataillone, 2 Eskadrons, 4 Batterien.

Die Stellung vom Kirchhofe von Héricourt bis Chagey besetzte General Goltz.

Die Badischen Brigaden standen marschbereit in engen Kantonnements um Frahier;

Oberst Willisen in Lure.

General Debschitz wurde beauftragt, die Uebergänge der Allaine von Delle westlich zu besetzen und seine Vorposten von Exincourt über Vandoncourt nach Croix stehen zu lassen; das Gros war bei Beaucourt.

Der 1. Reserve-Division blieb die Zernirung von Belfort übertragen; nur Allanjoie sollte mit 1 Bataillon und das Schloß von Montbéliard mit 2 Kompagnien von derselben besetzt werden. —

Ueber die Art der Vertheidigung der Stellung ergingen am 12. Mittags 1 Uhr besondere Direktiven an die Truppen:

„Im Falle eines allgemeinen Angriffs auf die Stellung Delle—Montbéliard—Héricourt—Luze handeln die Herren Divisions-Kommandeure nach folgenden Direktiven:

Sowie der Angriff auf Héricourt—Montbéliard, resp. Delle ausgesprochen ist, wird die allgemeine Reserve, die 1. und 2. Badische-Infanterie-Brigade und die Badische Korps-Artillerie unter Befehl des General-Lieutenants Glümer, nach Banvillard oder Chatenois dirigirt. Alle Straßen, welche von diesen beiden Orten in die Stellung führen, müssen sofort auf das genaueste rekognoszirt werden. Argiésans und Sevenans können von der Festung unter Schuß gehalten werden.

Die 3. Badische Brigade hat den Auftrag, an geeigneter Stelle, voraussichtlich bei Echevanne, ein Vordringen des Feindes auf Frahier unbedingt zu hindern.

Oberst Willisen wird die Straße bei Ronchamp sperren.

Die Badische Division stellt zur Disposition des General-Majors Goltz noch heute 2 Batterien in Echenans.

Sollte es dem Feinde glücken, an irgend einem Punkte durchzubrechen und das Korps zu einer rückgängigen Bewegung genöthigt werden, so darf diese niemals weiter als bis an den Savoureusebach gehen. Es werden zu diesem Zweck bei Chatenois nach Bourvenans sofort von den Pionieren des Belagerungs-Korps Uebergänge hergestellt.

Mit Beginn des Gefechtes oder eines allgemeinen Allarms werden sämmtliche Fahrzeuge mit Ausnahme der Munitionswagen

und Medizinkarren nach folgenden Punkten dirigirt: die 4. Reserve=
Division, das Detachement Golk, der Korpsstab und die 1. Ba=
dische Brigade fahren über Bourogne, Eschéne nach Vellescot; die
der übrigen Theile der Badischen Division fahren nach Gros Magny*).

Bis morgen früh wird eine Telegraphen=Verbindung bis Bré=
villiers hergestellt sein und Delle, Montbéliard, Bourogne und Frahier
in Verbindung stehen. Klare Telegramme sind erst dann zu senden,
wenn das, was zu melden, auch sicher ist.

Die Belagerungs=Artillerie placirt sofort noch schwere Geschütze
auf die Höhe nördlich Héricourt, die gegen Tavey und Bussurel
feuern können. Die Bayerische Ausfall=Batterie (Keinart) tritt
nicht unter Befehl der 4. Reserve=Division, sondern bleibt dem Ge=
neral Debschitz, der sie heranzieht.

Der event. Rückzug der in Exincourt liegenden Truppen geht
nicht auf Sochaux, sondern ostwärts".

Die Badische Division erhielt ferner Befehl, „eine geeignete
Stellung bei Chenebier zu suchen, um die Straße von Frahier zu
schützen. Da ein Angriff dahin zunächst nicht zu gewärtigen war,
sollten höchstens 3 Bataillone und 1 Batterie dort verwendet werden,
während die Division selbst sich so stellen sollte, daß sie innerhalb
4 Stunden ganz oder theilweis event. bei Chatenois oder bei Bré=
villiers stehen könne.

Oberst Willisen wurde angewiesen, wenn er gedrängt werden
sollte, auf Ronchamp zurückzugehen, dabei aber gegen Melisey zu
detachiren, um die Beunruhigung der feindlichen linken Flanke mög=
lichst lange wirken zu lassen". —

Die französische Armee schien bis zum 12. den Aufmarsch
zwischen dem Doubs und Ognon vollendet zu haben; bei Arcey er=
schienen an diesem Tage stärkere feindliche Massen mit mehreren
Batterien, ohne aber zum Angriff überzugehen. Auch gegen Lure
schob sich feindliche Infanterie vor, in Villersexel traf das französische
18. Korps ein; Besoul wurde von einigen Hundert Franktireurs besetzt.

Feindliche Abtheilungen stießen, wenn auch zaghaft, von Moffans
und Calmoutier gegen Oberst Willisen vor. Major Paczinski

---

*) Der Befehl betreffs der Bagagen erhielt am 13. früh eine Aenderung
resp. Erweiterung dahin, daß außer den Medizin= und Munitionswagen den
Truppen per Bataillon 2 Lebensmittelwagen folgen, die Bagage der 4. Reserve=
Division und des Detachements Golk die Direktion auf Bourvenans resp. Dam=
benois nehmen sollten.

konnte mit einem Detachement von 2 Kompagnien Jägern, 1 Eskadron des 1. Leib = Dragoner = Regiments und 2 Geschützen der schweren Etappen = Batterie Dienemann nach leichtem Gefechte Leval und Athesans besetzen. Oberst Willisen hatte bereits den Entschluß ge= faßt, zum 13. Morgens sich bei Lure zu concentriren; er erhielt nun= mehr die Erlaubniß, zum 13. auf Ronchamp zurückzugehen, wo er ernstesten Widerstand leisten sollte. Ein Kavallerie = Regiment sollte von Luxeuil aus die linke Flanke des Feindes beobachten.

Die Pässe über die Vogesen wurden durch Etappentruppen des General = Gouvernements im Elsaß besetzt und zur Sperrung vor= bereitet. Zur Zerstörung des Passes über den Ballon d'Alsace wurde, wie bereits erwähnt, eine Bayerische Pionier = Kompagnie, Hauptmann Nagel, unter Bedeckung eines Detachements der Ba= dischen Division (2 Kompagnien des 6. Regiments und ¼ Eskadron) auf St. Maurice entsendet. Hauptmann Nagel entledigte sich seines mühevollen Auftrages bei 2—4 Fuß Schnee in der besten Weise.

13. Januar. Es stand demnach vor der Lisaine=Linie: Oberst Loos (das Regiment Nr. 25 und das 1. Bataillon des 67. Regi= ments, 2 Eskadrons des 1. Reserve=Ulanen=Regiments, die 1. leichte und 1. schwere Reserve=Batterie der 4. Reserve=Division) um Aibre und bis Arcey und St. Marie vorgeschoben zur Deckung der großen Straße, und in Verbindung mit diesem Oberstlieutenant Nachtigal, welcher mit dem 2., dem Füsilier=Bataillon und der 3. Kompagnie des 30. Regiments, 1 Eskadron des 2. Reserve=Husaren=Regiments und der 1. leichten Reserve=Batterie Chabanne und Villers sur Saulnot besetzt hatte, um den Thalweg zu decken, der von Villers auf Cou= thenans parallel der großen Straße Aibre—Héricourt nach der Li= saine führt.

Die Detachements hatten Befehl, sich möglichst lange zu halten, um den Feind zur Entwicklung zu zwingen; vor überlegenen Kräften aber sich zurückzuziehen, ohne auf verlustreichen Kampf einzugehen.

Schon in der kalten, auf der Schneedecke sehr klaren Mondnacht vom 12. zum 13. hatten die Patrouillen feindliche Bewegungen in Corcelles und zwischen Corcelles und Crevans beobachtet; auch war das Fahren schwerer Wagen oder Geschütze gegen Osten vielfach gehört.

Nachdem am 13. Vormittags die deutschen Rekognoscirungs= Patrouillen nur mit schwachen französischen Vortruppen zusammen= gestoßen, begann gegen Mittag der Feind mit starken Kräften gegen

St. Marie, Arcey und Chavanne vorzudringen. Beide Detachements wurden namentlich von zahlreicher Artillerie heftig angegriffen. Oberst= Lieutenant Nachtigal nahm, nachdem größere Massen westlich Villers und südwestlich Saulnot vorgekommen, Kolonnen im Marsche auf Arcey gemeldet und Gonvillars von der dort stehenden Kompagnie des De= tachements Loos geräumt war, eine concentrirte Aufstellung bei Cha= vanne selbst.

Der Feind (18. Korps unter General Billot) griff nun con= centrisch unter heftigstem Artilleriefeuer von Villers und Saulnot her diese Stellung an. Es entspann sich ein dreistündiges Gefecht, in welchem der Angreifer wesentliche Fortschritte nicht machte. Erst als nach 2 Uhr der Feind, mit ca. 8 Bataillonen und 2—3 Bat= terien in erster Linie, umfassend von Saulnot und Corcelles her zum abermaligen Angriff ansetzte, brach das Detachement um 3 Uhr das Gefecht ab und ging successive, in guter Ordnung Schritt für Schritt Widerstand leistend, auf Champey zurück. Der rasch nachdrängende Feind kam nicht über Chavanne heraus.

Heftiger noch war der Angriff auf Oberst Loos gewesen. Um 11 Uhr begann die feindliche Artillerie, sich nach und nach auf 2 Batterien verstärkend, das Feuer gegen St. Marie und Gonvillars. Das Bataillon des 67. Regiments war unter bedeutenden Verlusten aus St. Marie vor überlegenem Angriff zurückgegangen. Der Feind (15. Korps unter General Martineau des Chenez) drängte in der Front und von beiden Flanken, hauptsächlich aber den linken Flügel tournirend, gegen das Detachement vor; 5 Batterien waren jetzt in das Gefecht getreten. Oberst Loos wurde somit genöthigt, sich auf Aibre zurückzuziehen. Er nahm gegen 3 Uhr wieder Stel= lung an der Rupt=Linie; hier konnte er sich trotz der großen Ueber= macht des Feindes noch bis nach 4 Uhr halten, zog sich aber sodann zurück, um vor Einbruch der Dunkelheit die Höhen von Tavey zu erreichen. Der Feind folgte in der Front nicht, schob indeß Kolonnen auf Byans, resp. Verlans vor.

Nachdem die große Straße bei Tavey freigegeben war, wurde auch Oberst=Lieutenant Nachtigal auf Couthenans zurückgenommen.

Diese zwei gut geführten Gefechte kosteten den beiden Detache= ments einen Verlust von 9 Offizieren, 249 Mann an Todten, Ver= wundeten und Vermißten. Hiervon kommen auf Oberst Loos 3 Offiziere, 145 Mann, auf Oberst=Lieutenant Nachtigal 6 Offiziere, 104 Mann. Die schwer Verwundeten des Detachements Nachtigal nebst einigen Aerzten fielen in Feindes Hand; ebenso wurde der katholische Divisions=Pfarrer Keck, der Abends nach Chavanne zurück= gegangen war, um nach Ersteren zu sehen, gefangen gehalten.

Zwei französische Korps unter persönlicher Führung Bourbaki's, das 18. gegen Oberst=Lieutenant Nachtigal, das 20. gegen Oberst Loos, hatten sich am Kampfe betheiligt.

Gegen den äußersten rechten Flügel, Oberst Willisen, hatte der Feind keine Bewegung gemacht. Derselbe schien hier vielmehr gegen den Ognon zurückgegangen.

Da aus den Angriffen des Feindes auf die Avantgarden bei Chavanne und Aibre und aus der Bewegung der Hauptmassen des= selben gegen Osten, zusammengehalten mit dem Stehenbleiben seines linken Flügels gegenüber dem Oberst Willisen, der Beginn des allgemeinen Angriffs zwischen Héricourt und Montbéliard angenom= men werden mußte, hatte General Werder die Badische Division in enge Kantonnements um Brévilliers herangezogen; 8 Bataillone und die Korps=Artillerie (6 Batterien) unter General Keller nörd= lich dieses Ortes, 3 Bataillone der Brigade Wechmar südöstlich desselben, Oberst Wechmar selbst marschirte mit 1 Regiment und 1 Batterie nach Chatenois. Von der 2. Brigade blieb General Degenfeld mit 2 Bataillonen des 3. Infanterie=Regiments und 1 Batterie bei Frahier—Chenebier zur Beobachtung der Straße von Béverne; 1 Bataillon wurde zur Besetzung nach Chagey beordert. 2 Badische Batterien wurden den Befehlen des Generals Goltz unterstellt; sie nahmen Stellung auf dem linken Flügel desselben in vorbereiteten Emplacements. Die Infanterie und Artillerie des Oberst Willisen erhielten Befehl, am 14. auf Chenebier zu marschiren.

Auch am äußersten linken Flügel waren die Truppen des Ge= nerals Debschitz am 13. Nachmittags auf der Linie Vaudoncourt— Dasle sowie bei Croix von Infanterie und Artillerie angegriffen worden. Bei Dasle war der Feind überraschend erschienen. Das dort stehende Bataillon Oels faßte sich aber schnell. Der Ba= taillons=Kommandeur, Hauptmann Münenberg, blieb, obgleich schwer verwundet, vor der Front, und von diesem Beispiel electrisirt, gelang es dem Bataillon, den Feind rasch abzuweisen. Letzterer, im Gan= zen etwa 3 Bataillone und 8 Geschütze stark, ging wieder zurück.

Es scheint hier französischerseits die Absicht bestanden zu haben, von der Schweizer=Grenze nordwärts Terrain zu gewinnen, um am nächsten Tage bei dem Hauptangriffe auch von Südosten her gegen die linke Flanke der Lisaine-Stellung operiren zu können.

Als gegen Abend weitere Angriffsbewegungen des Feindes nicht mehr zu erwarten standen, wurde der Stab der Badischen Division und das Detachement Keller nebst der Korps-Artillerie nach Mandrevillars und Buc gelegt; die Brigade Wechmar blieb in Chatenois resp. in der Nähe von Brévilliers.

Die so genommene Aufstellung ergiebt also eine Reservebildung von 8 Bataillonen (event. 11), 6 Eskadrons, 6 Batterien auf dem rechten Flügel, und von 6 Bataillonen (event. 3), 1 Eskadron, 1 Batterie auf dem linken Flügel.

14. Januar. Für den in der Frühe des 14. erwarteten Angriff standen die Truppen gefechtsbereit in Position.

Wir fügen zur einfachern Orientirung kurz die Truppenvertheilung bei, wie sie sich am 14. gestaltete.

Es stand in Chenebier: General Degenfeld mit 2 Bataillonen des 3. Regiments, 1 Eskadron des 3. Dragoner-Regiments und der 2. schweren Badischen Batterie; es trafen im Laufe des Tages ein: das Bataillon Eupen und die Preußische schwere Etappen-Batterie.

Von Chagey bis zum Kirchhofe von Héricourt war General Goltz *) aufgestellt: 7 Bataillone, 4 Eskadrons, 5 Batterien.

Von Héricourt bis zur Südwestspitze des Bois du Mont Damin stand die Brigade des Oberst Knappstädt **): 7 Bataillone, 2 Eskadrons, 4 Batterien.

---

*) In Luze das Regiment Nr. 30, in Chagey das 2. Bataillon des 3. Badischen Regiments, in St. Valbert ½ Bataillon des Regiments Nr. 34; an den Abhängen des Mont Vaudois zwischen Luze und Héricourt 2½ Bataillone des 34. Regiments und die 3 Preußischen und 2 Badischen Batterien. Das 2. Reserve-Husaren-Regiment stand in Echenans.

**) Um Tavey: 2. und Füsilier-Bataillon des 25. Regiments, 1. leichte und 1. schwere Reserve-Batterie. Auf dem Mougnot und in den westlichen Theilen von Héricourt 3 Bataillone des 2. comb. ostpreuß. Landwehr-Regiments, 1 Bataillon ebendesselben am Kirchhof nördlich, das 1. Bataillon des 25. Regiments am Bahnhof und bei der Mühle südlich des Ortes; die 2. und 3. leichte Reserve-Batterie am Mont Salamon.

Von da bis Montbéliard: die Brigade Zimmermann*): 8 Ba=
taillone, 2 Eskadrons, 2 Batterien und die Bayerische Ausfall=
Batterie Keinart; hiervon ist ein Bataillon detachirt auf die Höhen
östlich Bussurel und an den Bahndamm.

Von Sochaux bis Delle stand das Detachement Debschitz: 8
Bataillone, 2 Eskadrons, 2 Batterien.

Als Reserve hinter Héricourt: von der Badischen Division die
3. Brigade **) mit 2 Eskadrons und 5 Batterien auf den Höhen
westlich Brévilliers hinter den dortigen Positions=Batterien; dahinter
auf den Höhen nördlich des Dorfes das 2. Dragoner=Regiment.
Das 4. Infanterie=Regiment mit 1 Batterie an der Chaussee Bré=
villiers—Héricourt; von der Brigade Wechmar 3 Bataillone, 1 Es=
kadron, 1 Batterie bei Chatenois, 3 Bataillone südöstlich Brévilliers.

Diese Brigade, zunächst die einzige Reserve für den ganzen lin=
ken Flügel, wurde im Laufe des Tages um 1 Batterie aus der
Reserve verstärkt. Oberst Wechmar hatte den Auftrag, in dringen=
den Fällen einen feindlichen Durchbruch durch energischen Vorstoß
zurückzuweisen. Für den Fall einer Verwendung auf der Linie bei
Delle wurde noch das Heranziehen des Restes der Brigade (3 Ba=
taillone) von Brévilliers anheimgestellt.

Oberst Willisen erhielt Befehl, mit 2 Kavallerie=Regimentern
auf verschiedenen Straßen möglichst direct gegen den Ognon vor=
zugehen.

Ein allgemeiner Angriff des Feindes erfolgte nicht; nur die
von Montbéliard vorgeschobenen Avantgarden wurden gegen Mittag
an der Rupt=Linie bei Bart, Dung und Allondans heftig angegriffen,
behaupteten indeß ihre Stellungen; starke Schützenschwärme des Fein=
des kamen demonstrativ gegen Bethoncourt und von Norden gegen
Montbéliard vor. Da nun nicht beabsichtigt war, sich vor der

---

*) Am Eisenbahndamm gegenüber Bussurel: Bataillon Danzig, in Bethon=
court: Goldap, die 2 andern Bataillone des 3. comb. ostpreußischen Landwehr=
Regiments mit der 4. leichten Reserve=Batterie auf Vorposten zwischen Mont
Chevis Ferme und Courcelles; ½ Bataillon Gumbinnen und Bataillon Inster=
burg auf der alten Citadelle und in Montbéliard; ½ Bataillon Gumbinnen im
Schlosse daselbst, 1 Bataillon Tilsit stand in Sochaux; der Rest des 1. Landwehr=
Regiments mit der 2. schweren Reserve=Batterie in Montbéliard; die Bayerische
Ausfall=Batterie in Exincourt.

**) 5¼ Bataillone; ½ Bataillon des 6. Regiments war im Marsche auf
St. Maurice, 1 Kompagnie zur Trainbedeckung befehligt.

Stellung selbst ernstlich zu engagiren, wurden Abends die Vorposten auf die Hauptstellung zurückgenommen. Nur die bei Bart und Dung stehenden Abtheilungen waren dort belassen worden, obgleich auf das Bedenkliche der Stellung von dem General = Kommando aufmerksam gemacht worden war.

Am äußersten linken Flügel wies General Debschitz Rekognos= cirungen auf Dasle und Croix ab.

Die feindlichen Bewegungen deuteten darauf hin, daß Bour= backi seine Armee in sich aufschließen ließ, dem deutschen rechten Flügel gegenüber aber seinen Aufmarsch vollendete. Oberst Willisen hatte die Straßen an den Ognon und auf Vesoul besetzt gefunden. Die koncentrischen Bewegungen des Feindes auf Lure nahmen ihren Fortgang und nöthigten den Oberst Willisen auf Ronchamp zurück= zugehen, wo er von den Jäger=Kompagnien und der sächsischen Bat= terie aufgenommen wurde. Lure wurde Nachmittags 4 Uhr von feindlicher Infanterie, hinter welcher starke feindliche Kolonnen im Vormarsche von Leval her gemeldet wurden, besetzt. General Degen= feld, der der besseren Stellung wegen Etobon besetzt hatte, erhielt Befehl, für den Fall eines Angriffs von Béverne her sich entschie= den zu halten.

Von General Manteuffel, der am 12. das Ober=Kommando über die neuformirte Südarmee übernommen hatte, traf Mittheilung ein aus Châtillon s/Seine, daß er am 14. den Vormarsch mit dem 2. und 7. Korps in der Hauptrichtung auf Vesoul antreten werde. General Zastrow theilte mit, daß das 7. Korps, bei Châtillon ver= einigt, Garibaldi, den es vor sich habe, angreifen werde.

Eine Aenderung in den Befehlen des General=Kommandos, sowie in der Besetzung der gewählten Stellung trat nicht mehr ein.

Ein einfaches Naturereigniß hatte indessen die Sachlage gewaltig umgestaltet und den Dispositionen des Generals Werder einen guten Theil der Basis, auf welcher sie fußten, entzogen. Bei einer Kälte von 14° R. waren die Bäche und der Kanal so fest zuge= froren, daß Infanterie und selbst Kavallerie die Flußlinie passiren konnten.

Man hatte erwartet, daß auf der langen Front im Großen und Ganzen doch nur Defilee=Gefechte entstehen würden; hierfür reichten die Kräfte des Korps wahrscheinlich aus. Keinesfalls war aber dies der Fall, wenn die Lisaine ohne Mühe überschritten werden konnte. Die Chancen waren auf diese Weise bedeutend gesunken, und da man

sich sagen mußte, daß ein Rückzug nur mit Verlust der Festungs=
und theilweise auch der Feld=Artillerie auszuführen sei, so telegraphirte
der kommandirende General am 14. Abends an das große Haupt=
quartier, die Situation klar legend:

„Neue feindliche Truppen marschiren von Süden und Westen
gegen Lure und Belfort. In Port sur Saône werden größere Ab=
theilungen konstatirt. In der Front griff der Feind heute die Vor=
posten bei Bart und Dung vergeblich an. Ob bei diesem umfassen=
den und überlegenen Angriff eine fernere Festhaltung von Belfort
stattfinden soll, bitte ich dringend, zu erwägen. Elsaß glaube ich
schützen zu können, nicht aber zugleich Belfort, wenn nicht Existenz
des Korps aufs Spiel gesetzt wird. Mir fehlt durch Festhalten von
Belfort jede Freiheit der Bewegung. Die Flußlinien durch Frost
passirbar."

Erst am 15. Abends 6 Uhr nach dem heißesten Schlachttag
kam die Antwort, daß in der gewählten Position zu schlagen sei.

Wenngleich die Lage durch das Zufrieren der Gewässer eine be=
denkliche wurde, so stand auf anderer Seite der ganz vortreffliche
Geist der Truppen jenen Gefahren gegenüber. Man muß sagen, daß
jeder Soldat bis zum letzten Mann sich seiner Aufgabe bewußt war.
Die an der Lisaine versammelten deutschen Truppen wetteiferten mit
einander und waren fest entschlossen zu siegen oder zu sterben.

Wer in diesen Tagen an die Bataillone und Batterien heran=
tritt, konnte dies unaufgefordert hören; es war jene Stimmung eine
wahre und aufrichtige. Dieser Geist der Armee machte der Leitung
die Aufgabe erheblich leichter.

Die Schlacht vor Belfort.

15. Januar. Am 15. früh ertönten die Alarmsignale der
französischen Armee auf der ganzen Linie. Die deutschen Truppen
standen um $\frac{1}{2}$8 Uhr in den Positionen; die Pioniere hieben das
Eis' der Lisaine auf und arbeiteten emsig an den Verstärkungen
der Front.

Die ganze Brigade des Oberst Wechmar wurde auf den lin=
ken Flügel nach Grand= und Vieux Charmont gezogen, 2 Bataillone
der 3. Brigade und 2 Batterien unter Oberst Sachs auf die Höhen
bei Bussurel dirigirt.

Um bei der Schwierigkeit der Uebersicht über alle Theile des
Schlachtfeldes keine zu großen Stockungen in der schnellen Befehls=

13*

gebung eintreten zu sehen, wurde der Spezial-Befehl über den Flügel von Bussurel bis Montbéliard dem General Glümer übertragen.

Es war helles, klares Wetter, bei 14° Kälte.

Der feindliche Angriff erfolgte hauptsächlich auf der Linie Chagey bis Montbéliard gegen ½9 Uhr durch starkes Artilleriefeuer; bis zum Mittag waren alle Höhen von Couthenans bis Montbéliard mit feindlicher Artillerie besetzt.

Der erste Infanterie-Angriff erfolgte in der Richtung gegen Chagey, das von einem Bataillon des 3. Regiments, Major Lang, besetzt war. Starke feindliche Abtheilungen vom 18. Korps hatten sich seit 9 Uhr von Couthenans nordwärts geschoben. Um 10 Uhr gingen circa 4 feindliche Bataillone gegen das Dorf heran, beschränkten sich aber zunächst auf ein schwaches stehendes Feuergefecht.

Bei Héricourt hatten 4 feindliche Batterien das Feuer gegen die Stadt eröffnet. Nach 10 Uhr entwickelten sich große Massen Infanterie gegen die westwärts bei Tavey stehende Avantgarde der 4. Reserve-Division unter Oberst Loos und zwangen diesen zum Abzug, nachdem auch Byans vom Feinde besetzt worden. Oberst Loos ging gegen 11 Uhr durch Héricourt zurück und stellte sich mit der Infanterie rückwärts des Ortes als Spezial-Reserve auf; die leichte Batterie nahm Stellung am Mougnot, die schwere am Kirchhof nördlich der Stadt.

Am linken Flügel wurden nach kräftiger Gegenwehr unter erheblichen Verlusten um 11 Uhr die diesseitigen Vortruppen aus Bart und Dung auf Montbéliard zurückgedrängt. Der Feind besetzte die alte Citadelle.

Auf allen Höhen auf dem rechten Lisaine-Ufer von Couthenans bis Montbéliard trat nun die feindliche Artillerie aktiv ins Gefecht und blieb ununterbrochen thätig. Sie erzielte nur unbedeutende Resultate.

Erst von Mittag ab waren die feindlichen Infanterie-Massen an den Hauptangriffs-Punkten zur Vereinigung gekommen.

Gegen Montbéliard hatten sich vom Thale bei Allondans herauf hinter der Kuppe westlich Mont Chevis Ferme mehrere feindliche Batterien (ca. 8) entwickelt. Unter dem Feuer derselben versuchten dichte Infanterie-Kolonnen gegen die Stadt vorzudringen. Alle wiederholten Anläufe derselben scheiterten unter schweren Verlusten durch die Wirkung der Batterien bei la Grange Dame und von Schloß Montbéliard. *)

Erst als um 3 Uhr Oberst Zimmermann vor der feindlichen Uebermacht in großer Ordnung die Stadt räumte und gegen So= chaux abzog, gelang es feindlichen Schützenschwärmen, sich in Mont= béliard festzusetzen. Jede weitere Entwickelung feindlicher Massen ver= hinderte das empfindliche Feuer der Schloß=Besatzung, obgleich der Feind nach 1/24 Uhr mit 6 Batterien näher herangerückt war. Es entspann sich ein äußerst lebhafter Geschützkampf.

Bethoncourt war dem Landwehr = Bataillon Goldap, Major Normann, zur Vertheidigung überwiesen. In Uebereinstimmung mit dem Angriff gegen Montbéliard drangen auch hier feindliche Ko= lonnen, circa 3—5 Bataillone, zum Angriff vor; sie wichen, von den Batterien bei la Grange Dame erreicht, größtentheils zurück. 1 1/2—2 Bataillone blieben aber im Vorrücken gegen den Eisenbahndamm. Sie mußten im wirksamen Infanterie=Feuer Kehrt machen; 53 Mann wurden von einer über den Bach ausfallenden Abtheilung des Ba= taillons Goldap unverwundet gefangen; 1 Offizier 16 Mann blie= ben verwundet zurück. **)

Dem abgeschlagenen Infanterie=Angriffe folgte ein heftiges Ar= tillerie=Feuer gegen die Position, das aber eine Aenderung der dies= seitigen Stellung nicht erzielte.

Deutliche Bewegungen großer feindlicher Kräfte in den gegen= überliegenden Wäldern, besonders im Bois Bourgeois, ließen schließen, daß zum folgenden Tage ein weiterer Angriff hier bevorstand. Ein Bataillon des Leib=Grenadier=Regiments wurde dieserhalb nebst der 1. leichten Batterie nach Bethoncourt entsendet; es detachirte seiner= seits zur Verbindung mit den bei Bussurel stehenden Truppen ein

---

*) Im Schloß 4 Belagerungs= 6pfdr.

	2 "	12pfdr.
bei la Grange Dame 5	"	24pfdr.
12 Feld=	6pfdr.	{ 2. schwere Reserve=Batterie (Haupt= mann Otto) 3. schwere Badische Batterie (Haupt= mann Hecht.)
6 "	4pfdr.	} 4. leichte Reserve=Batterie (Haupt= mann Grottke.)

11 Festungs= und 18 Feldgeschütze.

**) Bei diesem Gefechte betheiligten sich auch Pioniere, die hier das Eis auf= gehauen hatten, mit der Schießwaffe.

Halb=Bataillon. Die Batterie (Premier=Lieutenant Bodmann) nahm Stellung östlich Bethoncourt und unterstützte die bei Buffurel feuern= den Batterien.

Dort, bei Buffurel, hatte der Feind zum ernstlichen Durchbruch angesetzt. Das Dorf selbst liegt auf dem rechten Ufer des Baches und war von dieseits nicht besetzt. Die Vertheidiger dieses Punktes, das Landwehr=Bataillon Danzig unter Hauptmann Kossack, hatte die Eisenbahn=Linie östlich des Dorfes, den Bahnhof und einige Ge= höfte am linken Lisaine=Ufer besetzt; Oberst Sachs, mit dem 1. und 2. Bataillon des 5. Regiments, der 4. leichten (Premier=Lieutenant Müller) und der 4. schweren Batterie (Hauptmann Froben) aus der Hauptreserve vorgezogen, nahm Stellung auf den östlich gelege= nen Höhen.

Unter dem Feuer von 3—5 Batterien, die bei Byans aufge= fahren waren, rückte etwa nach 2 Uhr der Feind, mit 2 Brigaden in erster Linie, in dichten Kolonnen von Byans gegen Buffurel hinab. Sie geriethen beim Herabsteigen in das lebhafteste diesseitige Ge= schützfeuer und erlitten erhebliche Verluste. Trotzdem gingen mehrere Bataillone in aufgelöster Ordnung nach Buffurel hinein und setzten sich dort fest; andere sammelten sich weiter rückwärts wieder mit großer Ausdauer trotz des fortgesetzten Einschlagens unserer Gra= naten. *)

Das General=Kommando hatte inzwischen zur Verstärkung des Oberst Sachs die Füsilier=Bataillone des 4. und 5. Regiments aus der Reserve auf die Höhen von Buffurel entsendet. Eine größere Unterstützung schien nicht geboten.

Sehr bald entwickelte sich mit dem Bataillon Danzig im Thal= grunde ein lebhaftes Gefecht. Alle Versuche des Feindes aber, aus dem Dorfe über den Bach vorzubrechen, scheiterten an dem rasanten Feuer der diesseitigen Infanterie und Artillerie, obgleich der Gegner sich noch um mindestens 2 Batterien verstärkt hatte. —

General Werder hatte auf der Höhe nordöstlich Héricourt den Gang der Schlacht beobachtet. Sichtlich trat eine Ueberlegenheit der diesseitigen Artillerie über die französische zu Tage, welch letztere

---

*) Die Batterien, die ihr Feuer auf die feindliche Infanterie konzentrirten, hatten gegen die feindliche Artillerie einen schweren Stand. Die schwere Batterie (Froben) verlor 18 Mann an Todten und Verwundeten; an Pferden 6 todte, 18 verwundete.

durch auffallend geschickten Positionswechsel unsere Batterien zu er=
müden und zu paralysiren suchte. Die Meldungserstattung geschah
von allen Theilen des Schlachtfeldes doppelt; einmal telegraphisch
über die erwähnten Stationen, dann gleichzeitig schriftlich durch Or=
donnanzen. Ebenso die Befehls=Ertheilung. —

Kehren wir zu dem rechten Flügel zurück.

Nachdem Oberst Loos auf Héricourt zurückgegangen, hatte der
Feind das Plateau bei Tavey in Besitz genommen und 3—4 Bat=
terien daselbst etablirt, die ihr Feuer gegen den Mougnot richteten.
Bald trat aber eine Pause im Gefechte ein. Erst nach 2 Uhr nahm
der Feind das Artillerie=Feuer mit mindestens 6—7 Batterien wie=
der auf, das mit Heftigkeit ununterbrochen während des Nachmittags
auf Héricourt unterhalten wurde, ohne daß diesseits irgend nennens=
werthe Verluste erzielt worden wären. Die deutsche Artillerie ver=
hinderte dagegen mit Glück die feindlichen Kolonnen an der Entwicke=
lung und nöthigte die Artillerie zu öfterem Wechsel der Positionen.
Ein nach 3 Uhr von Byans und Tavey her unternommener Vor=
stoß starker Schützenschwärme gegen den Mougnot wurde durch die
dort stehenden Abtheilungen der Landwehr=Bataillone Graudenz und
Ortelsburg leicht abgewiesen.

In Chagey hatte inzwischen Major Lang einen schweren Stand
gehabt, nachdem der Feind zum kräftigen Angriff übergegangen war.
Es gelang bald der großen feindlichen Uebermacht, theilweise in das
Dorf einzudringen; Major Lang sah sich zum Zurückgehen genö=
thigt. In diesem Augenblick traf jedoch das 1. Bataillon des 6. Re=
giments (Hauptmann Weinzierl) ein, das mit ⅓ Batterie aus der
Haupt=Reserve zur Aufnahme der Verbindung mit General Degen=
feld abgeschickt worden war. Beide Bataillone nahmen gegen 5 Uhr
das Dorf wieder gänzlich in Besitz, warfen den Feind nach dem
Walde zurück und wiesen seine erneuten Versuche, mit Verstärkun=
gen von Neuem vorzugehen, energisch zurück.

Die einbrechende Dunkelheit beendete das Gefecht.

Die immer wiederholten Angriffe des Gegners hatten das Ge=
neral=Kommando, welches den Anmarsch der feindlichen Kolonnen von
Saulnot herauf beobachtet hatte, veranlaßt, das Füsilier=Bataillon des
6. Regiments und 1 Kompagnie des 2. Bataillons unter Hauptmann
Graumann auf Chagey zur Unterstützung und 1 Batterie (die 2.
leichte) auf die Höhen östlich davon zu entsenden. —

Im Allgemeinen hatte, wie erwähnt, die feindliche Artillerie nicht glänzend geschossen, nur die an den bewaldeten Felsenkronen zwischen Héricourt und Luze stehenden Reserven des Detachements Goltz erlitten durch sie stärkere Verluste. —

Am rechten Flügel bei Frahier rückte der Feind in der Frühe gegen Etobon vor, griff aber die Stellung des Generals Degenfeld bei Chenebier nicht ernstlich an. Der Kampf beschränkte sich auf leichtes Artillerie-Gefecht, das bis gegen 4 Uhr dauerte, ohne erheblichen diesseitigen Verlust. Die feindliche Infanterie ging nach einer kurzen Vorwärtsbewegung einiger Schwärme wieder zurück.

Dagegen wurden starke Kolonnen auf dem Marsche von Béverne gegen Chagey beobachtet.

Das ganze Verhalten des Feindes auf dem rechten Flügel trug an diesem Tage den Charakter einer Demonstration. Lure war hauptsächlich nur von Franktireurs besetzt.

Auch die Angriffe des Feindes gegen den äußersten linken Flügel trugen denselben demonstrativen Charakter, und es gelang dem General Debschitz mit seinen Vortruppen allein die feindlichen Vorstöße gegen die Stellungen bei Vaudoncourt und Montboutou zu pariren. —

Der 9stündige feindliche Angriff *) (½9 Morgens bis ¼6 Abends) war auf der ganzen Linie abgeschlagen worden; die französische Infanterie hatte mit Bravour gekämpft, aber schwere Verluste, hauptsächlich durch die deutsche Artillerie, erlitten. Die Position des Generals Werder war an keiner Stelle durchbrochen, Dank der Energie aller Betheiligten, vornehmlich der Artillerie; sämmtliche in Batterie stehenden Geschütze waren ununterbrochen in vollster Thätigkeit gewesen.

Die bei dem General-Kommando bis zum Abend eingegangenen

---

*) Im Allgemeinen hatten sich dirigirt: das 15. Korps auf Montbéliard das 20., General Clinchant, und das 24., General Bressolles, auf Héricourt; das 18. Korps und die Division Cremer, zusammen 40—50,000 Mann mit gegen 100 Geschützen, sollten den deutschen rechten Flügel über Etobon, Chenebier, Chagey zurückwerfen. Die Armee-Reserve, unter Admiral Pallu de la Barrière, war auf Couthenans instradirt worden. In Folge einer Kreuzung der Kolonnen des 18. Korps mit denen der Division Cremer erreichte der letztere mit seinem Gros erst am Abend Etobon. Der Angriff unterblieb deßhalb.

Südlich des Doubs operirten die Frei-Korps des Oberst Bourras von einigen regulären Abtheilungen unterstützt. Das feindliche Haupt-Quartier war in Onans.

Meldungen hatten besonders markirte Bewegungen bei dem Feinde nicht erkennen lassen. Eine Vorwärtsbewegung desselben gegen seinen linken Flügel und Verstärkungen in dieser Richtung schienen im Gange zu sein; einzelne feindliche Abtheilungen bewegten sich auch auf der Straße von Lure auf Ronchamp vor.

Die einheitliche Leitung der Schlacht hatte sich trotz der großen Schwierigkeit der Kommunikation ermöglichen lassen; mit Hilfe des Telegraphen und durch die aufopfernde Thätigkeit der Generalstabs-Offiziere und Adjutanten war das General-Kommando in unausgesetzter Verbindung mit allen Punkten der Schlachtlinie geblieben.

Bereits gegen 4 Uhr waren nach allen Richtungen General-stabsoffiziere entsendet, und es wurde nach ihrer Rückkehr Folgendes angeordnet:

Am linken Flügel löste die Brigade Wechmar die Ostpreußische Landwehr-Brigade ab. Von den aus der Reserve vorgezogenen Truppen blieb das Detachement des Oberst Sachs bei Bussurel. Der Haupt-Reserve unter General Keller wurden von der 4. Reserve-Division 1 Bataillon des 25. Regiments und 1 leichte Batterie von Héricourt zugewiesen, so daß dem General-Kommando am 16. früh zur direkten Verfügung noch standen: 5 Bataillone, 4 Eskadrons, 3 Batterien. Zur Herbeiführung der einheitlichen Vertheidigung wurde dem General Goltz auch der Befehl über die in Chagey stehenden Badischen Bataillone zuertheilt. An Verstärkung erhielt General Glümer 4 Geschütze des Belagerungs-Korps (1. leichte Reserve-Batterie des 2. Armee-Korps, Hauptmann Langemeck) zugewiesen.

Es war anzunehmen, daß die gewaltige Anstrengung des 15. die französische Armee bedeutend erschüttert habe; und konnte dem etwa am folgenden Tag sich erneuernden feindlichen Angriff um so ruhiger entgegen gesehen werden, als die Erscheinungen des Tages die genügende Besetzung der ganzen Stellung dargethan zu haben schienen und das Vorhandensein der, wenn auch schwachen, allgemeinen Reserve bei Brévilliers einen Rückhalt für weitere Eventualitäten bot. Der Abends 9 Uhr ausgegebene Befehl für den 16. bestimmte deßhalb nur: „Die Stellungen sollten weiter vertheidigt werden, die Haupt-Reserve um $^1/_2$8 Uhr auf ihrem bezeichneten Punkte stehen.“

Um dem Feinde die Ruhe möglichst zu nehmen und ihn namentlich außerhalb der Kantonnements zu erhalten, wurde er die Nacht

über ununterbrochen durch Patrouillen alarmirt. Der Feind seiner=
seits hatte nur die Vorposten bei Chenebier von Chagey her Nachts
11 Uhr angegriffen, wurde aber nach leichtem ³/₄stündigem Gefecht
abgewiesen. *)

Die Truppen in der vordersten Linie bivouakirten zum größten
Theil (16⁰ Kälte) ohne Holz und Stroh, Feuer durfte nicht ange=
macht werden; die übrigen Abtheilungen benützten die nächst gelege=
nen Häuser und Ortschaften zur nothdürftigen engen Unterkunft; zur
Verpflegung konnten nur die wenigen in der Nacht zugeführten Le=
bensmittel gereicht werden. —

Das schon oben erwähnte, um 6 Uhr Abends aus dem großen
Haupt=Quartier eingetroffene Telegramm lautete wörtlich: „Der An=
griff ist in der Belfort deckenden festen Stellung abzuwarten und
Schlacht anzunehmen. Von größter Wichtigkeit dabei Behauptung
der Straße von Lure auf Belfort; Beobachtungsposten in St. Mau=
rice wünschenswerth. Das Anrücken des Generals Manteuffel
wird schon in nächsten Tagen fühlbar."

16. Januar. Die Nacht verlief ruhig.

Bereits mit Tagesanbruch hatten sämmtliche Truppen Gefechts=
stellung bezogen. Dichter, die Aussicht auf wenige hundert Schritte
beschränkender Nebel bedeckte das Thal; erst als gegen Mittag ein
lauer Südwind sich erhob, konnte die Artillerie in Wirksamkeit treten.
Pioniere hieben, so gut es ging, das Eis auf und machten die glat=
ten Wege gangbar.

Der Feind hatte gleichfalls zum frühen Morgen seine Kolonnen
auf der ganzen Linie wieder versammelt und ging von ¹/₂8 Uhr ab
mit dichten Schützenschwärmen gegen die Lisaine vor; es entbrannte
auf der ganzen Stellung ein heftiges Gewehrfeuer.

Die ersten konzentrirten feindlichen Angriffe richteten sich gegen
St. Valbert und von Tavey her gegen die Höhe Mougnot etwa um
8 Uhr früh. Auf St. Valbert stießen mehrere Kolonnen vor, circa
5—6 Bataillone; der Angriff wurde aber von 2 dort stehenden Kom=
pagnien (1 vom 34. Regiment, 1 vom Landwehr=Bataillon Osterode),

---

*) Nach neueren Angaben soll dieser Angriff ein sehr unfreiwilliger gewesen
sein. Ein Bataillon und eine Batterie von der Division Cremer hätten auf
dem Marsche zum Rendez=vous ihrer Brigade den Weg verfehlt und sich plötzlich
vor den deutschen Vorposten bei Courchamp befunden, die, von den Patrouillen
benachrichtigt, die Ankommenden mit Salven und Schnellfeuer blutig abwiesen.

unterſtützt durch das Shrapnelfeuer mehrerer Batterien, entſchie=
den abgewieſen, und den ganzen Tag über nicht mehr wiederholt.
Ebenſo ſcheiterte der zu gleicher Zeit von einer, unter lebhaftem Ar=
tilleriefeuer von Tavey vorrückenden Brigade unternommene Angriff
auf den Berg Mougnot, der von dem Bataillon Ortelsburg beſetzt
war, obgleich des Nebels wegen die deutſchen Batterien nicht hatten
eingreifen können. Ein zweiter, unmittelbar darauf gegen den öſtlichen
Theil der Höhe ausgeführter Stoß, hatte das gleiche Schickſal.

Die feindlichen Kolonnen wichen zurück, ſammelten ſich aber in
gedeckter Aufſtellung wieder und brachen mit verſtärkter Kraft um
12 Uhr aus dem Bois du Chanois auf der Straße nach Montbé=
liard gegen die iſolirte, nur von 1 Kompagnie beſetzte, Mühle vor.
Jetzt trat aber die geſammte Artillerie in den Kampf; der Feind wich
unter erheblichen Verluſten zurück und unterhielt nunmehr bis in die
ſinkende Nacht mit ſeinen Batterien, zu denen ſich einige Mitraillen=
ſen geſellt hatten, ein lebhaftes aber faſt wirkungsloſes Feuer gegen
die Emplacements der Deutſchen.*)

Buſſurel gegenüber auf den Höhen von Byans hatten ſich ſchon
früh ¹/₂8 Uhr bedeutende feindliche Kräfte, etwa eine ſtarke Diviſion,
gezeigt, die im Begriffe ſchien, ſich zum Angriff zu formiren. Die
auch hier zur Beobachtung aufgeſtellten Generalſtabs=Offiziere melde=
ten durch die überall etablirten Relais dies ſo zeitig, daß es noch
gerade gelang, General Keller mit den Füſilier=Bataillonen des 4.
und 5. Regiments und der 5. ſchweren Batterie (Seldeneck) aus
der Reſerve auf die Höhen von Buſſurel vorzuziehen. Der genannte
General erhielt das Kommando über ſämmtliche hier ſtehende Trup=
pen. Nach einem vorbereitenden äußerſt lebhaften Artillerie=Angriff
mit ca. 5 Batterien, der dieſſeits beträchtliche Verluſte brachte, bra=
chen von 11 Uhr ab die in den Schluchten bereit geſtellten Infan=
terie=Maſſen des Feindes vor und verſuchten gegen die Liſaine her=
abzudringen. Aber nur die Teten blieben im Anlauf; dann, ſofort
von den ſicher treffenden Granaten und dem Infanterie=Feuer erfaßt,

---

*) Deutſcherſeits waren um Héricourt und nördlich davon in Aktion:
Feſtungs=Batterie Schweder,
3 Batterien des Detachements Golz: Ulrich, Riemer, Fiſcher.
2 „ der 4. Reſerve=Diviſion: Lilly, Glagau.
3 Badiſche Batterien: Leiningen, Holtz, Vorbeck.
Zuſammen 7 Feſtungs= und 48 Feld=Geſchütze.

stieben die feindlichen Kolonnen auseinander und verbargen sich in den schluchtreichen Senkungen. Mehrere Versuche des Feindes, aus Bussurel selbst vorzubrechen, scheiterten an der rühmlichen Standhaftigkeit des Bataillons Danzig. Auch hier gab der Gegner, dem überdies die Verstärkung des deutschen Widerstandes nach dem Herankommen der Reserven nicht entgangen sein konnte, die Durchbruchs-Versuche auf.

Nach 12 Uhr ermatteten die Angriffe; die diesseitige Artillerie schoß sofort das dicht besetzte Bussurel in Brand und nahm später die feindlichen Angriffe gegen Bethoncourt unter Feuer.

Auch weiter hinab gegen den linken Flügel kämpften die Vertheidiger mit gleich gutem Erfolge. Auf der Linie Bethoncourt-Montbéliard spielte sich in den Morgenstunden zunächst ein hinhaltendes Gefecht ab; der Feind tastete demonstrativ heran, und es liegt die Vermuthung nahe, daß der französische Obergeneral die Erfolge seines linken Flügels, wo die Hauptdurchbruchs-Versuche geschehen sollten, abwarten wollte, ehe er auch hier zur Offensive überging. In Montbéliard selbst hatte der Feind während der Nacht sich in der Nordlisiere Deckungen vorbereitet, die Mauern und Dächer crenelirt und bereits in der Frühe ein lebhaftes Infanterie-Feuer gegen das Schloß, sowie auf die Batterien bei Grange Dame eröffnet, ohne weitern Schaden zu thun. Die sodann unternommenen Versuche, auf der Höhe der alten Citadelle Geschütze in Position zu bringen, endeten mit der Demontirung dieser letztern.

Der eigentliche Angriff begann hier um die Mittagszeit. Gegen 12 Uhr fuhren 6 feindliche Batterien und 2 Mitrailleusen-Batterien Grange Dame gegenüber auf und eröffneten ein fortgesetztes Schnellfeuer auf unsere Artillerie und Infanterie. Letztere hatte dabei äußerst geringe Verluste, da sie in vorzüglicher Position und Deckung stand. Um 3 Uhr schwieg die feindliche Artillerie. Sofort brach aus dem Walde eine Brigade im schnellsten Tempo gegen Bethoncourt vor. Das Landwehr-Bataillon Goldap und das 2. Bataillon des badischen Leib-Grenadier-Regiments (Hauptmann Rheinau), unterstützt durch sämmtliche Artillerie, wiesen diesen Angriff jedoch glänzend ab. Der Feind, bis hart an die Lisaine gekommen, machte in wilder Flucht Kehrt und ging in den Bois du Chanois zurück. 3 Offiziere, darunter 1 Stabs-Offizier und 40 Mann wurden im Flusse und diesseits desselben gefangen. Ueber 100 Todte und Verwundete lagen auf der Wiese an der Lisaine.

³/₄ Stunden später hatte ein erneuter Angriff, der aber nicht mehr so nahe kam, gleiches Schicksal. Eine dritte feindliche Brigade, die zwischen Bethoncourt und Bussurel durchzubrechen suchte, kam schon beim Ansetzen des Angriffs zum Stocken und erreichte den Rand des Lisainebaches nicht.

„Weithin war das Schlachtfeld mit Todten und Blessirten bedeckt. Die Kraft des Gegners war erlahmt und langsam erstarb das Feuer mit der sinkenden Sonne. Gegen 5 Uhr war Alles still.“

Der Feind hatte am zweiten Tage der Schlacht mit gesammelten Kräften und nicht abzusprechender Beharrlichkeit den Durchbruch versucht.

Ein Resultat hatte er von Montbéliard bis Chagey nicht erreicht. Die deutschen Truppen waren unerschüttert und voll bester Hoffnung, während allein schon die materielle Lage der Franzosen in erheblicher Weise auf den inneren Halt derselben wirken mußte.

Als das General-Kommando gegen 7 Uhr nach Brévilliers zurückkehrte, um die Anordnungen für den 17. zu treffen, begann trotz vollster Dunkelheit ein heftiges Artillerie-Feuer von den Höhen von Tavey, bald darauf, gegen 8 Uhr, hörte man auf der ganzen Linie ein schweres Infanterie-Gefecht. Das Feuer nahm bald so zu, daß ohne Zweifel geschlossen werden durfte, es seien nicht Bataillone, sondern Divisionen im Kampf. Die diesseitige Artillerie feuerte nach dem Blitzen der feindlichen Gewehre mit Shrapnels und Granaten. Zu thun war Nichts; eine Unterstützung konnte auf keinem Punkte mehr gegeben werden. Das General-Kommando schickte nach allen Punkten Offiziere und lauschte in gespanntester Erwartung, den weitern Verlauf abwartend. Einem Jeden, der diese Stunden mit erlebte, werden sie unvergeßlich sein.

Die eingehenden Meldungen besagten, daß der Feind, besonders bei Bethoncourt, Bussurel und Héricourt, mit starken Abtheilungen bis hart an die Bajonette der Vertheidiger kam; überall wurde dieser, wie angenommen wurde, letzte Versuch glänzend abgewiesen. Das Klagen und Rufen der Verwundeten schallte weithin durch die Nacht.

Ein abermaliger, Morgens 2 Uhr gegen die Höhe Mougnot unternommener Ueberfall, scheiterte ebenso an dem Feuer der wachsamen Truppen.

Am äußersten linken Flügel Montbéliard—Delle war der Tag ziemlich ruhig verlaufen; gegen 4 Uhr Nachmittags wurden die Vorposten vor der Linie Croix, Dasle, Taillecourt leicht angegriffen und ebenso abgewiesen.

Somit war von Chagey bis Delle die Stellung auch am 16. gehalten worden. —

Dagegen hatte sich am rechten Flügel die Situation zu einer bedrohlichen gestaltet und nur die vorzügliche Haltung der Führer und der Truppen eine Katastrophe abgewendet.

General Degenfeld bei Frahier, durch die sächsische Reserve-Batterie des Oberst Willisen aus Ronchamp verstärkt, hatte den Befehl erhalten, am 16., wenn er nicht stark angegriffen würde, offensiv zu operiren. Schon um 8 Uhr früh aber begann der Feind, der sich noch in der Nacht und am Morgen des 16. durch Zuzug von der Straße von Béverne her bedeutend verstärkt hatte*), mit 3 Batterien vom Bois de la Thure aus den Kampf zunächst gegen Degenfeld's 2 Batterien, die an der Südostecke des Bois des Evants aufgefahren waren. Um Mittag traten 2 Batterien der Division Penhoët auf, die ihr Feuer auf Chenebier richteten, um das dort stehende Bataillon des 3. Regiments zu vertreiben.

Bei dem General-Kommando in Brévilliers war zwar ein all-mähliches Vorschieben des Feindes gegen seinen linken Flügel im Laufe des Vormittags bekannt geworden; doch schienen ernstere Angriffe dort nicht beabsichtigt; die Vorgänge im Centrum hatten fast alle disponibeln Kräfte der Reserve absorbirt; es konnten durchaus an keinem Punkte solche weggenommen werden.

General Degenfeld mußte zunächst auf sich allein angewiesen bleiben.

Als die Kanonade auf Chenebier keinen Erfolg gehabt, schob General Cremer, der, wie es scheint, seinen ursprünglichen Plan, auf Chenebier zu demonstriren und auf Chagey zu marschiren, jetzt aufgab, von 2 Uhr ab Infanterie gegen das Dorf vor, und ging gleichzeitig mit 2—3 Bataillonen durch das Bois de Montedin um-

---

*) Am Morgen des 16. stand die Division Cremer im Bois de la Thure, die 2. Division des 18. Korps unter Admiral Penhoët deckte in Etobon die linke Flanke.

Die Stellung des Generals Degenfeld war kurz folgende: In Courchamp das Füsilier-, in Chenebier und dem Walde nördlich davon das 1. Bataillon des 3. Regiments; die 2. schwere Batterie Göbel nördlich des Dorfes, links daneben die sächsische Batterie Krutsch, in Reserve bei Frahier das Bataillon Eupen und die preußische Etappen-Batterie Dienemann.

faſſend gegen Degenfeld's rechten Flügel vor; auch dieſer Angriff wurde abgewieſen; aber immer neue Bataillone drangen den erſteren nach; der linke Flügel Degenfeld's (Füſilier-Bataillon Hauptmann Hilpert) wurde jetzt auch von Süden vom Bois de la Thure her umfaßt und das Bataillon unter dem Kreuzfeuer der Artillerie von Etobon und vom Bois de la Thure aus gegen Chenebier gedrängt. Beim Abzug dahin durch den Grund wurde der Bataillons-Kommandeur, Hauptmann Hilpert, tödlich verwundet. Die Franzoſen beſetzten ſofort Courchamp.

Unter dieſen Umſtänden ſah ſich General Degenfeld, da er auf ein telegraphiſches Anſuchen um Unterſtützung von dem General-Kommando die Mittheilung erhalten hatte: „Verſtärkung unmöglich", um 4¼ Uhr, nach bedeutenden Verluſten genöthigt, Chenebier zu räumen und auf Frahier zurückzugehen. Das 1. Bataillon, Major Unger, übernahm die Arrieregarde.

Da nun feindliche Abtheilungen in dem Walde ſüdlich dieſes Dorfes ſich ſchon auszubreiten begannen und ſich nirgends eine Stellung, auch nicht bei Frahier, bot, ging General Degenfeld mit dem Gros nach der Ferme Rougeot zurück, wo der ſtark ausgeſprochene Höhenrücken wenigſtens einen ſicheren Halt bot. Der Feind, durch den hartnäckigen Widerſtand und ſchwere Verluſte erſchüttert, folgte in der Front nur ſchwach; die im Bois d'Eſſoyeux vorgedrungenen Abtheilungen gingen wieder zurück. Nach Erkennung dieſer Bewegungen beſetzten am Abend die Vortruppen des Generals Degenfeld Frahier wieder, das kurze Zeit geräumt war. Erſt die tiefe Dunkelheit endigte (um 6 Uhr) den Kampf, in welchem durch das Beiſpiel des Führers fortgeriſſen, der in erſter Linie kämpfte, 3 Bataillone und 3 Batterien mit ruhmreicher Tapferkeit 10 Stunden lang gegen 2 feindliche Diviſionen, von denen die eine komplett in erſter Linie focht, ehrenvoll gerungen hatten.

General Penhoët beſetzte Chenebier, die völlig erſchöpfte Diviſion Cremer rückte in das 2. Treffen nach Etobon. Die Umfaſſung von Chagey war geſcheitert.

Als die Meldungen über die geſteigerte Heftigkeit des bei Chenebier entſponnenen Kampfes bei dem General-Kommando durch den Telegraph eingetroffen, wurde um 6 Uhr aus der Reſerve Oberſt Bayer mit dem 1. und 2. Bataillon des 4. Regiments, 1 Eskadron des 2. Dragoner-Regiments und der Reſerve-Batterie (Müller) zur Unterſtützung über Mandrevillars und Buc entſendet. Ebendahin rückten die Reserven unter General Keller, welche bei Buſſurel gefochten hatten und nach Abbruch des Gefechtes zur Hauptreſerve zurückgezogen worden waren.   Auf die weitere schlimme Wendung der Verhältniſſe bei Chenebier ließ die ſpäter wahrgenommene Unter= brechung der telegraphiſchen Verbindung mit Frahier schließen; die eingehenden Meldungen beſtätigten die bedrohliche Situation.

In Folge der Aufgabe von Frahier räumte auch Oberſt Wil= liſen, welcher leichte Rencontres mit feindlichen Abtheilungen auf der Straße von Lure und von Clairegoutte gehabt, Ronchamp und ging über Champagney gegen Nordoſten auf Plancher Bas und Gegend zurück.

Beim General=Kommando wurde die Situation allerdings als nicht ungefährlich angeſehen. Es war, da der Feind Frahier unbe= ſetzt ließ, zu schließen, daß er nicht von hieraus auf Chalonvillars und ſo zum Entſatz von Belfort schreiten würde; es war hingegen wahrſcheinlicher, daß er den nächſten Tag um Chagey, das schon jetzt nur mit größter Anſtrengung gehalten wurde, von Norden tour= niren werde. Ging er von Chenebier auf die Ferme Génechier, ſo ſtand er auf der Höhe; es hätte Chagey und im weiteren Verfolg Luze aufgegeben werden müſſen, der rechte Flügel wäre ſomit auf= gerollt worden.

Es kam darauf an, hier offenſiv zu verfahren und den Feind wieder aus Chenebier zu delogiren; gelang dies auch nicht, ſo hielt man ihn wenigſtens feſt. Lange konnte er in der eingenommenen Poſition überdies nicht verbleiben. Ebenſowenig ſtand zu erwarten, daß die auf der Hauptfront engagirt geweſenen Truppen ihm ma= teriellen Nutzen bringen würden.

Hauptmann Friedeburg vom Generalſtab wurde aus dieſen Gründen nach Mandrevillars zu General Keller mit dem Erſuchen geſchickt, an Ort und Stelle nach der Sachlage ſich zu entſchließen. Als wünſchenswerthes Ziel wurde bezeichnet, womöglich ſich heute am 16. noch in den Beſitz von Chenebier zu ſetzen, um jedenfalls ein offenſives Vorgehen des Feindes über Frahier hinaus zu hindern, und außerdem nicht zu dulden, daß der Gegner die Straße Chene= bier—Chagey zum Angriff auf letztern Ort benützte.

Zur weiteren Verfügung wurden dem General das Füſilier= Bataillon des 4. und das des 5. Infanterie=Regiments, die den Tag über bei Buſſurel gefochten hatten, nebſt 2 Eskadrons des 3. Dragoner=Regiments geſtellt und ſodann das Füſilier=Bataillon des

67. Infanterie-Regiments unter Oberst Gericke, welcher im Norden die Festung cernirte. Hier blieb nur Kavallerie stehen.

Das ganze Detachement des genannten Generals war somit stark: 8 Bataillone, 4 Eskadrons, 4 Batterien, allerdings von ganz verschiedenen Regimentern.

General Goltz erhielt Befehl, zur Unterstützung des Angriffes auf Chenebier ein Bataillon von Chagey vorstoßen zu lassen.

General Tresckow, telegraphisch von der Situation benachrichtigt, bemühte sich mit allen Mitteln die kritische Lage zu verbessern. Oberstlieutenant Scheliha eilte sofort nach Essert. Mit größter Anstrengung wurden, nur mit Menschenhänden, drei 24pfder aus den Belagerungs-Batterien gezogen und mühsam nach der Ferme Rougeot in Position gebracht.

Ehe der Morgen graute, standen die Kanonen zum Schuß bereit und beherrschten Frahier und die Straße nach Erevette und Evette.

Während die soeben besprochenen Anordnungen getroffen wurden und General Keller also mit den letzten Truppen von Mandrevillars und Buc im Marsch auf Chalonvillars war, entbrannte jenes Nachtgefecht auf der ganzen Front. Diese Augenblicke waren die kritischste Zeit der Schlacht. Wenn Héricourt, das nicht unterstützt werden konnte, geräumt werden mußte, war Belfort befreit, das 14. Armee-Korps zersprengt.

Eine Reserve mußte in der Nacht unbedingt wieder gebildet werden, dies lag zwingend und klar vor.

Auf die Aufforderung des General-Kommandos an die Generale, so weit möglich Abgaben von Truppen zu machen, zögerte keiner derselben in klarer Erkennung der Situation. Tresckow, Debschitz, Glümer, Schmeling sandten, so daß am Morgen des 17. zu großer Genugthuung des kommandirenden Generals eine, wenn auch bunte, Reserve von 5 Bataillonen und 2 Batterien bei Brévilliers zur Verfügung war und zwar:

Landwehr-Bataillon Danzig, das zwei Tage im Gefechte gestanden hatte, abgelöst durch 1 Bataillon des 5. Badischen Regiments;

2 Bataillone des 2. Badischen Grenadier-Regiments unter Oberstlieutenant Stölzel, von General Glümer abgegeben;

1 Bataillon des 25. Regiments aus der Spezialreserve des Generals Schmeling, und

1 Bataillon des 67. Regiments vom Belagerungs = Korps aus Allanjoie;

die 5. schwere und die reitende Batterie.

Die Lücken am linken Flügel (Bethoncourt, Bussurel) wurden durch 2 Bataillone des Detachements Debschitz (Breslau und Lauban) ausgefüllt; der Posten in Allanjoie durch das gerade eingetroffene Ersatz=Detachement (ca. 2 Kompagnien stark) des 25. Regiments besetzt.

An den gegebenen Dispositionen wurde nichts geändert.

Der 17. Januar. Kaum über die Sachlage und die Terrain=Verhältnisse um Frahier orientirt, befahl General Keller den Ueberfall des Dorfes Chenebier. Die Truppen wurden in 2 Kolonnen getheilt; die des rechten Flügels (Füsilier=Bataillon des 5. Badischen Regiments, 2 Kompagnien*) des Füsilier=Bataillons des 67. Regiments, Bataillon Eupen (6 Kompagnien) nebst der 2. schweren Batterie, Hauptmann Goebel,) sollte von Frahier über Echevanne gegen den nördlichen; die linke (das 4. Regiment), welcher der Brigade = Kommandeur, General Degenfeld, sich angeschlossen hatte, von Frahier auf dem östlichen Ufer der Lisaine gegen den südlichen Theil von Chenebier vorrücken. In Reserve folgten um 6 Uhr die 2 Bataillone des 3. Regiments und 3 Batterien auf Frahier. Trotz der tiefen Dunkelheit, — es war etwas milder geworden, und der Himmel dicht bewölkt, — und trotz der glatten und harten Wege wurde in größter Ordnung und Stille um $\frac{1}{2}$ 5 Uhr früh Frahier passirt. Ein früheres Aufbrechen war nicht möglich gewesen. Der Angriff selbst verzögerte sich durch das schwere Aufsuchen der richtigen Wege bei der großen Dunkelheit.

Um 5 Uhr stieß die rechte Flügel = Kolonne, nachdem Echevanne passirt war, auf eine französische Feldwache und nahm sie gefangen; der Waldrand wurde hierauf genommen.

Das von dem überraschten Feind sofort eröffnete heftige Gewehrfeuer veranlaßte den General Keller den Vormarsch mit dem linken Flügel zu beschleunigen, und es drang demgemäß das 4. Regiment mit lautem Hurrah in Chenebier ein. Bei dem aufgeschreckten Feinde entstand eine allgemeine Verwirrung; aber begünstigt durch die Lage des Dorfes, das in mehreren Theilen auf kleinen durch Wasserrisse von einander getrennten Hügeln erbaut ist, gelang es den Franzosen,

---

*) Die 2 andern Kompagnien dieses Bataillons trafen erst später ein.

von denen einzelne Theile sich energisch zur Wehre setzten, sich in den westlichen Theilen von Chenebier zu sammeln, während die Osttheile und Courchamp gänzlich von dem 4. Regiment genommen waren. Das Gefecht kam zum Stehen. Der Ueberfall war vollständig gelungen. 7 Offiziere und 400 Mann Gefangene fielen in die Hände des Regiments; eine Menge feindlicher Wagen und Bagage wurden erbeutet.

Einen weit schwereren Stand hatte die Kolonne des rechten Flügels inzwischen gehabt. Die an der Tête befindlichen Bataillone des 5. und 67. Regiments unter Major Jacobi waren im Walde des Evauts auf starke feindliche Kräfte gestoßen, und es entspann sich nun in dem dichten und um so dunkleren Walde ein heftiger Kampf. Alles wurde handgemein, wie gerade der Zufall zusammenführte; Mann an Mann im schweren Faustkampf wurde gerungen, Major Jacobi selbst hierbei verwundet. Die deutschen Abtheilungen blieben im Besitze der nördlichen und östlichen Waldlisiere.

So brach das Licht des Tages herein und zeigte größere feindliche Kolonnen von verschiedenen Richtungen aus der Gegend von Etobon, 4—5 Bataillone mit Kavallerie und Artillerie, im Anmarsche gegen Chenebier und Courchamp. Die starke Besatzung von Chenebier eröffnete das Gefecht wieder mit heftigem Feuer. Da die rechte Flügel = Kolonne völlig engagirt war und Terrain nicht gewonnen wurde, so ließ Oberst Bayer die eroberten Theile des Dorfes langsam räumen. Das 4. Regiment zog mit den Gefangenen und der Beute in größter Ordnung unter dem Feuer der rasch auffahrenden 3 Batterien nach dem Bois Fery ab, wo es wieder Stellung nahm. Der Führer des Füsilier = Bataillons, Hauptmann Wolff, der die Arrieregarde befehligte, hatte während des Rückmarsches den Heldentod gefunden.

Der Feind wagte nur vereinzelt zu folgen.

Bei der rechten Flügel = Kolonne wogte der lebhafte Kampf im Walde unentschieden hin und her, bis General Degenfeld, der nach dem rechten Flügel geritten war, aus der Reserve das 1. Bataillon des 3. Regiments zur Verstärkung vorführte. Unter Führung des Kommandeurs des 3. Regiments, Oberstlieutenant Kraus, wurde nun ein allgemeiner Angriff unternommen. Erst gegen 11 Uhr konnte das Gehölz vom Feinde gesäubert werden; jedoch mißlang der sofort gemachte Versuch, Chenebier von dieser Seite zu nehmen, unter schweren Verlusten, trotz der ausgezeichnetsten Tapferkeit der Führer

14*

und der Truppen, da das Dorf inzwischen stark verbarrikadirt und mit Mitrailleusen besetzt war.*)

Weder hier noch am linken Flügel konnte mehr Terrain vorwärts gewonnen werden; aber auch der Feind hatte die Offensive aufgegeben und begnügte sich, stehen zu bleiben und ein Feuergefecht fortzuführen. Es war Mittag.

Von Chagey aus war zur Unterstützung des Ueberfalls auf Chenebier auf Befehl des Generals Goltz Major Lang mit 6 Kompagnien (2. Bataillon des 3. Badischen Regiments und 2 Kompagnien des 30. Regiments) um 4 Uhr Morgens vorgegangen. Diese stießen aber sehr bald nördlich des Dorfes auf überlegene, hinter starken Barrikaden auf der Straße stehende feindliche Infanterie, und konnten nicht durchdringen. Um ½8 Uhr früh ging nun der Feind selbst zur Offensive über und drang, unterstützt durch heftiges Artillerie-Feuer aus ca. 5—7 Batterien, mit Bravour gegen die nordwestliche Lisiere von Chagey und etwas schwächer gegen Luze vor.

Der Angriff wurde zwar blutig abgewiesen; da aber ein weiterer Stoß sicher zu erwarten stand, so sandte das General-Kommando die reitende Batterie (Stetten) zur Unterstützung. Sie nahm westlich Echenans Stellung. Der mit frischen Kräften unternommene abermalige Angriff des Feindes erfolgte gegen 12 Uhr, scheiterte aber wie der erste; ziemlich deutlich wurde die endliche Erschöpfung des Feindes erkannt, der sofort nach abgeschlagenem Angriff mit den Hauptkräften in westlicher und südwestlicher Richtung zurückging und nur mit Artillerie noch den Kampf fortführte. Bei dem nun folgenden heftigen Artilleriekampf fiel der tapfere Chef der 2. leichten Reserve-Batterie des Detachements Goltz, Hauptmann Fischer. Später führte der Feind mehrere Mitrailleusen-Batterien in den Kampf, erzielte aber auch hiermit nur geringe Verluste.

Inzwischen war es dem Major Lang in Ausführung des ihm ertheilten Befehles gelungen, die feindlichen Vortruppen zurückdrängend, deren linken Flügel zu passiren und gegen Chenebier vorzugehen, wo er in der linken Flanke des Generals Keller gegen 4 Uhr degagirend eingriff. Hier war nach Mittag eine Pause im Gefechte eingetreten. Das Wetter hatte gänzlich umgeschlagen; dem starken Schneefall des Morgens war lauer Regen gefolgt, der die

---

*) Eine wohl selten vorgekommene Wirkung eines Mitrailleusenschusses wurde hierbei konstatirt; 21 Mann des 3. Regiments wurden durch Einen Schuß außer Gefecht gesetzt.

Bewegung außerhalb der Straßen in den aufthauenden Feldern sehr schwierig machte. —

Mit geringerer Energie führte der Feind seine Angriffe auf das Centrum; hier war die Kraft der Offensive erlahmt, so daß man gegen Mittag einen sichtbareren Umschwung in den Verhältnissen konstatiren konnte.

Bei Héricourt focht während des Vormittags nur die feindliche Artillerie; gegen Mittag wurde deren Feuer aber immer matter (aus Munitionsmangel, wie man später erfuhr.)

Infanterie=Kolonnen wurden sichtbar, die unruhig hin und her marschirten, und im Allgemeinen schien des Nachmittags ein allmäh=licher Abzug von Truppen aus den Wäldern wahrscheinlich zu wer=den. An verschiedenen Punkten sah man mit den Fernröhren Schützen=gräben aufwerfen, Geschütze einschneiden und Barrikaden bauen. Auch bei Bussurel war Infanterie zum Gefechte nicht vorgekommen; die Artillerie hatte nur schwach den Kampf fortgesetzt. Bussurel selbst war den Tag über noch vom Feinde besetzt. —

Die heftigsten Durchbruchs=Versuche des Feindes erfolgten heute auf Montbéliard. Als um 10 Uhr früh die Aussicht freier wurde, begann das feindliche Artilleriefeuer, das nach und nach zu gleicher Heftigkeit, wie Tags zuvor, entbrannte. Nach 1 Uhr drangen sodann von Allondans herauf aus dem Bois Bourgeois starke Kolonnen, gegen 10 Bataillone stark. Mit großem Muthe stiegen die Truppen dicht aufgeschlossen die Höhen herab. Jetzt eröffnete aber die ge=sammte dort placirte deutsche Artillerie ihr Feuer; die feindlichen Ko=lonnen machten Kehrt, theilten sich in wirre unregelmäßige Haufen und flohen dem Walde zu. Eine fruchtbare Erndte für die deutschen Artilleristen. Im Walde stießen die Flüchtlinge mit anderen Abthei=lungen zusammen, die vor Bethoncourt geworfen, diesen Schutz gleich=falls aufsuchen mußten.

Bethoncourt war durch Befehl des Generals Glümer um ein weiteres Bataillon (das 1. des Leib=Grenadier=Regiments, Hauptmann Seyb) verstärkt worden. Der Feind hatte, nach kleineren Versuchen Morgens 7 und 10 Uhr, zu einem Hauptangriff um 2 Uhr ange=setzt; es blieb aber bei dem Versuche; die feindliche Artillerie leitete zwar den Stoß energisch ein, aber nur die Têten der Kolonnen ka=men vor; zum eigentlichen Angriffe gelangte die Infanterie nicht mehr. Die ganze Masse ging gleichfalls den Mont Chevis hinauf, um so=

dann zu verschwinden. Eine diesseits um 10 Uhr versuchte Ueber=
flügelung auf Mont Chevis Ferme hatte übrigens gleiches Schicksal.

Nach dem rechten Flügel hinauf waren noch einmal gegen 3 Uhr
bei Chagey und St. Valbert lange dünne Tirailleurs=Linien des Fein=
des mit viel Geschrei vorgedrungen, bald aber wieder zurückgewichen.

Nur bei Chenebier hielten die feindlichen Kräfte noch die An=
griffstendenzen aufrecht. Gegen 3 Uhr sammelten sich abermals
starke Massen, nach Aussage der Gefangenen die gesammelten beiden
Divisionen, zum Vorstoß. General Degenfeld nahm deshalb, da
die weitere Fortsetzung des Gefechtes nur die Kräfte aufreiben konnte,
ohne irgend einen Nutzen zu bringen, nach 3 Uhr langsam die Ba=
taillone des rechten Flügels aus dem Walde zurück und besetzte
Echevanne.

Die Mattigkeit des Feindes bei Héricourt veranlaßte den Ge=
neral Werder, 2 Bataillone des 2. Badischen Infanterie=Regiments
von Chalonvillars nach Frahier vorzuschicken; dieselben trafen da=
selbst ein, als General Keller die Truppen hier, unverfolgt vom
Gegner, sammelte und Stellung nahm. Bald darauf avancirte der
genannte General wieder bis gegen Chenebier; das Infanterie=Gefecht
erlahmte aber auch hier und endete in einem Geschütz=Kampf, unter
dessen Schutz feindliche Abtheilungen gegen Etobon abzogen. Dort
schien sich der Feind für den nächsten Tag zu konzentriren.

Echevanne blieb während der Nacht durch das 1. Bataillon des
3. Regiments, Major Unger, besetzt.

Die Mittags schon gemachte Wahrnehmung, daß die feindlichen
Truppen vor der Front sich verminderten und defensiv wurden, sowie
daß an vielen Punkten Vertheidigungsmaßregeln getroffen, Barrikaden
und Schützengräben aufgeworfen wurden, erweiterte sich am Abend da
hin, daß Montbéliard theilweise geräumt, die Ostlisière und der Bahn=
hof von den Deutschen wieder besetzt und die Verbindung mit dem
Schlosse hergestellt wurde.

Das General=Kommando erließ daher an General Glümer
Abends 8 Uhr den Befehl, die Badische Division am 18. früh bei
Frahier zu konzentriren, sofern bei dem linken Flügel dieselben Beob=
achtungen über Rückzugs=Anstalten des Feindes, wie am rechten, ge=
macht würden. Montbéliard war zwar fast gänzlich geräumt, auch
traf Meldung ein, daß feindliche Kolonnen auf St. Suzanne abzögen;
dennoch erschienen dem General Glümer in Berücksichtigung der
heftigen Gefechte im Laufe des Tages die Verhältnisse keineswegs

der Art geklärt, daß eine bedeutende Verminderung der dortigen Kräfte unbedenklich sei.

Unter diesen Umständen beließ General Werder die Truppen für den 18. in ihren Stellungen. Sobald sichere Meldungen über einen beginnenden Abzug des Feindes, namentlich vom Plateau von Tavey, gewonnen sein würden, wollte das General=Kommando sofort zur Offensive resp. zur Verfolgung des Feindes übergehen.

Am äußersten rechten Flügel hatte Oberst Willisen, um Cham=pagney stehend, am Nachmittage des 17. Ronchamp wieder besetzt, am äußersten linken Flügel General Debschitz nur leichte Vorposten=plänkeleien zu bestehen gehabt.

Es erübrigt noch, der Besatzung des Schlosses in Montbéliard zu gedenken: Major Olszewski mit 2 Kompagnien des Landwehr=Bataillons Gumbinnen und 72 Mann Preußischer und Badischer Ka=noniere unter Sekonde=Lieutenant Sauer. Während dreier Tage vom Feinde umschlossen, von den Dächern der nächstliegenden Häuser aus auf der Plattform des Schlosses vom Infanterie = Feuer schwer be=lästigt, gelang es der tapfern Besatzung, nicht nur alle Angriffe kräftigst abzuweisen, sondern auch durch richtiges wirkungsvolles Ein=greifen in die außen entbrannten Kämpfe einen rühmlichen Antheil an den Erfolgen der drei Tage zu nehmen.

Die Festung Belfort war während der 3 Schlachttage, obgleich der Kanonendonner doch ununterbrochen an das Ohr der Besatzung bringen mußte, mit Ausnahme eines schwachen Ausfalles am 16. gegen Essert, der von Theilen des Bataillons Bromberg und des Füsilier = Bataillons des 67. Regiments leicht zurückgewiesen wurde, unbegreiflicherweise völlig thatlos geblieben. —

In der Nacht zum 18. bestätigte sich der Beginn des Abzuges der größeren feindlichen Massen; das General=Kommando befahl daher am 18. früh die Konzentrirung der Badischen Division bei Chenebier und ließ durch das Detachement Goltz und die 4. Reserve=Division stärkere Rekognoscirungen ausführen, um bestimmte Nachricht darüber zu erhalten, ob der Feind wirklich und nach welcher Richtung im Abzug sei.

Ebenso wurde, da ein früh 2 Uhr eintreffendes Telegramm von dem Ober = Kommando der Süd = Armee aus Prauthoy mitgetheilt, daß die Gros des 2. und 7. Korps am 17. die Ostseite der Côte d'Or zwischen Dijon und Langres erreichen, die Vortruppen in der Höhe von Champlitte eintreffen würden, Oberst Willisen angewie=

sen, so bald als möglich eine Vorwärtsbewegung zu machen, um Verbindung mit den Spitzen des Generals Manteuffel aufzusuchen.

Die Frage einer alsbaldigen Verfolgung des Feindes im Großen war schon am 17. Abends bei dem General=Kommando in Erwägung genommen worden; so gerne aber ein Vorbrechen mit den gesammten Kräften angeordnet worden wäre, so bestimmt sprachen bei näherer Erwägung die Verhältnisse mit absoluter Nothwendigkeit gegen die Ausführung einer solchen Absicht. Konnte auch vielleicht der innere Zustand der Bourbaki'schen Armee als ein erschütterter angesehen werden, worüber etwas Bestimmtes damals noch nicht bekannt war, und ließen die bisherigen Leistungen der Werder'schen Truppen auch sicher schließen, daß sie trotz der äußersten Ermüdung und Erschöpfung den Feind wohl angreifen und werfen konnten, so mußte dieser Angriff gegen den auf günstigen Höhen hinter Schützengräben und Verhauen wohl gedeckten, mit zahlreicher Artillerie und trefflichen Infanterie=Waffen versehenen, an Zahl weit überlegenen Feind jedenfalls bedeutende Verluste nach sich ziehen, welche mit den zu erringenden Vortheilen in keinem Verhältnisse gewesen sein würden. Noch ungünstiger mußte sich aber das Verhältniß gestalten, wenn Bourbaki noch Kraft genug besaß, seinerseits die aus der Stellung vorbrechenden Theile des Werder'schen Korps wiederholt und mit größerer Chance einzeln anzufallen *).

Eine Verfolgung mit dem ganzen Korps wäre aber auch thatsächlich der Truppen wegen im Laufe des 18. und 19. fast unmöglich gewesen. Vor Allem mußte wieder warm gegessen werden, denn seit 4, theilweise 5, Tagen war nicht abgekocht worden. Bei den schwierigen engen Wegen war es nicht möglich gewesen, alle Truppen bereits bis zum 18. mit voller Portion zu verpflegen, wenn gleich die schon am 17. Abends kräftigst begonnenen Anordnungen zur gründlichen Verpflegung ihre guten Wirkungen zu äußern begannen. Selbst bis zum 19. waren die durch Verlegung der Etappenstraße auf Sentheim veranlaßten Schwierigkeiten noch nicht ganz gehoben. War aber die Verpflegung des Korps auf Tage hinaus nicht völlig sicher gestellt; wie sollte sie sich in den von der Bourbaki'schen Armee be-

---

*) Auf diesen Glücksfall hatte Bourbaki in Wirklichkeit gehofft. cfr. Freycinet Seite 249: „Si l'ennemi", schreibt Bourbaki am 18., „se décidait à nous suivre, j'en serais dans l'enchantement; peut-être nous offrirait-il ainsi l'occasion de jouer à nouveau la partie dans des conditions beaucoup plus favorables".

legt gewesenen Gebieten gestalten? Wie richtig die letztere Erwägung
gewesen, hat der entsetzliche Zustand jener Ortschaften später zur Ge=
nüge gezeigt.

Es waren ferner die Strapazen der letzten Tage, besonders der
3 Schlachttage, groß gewesen; einzelne Abtheilungen hatten die Tage
über gekämpft und waren die Nächte durch nach anderen Punkten
marschirt. Sämmtliche Truppen waren in steter Bereitschaft gewesen,
mindestens zwei Drittheile hatten auch des Nachts unter den Waffen
gestanden, da die Vorposten auf Entfernungen von nur 3—400 Schritt
sich gegenüber befanden. Eine kleine Ruhe war dringend geboten, auch
im Interesse der Munitions=Ergänzung, namentlich bei der Artillerie,
wo einzelne Batterien nur noch wenige Schüsse per Geschütz verfüg=
bar hatten. Andrerseits aber auch waren durch das Verschieben der
Reserven während der Schlachttage die Truppen gänzlich durcheinan=
der gekommen; die zum Belagerungskorps gehörigen Abtheilungen
mußten ausgeschieden, die taktischen Verbände nach der Ordre de
bataille nothwendig und vor Allem wieder hergestellt werden.

Die Franzosen konnten sich durch Gewaltmärsche noch am 17.
aus der gefahrvollen Situation, die sich durch den Anmarsch des
Generals Manteuffel bildete, ziehen, sofern sie orientirt waren.
Daß aber Bourbaki über diesen Anmarsch nicht unterrichtet war,
schien schon daraus hervorzugehen, daß derselbe am 17. die Concen=
tration so bedeutender Kräfte gegen seinen linken Flügel unternommen
hatte, während er sonst wohl gegen Süden nach der Eisenbahn zu
seine Hauptvereinigung gesucht haben würde *).

Die Berechnungen des General = Kommandos am 17. Abends
gingen dahin, daß der Feind sich noch an diesem Tage oder am 18.
mit dem 1. Echelon und den Trains in Marschkolonnen setzen würde,
am 19. mit dem 2. und der Arrieregarde; das erste Echelon konnte
also, wenn ganz marschfähig, am 20., das 2. am 21. östlich Besan=
çon eintreffen; da aber die gute Marschfähigkeit nicht vorhanden war,
so konnte das letztgenannte Marschziel erst am 21., resp. 22. erreicht
werden. Die Operationen des Generals Manteuffel ließen sich
zur Zeit diesseits nicht wohl berechnen. Verstand die französische

---

*) Auch diese Ansicht des General=Kommandos wurde in dem Werke Frey=
cinet's bestätigt, nach welchem Bourbaki von dem Anmarsche Manteuffels
erst am 18. (dès le 18.) und zwar durch die Administration de la Guerre
benachrichtigt wurde.

Heeresleitung nur einigermaßen ihre Sache, so würde Garibaldi bei Gray den Saône-Uebergang verlegt haben [*]).

18. Januar. Aus obigen Gründen beschränkten sich die Offensiv=bewegungen des Generals Werber am 18. nur auf die angegebenen Rekognoszirungen, die sehr bald ihr Ende erreichten, da der Feind auf der ganzen Linie starke Arriere-Garden, namentlich viel Artillerie, hatte stehen lassen, die sich energisch zur Wehre setzten. In einem dieser hierbei engagirten Gefechte bei St. Valbert verlor ein Halb=bataillon des 34. Regiments 46 Mann, nahm aber 1 Offizier 17 Mann gefangen.

Vor dem diesseitigen rechten Flügel waren, vornehmlich gegen die rechte Flanke, starke feindliche Abtheilungen vorgedrungen, gingen indeß langsam wieder zurück. Chenebier wurde gegen Mittag durch General Keller und bis zum Abend auch Etobon besetzt, der ab=ziehende Feind heftig kanonirt; die Höhen von Coisevaux, Byans und Tavey waren noch stark vom Feinde gehalten; Bussurel in seinen Händen; in Montbéliard die alte Citadelle noch stark besetzt, deren Wegnahme nur durch weitausholende Umgehung möglich war.

Nur am äußersten linken Flügel konnte General=Major Deb=schitz gegen die Linie Audincourt—Blamont über Audincourt, Selon=court, Hérimoncourt und Abévillers am Mittag des 18. vorgehen, und es gelang ihm, unter fortdauernden Gefechten, von denen das hartnäckigste das des Bataillons Apenrade bei Abévillers war, den Feind auf Blamont zurückzuwerfen.

Mit gleichem Erfolge ging noch am Nachmittage am äußersten rechten Flügel Oberst Willisen [**]) in Ausführung des ihm gewor=denen Befehls mit einer Avantgarde ($\frac{1}{2}$ Bataillon des 6. Regts. und 1 Kompagnie Jäger unter Hauptmann Rahle) aus Champagney gegen Clairegoutte vor. Der darin stehende Feind (ca. 1 Bataillon vom 2. leichten afrikanischen (Zephir=) Regiment), setzte sich lebhaft zur

---

[*]) Die obige ausführliche Begründung des Verhaltens der um Belfort ver=sammelten Armee nach der Schlacht geschah, um der tadelnden Kritik, welche eine allgemeine Verfolgung am 18. bereits fordert, entgegenzutreten.

[**]) Diesem wurden das Landwehr=Bataillon Eupen und die zwei Etappen=Batterien nebst der Badischen reitenden Batterie wieder zugetheilt, so daß er über 8 Kompagnien, 12 Eskadrons und 3 Batterien verfügte, dem sich das von der Zerstörung der Straßen auf dem Ballon d'Alsace zurückkehrende Halbba=taillon des 6. Infanterie=Regiments angeschlossen hatte.

Wehre; das Dorf wurde aber unter diesseitigem Verlust von 25 Mann mit Sturm genommen, 1 Offizier 63 Mann vom Feinde gefangen.

Am späten Abende des 18. fingen auch die feindlichen Arriere= garden an, sich in Bewegung zu setzen. Diesseits waren jetzt die Proviant=Kolonnen und Munitions=Ergänzungen bei Banvillard an= gelangt.

Demgemäß ordnete General Werder noch am 18. die Verfol= gung der geschlagenen Armee derart an, daß nach Konzentrirung der Badischen Division zwischen Etobon und Frahier am 20. im großen Ganzen eine Schwenkung in der Art ausgeführt wurde, daß das Pivot auf dem linken Flügel bei Montbéliard lag. Glückte diese Bewegung, so wurde der Feind nur auf die engen Marschlinien im Doubs=Thal und südlich dieses Flusses beschränkt, und man konnte so am schnellsten durch Vortreiben der Kavallerie des Oberst Willi= sen mit General Manteuffel über Vesoul in Verbindung treten.

Der bezügliche Korpsbefehl lautete:

„General=Lieutenant Glümer (18 Bataillone, 8 Eskadrons, 9 Batterien) formirt eine Avantgarde und läßt dieselbe bereits am 19. dem Feinde über Béverne folgen. Ich wünsche jedoch, daß sich dieselbe in keine ernsten Gefechte einläßt, sondern nur Fühlung mit dem Feinde behält, Nachzügler aufgreift, feindliche Kantonnements des Nachts kanonirt und Lärm macht.

General=Major Goltz und General=Major Schmeling for= miren gleichfalls Avantgarden und gehen beide in nächster Verbin= dung, die erstere auf Saulnot, die letztere auf Arcey vor. Das Verfahren derselben ist das bereits für die Großherzoglich Badische Division angegebene. Die Infanterie dieser Avantgarde darf Arcey und Saulnot nicht überschreiten.

Oberst Zimmermann und General=Major Debschitz nehmen die Stellungen des Besatzungs=Korps mit den ihnen bis zum 11. d. M. zur Disposition gestandenen Truppen in der Art ein, daß Oberst Zimmermann den Abschnitt Montbéliard—Héricourt— Luze, General=Major Debschitz den Abschnitt Croix—Montbéliard (dieses exclusive) decken. Beide genannten Offiziere treten von Mor= gen den 19. wieder unter direkten Befehl des Generals Tresckow. Oberst Zimmermann versucht eine Avantgarde gegen Bart und Dung resp. St. Marie vorzuschieben.

Das General=Kommando verbleibt morgen in Brévilliers.

Bis 19. früh 8 Uhr erwarte ich Meldungen über den Stand des Feindes.

Die Truppen ziehen ihre Bagage heran.

Die großen Trains gehen nach Champagney.

In Frahier wird ein Magazin etablirt.

In Montbéliard wird ein Lazareth etablirt.

Munitionskolonnen sind nach Banvillard und Héricourt dirigirt.

Die Gros der Truppen sollen am 20. den Avantgarden folgen; Oberst Willisen (2 Bataillone, 12 Eskadrons, 3 Batterien) auf Lure marschiren."

Nachdem diese Anordnungen getroffen, dankte General Werder den Truppen in folgendem Korpsbefehl:

„Das 14. Armee-Korps und die um Belfort vereinigten Truppen haben durch ihre außerordentlichen Leistungen in Ertragung von Strapazen größter nur denkbarer Art, sowie durch ihre glänzende Tapferkeit dem Vaterlande einen Dienst geleistet, den die Geschichte gewiß zu den denkwürdigsten Ereignissen des ruhmreichen Feldzuges zählen wird.

Es ist uns gelungen, den sehr überlegenen Feind, der Belfort entsetzen und in Deutschland einfallen wollte, aufzuhalten und sodann siegreich abzuweisen. Mögen die Truppen, auf deren Leistungen die Augen Deutschlands gerichtet waren, zuvörderst in diesen Erfolgen einen Lohn für ihre Mühen erblicken. Der Dank Seiner Majestät des Königs wurde mir bereits Allergnädigst übermittelt; meine aufrichtigen Glückwünsche für diese ruhmreichen Tage vom 14. bis 18. Januar füge ich hinzu."

(gez.) v. Werder.

Der erwähnte Königliche Dank lautete:

„Ihre heldenmüthige dreitägige Vertheidigung Ihrer Position, eine belagerte Festung im Rücken, ist eine der größten Waffenthaten aller Zeiten. Ich spreche Ihnen für Ihre Führung, den tapfern Truppen für ihre Hingebung und Ausdauer Meinen Königlichen Dank, Meine höchste Anerkennung aus, und verleihe Ihnen das Großkreuz des Rothen Adler-Ordens mit Schwertern, als Beweis dieser Anerkennung.

Ihr dankbarer König

Wilhelm".

Den allseitigen wärmsten Dank hat auch Gesammt-Deutschland dem Werder'schen Korps entgegen getragen.

Wie dem französischen Volke der von dem Bourbaki'schen Unternehmen erwartete Umschwung, wenn auch nicht der ganzen Kriegslage, doch der Stellung Frankreichs zum Abschluß eines Friedens, an der Lisaine vernichtet worden, so ward Deutschland mit dem Scheitern desselben von der schweren Besorgniß der direkten Einwirkung einer französischen Armee gegen deutsches Gebiet und vor Allem von einer daraus hervorgehenden weitern Verlängerung des Krieges erlöst, und das frei aufathmende Volk säumte nicht, in vielfachen Anerkennungen in vollem Maße seinen Dankgefühlen Worte zu geben.

Die Armee Bourbaki's war 3 volle Tage hindurch mit der höchsten Hingebung vorwärts gegangen, erfüllt von großer Zuversicht auf sichern Erfolg, dessen weitergehende Ausnützung gegen Deutschland umsichtig vorbereitet wurde, (Eisenbahnzüge mit Pontonkolonnen und Kanonenbooten waren in Bourg bereit, an der Schweizergrenze Zimmerholz zum Brückenbau hergerichtet 2c.) Von diesen Hoffnungen belebt, aber trotz der Uebermacht abgewiesen, hat die Armee ihre innere Kraft vor Belfort gebrochen; die kühn gedachten und ebenso kühn ausgeführten Operationen des Generals Manteuffel mit der Süd-Armee führten dieselbe der vollen Vernichtung entgegen, der sie nur durch Uebertritt auf neutralen Boden entgehen konnte.

Ihr Auftreten vor Belfort ist indeß des Lobes und der Anerkennung werth. Mehr als 3 Wochen ununterbrochen marschirt, im härtesten Winter bei mangelhafter Verpflegung viele Nächte unter freiem Himmel, hat diese junge Armee 3 Tage mit Tapferkeit trotz der schwersten Verluste immer wieder aufs Neue den Kampf begonnen. Daß schlimme Ausschreitungen gegen Disziplin und Völkerrecht vorgekommen sind, wie sie der Charakter dieses Krieges am Schlusse entwickelt hat, liegt in der Alles überrennenden blinden Erbitterung eines verwöhnten und ungezogenen Volkes, dessen gebeugter Dünkel Opfer braucht, seine ohnmächtige Wuth zu sühnen. Nur so läßt sich die Verstümmelung von deutschen Gefallenen in Montbéliard erklären, denen die Nasen abgeschnitten, die Schädel eingeschlagen wurden; nur so war es möglich, daß Verwundete nicht in Pflege genommen, sondern vollends getödtet worden sind. —

Die Verluste des Generals Werder waren dem Charakter der Vertheidigung entsprechend in den Kämpfen um Belfort vom 10. bis 20. Januar nur gering und beziffern sich im Ganzen auf 2158 Mann; davon kommen auf die badische Division Todt: 8 Offiz. 142 Mann Summa 150

Verwundet 29 „ 546 „ „ 575

Vermißt — „ 104 „ „ 104

Summa 829

das Detachement Golz:

Todt 1 Offizier 31 Mann Summa 32

Verwundet 10 „ 186 „ „ 196

Vermißt 3 „ 10 „ „ 13

Summa 241

die 1. Reserve-Division*):

Todt 1 Offizier 19 Mann Summa 20

Verwundet 5 „ 131 „ „ 136

Vermißt — „ 42 „ „ 42

Summa 198

die 4. Reserve-Division:

Todt 4 Offiziere 67 Mann Summa 71

Verwundet 6 „ 384 „ „ 390

Vermißt — „ 123 „ „ 123

Summa 584

Detachement Debschitz:

Todt 1 Offizier 41 Mann Summa 42

Verwundet 10 „ 171 „ „ 181

Vermißt — „ 24 „ „ 24

Summa 247

die Etappentruppen:

Todt — Offizier 2 Mann Summa 2

Verwundet — „ 30 „ „ 30

Vermißt — „ 27 „ „ 27

Summa 59

Gesammtsumme 2158

Darunter Todt 317, Verwundet 1508, Vermißt 333 Mann. Den relativ stärksten Verlust haben die wenigen Theile der 1. Reserve-Division erlitten, die an der Schlacht Theil nahmen. Auf die Abtheilungen, die am 16. und 17. um Chenebier fochten, kommen von der ganzen Summe: 28 Offiziere, 570 Mann.

*) Hiervon kommen auf die Belagerungs-Artillerie und Pioniere 1 Mann todt, 15 Mann verwundet.

An Gefangenen wurden in den drei Tagen gemacht ca. 150 Mann. Diese Zahl wuchs in den nächsten Tagen beträchtlich an. Die französischen Gesammt-Verluste wurden diesseits auf mindestens 8 bis 10,000 Mann veranschlagt.

19. Januar. Der Feind stand in der Frühe des 19. noch mit sehr aufmerksamen Vorposten in der frühern Stellung.

Der Rückzug der großen Massen ging im Allgemeinen mit einer Linksschwenkung nach dem Doubs hinab.

Im Laufe des 19. Januar wurde nun von den Truppen des Generals Werder das Schlachtfeld aufgeräumt; ca. 1500 Todte und mehrere Tausend, (ca. 4500) meist noch nicht verbundene von den Aerzten im Stiche gelassene Verwundete des Feindes wurden bis zum Abend konstatirt. Trotz aller Anstrengung war es leider nicht möglich, die zahlreichen zurückgelassenen Blessirten und Kranken in den vollständig ausgesogenen Ortschaften Alle wirksam zu unter=stützen*).

Die Avantgardebewegungen wurden den Befehlen gemäß ausge=führt; die Tête des Detachements Goltz erreichte Saulnot, die der 4. Reserve=Division gelangte bis Arcey; aus allen Dörfern wurden zahlreiche Gefangene eingebracht.

Die badische Division erreichte nach leichten Vorpostengefechten Lyoffans, viele Gefangene machend.

Oberst Willisen besetzte nach kurzem Gefechte Lure, wo 600 verwundete Franzosen fast ohne jede Hülfe gefunden und mehrere Hundert Gefangene zusammengelesen wurden.

Ernsteren Widerstand fand nur die Brigade Zimmermann am linken Flügel.

Nachdem derselben schon Morgens ein kleiner Ueberfall auf Mont Chevis Ferme gelungen, hatte Oberst Zimmermann seine Avantgarde in 2 Kolonnen über Allondans auf St. Marie resp. über Suzanne auf Présentevillers vormarschiren lassen. Jeder Schritt führte zahlreiche Gefangene zu, die theilweise in entsetzlich krankem Zustande waren. St. Marie dagegen war von einigen feindlichen Bataillonen besetzt, die energischen Widerstand leisteten. Nach kurzem Schützengefecht wurde das Dorf gestürmt. Der Feind wich aber erst nach heftigem Häuserkampfe zurück und stürzte sodann in wilder

---

*) Ganze Haufen Leichen wurden namentlich in den Wäldern gegenüber Chagey gefunden, auch viele Verwundete, die 3 Tage im Freien gelegen hatten.

Flucht auf Montenois; 260 Mann ergaben sich. Die Brigade Zimmermann hatte im Ganzen 520 unverwundete Gefangene gemacht..

In Folge der Anordnung des General-Kommandos befahl Oberst Zimmermann das Zurückgehen der eben engagirten Truppen, die, sodann kaum in Montbéliard angelangt, den Gegenbefehl erhielten, energisch zu verfolgen und nicht zum Belagerungskorps zurückzukehren.

General-Major Debschitz hatte Befehl erhalten, in der am 18. eingenommenen Stellung zu verbleiben; er kehrte, nachdem er einen kleinen Vorstoß des Feindes gegen Roches abgewiesen, am Abende des 19. in seine frühere Aufstellung Exincourt—Vaudoncourt—Croix zurück, da ein Drängen des Feindes mit eigenen großen Verlusten auf dieser Seite nicht in der Absicht des General-Kommandos gelegen hatte.

Ueber die fernere Thätigkeit des Generals Werder war am frühen Morgen des 19. ein Telegramm aus dem großen Hauptquartier eingegangen, welches diese dahin präzisirte, daß demnächst die Belagerung von Belfort mit voller Kraft wieder aufgenommen werden solle. Sofern die Verstärkung der ersten Reserve-Division durch das Detachement Debschitz ausreiche, wie dortseits angenommen werde, könnte General Werder mit dem durch die 4. Reserve-Division verstärkten 14. Korps dem abziehenden Feinde folgen.

Das Ober-Kommando der Süd-Armee hatte in seinem Befehle aus Prauthoy vom 18. Januar ausgesprochen: „Ich stehe am 20. mit meinen Hauptkräften bei Gray und vorwärts, um gegen die Flanke des zurückgehenden Feindes vorzurücken, event. mich ihm vorzulegen. Euer Excellenz ersuche ich, mit allen disponibeln Kräften die Offensive zu ergreifen, und nur soviel zurückzulassen, als zur Belagerung Belfort's nöthig, damit entscheidende Resultate erzielt werden."

Diesem Befehl folgte ein weiterer vom 19., wonach „General Werder dem abziehenden Feinde folgen, denselben möglichst festhalten solle, um die nöthige Zeit für General Manteuffel's Flankenbewegung zu gewinnen", mit der Benachrichtigung, daß „das Hauptquartier der Süd-Armee am 20. voraussichtlich in Gray sein werde."

General Manteuffel verfolgte den Plan, mit den 2 zunächst zu seiner Verfügung stehenden Korps allmälich rechts zu schwenken, und, wenn der Abzug des Feindes gegen Süden und Süd-Westen

konstatirt sei, Bourbaki auf allen seinen Rückzugsstraßen sich vor=
zulegen.

General Manteuffel war mit dem 2. und 7. Korps am
13. Januar und zwar mit den Avantgarden aus der Gegend von
Nuits aus Ravières und Noyers, resp. Châtillon sur Seine und
Montigny mit der Richtung auf Vesoul aufgebrochen; am 14. wa=
ren die Gros gefolgt, und es wurden am 16. und 17. die Ostdeboucheen
der Côte d'Or bei Prauthoy resp. Selongey (15 geographische Mei=
len von Héricourt), am 18. mit dem 7. Korps Champlitte erreicht.
Das Hauptquartier war in Prauthoy.

Da nun inzwischen Bourbaki vor Belfort geschlagen worden
war und den Rückzug antrat, so faßte das Ober=Kommando jetzt jenen
Entschluß zur Cernirungs=Operation im Jura=Gebirge, welche
schließlich mit dem Uebertritt des Feindes nach der Schweiz endigte.

Zur Fortsetzung der Offensive erließ das General=Kommando
des 14. Armee=Korps am 19. folgenden Befehl: „Die Korps des
Generals Manteuffel werden am 20. Gray passirt haben und
gegen den Ognon vorgehen. Das 14. Armee=Korps wird dieserhalb
morgen den 20. die Offensive ergreifen und im Allgemeinen eine
Linksschwenkung ausführen. Oberst Willisen sucht mit der Ka=
vallerie=Brigade und reitenden Batterie möglichst weit westlich vor=
zurücken und patrouillirt auf St. Barthélemy und Servance, um
sich zu überzeugen, ob sich in diesem Theile der Vogesen Franktireurs=
Banden angesammelt haben. Gleiche Rekognoszirungen müssen auf
Luxeuil gehen. Infanterie und Artillerie besetzt Lure; 2 Batterien der
Etappe und 2 Kompagnien des Landwehr=Bataillons Eupen Ronchamp.
In Lure ist die Telegraphenstation wieder zu errichten.

General Glümer läßt die heute auf Béverne vormarschirte Avant=
garde in der Richtung auf Athésans —Villersexel marschiren; 2 Brigaden
mit ausreichender Artillerie folgen von Chenebier den eben genannten
Weg; eine 3. Brigade*) mit der Korps=Artillerie marschirt über
Ronchamp nach Lure und schiebt ihre Avantgarde nach Vy les Lure.

General Goltz erreicht mit der Avantgarde St. Ferjeux, mit
dem Gros Secenans und hält Verbindung mit den über Béverne
vorgehenden Badischen Brigaden.

---

*) Jeder Infanterie=Brigade der Badischen Division waren je 2 Batterien
zugetheilt. Die Korps=Artillerie bildeten drei Batterien. Die Eskadrons des
3. Dragoner=Regiments wurden je nach Bedarf den Brigaden zugetheilt.

Die Division Schmeling versucht mit der Avantgarde Onans zu erreichen und rekognoszirt l'Jsle sur le Doubs. Von der Brigade Zimmermann folgen der Division 4 Bataillone, und die Artillerie und Kavallerie: 2 Eskadrons, 2 Batterien; 4 Bataillone (ohne Artillerie und Kavallerie) bleiben beim Belagerungs=Korps zurück, und letztere dislociren am 20. früh 2 Kompagnien nach Héricourt, 2 nach Montbéliard; 3 Bataillone nach Trétubans, das Regiments=Kommando nach Bourogne. Die erstgenannten 4 Bataillone der Brigade Zimmermann werden hauptsächlich zur Deckung der linken Flanke gegen den Doubs zu verwenden sein. Das Gros der Division Schmeling konzentrirt sich um Arcey.

Das General=Kommando geht nach Saulnot.

Im Allgemeinen empfehle ich den Angriff der feindlichen Arrièregardenstellungen durch möglichst starke Artillerie, die aus diesem Grunde möglichst an die Tête zu ziehen ist. —

Für den 21. ist es meine Absicht, daß Oberst Willisen, unter Zurücklassung der 4 Kompagnien Eupen und der Etappenbatterien in Lure als Etappentruppe, Froteh und Vallerois le Bois erreicht.

Die Badische Division soll mit der Avantgarde in Esprels, mit dem Gros um Villersexel stehen.

Die Bewegungen des Generals Goltz und des Generals Schmeling für den 21. behalte ich mir vor." gez. v. Werder.

Das General=Kommando hatte, wie man sieht, in den Abschnitt südlich des Doubs keine Truppen instradirt.

Das Terrain ist, wie schon geschildert, dort zur Verfolgung nicht geeignet, zumal nicht im Winter mit Landwehr=Bataillonen; dann fehlte es an Truppen, und endlich war zu erwarten, daß der Druck auf die Hauptstraße von Besançon bis Pont de Roide, von l'Jsle sur le Doubs und Baume les Dames aus, genügen würde, um diese Gegend zu säubern.

Die Truppen führten am 20. die befohlenen Bewegungen vollständig aus, ohne, mit Ausnahme einiger leichten Avantgardegefechte und Kanonaden (bei St. Ferjeux, Villargent rc.), auf ernsten feindlichen Widerstand zu stoßen.

Am 21. marschirte das Korps im Allgemeinen in Fortsetzung der Linksschwenkung auf der Linie Bonnal, Cubry, Geney und l'Jsle sur le Doubs auf und zwar stand die 4. Reserve=Division in Marvelise (Oberst Zimmermann) und Courchaton mit Sicherung gegen den Doubs; von dem Detachement Willisen traf an diesem Tage das 1. Reserve=Ulanen=Regiment wieder bei der Division ein. Das Detachement Golg nahm Stellung in Melecey und Gegend, dessen Avantgarden in Bournois und Abbenans; die Badische Division um Villersexel, die Vortruppen in Cubrial und Cubry; das General= Kommando in Saulnot. Auf allen Straßen fanden leichte Schar= mügel statt; gegen 2000 Gefangene wurden in den 2 Tagen (21. und 22.) eingesammelt.

Oberst Willisen hatte schon am 20. versucht, mit der Süd= Armee in Verbindung zu treten; die feindlichen Besatzungen von St. Loup und Port sur Saône verhinderten dies; erst am 21. konnte aus Noroy le Bourg die Verbindung mit Theilen des 7. Korps (einem Detachement des 7. Husaren = Regiments) bei Vesoul aufgenommen werden.

Die 2 Korps des Generals Manteuffel waren am 20. auf das linke Saôneufer bei und östlich Gray gerückt; die Richtung des Weitermarsches sollte von den Nachrichten über den Feind abhängig gemacht werden. Bourbaki war süd= und südwestwärts an und über den Doubs zurückgegangen, die Brücken bei l'Isle waren aufs Neue gesprengt. Einzelne Theile des Feindes standen noch auf der Straße Lure Villersexel, sowie bei Port sur Saône.

Am 22. blieb das 14. Korps im Allgemeinen in den einge= nommenen Stellungen stehen und hielt Ruhetag, der für die meisten Abtheilungen dringend nothwendig geworden war, da sie seit dem 14. ununterbrochen in Bewegung gewesen. Das General=Kommando be= legte Villersexel; Rekognoszirungen nach allen Seiten wurden ent= sendet, namentlich aber zahlreiche Detachements nach rückwärts be= wegt, um in den noch immer von den Franzosen angefüllten Ort= schaften einigermaßen Ordnung zu schaffen. Die Verbindungen des Korps wurden wieder über Epinal gelegt.

Die Etappen Plombières, St. Loup, Luxeuil wurden von Etappentruppen am 18. und 19. wieder besetzt. Auf St. Loup, wo eine Kompagnie Würtemberger gestanden, war am 16. Nachts von circa 1100 Mann feindlicher Infanterie und Kavallerie ein Angriff versucht, aber von der Besatzung unter Verlust von 18 Mann abgewiesen worden.

V. Kapitel.

Die Operationen im Verbande der Süd-Armee.*)

Auch auf den anderen Theilen des deutsch-französischen Kriegstheaters hatten die deutschen Armeen gegen Frankreichs „letzte Anstrengung" Sieg auf Sieg gehäuft, während der feste Gürtel um die
Hauptstadt sich immer drohlicher zuschnürte und der Mangel immer
lauter seine Stimme in Paris erhob. Im Norden war der Feldzug, nachdem General Faidherbe am 23. Dezember an der Hallue
geschlagen, durch die Schlachten bei Bapaume am 2. und 3. Januar
und sodann durch die Schlacht bei St. Quentin am 19. Januar
endgültig entschieden. Im Westen wurde General Chanzy am
11. und 12. Januar bei le Mans geschlagen; eine demnächstige
Operation desselben stand nicht mehr zu erwarten. Auch der letzte
große Ausfall von Paris am 19. Januar wurde mit schweren Verlusten zurückgewiesen; die deutschen Batterien beschossen das Centrum
der Stadt.

Die Süd-Armee, General Manteuffel, hatte mit dem 2.
und 7. Korps am 20. und 21. Januar die Linie Pesmes—Marnay
erreicht und mit der Avantgarde Dôle genommen. Eine Brigade des
2. Korps unter General Kettler, zur Deckung der Eisenbahn Nuits-
Blesme und zur Sicherung der Verbindungen der Armeen gegen Süden und gegen Garibaldi um Montbard zurückgelassen, operirte auf
Dijon. Am 22. wurde der Doubs besetzt, und zwar stand das 2.
Korps in Dôle, dessen Avantgarde auf der Straße nach Villers Farlay
vorgeschoben, das 7. in Dampierre; das Hauptquartier war in
Pesmes.

General Werder stand an diesem Tage, wie erwähnt, zwischen
dem Doubs und Ognon hinter der Linie l'Isle sur le Doubs—Rougemont. Die Rekognoscirungen des 22. bestätigten, daß l'Isle vom

---

*) Die Details sind zu finden in dem Werke: „Die Operationen der Süd-
Armee im Januar und Februar 1871 von Herrmann Graf von Wartens-
leben. Berlin, Mittler u. Sohn.

Feinde verlaffen, Clerval und Baume les Dames aber noch) befetzt war. Südlich des Doubs bei Blamont, Valentigny und Voujaucourt hatten sich wieder feindliche Abtheilungen fühlbar gemacht; auch) im Ognonthale bei Bonnal standen noch französische Arrieregarden. Alle Anzeichen aber deuteten darauf, daß der Feind auf Besançon abziehe; ein Zurückgehen desselben gegen Westen fand nicht statt.

Das General = Kommando des 14. Korps faßte nun zur Aus=führung der ihm gegebenen allgemeinen Direktive den Entschluß, bei l'Isle sur le Doubs eine Brücke zu schlagen und die Bewegung des Korps auf Baume les Dames fortzusetzen. Oberst Willifen wurde nach Vellefaux dirigirt zur Erhaltung der Verbindung mit den Vortruppen des 7. Korps in Fretigney. Gegen Blamont und Pont de Roide war, da ersteres nach näheren inzwischen eingekommenen Nach=richten von circa 6000 Mann unter General Bressolles besetzt sein sollte, der im Begriff sei, sich zu verschanzen, ein Vorstoß des Ge=nerals Tresckow beabsichtigt. Das Belagerungs=Korps hatte jetzt, da die 1. Parallele gegen die Perches in der Nacht vom 21.—22. auf der Linie Danjoutin = Perouse eröffnet worden, freiere Hand be=kommen.

Abends nach 9 Uhr (am 22.) trafen nunmehr Depeschen und Tagesbefehle des Ober = Kommandos der Süd=Armee ein vom 19., 20. und 21., aus resp. Fontaine Française, Gray und Pesmes, aus welchen dem General=Kommando die Lage und Stellung der zwei andern Korps, wie sie sich etwa bis zum 22. gestalten würde, er=sichtlich wurde; aus welchen ferner namentlich die Absicht des Gene=rals Manteuffel bekannt wurde, sich „dem in der Richtung von Besançon auf Lyon zu vermuthenden Rückzug des Feindes vorzu=legen und ihm baldmöglichst die Verbindungen mit jener Festung zu koupiren, während durch General Werder's inzwischen begonnene Offensive die feindlichen Arrieregarden aufgehalten, event. auch der Rückzug der Gros dadurch verlangsamt werden solle."

Nach Bestätigung der Meldung des Generals Werder über den Rückzug des Feindes auf dem linken Doubsufer fährt der Befehl des Ober=Kommandos fort: „Ich kann die Verhältnisse bei Euer Excellenz nicht hinreichend übersehen, um schon jetzt direkte Befehle zu ertheilen; rechne darauf, daß Euer Excellenz dem Feinde an der Klinge blei=bend, ihm dahin folgen, wohin er mit seinen Hauptkräften geht, und daß Seitens Ihres rechten Flügels Verbindung mit mir gesucht und erhalten wird." Sodann folgte der Befehl, sobald es die Ver=

hältniſſe irgend geſtatten, das Detachement des Oberſt Williſen, wenigſtens deſſen Kavallerie und Artillerie, in Eilmärſchen über Pes= mes zu General Manteuffel zu dirigiren, da dieſer bei dem Man= gel an dort disponibler Kavallerie derſelben dringend bedürfe, um gegen die rückwärtigen Verbindungen des Feindes zu wirken. Den Schluß bildete die Mittheilung, „daß das Reſultat der Rekognosci= rung gegen die Straße Lons le Saunier, die kürzeſte Marſchlinie zwiſchen Belfort und Lyon, für die weiteren Entſchlüſſe maßgebend werden dürfe.‟

Dieſen Mittheilungen und Befehlen glaubte das General=Kom= mando am wirkſamſten dadurch zu entſprechen, daß ein beträchtlicher Theil des 14. Korps den andern Korps der Süd=Armee näher rückte, damit dieſe letzteren zu der Operation nach Süden freier würden.

Es wurden dem entſprechend noch in der Nacht alle Anordnun= gen getroffen und dem Oberkommando hierüber folgende Meldung erſtattet: „Euer Excellenz Schreiben ꝛc. und die Tagesbefehle vom 20. und 21. Januar habe ich heute (22.) Abend 9 Uhr erhalten. Das Detachement des Oberſt Williſen, welches augenblicklich noch aus 2 Kavallerie=Regimentern und einer reitenden Batterie beſteht, wird morgen am 23. auf Pesmes abmarſchiren. Die früher dem= ſelben zugetheilten beiden Etappen=Batterien ſind von dem General Bonin*) zurückgefordert. Das 3. Kavallerie = Regiment (Reſerve= Ulanen) iſt auf meinen äußerſten linken Flügel geſetzt, wo die An= ſammlung von feindlichen Marodeurs und die Beobachtung der Doubs= linie eine Verſtärkung der Kavallerie dringend erforderlich machte.

Der Abzug des Feindes auf das linke Doubs=Ufer und auf Beſançon iſt nunmehr wohl als ſicher anzunehmen. Es iſt meine Abſicht, mich zuvörderſt in Beſitz von Baume les Dames zu ſetzen und dem Feinde dann zu folgen. Vorausſichtlich wird zur Erfüllung dieſes Zweckes die 4. Reſerve=Diviſion und das Detachement Goltz genügen, während die Badiſche Diviſion unter Feſthaltung der Straße nach Beſançon die Verbindung mit dem Korps über Rioz aufrecht erhalten ſoll. Die weiteren Bewegungen würde ich ſodann von Euer Excellenz Befehlen abhängig machen.

Soeben geht noch von General Tresckow die Nachricht ein, daß

---

*) General=Gouverneur von Lothringen.
Die Infanterie des Oberſt Williſen, Landwehr = Bataillon Eupen und
1. Reſerve=Jäger=Bataillon wurden auf Lure inſtrabirt.

Tulay nördlich Blamont stark besetzt gefunden wurde. In der Nacht vom 21. zum 22. sind vor Belfort die Laufgräben gegen die Perches in der Linie Danjoutin—Perouse eröffnet."

Während am 23. frühe nunmehr die Truppen die befohlenen Bewegungen begonnen hatten und zwar die 4. Reserve-Division auf Soye und gegen l'Isle sur le Doubs, das Detachement Goltz nach Mésandans, Oberst Willissen nach Frasne le Château, die Badische Division mit je einer Brigade nach Rougemont, Avilley, Montbozon, das General-Kommando nach Rougemont — traf folgender telegraphischer Befehl des Ober-Kommandos ein: „Euer Excellenz wollen morgen den 23. die Offensive mit aller Energie wieder aufnehmen, damit diese mit der diesseitigen Bewegung in Uebereinstimmung kommt. Näheres über diesseitigen Vormarsch schriftlich bereits unterwegs. *) Dôle ist gestern nach leichtem Gefecht von der Avantgarde besetzt und sind 230 mit Proviant beladene Eisenbahnwagen genommen worden."

Sofort erhielt General Goltz mündlich den Befehl, noch am 23. Baume les Dames zu nehmen. An General Tresckow wurde der Vorstoß auf Pont de Roide und Blamont befohlen.

General Goltz entsendete ein Detachement von 2 Bataillonen des 34. Regiments, 2 Batterien (Ulrich und Rabenau) und 1 Eskadron unter Oberst Wahlert gegen Baume vor, zu dessen Deckung der Feind die Höhen südlich Autechaux stark mit Infanterie und Artillerie besetzt und theilweise verschanzt hatte. Oberst Wahler nahm in frischem Angriff die feindliche Position, konnte aber wegen der durch gesprengte Felsstücke unpassirbar gemachten Defileen nicht weiter zum Angriff auf Baume selbst vorgehen, das nach Aussage der Gefangenen von der Arrieregarde der Bourbaki'schen Armee, 3 Divisionen des 15. Korps in der Stärke von 20—24,000 Mann mit 48 Geschützen, besetzt war.

Auch die 4. Reserve-Division war bei Clerval engagirt worden; ein Detachement derselben, 1 Bataillon des 25. Regiments und 1 Batterie stieß dort auf ein in vorbereiteter Stellung stehendes Marsch-

---

*) Zur klaren Beurtheilung der Entschlüsse des General-Kommandos des 14. Armee-Korps ist die Ankunftszeit der Befehle rc. des Ober-Kommandos genau ins Auge zu fassen. Letztere gelangten oft erst 1—3 Tage nach der Ausfertigung zur Kenntniß des General-Kommandos.

Die durch den obigen Befehl vorgeschriebene Wiederaufnahme der Offensive war, wie mitgetheilt, bereits im Gange.

Regiment, das 63., das zum Abzug gezwungen wurde. Ein anderes Detachement (6 Komp., 1 Esk.) setzte bei l'Jsle sur le Doubs auf einem Laufsteg und durch eine Furth über den Fluß und patrouillirte gegen Süden.

Von der Badischen Division hatte die in der Richtung auf Loulans vorgeschobene 1. Brigade feindliche Arrieregarden aus der Gegend von Montbozon vertrieben. Oberst Willisen (1. und 2. Dragoner = Regiment nebst der reitenden Batterie) hatte Morgens Vesoul durch einige Schüsse von einzelnen dort stehenden Abtheilungen des Feindes aufgeräumt und am Abend noch Fresnes St. Mamès erreicht. Vesoul wurde durch Etappentruppen besetzt und die Telegraphen-Station hergerichtet. Die am 10. Januar bei dem diesseitigen Abzug aus Vesoul, nebst dem (4. preuß.) Feld-Lazareth Nr. IX, Oberstabs-Arzt Dr. Brock, zurückgelassenen Kranken und Verwundeten wurden ausgeplündert vorgefunden. *)

Die allgemeine Stellung der Süd-Armee am 23. Abends war folgende: das 14. Korps stand auf der Linie Clerval—Rougemont—Montbozon; das 2. erreichte Villers Farlay und unterbrach die Straße von Besançon nach Lons le Saunier; das 7. besetzte Quingey und St. Vit, Front gegen Besançon; seine Vortruppen hatten den ersten kleinen Zusammenstoß mit einer feindlichen Abtheilung bei Dannemarie.

Vom Feinde war beim 14. Korps in Erfahrung gebracht, daß das 18. Korps und die Division Cremer am 23. früh Rougemont verlassen; eine Division des 20. Korps ebenso über Baume zurückgegangen und Bourbaki seinen Abschied eingereicht habe. Der innere Zustand seiner Armee mußte ein schlimmer sein; in allen Dörfern fanden sich zahlreiche Blatternkranke und Marode vor.

Für den 24. wurde nunmehr der konzentrische Angriff auf Baume durch die 4. Reserve-Division und das Detachement Goltz befohlen,

---

*) Der Segen der Genfer Konvention ist nicht allseitig ein durchschlagender gewesen.

Wo die Forderungen der Kriegführung in Widerspruch kommen mit den Stipulationen der Konvention können allerdings nur die ersteren die entscheidende Stimme haben.

Für die deutschen Heere brachte das gewissenhaftere Einhalten dieses Völker-Vertrages gar viele Nachtheile, da der Feind in zahlreichen Fällen dessen Forderungen in keiner Weise respektirte, und das Herumziehen verschiedener internationaler Sanitäts-Anstalten auf's Höchste für seine kriegerischen Zwecke ausbeutete.

während die Badische Division auf Rioz, Vandelans und Corcelle patrouilliren, mit einem Detachement der 3. Brigade in Reserve bei Mésandans stehen sollte. Eine Arrieregarde der 4. Reserve-Division war bestimmt, in Soye und l'Isle sur le Doubs zurückzubleiben und gegen Süden zu patrouilliren.

Am 24. vor Tagesanbruch zog der Feind aus Baume les Dames nach Sprengung der Doubsbrücke ab.

Die 4. Reserve-Division, zur Besetzung der Stadt befehligt, suchte eine Brücke zu schlagen und schob eine Avantgarde auf dem rechten Ufer gegen Roulans le Grand vor. Eine Avantgarde des Generals Goltz wurde auf Villers Grelot dirigirt. Im Uebrigen sollten die Avantgarden gegen Besançon weiter vorgehen, und zwar die der 2. Badischen Brigade bis Scay la Tour, die der 1. bis Rioz und Voray. Die 3. Brigade hatte Befehl in Rougemont, Mésandans und Huanne zu bleiben.

Die ursprüngliche Absicht des Generals Werder, auch mit dem Detachement Goltz dem Feinde über den Doubs zu folgen, war hierdurch wesentlich modifizirt worden. Der kommandirende General mußte, nachdem ihm die weitausholende Bewegung der zwei übrigen Korps nach Süden mitgetheilt worden, für dringend geboten erachten, zur Koupirung der feindlichen Operationslinie Besançon—Gray, sowie zur möglichen Degagirung der zwei andern Korps, sich mit allen irgend disponiblen Kräften der besagten Linie zu nähern. Zur Verfolgung resp. Festhaltung der südlich des Doubs befindlichen feindlichen Streitkräfte schien der durch das Detachement des Oberst Zimmermann jetzt 11 Bataillone, 5 Batterien zählende General Schmeling völlig ausreichend.

Es mußte sogar ein stärkeres Drängen des Feindes in der Richtung nach Süden unmotivirt erscheinen, da hierdurch leicht größere Abtheilungen desselben der der feindlichen Armee zugedachten Umarmung entzogen werden mochten. Je mehr der Feind eingesponnen werden konnte, desto besser war es. —

Die von dem Detachement Zimmermann über l'Isle sur le Doubs vorgehenden Patrouillen stießen nirgends auf den Feind.

Dagegen waren feindliche Abtheilungen auf den Straßen gegen Blamont vorgefunden worden. General Treskow hatte den General Debschitz beauftragt, womöglich sofort (am 23. noch) mit Theilen der zur Deckung des Gebietes von Montbéliard südwärts verwendeten 5 Bataillone, 3 Eskadrons, 3 Batterien die Unternehmung

gegen Blamont und Pont de Roide auszuführen. General Deb=
schitz war demgemäß mit 3 Bataillonen, 1 Eskadron, 2⅔ Batterien
in der Nacht zum 24. gegen die Straße Bondeval—Blamont in 2
Kolonnen auf Tulay und Roches resp. Glay vorgegangen, und hatte
mit der rechten Flügel=Kolonne, (die Bataillone Lauban und Breslau
mit 10 Geschützen), die feindlichen Truppen in Tulay und Roches
mit Glück überfallen. 400 Gefangene vom 61. und 62. Linien=Regi=
ment wurden gemacht, eine Menge Schanzzeug vorgefunden. Der
Feind zog eiligst ab.

Weniger glücklich war die Kolonne des linken Flügels gewesen.
Das Bataillon Apenrade, mit 1 Batterie über Abévillers auf Mes=
lières hinabsteigend, stieß in der tief dunkeln Nacht gegen 11 Uhr in
dem engen Felsenthale mit dem Feinde zusammen. Der Bataillons=
Kommandeur Hauptmann Schulenburg wurde schwer verwundet;
sein Stellvertreter Premier = Lieutenant Zabler ebenso, nachdem ihm
das Pferd unter dem Leib erschossen in den Abgrund gefallen war.
Zwar versuchte das Bataillon zwei Angriffe gegen Glay, welches
Dorf wie die Höhen rechts und links von etwa 1—1½ Bataillonen
des Feindes besetzt war. Es konnte aber nicht durchdringen, und
kehrte nach einem Verluste von 2 Offizieren 19 Mann auf Croix
zurück. Auf die Nachricht, daß Blamont stark vom Feinde besetzt
sei und General Bressolles daselbst befehlige, nahm General Deb=
schitz bei seiner schwachen Truppenzahl am frühesten Morgen des
24. das ganze Detachement hinter die schwierigen Defileen in seine
frühere Aufstellung zurück. Die Gefechte der Nacht hatten einen Ge=
sammt=Verlust gebracht von 3 Offizieren, 51 Mann.

Während die getroffenen Anordnungen des 24. in der Ausfüh=
rung begriffen waren, hatte General Werder Meldung hierüber an
das Ober=Kommando erstattet, und nach der einleitenden Bemerkung,
daß das in Aussicht gestellte Schreiben von dortseits noch nicht ein=
gekommen, über seine nächsten Absichten Folgendes geschrieben: „Ent=
spricht es Euer Excellenz Intention, wenn ich dem Feinde, sofern er
sich in Massen südlich des Doubs auf Besançon oder Pontarlier ab=
gezogen haben sollte, worüber ich noch nicht aufgeklärt bin, mit be=
deutenden Kräften ungeachtet der schwierigen Kommunikation folge,
oder soll ich das Korps im Wesentlichen zwischen Doubs und Ognon
resp. nördlich des letztern an Euer Excellenz Armee heranziehen? In
diesem letzteren Falle würde ich die Division Schmeling auf das
linke Doubsufer hinüberschieben."

Um ½1 Uhr Nachmittags traf nun der schriftliche Befehl des Ober-Kommandos ein, datirt Pesmes den 22. Januar 1871, der den durch Telegramm zuvor gegebenen Befehl zur Fortsetzung der Offensive an der Spitze trug und dann fortfuhr: „Da ich bis jetzt annehme, daß das feindliche Korps bei Montbozon*) nur den Abzug der Hauptkräfte über den Doubs gegen Vorstöße aus hiesiger Richtung decken soll, so haben Euer Excellenz dessen direkte Verfolgung zu bewirken, damit meine Kräfte bei dem beabsichtigten Vorgehen gegen die Straße auf Lons le Saunier nicht zersplittert werden, das qu. Korps aber jedenfalls verhindert wird, gegen meine Verbindungen auf Gray ꝛc. zu operiren."

Inzwischen waren nun die feindlichen Arrieregarden über den Ognon und Doubs abgezogen; General Manteuffel stand schon im Südwesten von Besançon auf den Rückzugslinien Bourbaki's nach dem Süden; die Hauptkräfte des Letztern mußten aber noch um Besançon konzentrirt angenommen werden. Ein Vorbrechen des Feindes von Besançon auf Gray schien die wahrscheinlichste Operation desselben. Dem Angriffspunkte Gray glaubte nun General Werder, auch entsprechend dem obigen Befehl, der den Schutz der Verbindungen auf Gray betonte, möglichst sich à portée stellen zu sollen, wodurch jedes offensive Vorgehen des Feindes nach dieser Richtung verhindert wurde. Es konnte immerhin angenommen werden, daß Bourbaki seine Zeit in Besançon benützt und die Retablirung der Armee bewirkt hatte. Gab er dem mit ca. 50,000 Mann in Dijon stehenden General Garibaldi über Pesmes oder Gray die Hand, so war er zunächst den deutschen Heeren entgangen. Daß, wie sich später zeigte, die französische Armee zu Nichts mehr fähig war — dieses Resultat der Schlacht vor Belfort und des folgenden Rückzuges war dem General-Kommando des 14. Armee-Korps nicht bekannt, konnte auch bis dahin kaum angenommen, und darauf hin demnach die Dispositionen nicht wohl getroffen werden.

Und so wurde noch am 24., in der Annahme, daß das Ober-Kommando selbst ein schleunigtes Rechtsziehen des 14. Korps wünsche, das Detachement Goltz nach Loulans und Gegend instradirt, die in Mésandans und Huanne stehenden Truppen der Badischen Division

---

nach Montbozon dirigirt. Die Verbindung des Korps wurde über Vesoul—Epinal gelegt.

Von diesen Anordnungen, den Vorfällen bei dem Korps und den Nachrichten vom Feinde wurde um 7 Uhr Abends dem General Manteuffel Meldung erstattet. Ueber die weitern Absichten fügte General Werder bei: „General Schmeling soll die Straße Besançon—St. Hippolyte gewinnen. Das Korps marschirt Euer Ex= cellenz Weisung gemäß, wie heute bereits begonnen, rechts ab, und steht am 25. mit der Kavallerie in Gy, mit einer Brigade in Bon= nevent und Etuz, mit einer zweiten in Boulot und Bussières, *) mit einer dritten und vierten und der Korps = Artillerie zwischen Rioz und Voray. Ein Verbindungsposten mit General Schmeling bleibt in Larians zurück. Ob ich am 26. die Bewegung weiter auf Pesmes führe, möchte ich von den Ereignissen bei Euer Excellenz und den Bewegungen des Feindes abhängig machen."

Dieser Rechtsabmarsch der Haupttheile des Korps auf das nörd= liche Ufer des Ognon mußte dem General Werder um so mehr als geboten erscheinen, als außer der Sicherung des Gebietes nördlich von Besançon für General Manteuffel dadurch die Möglichkeit erwuchs, die Operation mit den zwei andern Korps bis zur Schwei= zer=Grenze auszudehnen. Wesentlich in das Gewicht fiel bei der Ent= schließung des 14. Korps auch die Rücksicht darauf, daß eine Verfol= gung mit Massen südlich des Doubs voraussichtlich zu unverhältniß= mäßigen Opfern führen mußte in jenem unwegsamen und unwirth= samen, der Verpflegung höchst ungünstigen Terrain, in welchem kleine feindliche Abtheilungen wirksamen Widerstand zu leisten im Stande sind. Außerdem trennte alsdann die Festung Besançon sehr bald die größeren Truppenmassen und konnte einen der Theile in bedenkliche Lage versetzen, während diese vielleicht nirgends stark genug waren, Erfolge zu erringen. Ein weiteres Vorgehen von Voray und Cor= celle aus zwischen Ognon und Doubs auf Besançon wurde der schwierigen Terrain=Verhältnisse wegen und deßhalb nicht gewählt, weil das General=Kommando aus früherer Erfahrung wußte, wie diese Bewegung unter den Kanonen der Festung im Foret de Chailluz und vor dem befestigten Châtillon le Duc endigen mußte, und das Korps sodann zwischen der Festung und den zwei Flüssen eingekeilt

---

*) Oestlich und südöstlich Etuz.

gewesen wäre, von welch letztern der eine (Doubs) keine Uebergänge besaß, während die des andern (Ognon) gesprengt waren.

Hätte übrigens das Ober-Kommando der Süd-Armee diesen Rechtsabmarsch des 14. Korps, von welchem es rechtzeitig benachrichtigt worden, rückgängig machen wollen, so stand am 25. noch das Detachement Goltz am Ognon so à portée, daß es event. dem General Schmeling gleichfalls über den Doubs folgen konnte, wie auch der Rechtsabmarsch der Badischen Division ohne große Schwierigkeit hätte rückgeleitet werden können.

Es gab für General Werder nur die Alternative: entweder das Korps ging mit dem Haupttheil auf das südliche Doubsufer hinüber — dies hätte vielleicht ein Zerquetschen der Bourbaki'schen Armee ermöglicht, vielleicht und wahrscheinlich aber einen großen Theil derselben aus der Umarmung getrieben; oder das Gros des Korps marschirte rechts ab auf das nördliche Ufer des Ognon — hierdurch war die Straße auf Gray gedeckt und wurde durch die gleichzeitige Cernirung von Besançon die weitergehende Operation der übrigen Korps ermöglicht. Auch liegt heute die Betrachtung gar nicht ferne, daß die großen Resultate der Süd-Armee theilweise durch diesen Rechtsabmarsch des 14. Armee-Korps herbeigeführt wurden, da auf diese Weise gleichzeitig dem General Manteuffel durch das völlige Auseinanderreißen dieses Armee-Korps die nöthigen Kräfte erwachsen sind zu der Unternehmung gegen Dijon (Brigaden Degenfeld und Willisen), zur Sicherung gegen Besançon (Brigaden Keller und Wechmar), und zur Bildung einer Armee-Reserve (Detachement Goltz).

Die Bewegungen wurden, wie befohlen, am 25. ausgeführt und die Verbindung mit dem 7. Korps hergestellt. Die 1. Badische Brigade erreichte Bonnevent und Velloreille, das Detachement Goltz Boulot, die 2. Brigade Sorans les Breurey, die 3. Brigade belegte Rioz und Gegend. Der Feind hatte die starke Besetzung des Ognon aufgegeben und war zurückgegangen. Auch vor General Schmeling waren die französischen Truppen auf Besançon abgezogen; eine feindliche Arrieregarde, die sich Abends bei Pont les Moulins, St. Juan d'Adam und Bretigney entgegenstellte, wurde leicht geworfen und ihr 5 Offiziere, 400 Mann an Gefangenen abgenommen. Die Division besetzte St. Juan d'Adam und Adam le Passavant, das Gros stand in Pont les Moulins.

Oberst Willisen hatte am 24. die Gegend von Pesmes erreicht. Er wurde hier durch eine Brigade Knesebeck*), die auf der Linie Gray — Dôle echelonnirt stand, verstärkt, dem 2. Korps unterstellt und erhielt den Auftrag, gegen Unternehmungen von Dijon wie gegen Auxonne und Besançon diese Linie zu decken, Verbindung mit dem 14. Korps und dem vor Dijon stehenden Detachement des Generals Kettler zu nehmen (das durch kühne Tapferkeit in den Gesechten am 21., 22. und 23. Januar die feindliche Uebermacht um Dijon gefesselt hatte) und event. gegen die feindlichen Verbindungen zwischen Dijon und Auxonne wie zwischen Dijon und Chalon s/Saône zu operiren.

Um nähere Aufklärung über die Verhältnisse um Blamont und namentlich um Gewißheit zu erhalten, ob General Bressolles noch daselbst stehe, hatte General Debschitz am 25. Befehl erhalten, abermals auf Blamont vorzustoßen. Er fand nur noch schwache Arrieregarden des Feindes nebst einigen Haufen Franktireurs, und machte Gefangene, ging aber am 25. Abends in seine alte Stellung zurück, weil die Dörfer Glay und Meslières östlich Blamont noch vom Feinde besetzt waren.

Das General=Kommando ging nach Rioz und erstattete von dort Abends 10 Uhr Meldung an das Ober=Kommando über die Stellung des Korps und die Verhältnisse des Feindes. Ueber letztere wurde wörtlich beigefügt: „Der Feind verließ in vergangener Nacht die Ognon=Uebergänge, welche stark besetzt waren. Es dürfte hieraus der Schluß zu ziehen sein, daß eine Offensive gegen Gray nicht mehr beabsichtigt wird. Immerhin sind die Brigade=Kommandeure angewiesen, wenn diese dennoch eintreten sollte, auf der Straße Pin—Recologne vorzugehen. „Einen Abmarsch des Korps auf Baume les Dames und sodann auf Pontarlier weiter", fährt der Bericht fort, „würde ich nur auf Befehl des königlichen Oberkommandos ausführen, weil möglicherweise meine Truppen auf Gray resp. Pesmes gegen eine Diversion der in Dijon stehenden Kräfte Verwendung finden müssen".

Nachmittags 6 Uhr war mit Datum vom 24. der Befehl für General Werder eingegangen, seine Offensivbewegungen auf beiden Doubsufern in der allgemeinen Richtung auf Besançon, soweit es die Umstände erlaubten, fortzusetzen und Verbindung mit dem 7. Korps

---

*) Kombinirt aus den Regimentern Nr. 60 und 72, nebst 1 Eskadron und 2 Batterien.

zu nehmen. Die Stellung des 2. und 7. Korps wurde gleichzeitig mitgetheilt. Das 7. stand um Quingey und rekognoszirte; das 2. stand echelonnirt auf der Linie Nevy les Dôle, Baudrey, Villers Farlay, Mouchard und rekognoszirte gegen Osten.

Desgleichen kam ein weitres Schreiben ein, das die ganze Stellung der Armee klar legte und in 6 Punkten für verschiedne Eventualitäten und eintretende Fälle den drei Korps Direktiven für die etwaigen Operationen gab. Hiernach erließ auch das General-Kommando Bestimmungen an die unterstellten Truppen.

Vom Feinde waren direkte Nachrichten nicht eingegangen. Dagegen trafen am Abend aus Basel und Bern Telegramme ein, wonach Bourbaki mit 20—30,000 Mann in der Richtung auf Blamont im Marsche gegen Belfort sich befinde.

Am 26. früh 3 Uhr folgte den früheren Depeschen des Ober-Kommandos der Befehl, der, von der Voraussetzung ausgehend, daß die Generale Schmeling und Goltz über den Doubs zur Verfolgung gegangen, aussprach, daß „gegen den Durchbruch des Feindes auf Gray nicht ein Festhalten desselben in der Front, sondern ein Fallen in beide Flanken gewünscht werde". Ein Zusatz, in Folge der diesseitigen Meldung veranlaßt, bestimmte sodann, daß, „da die diesseits getroffenen Anordnungen als in den vorhandenen Verhältnissen begründet gewesen sein würden, die Fortsetzung des Rechtsabmarsches nicht auf Pesmes, sondern zum Anschluß an das in der Linie Quingey—St. Vit—Corcelle Ferrière stehende 7. Korps" zu erfolgen habe. Hiernach wurde am 27. von der Brigade Wechmar Marnay und Recologne erreicht, die 2. Brigade kam nach Sorans les Breurey, der Rest der Division nach Rioz. Das Detachement Goltz deckte diesen Marsch gegen Besançon durch die Besetzung von Etuz, Boulot, Bussières; das Hauptquartier blieb in Rioz.

Die 4. Reserve-Division erreichte mit dem Gros St. Juan d'Adam, die Avantgarde besetzte Aissey und Passavant und rekognoszirte nach Süden, Westen und Osten. Nach allen 3 Richtungen stieß man auf feindliche Trupps, so in Bouclans, Etalans. Nur einige derselben versuchten Widerstand. Die bei Orsans und Ouvans getroffenen Abtheilungen wurden aber geworfen und gingen in südöstlicher Richtung zurück. Es dürften dies Theile der aus Blamont zurückgedrängten Truppen gewesen sein. General Schmeling machte 200 Gefangene, und beschloß, behufs weiterer Rekognoszirungen am 27. stehen zu bleiben, und zwar mit dem Haupttheile (7 Bataillone,

6 Eskadrons, 4 Batterien) bei St. Juan d'Adam, ein Detachement von 2 Bataillonen, 2 Eskadrons, 2 Batterien unter Oberst Zimmermann stand um Sancey auf der Straße nach St. Hippolyte, je 1 Bataillon in l'Isle sur le Doubs und Baume les Dames *). Das 7. Korps rekognoszirte gegen Besançon, fand aber heftigen Widerstand; das 2. Korps nahm Salins und besetzte über Arbois auch Champagnole, so daß der abziehenden Bourbaki'schen Armee nur noch die Straße über Pontarlier offen blieb.

Am 27. wurde die 1. und 3. Badische Brigade und das Detachement Goltz in der Richtung auf Dampierre an den Doubs herangezogen, um die dort stehende Division des 7. Korps abzulösen. General Werder ging nach Marnay. Oberst Wechmar übernahm die Vorposten-Aufstellung der 14. Division gegen Besançon in St. Vit, von Dannemarie bis Routelle; General Keller nebst der Korps-Artillerie erreichte Recologne; General Goltz Marnay und Gegend. Zur Verbindung mit General Schmeling blieben die Ognonübergänge Pin, Chambornay les Pin, Etuz und Voray besetzt; die Trains und Kolonnen wurden nach Bonboillon gezogen. General Schmeling erhielt Befehl, unter Festhalten von Baume so weit als möglich gegen die Straße Besançon — Morteau vorzurücken und gegen den feindlichen Rückzug zu drängen. Das Detachement in Larians wurde zur Beobachtung gegen Besançon auf Corcelle gezogen. Dem General Debschitz wurden Rekognoszirungen gegen St. Hippolyte aufgetragen. Die 2. Badische Brigade Degenfeld wurde mit einer Batterie auf Chaumercenne und Chancey gegen Pesmes vorgeschoben, um dort mit dem Detachement des Oberst Willisen und der vor Dijon stehenden Brigade Kettler unter den Befehl des Generals Hann von Weyhern zu einer Unternehmung gegen Dijon verwendet zu werden. Das Hauptquartier des 14. Armee-Korps ging nach la Barre. Das 7. Korps echelonnirte sich auf der Straße von Quingey gegen Salins; das 2. stand auf der Linie Arbois—Pont d'Héry.

Am 28. begann General Manteuffel den Vormarsch in den Jura mit dem 2. und 7. Korps; zur weitern Freimachung des 7. Korps wurde die Beobachtung von Besançon auf beiden Doubs-ufern dem Reste des 14. Korps übertragen, das nunmehr am Doubs

---

*) Ueber diese Verzögerung des Vormarsches der 4. Reserve-Division vergl. die folgenden Seiten.

echelonnirte, um nach jeder Richtung verwendet werden zu können. Die Brigade Wechmar besetzte die Aufstellung bei Quingey, die Brigade Keller stand auf dem rechten Doubsufer bei St. Vit.

In dieser Stellung deckten beide Brigaden nebst der Korps-Artillerie die Süd-Armee gegen Besançon, während der kühne Zug des Generals Manteuffel nach dem Jura bis zum 1. Februar den Uebertritt der Bourbaki'schen Armee in die Schweiz herbeiführte. — —

Es ist nöthig, in Kürze der Thätigkeit der übrigen Theile des Werder'schen Korps während dieser Tage zu gedenken.

Das Detachement Goltz wurde am 28. als Armee-Reserve zur Disposition des Ober-Kommandos von Dampierre auf Arc et Senans nachgezogen. Es erreichte am 29. Mouchard, mit der Tête Arbois, um die Lücke zwischen dem 2. und 7. Korps auszufüllen. Am 30. marschirte es über Pont d'Héry mit der Tête nach Dournon, am 31. nach Villeneuve, und stand am 1. Februar bei dem Angriff der Süd-Armee auf Pontarlier in Reserve um Levier. Nachdem die französische Armee in die Schweiz übergetreten, marschirte General Goltz, bei dem Westabmarsch des Generals Manteuffel zur vollständigen Besetzung der Departements Jura und Côte d'Or und zur Wirkung gegen die Verbindungen Garibaldi's in Dijon mit Châlon s/Saône, auf dem rechten Flügel der Armee am 2. Februar nach Andellot en montagne und bis zum 4. nach Poligny. —

General Schmeling war, wie oben erwähnt, am 27. Januar stehen geblieben.

Die durch die angekommenen Alarmnachrichten veranlaßte Verzögerung des Vormarsches der 4. Reserve-Division hat bereits zu verschiedenen Kritiken geführt, die eine kurze Beleuchtung des Sachverhaltes, wie solcher aus den Akten des 14. Armee-Korps hervorgeht, an dieser Stelle geboten erscheinen lassen. Einige Wiederholungen sind hierbei unvermeidlich gewesen.

Am 25. Januar hatte die 4. Reserve-Division Befehl erhalten, über Pont les Moulins die Straße Besançon—St. Hippolyte zu erreichen zu suchen; eine Arrieregarde, die Pont de Roide zu beobachten habe, in l'Isle sur le Doubs stehen zu lassen, und zur Verbindung mit dem 14. Korps Larians mit 1 Bataillon, 1 Eskadron, 2 Geschützen zu besetzen. Diesem Befehle gemäß wurde nach leichten Gefechten mit Truppentheilen der 3. Division des 24. Korps, die ziemlich intakt in dieser Gegend stehen sollte, am 25. mit der Avantgarde St. Juan d'Adam und Adam le Paffavant, mit dem Gros Pont les Moulins erreicht unter Detachirung nach Guillon, Villers le Sec und Silley. Die feindlichen Vortruppen standen in südlicher, öftlicher und westlicher Richtung unmittelbar vor den Vorposten des Gros der Division. Das Detachement des Oberst Zimmermann stand unter Detachirung nach Larians in l'Isle fur le Doubs. Der Feind war hier Tags zuvor, 7—8000 Mann stark, auf Pont de Roide, resp. südlich abgezogen.

Am 26. früh 4 Uhr erhielt nunmehr General Schmeling die allgemeinen Direktiven des Ober-Kommandos der Süd-Armee. General Werder fügte bei, daß nähere Instruktionen unter diesen Umständen nicht gegeben werden könnten. Nothwendig scheine jedoch dem kommandirenden General, daß starke Rekognoszirungen bis Bouclans und später bis Etalans ausgeführt würden, daß die ganze Division unter Festhaltung der Doubsstraße auf dem linken Ufer vorgehe, und daß das Detachement in l'Isle fur le Doubs sich mit Montbéliard und General Debschitz in Verbindung zu setzen habe. Es wurde anempfohlen, die dortige Situation, insbesondere die Wahrheit oder Unwahrheit der erwähnten Gerüchte*) selbst zu ergründen und zu beurtheilen, und dann nach eigenem Ermessen zu handeln, sich event. Montbéliard zu nähern, um unter Basirung auf l'Isle fur le Doubs in Verbindung mit General Debschitz die dortige Gefahr abzuwenden.

Den Verhältnissen entsprechend mußte General Schmeling am 26. vor Allem zuverlässige Nachrichten über Stellung und Stärke des Feindes einziehen. Dem Oberst Zimmermann wurde für ein Vorgehen südwärts freie Hand gelassen. — Der 26. brachte kein Bild über die Situation des Feindes: Grand Crosey, morgens vom Feinde mit ca. 3 Kompagnien besetzt, wurde Nachmittags geräumt; der Feind zog auf Bellevans ab. Zwischen Servin und Lanans wurde eine Kolonne aus allen Waffen im Marsche auf Pierre Fontaine gefunden. Aus Brénondans (1¾ Kilometer südöstlich Orsans) versuchten Mittags 3—4 feindliche Bataillone einen Angriff gegen ein kleines in Orsans stehendes Detachement. Bei Etalans wurde eine Kolonne von ca. 2 Bataillonen im Marsche von Besançon nach Morteau gesehen. Bouclans war vom Feinde besetzt, ebenso Ossе.

---

*) Vormarsch eines feindlichen Korps über Blamont auf Belfort.

Oberst Zimmermann war in l'Isle sur le Doubs stehen geblieben; Pont de Roide war vom Feinde frei; mit General Debschitz, der am 25. auf Blamont vorgegangen sein sollte, wurde die Verbindung nicht gefunden. Beim Beginn der Dämmerung wurde der Anmarsch starker feindlicher Kolonnen aller Waffen von Lanans auf Vaudrevillers gesehen, und gegen einen zu erwartenden Angriff von der Avantgarde der Division Stellung um Chair de Vache, vom Gros nördlich les Fourches genommen. Während der Nacht wurde vielfach Geräusch und Wagengerassel gehört, was auf einen Abzug des Feindes zu deuten schien. Eine Unternehmung in der Nacht verbot die starke Besetzung der Straße, wie auch die Schwierigkeit des Terrains.

Die geschilderten völlig unentzifferbaren Bewegungen beim Feinde mußten ein weiteres Vorgehen der Division am 27. um so mehr ungerechtfertigt erscheinen lassen, als das Detachement Zimmermann noch fast einen Tagemarsch zurückstand. Dieses wurde nunmehr bis zum Nachmittag des 27. bis Rendevillers, Chasot und Orve *) herangezogen, und Seitens der Division die Tags zuvor ausgeführten Rekognoszirungen wiederholt.

Im Laufe des Tages trafen nun bei der Division folgende Befehle und Mittheilungen ein. Zuerst um 9 Uhr früh die Benachrichtigung durch das General-Kommando, daß nach einer aus Pontarlier zugegangenen Nachricht von dort seit dem 25. 20,000 Mann über Maiche auf St. Hippolyte vorgingen, ein erneuter Offensiv-Versuch Bourbaki's gegen Belfort also beabsichtigt schiene. Nachmittags traf der Korps-Befehl vom 26. ein, wornach die Division über Vercel bis zur Straße Besançon—Morteau vorgehen sollte. Um 3 Uhr folgte ein Schreiben des Generals Werder, das die Wahrheit der genannten Mittheilungen zwar in Zweifel zog, die eventuelle Abwehr dieses Vorstoßes aber der Division allein übertrug, da das 14. Armee-Korps weiter rechts abmarschire; die 4. Reserve-Division habe sich daher event. Montbéliard zu nähern.

Betrachten wir noch das Ergebniß der Rekognoszirungen des 27. Januar. Osse und Bouclans wurden wie Tags zuvor vom Feinde besetzt gehalten; das Terrain bis Etalans, Epenouse, Villers Chief **) war vom Feinde frei, ebenso die Straße Besançon—Morteau

---

*) Chasot 2, Orve 2¾ Kilometer östlich Rendevillers.
**) 3 Kilometer nordwestlich Epenouse.

bis Sancey. Pont de Roide, am 26. vom Feinde frei, war anschei=
nend von 1 Bataillon wieder besetzt. Die am Abend des 26. bis
Baudrevillers vorgerückte feindliche Kolonne, die nach Besançon be=
stimmt gewesen, sollte, nach bestimmten Angaben von Marodeurs und
Einwohnern ca. 5000 Mann und 2 Batterien von der 3. Division
des 24. Armee=Korps, über Ouvans auf Vercel früh morgens ab=
marschirt sein; andere Nachrichten behaupteten, daß die letzten feind=
lichen Truppen bereits am 24. nach dem Süden abgegangen seien.

General Schmeling hätte nun, da ihm der angebliche neue
Offensiv=Versuch des Feindes von vornherein sehr unwahrscheinlich ge=
wesen war, entsprechend seiner ersten Absicht, wie auch dem Korps=
Befehl vom 26., am 28. den Weitermarsch über Vercel bis zur
Straße Besançon—Morteau fortgesetzt, wenn nicht ganz positive An=
gaben eines um 5 Uhr Nachmittags eingebrachten Bauern zusammen=
gehalten mit den übrigen Mittheilungen die ursprünglichen Zweifel
über die Richtigkeit der Nachrichten aus Pontarlier einigermaßen erschüt=
tert hätten. Es lag somit für die Richtigkeit dieser letzteren doch
Vieles vor, und General Schmeling konnte sie um so weniger ig=
noriren, als die Abwehr des Feindes der 4. Reserve=Division allein
übertragen und zudem bekannt war, daß General Debschitz, der am
25. bis Blamont vorgerückt gewesen, am nächsten Tage auf Be=
fehl des Generals Trescow wieder gegen Belfort zurückgegangen
war. Die Straße Morteau—Hippolyte—Pont de Roide stand also dem
Feinde offen.

Während nun General Trescow aufgefordert wurde, den Gene=
ral Debschitz so schleunig und so stark als möglich auf St. Hippolyte
vorgehen zu lassen, mußte die Division einen Punkt gewinnen, von
dem aus die Straße Morteau—St. Hippolyte zu erreichen war, von dem
aus auch die Möglichkeit blieb, sich dem Feinde vorzulegen. Die
Division vereinigte sich daher am 28. ostwärts bei Sancey und Ge=
gend. Die Verbindung über Baume les Dames wurde abgebrochen,
und als neue Etappenlinie die über l'Isle sur le Doubs gewählt.

General Debschitz war inzwischen am 27. wieder bis Blamont
und Pont de Roide vorgegangen und hatte aus letzterem Ort Frank=
tireurtrupps vertrieben; er erreichte am 28. mit der Tête (6 Kom=
pagnien) St. Hippolyte. Die Verbindung mit demselben wurde Sei=
tens der 4. Reserve=Division hergestellt und zugleich für den 29. ein
gemeinsamer Vormarsch auf Maiche verabredet, um durch Rekognos=
zirungen über diesen Ort hinaus gegen Morteau den Grund oder

llngrund der erwähnten Nachrichten festzustellen. Demgemäß wurde am 29. Oberst Zimmermann mit 3 Bataillonen, 2 Eskadrons, 2 Batterien gegen Maiche dirigirt, das vom Feinde unbesetzt war; eine feindliche Kolonne war aus Orgeans vertrieben worden. Die letzten französischen Truppen waren nach Angabe der Einwohner morgens auf Morteau abmarschirt. Die Cooperation des Generals Debschitz fiel indessen, wie der 4. Reserve-Division Nachmittags 3 Uhr gemeldet wurde, aus, da dieser auf Befehl des Kommandos des Belagerungs-Korps gegen Belfort zurückmarschirt war.

Das General-Kommando des 14. Armee-Korps hatte die Abgabe der vier bei dem Belagerungs-Korps befindlichen Bataillone der 4. Reserve-Division an letztere verfügt. Dem Sinne dieses Befehles und der allgemeinen Sachlage nach konnte es hierbei kaum auf Abgabe bestimmter, sondern nur auf die Abgabe von vier Bataillonen überhaupt ankommen. Dies wären die zunächst dem Feinde stehenden gewesen. Das Kommando des Belagerungs-Korps hielt aber im Interesse der Ordre de Bataille geboten, den General Debschitz zurückzunehmen und von den Bataillonen der 4. Reserve-Division zwei zum 30. und zwei zum 31. in Orgeans zur Disposition der Division zu stellen. Die Folge war also ein Rückmarsch der dem Feinde zunächst stehenden Bataillone in dem Augenblick, wo ein entschiedenes Vorgehen von dem Ober-Kommando verlangt wurde.

Zum 30. Januar war entsprechend einer am 29. Abends 10 Uhr eingegangenen Depesche, worin das General-Kommando den Abmarsch des Feindes auf Pontarlier mittheilte und der 4. Reserve-Division ein energisches Vorgehen gegen Süden befahl, der Vormarsch über Maiche auf Morteau angeordnet worden. Eine am 30. früh 6 Uhr eintreffende Depesche bestimmte indeß das Vorgehen über Etalans auf Pontarlier. General Schmeling erreichte an diesem Tage Vercel und Gegend.

General Debschitz, der am 29. wieder Front gemacht und mit den 4 Bataillonen der 4. Reserve-Division auf 7 Bataillone, 2 Eskadrons, 2 Batterien verstärkt worden war, marschirte auf Morteau. Das 7. Korps stand am 30. auf der Straße Salins—Pontarlier von Villeneuve bis Chaffois, das 2. auf der Straße Lons le Saunier—Pontarlier, mit der Tête bei Frasne.

Am 31. Januar hatte General Schmeling St. Gorgon und Nods erreicht auf der Straße Besançon—Pontarlier und war in Verbindung mit dem 7. Korps getreten. Der Rest der Division stand westlich bis Aissey, Etalans und Saules. Schwache feindliche Abtheilungen wurden in Ornans und den Ortschaften nördlich des Loue-Abschnittes gefunden.

General Debschitz hatt am 31. die Linie Narbiez — le Barboux, mit dem Gros le Bussey erreicht. Die Ortschaften an der Straße gegen Morteau fanden sich mit waffenlosen französischen Soldaten gefüllt, die sich auf Waffenstillstand beriefen. Der Marsch wurde dadurch sehr schwierig.

Das 7. Korps stand Abends von Sept Fontaines bis zum Durgeonbach, das 2. mit dem Haupttheile in Dompierre, dessen Avantgarde bei la Rivière. Ein rechtes Seitendetachement besetzte noch am Abend les Granges St. Marie.

Zu dem auf den 1. Februar befohlenen konzentrischen Angriff auf Pontarlier war General Schmeling über St. Gorgon vorgegangen. Die Division kantonirte um Pontarlier zu beiden Seiten der Straßen nach Morteau und St. Gorgon.

General Debschitz hatte aus eignem Antrieb am 1. Abends Morteau und den östlich gelegenen Grenzort le Lac ou Villers besetzt, Verbindung mit der 4. Reserve=Division aufgenommen und 230 Gefangene gemacht.

Zum 2. Februar, bei dem Abmarsch des 2. und 7. Korps westwärts, erhielt die Division Schmeling Befehl in Ablösung des bei la Cluse stehenden Detachements des 2. Korps diesen Punkt zu besetzen und in Verbindung mit General Debschitz die Straße nach Morteau vom Feinde zu säubern, nach dem Abrücken der Armee aber Pontarlier besetzt zu halten und die Schweizergrenze zu beobachten. Die bei General Debschitz gestandenen 4 Bataillone traten zur Division zurück.

Am 3. wurde Pontarlier und Gegend besetzt und der Transport der sämmtlichen Gefangenen und des erbeuteten Materials begonnen. General Debschitz echelonirte auf der Straße Morteau—Belfort. Ein Detachement der 4. Reserve=Division besetzte Ornans und stellte Verbindung mit der badischen Division vor Besançon her.

Noch mehrere Tage feuerten die Forts bei la Cluse gegen die diesseitigen Abtheilungen. — —

Die 2. badische Infanterie=Brigade Degenfeld nebst 2 Eskadrons des 3. Dragoner=Regiments und der 2. schweren Batterie und die Kavallerie=Brigade Willisen (1. und 2. Dragoner=Regiment und die reitende Batterie) waren, wie erwähnt, mit den Brigaden

Knesebeck und Kettler unter Befehl des Generals Hann zu einer Operation gegen Dijon vereinigt worden, um diese Stadt zu nehmen oder aber, wenn die Opfer zu groß sein sollten, den dort stehenden Feind in Schach zu halten und ihn durch Unterbrechung seiner Kommunikationen ganz zu isoliren, um nach erfolgter Entscheidung gegen die französische Hauptarmee Dijon dann mit völliger Sicherheit des Erfolges umfassen zu können. Am 29. stand General Knesebeck bei Essertenne, General Degenfeld und Oberst Willisen um Mirebeau, General Kettler bei Thil Châtel.

Am 30. blieben die Detachements Degenfeld und Willisen stehen, während General Knesebeck bis Arc und Arceau marschirte.

Am 31. wurde gegen Dijon vorgegangen, und zwar General Kettler von Ogny le Château auf Varois, Knesebeck über Couternon auf Quétigny, General Degenfeld und Oberst Willisen folgten als Reserve auf der Hauptstraße. Die Stellung Mirande—St. Apollinaire war vom Feinde stark, auch mit Artillerie, besetzt. General Hann stand wegen der späten Nachmittagsstunde vom Angriff für diesen Tag ab. Ein Detachement von 1 Bataillon, 2 Eskadrons hatte sich des Ueberganges bei Fauvernay bemächtigt; ein anderes vertrieb feindliche Trupps aus Genlis. Der Feind hatte im Laufe des Tages und während der Nacht Dijon geräumt. Um 8 Uhr früh am 1. Februar wurde die Stadt Dijon besetzt. Die dort noch vorgefundenen s. Z. zurückgelassenen deutschen Verwundeten, Kranken und Aerzte waren von Seiten des Maire gut, von Seiten der andern mißtrauischen Behörden in einer oft alles Maß überschreitenden Weise roh behandelt worden. Von zwei über Lyon und Genf nach der Heimath instradirten Transporten Schwerverwundeter war der eine nach dem Süden Frankreichs geführt und später nach den Pyrenäen verbracht worden.

General Degenfeld und Oberst Willisen blieben zunächst in Dijon stehen; ein Detachement der 2. Brigade (2 Bataillone, 1 Eskadron, 1 Batterie) hatte Auxonne von der Westseite zu cerniren. —

Inzwischen war am 28. Januar zu Versailles eine Konvention abgeschlossen worden, die zunächst auf den übrigen Kriegstheatern Waffenruhe hatte eintreten lassen. Nachdem sodann bis zum 6. Februar die Okkupirung der drei vom Waffenstillstand ausgeschlossenen Departements durch die Süd-Armee vollzogen worden, wurde über die Truppen des Werder'schen Korps folgender Maßen disponirt.

Das Detachement Goltz mit den Brigaden Degenfeld und Willisen bildeten die allgemeine Armee-Reserve unter General Goltz zur unmittelbaren Verfügung des Oberkommandos. Es versammelte sich auf beiden Doubsufern in der Gegend von Dôle, übernahm die Beobachtung von Salins und mit dem 7. Korps die Beobachtung von Auxonne.

Das 14. Korps mit der 1. und 4. Reserve-Division erhielt im Allgemeinen das Departement Doubs zum Dislocations-Rayon. Hauptaufgabe waren die Beobachtung von Besançon und die Fortführung der Belagerung von Belfort. Weitere Detachirungen außer der Entsendung einer Brigade auf Pontarlier waren dem General Werder überlassen.

In Ausführung dieser Befehle ging das General-Kommando am 9. Februar nach Dôle. Die Brigade Keller stand auf beiden Doubsufern bei Quingey und St. Bit gegen Besançon und hielt auch Marnay besetzt. General Degenfeld stand weiter abwärts am Doubs bei Rans und Rochefort, ein Detachement in Salins; die Brigade des Oberst Wechmar bei Dôle und gegen Auxonne; General Goltz und Oberst Willisen nördlich und südlich Dôle. Die 4. Reserve-Division befand sich mit dem Stabsquartiere in Baume les Dames zwischen Doubs und Ognon, ein Theil derselben (6 Bataillone, 2 Batterien) und das Detachement Debschitz waren zu dem Belagerungs-Korps zurückgekehrt.

Vom 12. Februar ab trafen die Têten der Brigaden Degenfeld und Willisen in und bei Dôle ein; das Detachement Goltz marschirte am 13. in der Richtung gegen Langres ab und bezog Kantonnements in der Gegend von Champlitte, Prauthoy und Fontaine Française. Die Cernirung von Auxonne wurde der Brigade Wechmar übertragen.

Am 14. Februar wurde der Waffenstillstand auch für die Departements Côte d'Or, Doubs und Jura stipulirt; über die Rayonsverhältnisse mit Besançon, Auxonne und den Juraforts besondere Konventionen abgeschlossen. —

Die operative Thätigkeit des Werder'schen Korps war beendet. Eine nach Leistung und Erfolg bedeutsame Periode des Feldzuges lag hinter demselben.

Naturgemäß hat dieser Zeitabschnitt, Ende Dezember bis Anfang Februar, den Truppen große Anstrengungen auferlegt, die, verbunden mit der kalten Jahreszeit, den bisher so günstigen Krankenstand des Korps verhältnißmäßig erhöhen mußte.

Hatten auch die großen Anforderungen an die Kräfte der Sol=
daten bei den forcirten Märschen gegen Vesoul und der darauf fol=
genden fast permanenten Gefechtsbereitschaft noch immer eine be=
deutende Vermehrung der Kranken nicht gebracht, so mußte dies sich
ändern, als der sehr erschöpfende Tag von Villersexel, der rasche
Aufmarsch an der Lisaine und die Tage vor Belfort die Anstren=
gungen auf das Höchste steigerten. Der Mangel an Ruhe und an
passender Abwechslung in der Nahrung bei fast gänzlichem Wegfall
des bisher gewohnten Weines verzehrten die bis dahin anhaltende
Widerstandskraft gegen Krankheitseinflüsse schnell. Bei dem darauf
folgenden raschen Wiedervormarsch zeigte sich darum zunächst eine
sichtliche Unzulänglichkeit der Kräfte, bei den besten Regimentern am
allerauffälligsten zu Tage tretend.

Die ebenso geschickte als erfolgreiche Leitung des Sanitätsdienstes
durch den stellvertretenden Generalarzt, Oberstabsarzt Dr. Hoff=
mann, und den Feldlazareth=Direktor, Oberstabsarzt Dr. Beck, ver=
dient besonders hier erwähnt zu werden. —

Werfen wir noch einen kurzen Blick auf die Vorgänge vor der
Festung Belfort.

Dort war, wie schon erwähnt, nach der Erstürmung von Dan=
joutin (8. Januar) General Tresckow zur Eröffnung der 1. Pa=
rallele geschritten. Die sich vor der Festung abwickelnden großen
Ereignisse wirkten aber zunächst hemmend auf den Fortgang der Be=
lagerung. Nachdem Bourbaki geschlagen, wurden dem Belagerungs=
Korps am 18. Januar wieder das Detachement Debschitz und 4
Bataillone der 4. Reserve=Division überwiesen. In der Nacht vom
20. zum 21. Januar wurde das Dorf Perouse nebst den anliegenden
Gehölzen Tailles und Bailly, Moroveaux dem Feinde abgenommen.
5 Offiziere, 93 Mann der Festungsbesatzung wurden unverwundet
gefangen. Diesseits betrug der Verlust 8 Offiziere 171 Mann. In
der darauf folgenden Nacht begann sodann der Bau der 1. Parallele
gegen die beiden Perches in der Linie Danjoutin—Perouse und zwar
ohne Verlust. Nach heftiger Beschießung der Werke wurde in der
Nacht vom 26. zum 27. der gewaltsame Angriff versucht. Er
reussirte aber nicht. Der nunmehr fortgesetzte förmliche Angriff fand
große Schwierigkeiten in dem hart gefrorenen Felsboden; er mußte
auch unter der Wiederverwendung der Detachements Debschitz und
Zimmermann bei der Verfolgung der Bourbaki'schen Armee
Abbruch leiden, zumal die etatsmäßige Stärke der Bataillone in

Folge der Verluste und durch Krankheiten bedeutend gesunken war. Am 7. Februar konnte das Kouronnement der Perches begonnen werden. Am 8. wurden beide leicht genommen.

General Trescłow schritt nunmehr zum Angriff auf die Haupt= befestigungen selbst. Die Perches wurden bis zum 14. unter außer= ordentlichen Anstrengungen armirt; das Feuer sollte aus 64 Ge= schützen eröffnet werden, als am 14. früh Befehl zum Einstellen der Feindseligkeiten eintraf. In Versailles war Waffenstillstand auch für die Süd=Armee und die Uebergabe von Belfort stipulirt worden. Die Festung wurde am 18. Februar den deutschen Truppen über= geben; die Besatzung, noch 12000 Mann stark, erhielt freien Abzug mit den Archiven des Platzes. 250 brauchbare Geschütze kamen in deutsche Hände.

Die Verluste des Belagerungs = Korps beziffern sich auf rund 2100 Mann. Die höchste Stärke desselben betrug 38,000, die ge= ringste 11,000 Mann. Dahin sind die Angaben des Vertheidigers von Belfort, Oberst Denfert, zu reduziren, nach welchen durch die Belagerung 80,000 Preußen absorbirt und davon durch Verluste und Krankheiten 25—30,000 Mann außer Kampf gesetzt worden wären.

Den Truppen des Belagerungs=Korps sprach der kommandirende General Werder seinen Dank im Tagesbefehl vom 19. Februar aus: „Soldaten! Die Thore Belforts haben sich euch geöffnet, die Festung ist in unsern Händen. Gut bewehrt, brav vertheidigt, hat die Bezwingung dieses Platzes außergewöhnlich große Anstrengungen erfordert. Aber trotz des schwierigen Terrains, trotz der Ungunst der Jahreszeit hat das Belagerungs=Korps in Abwehr und Angriff wacker seine Schuldigkeit gethan. Jüngst noch, wo ein übermächtiger feind= licher Angriff das ganze 14. Armee=Korps vor Belfort vereinigte, habt ihr an jenen 3 denkwürdigen Tagen hervorragenden Antheil genommen. Mit meinen Glückwünschen spreche ich euch Allen gerne nochmals meine volle Anerkennung aus, namentlich euch Wehrleuten, die ihr hier auf fremdem Boden für das Vaterland so muthig ge= kämpft und durch treueste Pflichterfüllung den Ruhm des deutschen Heeres so reichlich mehren halfet.

Der kommandirende General
(gez.) v. Werder.

Auch während des Waffenstillstandes behielten die Truppen im Allgemeinen die bisherigen Standorte bei. General Debschitz trat zum General-Gouvernement Elsaß über und besetzte Belfort.

Gegen Ende Februar, als alle Vorbereitungen zur Wiederaufnahme der Feindseligkeiten getroffen waren, wurde die 1. und 4. Reserve-Division auf Besançon und Dijon vorgezogen. Die 1. Reserve-Division war neu formirt worden und zählte 1 Linien-Regiment, 12 Landwehr-Bataillone, 4 Eskadrons, 4 Reserve-Batterien, 1 Festungs-Pionier-Kompagnie.

Vom 25. Februar ab, nach Ablauf des Waffenstillstandes, war das Ober-Kommando bereit, mit 2 Korps nach dem Süden vorzurücken und Langres enge einzuschließen.

Der Abschluß der Friedens-Präliminarien am 27. Februar setzte dem Kriege ein Ende.

Die Truppen blieben zunächst in ihren bisherigen Rayons; die 1. Reserve-Division um Oiselay, Gray, Pesmes. —

Nach der Ratifikation der Friedens-Präliminarien am 5. März erhielten die Abtheilungen folgende Kantonnirungs-Bezirke:

Das Detachement Goltz, das zum Korps zurückkehrte, zwischen Port f/Saône und St. Loup;

Die 1. Reserve-Division zwischen Vesoul, Seveux, Rioz und Pomoy;

Die 4. Reserve-Division von Lure bis Baume les Dames, letzteres sowie Pontarlier besetzt haltend;

die Badische Division zwischen Gray, Oiselay und Dôle.

Am 6. März traf der allerhöchste Befehl Seiner Majestät des Kaisers und Königs ein zur Auflösung des 14. Armee-Korps.

Von dem Detachement Goltz wurde das Infanterie-Regiment Nr. 30 nach Thionville, seiner neuen Garnison, das Infanterie-Regiment Nr. 34 nach Dijon instradirt, wo es zum 2. Armee-Korps trat. Die übrigen Theile des Detachements wurden zum Transport in die Heimath der 1. Reserve-Division angeschlossen, welche über Lure und Giromagny auf Sentheim in Marsch gesetzt wurde. Das Regiment Nr. 67 trat zum 10. Armee-Korps und kam nach Belfort.

Von der 4. Reserve-Division wurde das Regiment Nr. 25 zur vorläufigen Besatzung von Mülhausen und Neu-Breisach bestimmt, die Division selbst auf Dannemarie und von da in die Heimath dirigirt.

Die Badische Division endlich besetzte zunächst die Hauptpunkte und Eisenbahnstationen im Saône-Departement, und bezog Kantonnements im Departement Doubs. Die Munitions-Kolonnen marschir= ten nach Schlettstadt; die Trains und Branchen standen in Vesoul.

Vom 15. März ab begann auch die Badische Division den Rückmarsch in die Heimath. — —

General Werder nahm Abschied von den Truppen in dem Korps-Befehl vom 7. März 1871.

Soldaten des 14. Korps!

Auf Befehl seiner Majestät des Kaisers und Königs ist das 14. Armee=Korps aufgelöst. Mit dem schönen lohnenden Bewußt= sein treu erfüllter Pflicht könnt ihr zurückblicken auf Eure Theilnahme an diesen gewichtigen, welthistorischen Kämpfen, auf Eure Leistungen, die unter Gottes gnädigem Beistande von reichem Erfolge gekrönt wurden und die Allerhöchsten Anerkennungen fanden.

Zieht nun in die Heimath, und arbeitet mit ebenso viel Hin= gebung an dem friedlichen Ausbau des deutschen Vaterlandes, wie Ihr zur Gründung seiner Größe kriegerisch thätig gewesen seid.

Mein Dank begleitet Euch in Eure Heimath.

Gedenket zuweilen Eures tiefbewegten Führers, wie er Eurer nie vergessen wird.

Gott schütze Euch, wie er das 14. Korps geschützt hat.

Dôle, den 7. März 1871.

Der kommandirende General des 14. Armee=Korps
von Werder
General der Infanterie.

14. Armee-Korps.

Ordre de Bataille

nach dem Stande Anfangs Oktober und mit den Veränderungen
während des Feldzuges.

Kommandirender General: General der Infanterie v. Werder.
Chef des Generalstabes: Badischer Oberst-Lieutenant v. Leszczynski.
Kommandeur der Artillerie: Badischer General-Major Graf Sponeck.

Zur Disposition des General-Kommandos:

General-Major Baron v. d. Golß, bisher Kommandeur der 26.
  Infanterie-Brigade, seit 18. November (cfr. kombinirtes
  preußisches Detachement);
Oberst-Lieutenant Hartmann à la suite des Hessischen Artillerie-
  Regiments Nr. 11;
Major Albrecht, Kommandeur des Schlesischen Pionier-Bataillons
  Nr. 6.
Generalstab: Major v. Grolman, aggregirt dem Generalstab der
  Armee;
Hauptmann v. Friedeburg, aggregirt dem Badischen Generalstabe.
  „   Ziegler vom Ostfriesischen Infanterie-Regiment Nr. 78,
  kommandirt zum Generalstab.
Adjutantur: Rittmeister Graf Henkel v. Donnersmark von der
  Kavallerie des Reserve-Landwehr-Bataillons Stettin Nr. 34.
Hauptmann (Major) v. Stülpnagel vom Lauenburgischen Jäger-
  Bataillon Nr. 9.
Hauptmann Löbbeke von 3. Niederschlesischen Infanterie-Regiment
  Nr. 50.
Premier-Lieutenant v. Brünneck vom 1. Garde-Dragoner-Regiment.

Kommandirt: als Adjutant des Artillerie-Kommandeurs: Premier-
  Lieutenant Weizel von der Badischen Artillerie.

Dem Stabe attachirt:

Rittmeister v. Lepel vom Hannöverschen Ulanen-Regiment Nr. 13.

Premier-Lieutenant du Jarrys Frhr. v. la Roche, vom 3. Badischen Infanterie-Regiment, kommandirt zum Generalstab, bis
18. Dezember 1870;

Premier-Lieutenant Geniol vom 3. Badischen Dragoner-Regiment,
seit 18. Dezember;

Sekonde-Lieutenant Graf v. d. Schulenburg-Burg-Scheidun-
gen vom 2. Reserve-Husaren-Regiment, a. i. Kommandeur
der Stabswache;

Sekonde-Lieutenant v. Brinken vom 2. Reserve-Husaren-Regiment.

Außerdem kommandirt: Rittmeister Horchler von der Badischen
Feld-Gendarmerie.

Im Hauptquartier anwesend als Delegirter der freiwilligen
Krankenpflege: der Badische General-Lieutenant Fürst v.
Hohenlohe-Langenburg.

A.*) Großherzoglich Badische Feld-Division.

Divisions-Kommandeur: General-Lieutenant v. Glümer, früher
Kommandeur der 13. Infanterie-Division. (Trat wegen
Krankheit das Kommando den 10. Dezember 1870 an).
a. i. General-Major Keller (cfr. 3. Infanterie-Brigade)
bis 13. Oktober;
a. i. der Badische Kriegs-Minister General-Lieutenant
v. Beyer, bis 10. Dezember.

Kommandeur der Artillerie: Oberst v. Freydorf, Kommandeur des Feld-Artillerie-Regiments.

Ingenieur-Offizier: Major Wenz, Kommandeur der Pionier-
Abtheilung.

Generalstab: Chef: Major Freiherr Taets v. Amerongen;
Hauptmann Oberhoffer;
„   Frhr. Röder v. Diersburg.

Adjutantur: Premier-Lieutenant Nöldecke von der Pionier-Abtheilung, zugleich Kommandeur der Stabswache.

Adjutant des Kommandeurs der Artillerie: Premier-Lieutenant
Freiherr v. Neubronn vom Feld-Artillerie-Regiment.

---

*) Die ursprünglich dem 14. Armee-Korps zugetheilte, durch Befehl vom
23. Oktober wieder ausgeschiedene Garde-Landwehr-Division hat einen direkten
Antheil an den Operationen des Armee-Korps nicht gehabt, und wird deßhalb
hier nicht aufgeführt.

Adjutant des Ingenieur-Offiziers: Premier-Lieutenant v. Froben, aggregirt dem 4. Infanterie-Regiment, bis 8. November;

Premier-Lieutenant Waizenegger vom (1.) Leib-Grenadier-Regiment, kommandirt zur Pionier-Abtheilung, bis 18. Dezember;

Premier-Lieutenant Osiander von der Pionier-Abtheilung.

Ordonnanz-Offizier beim Stabe der Division: Sekonde-Lieutenant Freiherr v. Degenfeld vom 2. Dragoner-Regiment Markgraf Maximilian, bis 18. Dezember;

Sekonde-Lieutenant Graf v. Sponeck vom gleichen Regiment.

Aggregirt: Hauptmann Seyb, bisher Militär-Bevollmächtigter in Berlin, bis 18. Dezember. (cfr. (1.) Leib-Grenadier-Regiment.)

Hauptmann Deimling, Flügel-Adjutant Sr. Königlichen Hoheit des Großherzogs von Baden, seit 11. Oktober.

I. Infanterie-Brigade.

a. i. Oberst Bayer, Kommandeur des 4. InfanterieRegiments, bis 13. Oktober;

General-Lieutenant Prinz Wilhelm von Baden, bis 18. Dezember 1870;

a. i. Oberst Freiherr v. Wechmar, Kommandeur des (1.) Leib-Grenadier-Regiments;

Adjutant: Premier-Lieutenant Freiherr Röder v. Diersburg, aggregirt dem (1.) Leib-Grenadier-Regiment bis 18. Dezember;

a. i. Premier-Lieutenant Waizenegger vom (1.) Leib-Grenadier-Regiment.

(1.) Leib-Grenadier-Regiment:

Oberst Freiherr v. Wechmar, bis 18. Dezember;

a. i. Oberst-Lieutenant Hofmann;

Adjutant: Premier-Lieutenant Waizenegger, bis 18. Dezember;

a. i. Premier-Lieutenant Sommer.

I. Bataillon: Major Freiherr v. Gemmingen, bis 18. Dezember;

a. i. Hauptmann Seyb.

II. Bataillon: Oberst-Lieutenant Hofmann, bis 18. Dezember;

a. i. Hauptmann Rheinau.

Füsilier=Bataillon: Major Beß, bis 31. Dezember;
a. i. Hauptmann Flachsland, bis 16. Januar;
a. i. Major v. Vogel, Flügel=Adjutant S. K. Hoheit
des Großherzogs von Baden.

2. Grenadier=Regiment König von Preußen:
Oberst v. Renz, bis 18. Dezember;
a. i. Oberst=Lieutenant Hieronimus, bis 30. De=
zember;
Oberst=Lieutenant Stölzel;
Adjutant: Premier=Lieutenant Frhr. v. Bodmann;
bis 11. Oktober;
a. i. Premier=Lieutenant Waag, bis 18. Dezember;
a. i. Sekonde=Lieutenant Weiß, bis 29. Dezember;
Premier=Lieutenant Frhr. v. Bodmann.

I. Bataillon: Major Bleibtreu.

II. Bataillon a. i. Hauptmann (Major) Lang, bis 30. De=
zember (cfr. 3. Infanterie=Regiment);
Oberst=Lieutenant Hieronimus.

Füsilier=Bataillon: Major Wolff.

II. Infanterie=Brigade.

General=Major Frhr. v. Degenfeld;
Adjutant: Premier=Lieutenant Stabel, aggregirt dem
(1.) Leib=Grenadier=Regiment.

3. Infanterie=Regiment:
Oberst Müller, bis 6. Oktober;
a. i. Major Widmann, bis 12. Oktober;
a. i. Oberst=Lieutenant Kraus;
Adjutant: Premier=Lieutenant Frhr. v. Stetten.

I. Bataillon: Oberst=Lieutenant Khuon v. Wildegg, bis
6. Oktober;
a. i. Hauptmann (Major) Unger.

II. Bataillon: Major Steinwachs, bis 25. Dezember;
a. i. Hauptmann Schrickel, bis 1. Januar;
a. i. Major Lang, bis 18. Januar;
a. i Hauptmann Frhr. v. Seldeneck, bis 31. Januar;
a. i. Hauptmann Hoffmann.

Füsilier=Bataillon: Major Widmann, bis 6. Oktober;
a. i. Hauptmann v. Weinzierl, bis 10. Oktober.
(cfr. 6. Infanterie=Regiment.)
a. i. Hauptmann v. Villiez, bis 12. Oktober;
a. i. Major Widmann, bis 26. November;

a. i. Hauptmann Maas, bis 17. Dezember;
a. i.   „   Schrickel, bis 24. Dezember;
a. i.   „   Hilpert, bis 16. Januar;
a. i.   „   Schrickel.

4. Infanterie=Regiment Prinz Wilhelm:
   a. i. Oberst=Lieutenant Arnold, bis 14. Oktober;
Oberst Bayer;
   Adjutant: Premier=Lieutenant Blum.

  I. Bataillon: a. i. Hauptmann Weinzierl, bis 14. Oktober;
    Oberst=Lieutenant Arnold, bis 16. Januar;
    a. i. Hauptmann Rayle.
  II. Bataillon: Major Held.

Füsilier=Bataillon: Major Bauer, bis 10. Dezember;
    a. i. Hauptmann Wolff, bis 17. Januar;
    a. i.   „   Frhr. v. Adelsheim.

III. Infanterie=Brigade.

   a. i. Oberst Sachs, bis 13. Oktober;
   General=Major Keller;
   Adjutant: Premier=Lieutenant Grohe, aggregirt dem
5. Infanterie=Regiment.

5. Infanterie=Regiment:
   Oberst Sachs;
   Adjutant: Premier=Lieutenant Buisson.

  I. Bataillon: Major Ehehalt, bis 13. Januar;
    a. i. Hauptmann Engler.

  II. Bataillon: Major Frhr. Röder v. Diersburg.

Füsilier=Bataillon: Major Jacobi, bis 17. Januar;
    a. i. Hauptmann Schmidt II.

6. Infanterie=Regiment:
   Oberst Bauer, bis 5. Januar;
   a. i. Hauptmann Graumann, bis 7. Januar;
   a. i. Oberst=Lieutenant Dern, bis 23. Januar;
   a. i. Hauptmann Graumann, bis 27. Januar;
   a. i. Oberst=Lieutenant Arnold;
   Adjutant: Sekonde=Lieutenant Eckert.

  I. Bataillon: a. i. Hauptmann Rayle, bis 10. Oktober;
    Major Thilo, bis 15. Oktober;
    a. i. Hauptmann v. Weinzierl.

II. Bataillon: *) { Oberst=Lieutenant Dern, bis 7. Januar;
a. i. Hauptman Rayle, bis 27. Januar;
a. i. Hauptmann Zepf.

Füsilier=Bataillon: Major Kieffer, bis 14. Dezember;
a. i. Hauptmann Rayle, bis 16. Dezember;
a. i. „ Graumann, bis 23. Januar;
a. i. „ Steiglehner, bis 27. Januar;
a. i. „ Graumann, bis 29. Januar.
Major Kiefer.

Schanzzeug=Kolonne, leichter Feldbrücken=Train, Pontonnier=Kompagnie: Hauptmann Lichtenauer.

Divisions=Kavallerie.

3. Dragoner=Regiment Prinz Karl: Oberst=Lieutenant Frhr. v. Gemmingen;
Etatsmäßiger Stabs=Offizier: Major Schmich;
Adjutant: Sekonde=Lieutenant Meyer.

Divisions=Artillerie.

a) bis 10. Dezember:
Oberst=Lieutenant v. Theobald;
Adjutant: Sekonde=Lieutenant Foßler;
I. schwere Batterie: Hauptmann v. Porbeck;
II. „ „ „ Göbel v. Harrant;
I. leichte Batterie: Premier=Lieutenant Frhr. v. Bodmann;
II. „ „ Hauptmann Graf zu Leiningen=Billigheim.

b) vom 11. Dezember ab:
Oberst=Lieutenant v. Theobald;
Adjutant: Sekonde=Lieutenant Foßler;
I. schwere Batterie: Hauptmann v. Porbeck;
II. „ „ „ Göbel v. Harrant;
III. „ „ „ Hecht;
IV. „ „ „ v. Froben;
I. leichte Batterie: Hauptmann Frhr. v. Bodmann;
Reitende Batterie: Major Frhr. v. Stetten.

Kavallerie=Brigade.

General=Major Frhr. v. La Roche=Starkenfels genannt Vultée, bis 11. November;

---

*) Seit 28. Dezember 1870 bei der Division, vorher in Rastatt.

a. i. Oberst Wirth (cfr. 2. Dragoner-Regiment);
Oberst Frhr. v. Willisen, bisher Kommandeur des Neumärkischen
 Dragoner-Regiments Nr. 3, seit 13. Dezember;
Adjutant: Rittmeister Frhr. v. Reuchlin-Meldegg, aggregirt dem
 2. Badischen Dragoner-Regiment Markgraf Maximilian.
(1.) Leib-Dragoner-Regiment: a. i. Major v. Merhart;
 Adjutant: Sekonde-Lieutenant Frhr. v. Bodmann.
2. Dragoner - Regiment Markgraf Maximilian: Oberst
  Wirth;
 Etatsmäßiger Stabsoffizier: Major v. Stöcklern;
 Adjutant: Premier-Lieutenant Schmidt.
Reitende Batterie: Major Frhr. v. Stetten (cfr. Divisions-
Artillerie).

Korps-Artillerie.

 a) bis 10 Dezember:
  Major Rochlitz;
  Adjutant: Sekonde - Lieutenant Freiherr Röder v.
   Diersburg;
 III. schwere Batterie: Hauptmann Hecht;
 IV. „   „   „ v. Froben;
 III. leichte Batterie: Hauptmann Holtz;
 IV. „   „   „ Kuntz.
 b) vom 11. Dezember ab:
  Major Rochlitz;
  Adjutant: Sekonde-Lieutenant Freiherr Röder v.
   Diersburg;
 II. leichte Batterie: Hauptmann Graf zu Leiningen-
   Billigheim;
 III. leichte Batterie: Hauptmann Holtz;
 IV. „   „   „ Kuntz, bis 15. Jan.;
   Premier-Lieutenant Müller;
 V. schwere Batterie: Hauptmann Frhr. v. Seldeneck.*)

Kolonnen-Abtheilung: Major Engler;
 Adjutant: Sekonde-Lieutenant Küntzle;
1. Artillerie-Munitions-Kolonne: Premier-Lieutenant Weizel, bis
 15. Oktober;
  Hauptmann Sander.
2. Artillerie-Munitions-Kolonne: Premier-Lieutenant v. Bayer.
3. „   „   „   „   „ Fischer.

---

*) Ist Anfangs Januar aus Rastatt bei der Division eingetroffen.

1. Infanterie-Munitions-Kolonne: Premier-Lieutenant **Stiefbold**.
2.   "   "   "   "   " **Kaufmann.**

Ponton-Kolonne: Premier-Lieutenant **Buser.**

Train-Bataillon: Major v. **Chelius**;
     Adjutant: Premier-Lieutenant **Kühlenthal.**
1. Proviant-Kolonne: Hauptmann **Sander**, bis 15. Oktober;
     Premier-Lieutenant Graf **Pfeil**, bis 1. Januar;
     Premier-Lieutenant **Hammer.**
2. Proviant-Kolonne: Rittmeister **Malzacher.**
3.   "   " Hauptmann **Doll**, bis 28. Januar;
     Premier-Lieutenant **Ullrich.**
1. Fuhrparks-Kolonne: Premier-Lieutenant **Würth.**
2.   "   " Sekonde-Lieutenant **Bassermann.**
3.   "   " **Schmid**, bis 5. Dezember;
     Premier-Lieutenant **Müller.**
4. Fuhrparks-Kolonne: Sekonde-Lieutenant **Engler.**
5.   "   " Vizewachtmeister **Bechtold.**
Feldbäckerei-Kolonne: Premier-Lieutenant **Wagner**, bis 8. Novemb.;
     Zahlmeister **Martini**, bis 1. Januar;
     Sekonde-Lieutenant **Back.**
Pferde-Depot: Premier-Lieutenant **Bühler.**
Trainbegleitungs-Detachement: Rittmeister Freiherr **Schilling** v.
     Canstatt.
Feldbrücken-Train: Premier-Lieutenant **Nickels.**
Sanitäts-Detachement: Major **Kapferer**;
     Oberstabs-Arzt Dr. **Deimling.**
Feld-Divisions-Intendantur: Intendant **Kayser**;
     Kriegsrath **Krummel**;
     Oberrechnungsrath **Blume.**
Feld-Kriegs-Kasse: Oberrechnungsrath **Beck.**
Feld-Haupt-Proviant-Amt: Proviantmeister **Kamm.**
Feld-Proviant-Amt der Infanterie-Division: Proviantamts-Kontroleur
     Seidenadel.
Feld-Proviant-Amt der Reserve-Artillerie: Garnisons-Verwaltungs-
     Direktor **Hüther.**
Feldbäckerei-Amt: Proviantamts-Kontroleur **Fischer.**

Dirigirendes ärztliches Personal: { Oberstabs-Arzt Dr. **Hoffmann**, stellvertretender Korps-General-Arzt; Oberstabs-Arzt Dr. **Beck**, Korps-Lazareth-Direktor.

1. Feld-Lazareth: Oberstabs-Arzt **Tritschler.**
2.   "   " **Guttenberg.**
3.   "   " **Krumm.**
4.   "   " **Steinam.**
5.   "   " **Kaiser.**
Großherzogliche Feldpost-Expedition: Sekretär **Merkel.**

Summa der Badischen Division:
17 resp. 18 Bataillone,
12 Eskadrons,
9 resp. 10 Batterien.

Die Ausrückstärke der Bataillone betrug im Durchschnitt
16 Offiziere und 853 Mann, zusammen 869 Mann,
der Eskadrons 4 Offiziere, 148 Mann, zusammen 152,
der Batterien 3—4 Offiziere, 140 Mann, zusammen 144.

NB. Die Branchen und Armee-Zweige der Badischen Feld-
Division wurden in den resp. Funktionen auch für die übrigen Theile
des 14. Armee-Korps verwendet.

B. Kombinirte preußische Truppen des 14. Armee-Korps.

Kommandeur:
a. i. General-Major Krug v. Nidda, bis 8 November;
a. i. Oberst v. Wahlert, bis 18. November;
General-Major Baron v. d. Goltz, vom 18. November 1870.

Kombinirte Infanterie-Brigade:
General-Major v. Boswell, bis 10 Oktober;
a. i. Oberst v. Wahlert, Kommandeur des Pommerschen Füsilier-
Regiments Nr. 34;
Adjutant: Premier-Lieutenant Baron Schuler v. Senden, vom
Pommerschen Füsilier-Regiment Nr. 34.

4. Rheinisches Infanterie-Regiment Nr. 30: Oberst-Lieutenant Nachtigal;
Adjutant: Sekonde-Lieutenant Tiedemann.

I. Bataillon: Hauptmann Kreckel.
II. Bataillon: Major v. Berckefeld, bis 10. Oktober.
a. i. Hauptmann v. Netzer, bis 12. Dezember.
a. i. Major Hildebrandt, bis 11. Januar.
a. i. Hauptmann v. Netzer.
Füsilier-Bataillon: Major Schmidt.
Pommersches Füsilier-Regiment Nr. 34: Oberst Wahlert,
bis 10. Oktober.
a. i. Oberst-Lieutenant Baron v. d. Osten gen. Sacken.
Adjutant: Premier-Lieutenant Schlitte.
I. Bataillon: Major Graf Herzberg.
II. Bataillon: Oberst-Lieutenant Baron v. d. Osten gen.
Sacken, bis 10. Oktober.

a. i. Hauptmann (Major) v. Wenckstern.

III. Bataillon: Oberst = Lieutenant v. Westernhagen, bis 11. Januar.

a. i. Hauptmann v. Kameke.

Kombinirte Kavallerie=Brigade: Gen.=Major Krug v. Nidda, bis 10. Oktober.

a. i. Major (Oberst=Lieutenant) v. Walther, bis 26. Januar.

a. i. Major (Oberst=Lieutenant) Graf zu Dohna.

Adjutant: Premier=Lieutenant v. Massow vom Pommerschen Dragoner=Regiment Nr. 11.

2. Reserve=Dragoner=Regiment: Major (Oberstlieutenant) v. Walther vom 6. Dragoner = Regiment, bis 10. Oktober.

Etatsmäßiger Stabsoffizier: Major a. D. v. Schmidthals.

Adjutant: Seconde=Lieutenant Uhle.

2. Reserve=Husaren=Regiment: Major (Oberst=Lieutenant) Graf zu Dohna vom 1. Garde=Dragoner=Regiment, bis 26. Januar.

Etatsmäßiger Stabsoffizier: Major v. Rundstedt, à la suite des Schleswig=Holsteinischen Dragoner=Regiments Nr. 13.

Adjutant: Sekonde=Lieutenant Tellemann.

Artillerie=Abtheilung:

Major Ulrich von der 7. Artillerie=Brigade.

Adjutant: Sekonde=Lieutenant Amecke.

Schwere Reserve=Fuß=Batterie des 1. Armee=Korps: Hauptmann Ullrich.

1. leichte Reserve=Fuß=Batterie des 3. Armee=Korps: Hauptmann Riemer.

2. leichte Reserve=Fuß=Batterie des 3. Armee=Korps: Hauptmann Fischer, bis 17. Januar; Sekonde=Lieutenant v. Rabenau.

Preußische Kolonnen=Abtheilung. (Mitte November bei dem Korps eingetroffen.)

Kommandeur: Major Groschke von der 11. Artillerie=Brigade.

Adjutant: Sekonde=Lieutenant Schütze.

1. Infanterie=Munitions=Kolonne: Premier=Lieutenant v. Radecke.

2. " " " Rittmeister v. Scharnhorst.

3. " " " Premier=Lieutenant Holtz.

1. Artillerie= " " " Behrenz.

2. Artillerie=Munitions=Kolonne: Premier=Lieutenant Langenhannes.
3.   "   "   "   "   v. Groote.
Reserve=Art.=   "   "   " Kratz.
    Sanitäts=Detachement Nr. 3 Premier=Lieutenant Muelenz (cfr.
    1. Reserve=Division).

Summa 6 Bataillone, 8 Eskadrons, 3 Batterien.
    Die Ausrückstärke ist die nach preußischem Reglement etatsmäßige.

4. Reserve = Division.

Kommandeur: General=Major v. d. A. v. Schmeling.
    Generalstabs=Offizier: Premier=Lieutenant v. Prittwitz und
        Gaffron vom Kaiser Alexander Garde=
        Grenadier = Regiment Nr. 1, bis zum
        5. Oktober.
    Major v. Kretschmann II. vom Generalstabe.
    Adjutantur: Major z. D. v. Blücher, bis 18. Januar.
    Rittmeister a. D. Graf v. Schlieben.
    Premier=Lieutenant v. Waecker=Gotter von der Ka=
        vallerie des 2. Bataillons (Brieg) 4. Nieder=
        schlesischen Landwehr=Regiments Nr. 51.

Kombinirte Infanterie=Brigade:
    Kommandeur: Oberst z. D. Knappe v. Knappstädt.
    Adjutant: Sekonde=Lieutenant Hiepe vom 1. Rheinischen
        Infanterie=Regiment Nr. 25, bis 19. Januar.
    Sekonde=Lieutenant v. Scheel vom gleichen Regiment.

1. Rheinisches Infanterie=Regiment Nr. 25 Oberst v. Loos.
    Adjutant: Sekonde=Lieutenant v. Gayl.
    I. Bataillon: Major Krieß, bis 23. Oktober.
        a. i. Hauptmann v. Haustein, bis 6. November.
        Major Malisius.
    II. Bataillon: Oberst=Lieutenant Engelhart, bis 28. De=
    zember.
        a. i. Hauptmann Bahlkampf, bis 5. Januar.
        a. i.   "   Reisewitz, bis 9. Januar.
        a. i.   "   v. Fransecky.
    Füsilier=Bataillon: Major Spangenberg.

2. kombinirtes Ostpreußisches Landwehr=Regiment.
    Oberst z. D. v. Krane, bis 11. Januar.
    Oberst=Lieutenant v. Westernhagen vom Pommerschen
        Füsilier=Regiment Nr. 34.

Vom 3. ost-
preußischen
Ldw.-Regt.
Nr. 4.
> Landwehr-Bataillon Osterode: Major
> v. Wussow, bis 19. Januar.
> a. i. Hauptmann Bock.
> Landwehr-Bataillon Ortelsburg: Hauptmann
> Möschke, vom 3. ostpreußischen Gre-
> nadier-Regiment Nr. 4.

Vom 4. ost-
preußischen
Ldw.-Regt.
Nr. 5.
> Landwehr-Bataillon Graudenz: Major v. Fiedler.
> „ „ Thorn: Major v. Keyser-
> lingk.

Ostpreußische Landwehr-Infanterie-Brigade:

Kommandeur: Oberst z. D. v. Zimmermann.

Adjutant: Sekonde-Lieutenant Meerwein, von der Infanterie des 1. Bataillons (Lötzen) 6. ostpreußischen Landwehr-Regiments Nr. 43, bis 15.
November.

Premier-Lieutenant Becker, bis 6. Dezember.

Sekonde-Lieutenant Raabe bis 11. Januar.

„ „ Stockfisch.

1. kombinirtes Ostpreußisches Landwehr-Regiment: Oberst-
lieutenant z. D. Scheuermann.

Vom 1. ost-
preußischen
Ldw.-Regt.
Nr. 1.
> Landwehr-Bataillon Tilsit: Major v. Felgen-
> hauer.
> „ „ Wehlau: Hauptmann Janu
> bis 13. Januar.
> Hauptmann Houillon.

Vom 2. ost-
preußischen
Ldw.-Regt.
Nr. 3.
> „ „ Insterburg: Hauptmann
> v. Cölln.
> „ „ Gumbinnen: Hauptmann
> v. Olszewski, bis 23. Ok-
> tober.
> a. i. Hauptmann Houillon, bis 11. November.
> „ (Major) v. Olszewski.

3. kombinirtes Ostpreußisches Landwehr-Regiment: Oberst
z. D. v. Usedom.

Vom 6. ost-
preußischen
Ldw.-Regt.
Nr. 43.
> Landwehr-Bataillon Lötzen: Major v. Kintzel
> „ „ Goldap: Major v. Nor-
> mann.

Vom 8. ost-
preußischen
Ldw.-Regt.
Nr. 45.
> „ „ Danzig: Major a. D.
> v. Gozdziewski, bis 5.
> Januar.
> a. i. Hauptmann Kosack, bis 19. Januar.
> a. i. „ v. Fuchs.
> Landwehr-Bataillon Marienburg: Major
> v. Harder.

2. Festungs=Pionier=Kompagnie des 7. Armee=Korps:
Hauptmann Jacob.

---

4. Reserve=Kavallerie=Brigade:

Kommandeur: General=Major v. Tresckow II.
Adjutant: Premier = Lieutenant Sartorius vom Oldenbur=
gischen Dragoner=Regiment Nr. 19.
1. Reserve=Ulanen=Regiment: Oberst = Lieutenant z. D.
v. Wulffen.
Etatsmäßiger Stabsoffizier: Major a. D. Frhr. v. Korff.
3. Reserve=Ulanen=Regiment: Oberst z. D. v. Schmidt.
Etatsmäßiger Stabsoffizier: Major v. Ohlen u. Adlers=
kron vom Posenschen Ulanen=Regiment Nr. 10.
Adjutant: Sekonde=Lieutenant Weiß.

Artillerie=Abtheilung.

Kommandeur: Major v. Schaper von der 2. Artillerie=Brigade.

Vom Magdeb. Feld=Art.= Regt. Nr. 4.	1. schwere Reserve=Batterie: Hauptmann Glagau. 1. leichte „ „ „ Lilly, bis 20. Oktober, a. i. Sekonde=Lieut. Hauptmann bis 12. November. Hauptmann Lilly. 2. leichte Reserve=Batterie: Hauptmann Siegert.
Vom Schlesischen Feld=Art. Regt. Nr. 6.	2. schwere „ „ „ Otto. 3. leichte „ „ „ Müller. 4. „ „ „ „ Grottke.

Divisions=Intendantur: Sekonde=Lieutenant Bredow.
Proviant=Amt: Proviantamts=Kontroleur Scherff.
Feldpost: Postsekretair Thomas.
Feld=Lazareth Nr. 9 Stabsarzt Dr. Brock.
„   „   „ 10   „   Dr. Leesemann.
Sanitäts=Detachement: Premier=Lieutenant v. Loebell.
Artillerie=Munitions=Kolonne: Premier=Lieutenant Schultze.
Infanterie=   „   „   Hauptmann Blankenburg.
Proviant=Kolonne: Premier=Lieutenant Engels.

Summe: 15 Bataillone, 8 Eskadrons, 6 Batterien.
NB. Die Landwehr=Bataillone wurden Mitte Dezember auf
die Stärke von 1001 Mann augmentirt.

1. Reserve=Division.
(Belagerungs=Korps von Belfort.)

Kommandeur: General=Major (=Lieutenant) v. Tresckow I.

Generalstabs=Offizier: Hauptmann v. Schultzendorff, aggregirt dem Generalstabe der Armee.

Adjutantur: Hauptmann Stoermer vom 6. ostpreußischen Infanterie=Regiment Nr. 43.

Premier=Lieutenant v. Vassewitz vom Grenadier=Regiment König Friedrich Wilhelm IV. (1. Pomm.) Nr. 2.

1. Pommersche Landwehr=Brigade:
Oberst Baron v. Buddenbrock.

Adjutant: Premier=Lieutenant v. Studnitz vom 6. Pommerschen Infanterie=Regiment Nr. 49.

2. kombinirtes Pommersches Landwehr=Regiment:
Oberst v. d. A. v. Ostrowski.

Vom 7. Pomm. Ldw.=Regt. Nr. 54.
{ Bataillon Inowraclaw: Hauptmann v. Chagnian.
" Bromberg: Major v. Peteri, bis 31. Januar, Hauptmann v. Schröder.

Vom 4. Pommerschen Landwehr=Regiment Nr. 21: Bataillon Deutsch=Krone: Major v. Pawelsz.

1. kombinirtes Pommersches Landwehr=Regiment:
Oberst z. D. v. Zitzewitz.

Vom 3. Pomm. Ldw.=Regt. Nr. 14.
{ Bataillon Gnesen: Major Grupe.
" Schneidemühl: Major z. D. Weißkuhn.

a. i. Hauptmann a. D. v. Manstein.

Vom 4. Pommerschen Landwehr=Regiment Nr. 21: Bataillon Conitz: Major Krausch.

4. Magdeburgisches Infanterie=Regiment Nr. 67:
Oberst Zglinicki.

Adjutant: Premier=Lieutenant Nicolai.

1. Bataillon: Major v. Kutschenbach.
2. " " Schramm.
Füsilier=Bataillon: Major v. Laue.

2. Pommersche Landwehr=Brigade:
General=Major z. D. v. Abemann.

Adjutant: Premier=Lieutenant Naundorf vom Anhaltischen Infanterie=Regiment Nr. 93.

4. kombinirtes Pommersches Landwehr=Regiment:
Oberst Gericke.

Vom 3. Magdeb. Ldw.=Regt. Nr. 66.
{ Bataillon Halberstadt: Hauptmann Uterwebbe, bis 25. November.
a. i. Hauptmann v. Westernhagen.
Bataillon Neuhaldensleben: Major v. Westernhagen.

Vom 8. Pommerschen Ldw.-Regt. Nr. 61, Bataillon Pr. Star=
gardt: Major v. Bojan.

3. kombinirtes Pommersches Landwehr-Regiment:
Oberst v. Berger vom 1. Magdeburgischen Infanterie-Re=
giment Nr. 26.

Vom
1. Magdeb. { Bataillon Stendal: Major z. D. v. Reppert.
Ldw.-Regt. {   „   Burg: Oberstlieutenant v. Schütz.
Nr. 26. {
Vom 8. Pommerschen Landwehr=Regiment Nr. 61: Bataillon
Neustadt: Hauptmann Baron v. Tschammer.

2. Reserve=Ulanen=Regiment: Oberst z. D. v. Bredow.
Etatsmäßiger Stabsoffizier: Major Schulz vom 1. Pomm.
Ulanen=Regiment Nr. 4.

Kombinirte Artillerie-Abtheilung:
Major Weigelt von der 9. Artillerie=Brigade.
1. leichte Reserve=Batterie des 2. Armee=Korps Hauptm. Langemeck.
1. „   „   „   „ 9. „   „   „ v. Braun=
schweig.
2. „   „   „   „ 9. „   „   „ Weinber=
ger bis 15. November.
a. i. Premier=Lieutenant Seyfert.

1. Festungs=Pionier=Kompagnie des 2. Armee=Korps Hauptm. Roese.
Summa: 15 Bataillone, 4 Eskadrons, 3 Batterien.
NB. Die Landwehr=Bataillone wurden Mitte Dezember auf die
Stärke von 1002 Mann augmentirt.

Belagerungs = Pioniere.
Ingenieur en Chef: General=Major v. Mertens.
Adjutant: Premier = Lieutenant Wolff I. von der 3. In=
genieur=Inspektion.
Zur Dienstleistung: Major Schulz vom Kriegs=Ministerium.
Premier=Lieutenant Krause von der 1. Ingenieur=Inspek=
tion; seit 3. Dezember 1870.
Kombinirtes Pionier=Bataillon: Hauptmann Menzel.
1. Festungs=Pionier=Kompagnie des 7. Armee=Korps Hauptmann
Didtmann.
2. „   „   „   „ 10. „   „ Premier=Lieut.
v. Richthofen, bis 27. Januar.
Premier=Lieutenant Weltzien.
Badische Festungs=Pionier=Kompagnie: Premier=Lieutenant Riesterer.
Bayerische Festungs=Genie=Kompagnie: Hauptmann Nagel.
Würtembergische   „   „   „ Schmoller.

Belagerungs-Artillerie.

Kommandeur: Oberst-Lieutenant vom Generalstabe v. Scheliha.
Adjutantur: Major Neumann.
Sekonde-Lieutenant Walkhoff.
Park-Direktor: Hauptmann Schering à la suite des Garde-
Festungs-Artillerie-Regiments, bis 25. November.
Premier-Lieutenant Meier vom Magdeburgischen Feld-Ar-
tillerie-Regiment Nr. 6, bis 26. Dezember.
„   „   Schoof.
Dem Stabe beigegeben: Hauptmann Priwe von der 7. Artillerie-
Brigade.
„   „   „   Premier-Lieutenant Meier (f. oben).

2. Abtheilung.

Kommandeur: Oberst-Lieutenant v. Wahlen-Jürgas.

1. Komp.		Premier-Lieutenant Schoof bis 25. De-
		zember.
	des Schlef.	Hauptmann Heimbrod.
2. „	Festungs-Artillerie-Regiments Nr. 6.	Premier-Lieutenant Lancelle bis 9. Jan.
		Hauptmann Uhde.
4. „		„ v. Mechow.
6. „		„ v. Schramm.
16. „		„ Hasse.

5. Abtheilung.

Kommandeur: Oberst-Lieutenant Sasse von der Garde-Artillerie-
Brigade.

Vom Magdeb. Feft.-Art. Regt. Nr. 4.	5. Kompagnie: Hauptmann Ströhmer.
	6. „ „ v. Sichardt.
	7. „ Premier-Lieutenant Pierer.
	8. „ Hauptmann Schweder.
	15. „ „ Weißwange.

Attachirt:

3. Kompagnie des Garde-Festungs-Artillerie-Regiments: Premier-
Lieutenant v. Seebach.
3. Kompagnie des Westphälischen Festungs-Artillerie-Regiments:
Hauptmann Hüger.

Königlich Bayerische Abtheilung.

Kommandeur: Oberst-Lieutenant Frhr. v. Neubeck.
4. Batt. des 1. Art.-Regts. (Prinz Luitpold): Hptm. v. Sutner.
5. „   „ 2. „   (Brodesser):   „   Reverdys.

Park-Batt. des 2. Art.-Regts. (Brodesser): Hptm. v. Hartlieb.
2. Batt. des 3. Art.-Regts. (Königin Mutter): Hptm. Fahrm-
bacher.
3. „ „ 3. „ „ „ „ Schulze.
4. „ „ 3. „ „ „ „ Petri.
3. „ „ 4. „ (König): Hptm. Mieg.
Ausfall-Batt. des 2. Art.-Regts. (Brodesser): Hptm. Keinath.

Königlich Würtembergische Abtheilung:
Kommandeur: Oberst v. Barttruff.
1. Kompagnie: Hauptmann Koob.
3. „ „ Breyer.
4. „ „ Imle.

Großherzoglich Badische Abtheilung.
Kommandeur: Oberst-Lieutenant Khuon v. Wildegg.
3. Kompagnie: Hauptmann Weiß.
6. „ „ Föhrenbach.
8. „ „ Mohl.
9. „ Sekonde-Lieutenant Meeß.

Kommando des Trains:
Major v. Maltitz.
1. Reserve-Proviant-Kolonne: Rittmeister a. D. v. Matting.
2. „ „ „ Premier-Lieutenant a. D. Grunwald.
3. „ „ „ Sekonde-Lieutenant a. D. Riedel.
4. „ „ „ Rittmeister z. D. Zoeller (cfr. Detachement Debschitz).
Fuhrparks-Kolonne Nr. 1: Sekonde-Lieutenant Metzel.
„ „ „ 2 Portepee-Fähnrich v. Biber-Palubitzki
bis 14. Dezember.
Sekonde-Lieutenant Blank.
„ „ „ 3 Sergeant Pfahl, bis 20. Januar.
„ Tietze.
„ „ „ 4 Unteroffizier Hauenstein, bis 16. Jan.
Sergeant Hüne.
„ „ „ 5 Sekonde-Lieutenant Frhr. v. Droste.
„ „ „ 6 „ Ebert.
Detachements-Fuhrparks-Kolonne Nr. 1: Unteroffizier Eichhorst.
„ „ „ 2 „ Knoll, bis
20. Januar.
Ranz.
Fuhrpark-Kolonne der Ersatz-Abtheilung des Hessischen Train-Bataillons
Nr. 11 (Kassel) Unteroffizier Hüttenrauch bis 25. Januar.
Unteroffizier Kostka.

Train-Begleitungs-Eskadron: Premier-Lieutenant Steffe.
Pferde-Depot: Rittmeister Bartels.
2. Abtheilung des Sanitäts-Detachements Nr. 3 des 14. Armee-
 Korps:
 Sekonde-Lieutenant Vopelius bis 27. Januar.
 Rittmeister v. Büllingen, von der Kavallerie des 1. Bataillons
 (Erlelenz) 5. Rheinischen Landwehr-Regiments Nr. 65.
Feldlazareth Nr. 11: Oberstabsarzt Dr. Müller.
  „ „ 6: „ Dr. Wollenberg.
  „ „ 7: „ Dr. Thelemann.
  „ „ 8: „ Dr. Arndt.
4. Eskadron des 2. Reserve-Ulanen-Regiments: Rittmeister Bartels.

Detachement Debschitz.

Kommandeur: Generalmajor z. D. v. Debschitz.
Kommando der Infanterie: Oberst z. D. v. Daum.
Generalstabsoffizier: Major Szmula à la suite des Generalstabs
   der Armee (wegen Krankheit nicht ausgerückt).
  a. i. Premier-Lieutenant Naundorff (cfr. 2. Pomm. Land-
   wehr-Brigade).
  Oberstlieutenant Hartmann vom 15. bis 20. Januar (cfr.
   General-Kommando des 14. Armee-Korps).
Adjutantur: Premier-Lieutenant Rehdiger vom Landwehr-Bataillon
  Breslau.

Vom
2. Westpr.
Ldw.-Regt.
Nr. 7*).
Bataillon Jauer: Major a. D. v. Borowski.
 „ Liegnitz: „ v. Sothen vom Königs-Gren.-
   Regt. (2. Westpreuß.) Nr. 7.

Vom
2. Niederschl.
Ldw.-Regt.
Nr. 47.
 „ Lauban: Major a. D. Kierstein.
 „ Hirschberg: „ „ Brinkmann.

Vom 1. Schlesischen Landwehr-Regiment Nr. 10: Bataillon Striegau:
  Hauptmann Arretz vom 1. Schlesischen Grenadier-Regi-
  ment Nr. 10.

Vom
3. Niederschl.
Ldw.-Regt.
Nr. 50.
Bataillon Breslau: Hauptm. v. Schmidt vom 3. Nie-
   derschlesischen Infanterie-
   Regiment Nr. 50.
 „ Oels: „ v. Müuenberg, desgl.,
   bis 14. Januar.

  Hauptmann Knorr, desgl., bis 15. Januar.
  „ Kiesel.

---

  *) Ein Regimentsverband bestand bei den Bataillonen des Detachements
nicht.

Vom Schleswig'schen Landwehr-Regiment Nr. 84, Bataillon Apenrade: Hauptmann Graf v. d. Schulenburg vom Schleswig'schen Infanterie-Regiment Nr. 84, bis 24. Januar.
Hauptmann Kahlert vom Landwehr-Bataillon Liegnitz.

2. Eskadron 6. Reserve-Ulanen-Regiments: Rittmeister Stute von
der Kavallerie des Landwehr-Bataillons Unna.
3. Eskadron 6. Reserve-Ulanen-Regiments: Rittmeister Winter-
schladen von der Kavallerie des Landwehr-Bataillons
Düsseldorf.

1. leichte Reserve-Batterie des 8. Armee-Korps: Hauptmann
v. Holtzhey.
2. leichte Reserve-Batterie des 8. Armee-Korps: Premier-Lieutenant
Hartmann.

Gemischte Infanterie- und Artillerie-Munitions-Kolonnen: Premier-
Lieutenant Hertzberg vom Artillerie-Regiment Nr. 10.
4. Reserve-Proviant-Kolonne: Rittmeister a. D. Zöller.
Post: Postsekretair Bosse.
Intendantur: Intendantur-Sekretair: Lambert bis 3. Januar.
　　　　　　　„　　　„　: Seidler.
Summa: 8 Bataillone, 2 Eskadrons, 2 Batterien.

Etappentruppen,
die an den Aktionen des 14. Armee-Korps direkt Theil
genommen haben.

A. Infanterie.
2. Bataillon (Eupen) des 1. Rheinischen Landwehr-Regiments Nr. 25
(6 Kompagnien): Major v. Schack.
1. Reserve-Jäger-Bataillon: Major v. Paczinski-Tenczin
vom 4. Westphäl. Infanterie-Regiment Nr. 17. Würtem-
bergisches 4. Infanterie-Regiment: Oberst v. Hügel

B. Kavallerie.
4. Reserve-Husaren-Regiment (1. Eskadron): Rittmeister v. Eicke.

C. Artillerie.
Preußische schwere Reserve-Batterie des 7. Armee-Korps: Hauptmann
Dienemann.
Sächsische leichte Reserve-Batterie Nr. 2: Hauptmann Krutsch.

Etappentelegraphen = Abtheilung Nr. 5.

Kommandeur: Telegraphendirektor Böhnke.
Kommandoführer: Premier = Lieutenant Volkmann II. von der 3.
Ing.=Inspektion.

Feld = Eisenbahn = Abtheilung Nr. 5.

zusammengesetzt aus Theilen der Garde=Pionier=Kompagnie und der
Badischen Pionier=Abtheilung.
Chef: Ober=Ingenieur Krohn.
Kompagnieführer: Premier = Lieutenant Walter von der Badischen
Pionier=Abtheilung.

Französische Truppen.*)

A. Ordre de Bataille des Korps Cambriels.

im Monat Oktober.

Kommandirender General: General Cambriels,**) vorher Kommandeur der 1. Brigade der Kavallerie = Division des 7. Armee=Korps, jetzt Commandant en Chef la Region de l'Est.

Chef des Generalstabes: Oberst Varaigne.

I. Division: . . . .
    1. Brigade: . . .
        85. Marschregiment.
        58. Regiment mobiles des Vosges.
    2. Brigade: . . .
        67. Marschregiment.
        1. Bataillon des Regiments mobiles des Hautes Alpes.
        16.   „   Chasseurs à pied.
        Regiment mobiles de Limoges (2 oder 3 Bataillone.)

II. Division: General Thornton.
        Chef des Stabes: Oberst de Verdières.
    1. Brigade: General Vivenot. (?)
        3. Marsch = Zuaven = Regiment (2 Bataillone) Oberst Boisson.
        68. Regiment mobiles du Haut Rhin (2 Bataillone.)
    2. Brigade: Schiffskapitain . . . . .
        32. Marschregiment: Oberst Haupedé.
        30. Regiment mobiles de la Loire: Oberst du Pet.

---

2 Eskadrons Chasseurs d'Afrique.
1 Peloton berittener Gendarmen.

---

2 Batterien.

Mehrere Kompagnien Franktireurs.

---

*) Die Ordres de Bataille der dem 14. Armee=Korps gegenüber in Aktion getretenen feindlichen Truppen sind, da offizielle französische Angaben fehlen, hier so aufgenommen, wie das zur Verfügung gestandene Aktenmaterial sie zusammen=zustellen ermöglicht hat.

**) In der Schlacht bei Sedan durch einen Granatsplitter am Kopfe ver=wundet und in Folge dessen leidend. War nach der Kapitulation der Armee durch Selbstranzionirung der Gefangenschaft entgangen.

B. Ordre de Bataille des Korps Garibaldi.

1. Formation, gegen Ende Oktober.

Kommandant en Chef: Garibaldi.
Chef des Generalstabs: Bordone.*)
    1. Brigade: Bossac-Haute.
        1. Bataillon mobiles des Alpes maritimes:

Bruneau	750 Mann.
Franctireurs do l'Egalité de Marseille	400 „
Volontaires du Rhône	230 „
Eclaireurs	180 „

    2. Brigade: Marie.
      (Ist zur Einreihung reinfranzösischer Truppen
      bestimmt.)
    3. Brigade: Menotti Garibaldi.
        2. Bataillon mobiles des Alpes mariti-

mes (bataillon de Nice) . .	775 „
Bataillon unique de mobiles des Bas-ses-Alpes	650 „
Franctireurs de Colmar	300 „
Corps francs de chasseurs d'Afrique .	250 „
Freikorps von Dôle, ...⎫	
„ von Savoyen (chasseurs des⎬	150 „
Alpes [Savoie]) . . . . .⎭	

Stabswache (Genuesen): Razetto 100   „

Kavallerie: 43 Mann des 7. Regiments
    Chasseurs à cheval   43   „
            Zusammen . . . . 3828 Mann.

2. Formation, Anfangs November.

Kommandant en Chef: Garibaldi, commandant de tous les
    corps-francs de la zône des Vosges depuis
    Strassbourg jusqu'à Paris et d'une brigade
    de garde mobile.
Chef des Generalstabs: Bordone.

---

*) Die Chargen sind, weil schwankend und auch nicht sicher bekannt, weg-
gelassen.

1. Brigade: Bossak-Hauke.
Regiment mobiles des Vosges . . . . 3 Bat.
Bataillon spanisch = englischer Franktireurs:
        Orense . . . . 1 „
1 Genie-Kompagnie.
2. Brigade: Marie.
Bataillon mobiles des Basses Alpes . . 1 „
24 Kompagnien französischer Franktireurs*)
    (de Vauclusc, Vengeurs, Ours de
    Nantes, Renards du Centre etc.) . . 4 „
3. Brigade: Menotti Garibaldi.
Regiment mobiles des Alpes maritimes . 2 „
1. Bataillon Italiener: Tanara . . . . 1 „
2. „   „   Ravelli . . . . 1 „
Bataillon der Nizzarden . . . . 1 „
Bataillon (sehr schwach) polnischer Jäger . 1 „
1 Genie-Kompagnie.
4. Brigade: Ricciotti Garibaldi.
    (die Formation derselben hat am 24. Oktober begonnen.)
Franctireurs du midi.
    „   du Doubs.
Depôt des compagnies de Colmar.
Franctireurs débandés.
Griechische Freiwillige.
Chasseurs Egyptiens: Penazzi.

Artillerie: 1 vierpfündige Mobilgarde-Batterie zu 6 Geschützen.

Kavallerie: wie oben.
    In Formation: Guides italiens.

Außerdem gehörten zur 1. Brigade 1000 Mann Franc Bretons unter Domolain. Sie standen aber in sehr lockerem Verhältnisse zu dem kommandirenden General und sind am 9. November aus dem Korps ausgeschieden, um zur Loire-Armee zu treten. —
    Die Totalstärke des Garibaldi'schen Korps betrug am 20. Oktober ca. 4000, gegen den 12. November ca. 12000 Mann mit 6 Geschützen.

---

*) In wie weit die von Ende Oktober an auf dem Kriegsschauplatz im Osten Frankreichs aufgetretenen Franktireurs = Abtheilungen unter Oberst Bourras dem Oberbefehl Garibaldi's unterstellt waren, konnte nicht ermittelt werden. Sie scheinen fast völlig selbstständig operirt zu haben.

3. Formation, Dezember.

General en chef: Garibaldi.

Hauptquartier: Chef des Stabs: Lobbia.

Chef des Generalstabs: Bordone.

Infanterie.

1. Brigade: Bossack=Hauke.

Chef des Stabs: Paul Vichard.

Eclaireurs von Gray: Neveu.

Egyptische Eclaireurs: Penazzi.

Franktireurs des Südens: Gent.

1 Bataillon mobiles des Alpes maritimes: Bruneau.

42. Marschregiment (Aveyron): Willame (3 Bataillone.)

1 Kompagnie Franktireurs: Tainurier.

ca. 4 Bataill. 4 Kompagnien.

2. Brigade: Delpech, a. i. Oberst Millot.

Chef des Stabs: Jolivalt.

1. Bataillon d'Egalité: Gauthier.

2.   „   „   : Raimond.

Marseiller Guerilla: Bosquett, vorher Chapeau (2 Kompagnien).

Guerilla d'Orient: de Saulcy.

Eclaireurs: Conti.

Mobilgarde=Bataillon: Braconier.

ca. 3 Bataill. 4 Kompagnien.

3. Brigade: Menotti Garibaldi.

Chef des Stabs: Saint Ambrogio.

2 Bataillone mobiles des Alpes maritimes: Monnic.

Bataillon der Voralpen: Barthélemy.

   „   Unterpyrenäen: Hirart.

Legion der freiwilligen Italiener: Tanara.

Jäger der Seealpen: Ravelli.

Vereinigte Franktireurs: Loste.

Franktireurs von Oran: Cruchy.

   „   der Franche Comté: Ordinaire.

ca. 4 Bataill. 4 Kompagnien.

4. Brigade: Ricciotti Garibaldi.

Chef des Stabs:

Bataillon . . . . Nicolai.

Eclaireurs des Allier: Prieur.

Savoyer Jäger: Michard.

Franktireurs von Aveyron: Rodat.

Jäger der Dauphiné: Rostering.

Eclaireurs des Doubs: Begey.

Franktireurs der Côte b'Or: Gobillot.
„   von Dôle: Habert.
Jäger vom Montblanc: Tuppez.
Franktireurs des Kreuzes von Nizza: Nivon.
„   von Toulouse: Grzybowski.
„   der Vogesen: Welker.
Kompagnie von Gers: Dulac.
Jäger der Loire: Laberge.

ca. 1 Bataill. 13 Kompagnien.

Artillerie.

Kommandant: Ollivier.
Ausrüstung und Munition: Lyons.
2 Batterien der Charente inférieure: Senne.
3   „   „   „   „   : Ranson.
Gebirgs-Batterie: Pohin.

3 Batterien mit 18 Geschützen.

Kavallerie.

1 Eskadron Husaren: . . . .
Guiden: Farlatti.
Freiwillige Reiter von Châtillon: . . . .
Eclaireurs der Rhône: Massonneri.

ca. 200 Pferde.

Trains.

Kommandant: Cerrato.

Nicht eingetheilte Korps.

Franktireurs de la mort: Silvestri.
Rekruten-Depôt: Goezi.
Kompagnie der Revanche: Verdan.
Bataillon der enfants perdus de Paris: Delosne.
Carabinieri von Genua: Razetto.
Spanische Kompagnie: Garzia.
Pontonniers der Rhône: Kaufmann.
Franktireurs des Garel und des Elsasses: Braun.
Garibaldi'sche Franktireurs: Endetine.

ca. 1 Bataill. 9 Kompagnien.

Gesammtsumme:
13 Bataillone und
34 Kompagnien Infanterie ca. . . . 16000 Mann.
200 Mann Reiter 200   „
und 18 Geschütze 300   „
Trains und Branchen 200   „

16700—18000 Mann.

4. Formation, gegen Ende Januar.

Stab 2c. wie oben.

1. **Brigade: Canzio.**

Chef des Stabs: Bayard.

Carabiniers von Genua: Razetto.

Italienische Legion, genannt Legion von Marsala: Orense.

Spanische Kompagnie: Garcia.

Französisch-Spanische Kompagnie: Artigala.

Eclaireurs von Gray: Neveu.

Egyptische Jäger: Penazzi.

Franktireurs des Südens: Gent.

    „   von Philippeville: Bablon.

    „   der Rhone: Tainurier.

Algierische Kompagnie: Dubiès.

42. Regiment de l'Aveyron: Willame.

1. Legion der Mobilisirten de l'Iserè: Bleton.

Batterie de tirailleuses: Pasanisi.

2. **Brigade: ......**

(Ein Theil derselben ist detachirt unter Oberst Lobbia.)

Chef des Stabs: Jolivalt.

1. Bataillon de l'Egalité von Marseille: Gauthier.

2.   „   „   : Raimond.

Guerilla von Marseille: Bosquett.

Französische Guerilla d'Orient: de Saulcy.

Garibaldi'sche Tirailleurs du Var: Danilo.

See-Kompagnie: Genet.

Franktireurs des Atlas: Gallien.

Eclaireurs zu Pferde: Corso.

3. **Brigade: Menotti Garibaldi.**

Chef des Stabs: Saint Ambrogio.

1. Bataillon Mobilen der See-Alpen: Bruneau.

2.   „   : Monnic.

Mobilenbataillon der Basses Alpes: Barthélemy.

    „   der Basses Pyrénées: Hirart.

Legion der Mobilisirten de l'Iserè: De Combarrieu.

Legion der italienischen Freiwilligen: Tanara.

   „   der Alpenjäger: Ravelli.

Bataillon der vereinigten Franktireurs: Loste.

Kompagnie von Vaucluse: Eyraud.

    „   von Oran: Cruchy.

    „   Franktireurs der Franche-Comté: Ordinaire.

4. **Brigade: Ricciotti Garibaldi.**

2. Legion Mobilen de l'Iserè: Blache.

Bataillon Nicolaï: Nicolaï.

Eclaireurs-Kompagnie de l'Allier: Prieur.

Jäger-Kompagnie de Savoie et du Mont Blanc: Michard.

Franktireurs de l'Aveyron: Robat.

1. und 2. Jäger-Kompagnie der Dauphiné: Rostering.

Eclaireurs des Doubs: Begey.

Franktireurs der Côte d'Or: Gobillot.

    „   von Dôle: Habert.

    „   de la Croix de Nice: Rivoire.

    „   von Toulon: Grzybowski.

    „   der Vogesen: Welker.

1. Kompagnie du Gers: Dulac.

Jäger der Loire: Laberge.

1. Kompagnie von Bigorre und Jonzac: Lacour.

Republikanische Freiwilligenlegion der Loire: d'Ambricourt.

Kompagnie der Rache: Verdan.

    „   des Halbmondes: Barbot.

    „   der Enfants perdus de la montagne: Durrieu.

    „   von Caprera: Rolland.

Artillerie: Mehrere (6) Batterien.

Kavallerie: 1 Zug der 7. Chasseurs à cheval.

          1 Eskadron Guiden von Châtillon.

C. Ordre de Bataille des Korps Lavalle.

Kommandant en Chef: Dr. Lavalle, Präsident des Vertheidigungs-Comités der Côte d'Or mit dem Titel „Oberst der Mobilisirten der Côte d'Or".

Adjutanten: 1) Aubine; 2) Carion Fils; 3) d'Azincourt.

Garde nationale mobilisée (4 Bataillone): Oberst-Lieutenant Bousquet.

        Bataillon: . . . . Nicolaï,

        Kompagnie: . . . Cornu.

        Garde à cheval: . Bresson,

                        Girard.

Summa: 5⅙ Bataillone, ½ Eskadron.

Welche Formationen außerdem noch dieser Abtheilung angehörten, konnte diesseits nicht ermittelt werden.

D. Ordre de Bataille der am 30. Oktober unter Oberst Fauconnet*) bei Dijon aufgetretenen regulären Streitkräfte.

2 Bataillone mobiles de la Côte d'Or,
2   de l'Isère,
das 4. Bataillon des 30. Regiments mobiles de la Loire
 (gegen Abend von Langres angekommen),
das 3. Bat. des Regiments mobiles des Basses Pyrenées,
das 1.   „   „   „   „   de la Drôme,
1 Bataillon des 90. Regiments,
1 „ „ 71. „
1 Kompagnie des 6. Bataillons Chasseurs à pied,
Gardes mobiles von Dijon (3 Bataillone)

zusammen 9—12 Bataillone.

Unter den Gefallenen befanden sich außerdem solche mit den Regiments-Nummern 67 und 11; auf der Höhe von St. Apollinaire fochten auch egyptische Freiwillige.

E. Ordre de Bataille der Division Cremer.

Kommandant: General Cremer**).
Chef des Generalstabs: Oberst Poullet.
Kommandeur der Artillerie: Hauptmann Camps.
Chef des Genie: „   Lemore.

1. Formation, November bis 3. Dezember.

		Bat.	Batt.
Infanterie:	1. Bataillon mobiles de la Gironde: de Latour-Carayon	1	—
	1re Legion mobilisée du Rhône: Oberst Celler	3	—
	2me. Legion mobilisée du Rhône: Oberst Ferrer	3	—
	Chasseurs du Rhône: Hauptmann Marengo (3 Komp.)	½	—
Artillerie:	Armstrong-Batterie der 1. Legion: Hauptmann Pitrat	—	1

7½ Bataillone 1 Batterie.

---

*) Das Detachement, welches unter Führung des Oberst Fauconnet gegen Ende Oktober von der Armee von Lyon auf Auxonne dirigirt worden war, soll nach französischen Angaben eine Stärke von 12,000 Mann gehabt haben. In Auxonne stand um diese Zeit ein Depôt des 85. Linien-Regiments und ein solches des 14. Bataillons Chasseurs à pied.

**) Vorher Hauptmann im Generalstab, bei der Kapitulation von Metz in Gefangenschaft gerathen, auf Ehrenwort entlassen, aber unter Bruch des Ehrenwortes wieder in Dienst getreten. (cfr. unten Seite 292.)

2. **Formation,** bis zum Gefecht von Nuits den 18. Dezember.
1. **Brigade:** Oberst-Lieutenant Graziani.

	Bat.	Batt.
1. Bataillon mobiles de la Gironde: de Latour-Carayon	1	—
32me. Marſch-Regiment: Oberſt-Lt. Graziani	3	—
57me. „ „ Millot .	3	—

2. **Brigade:** Oberſt Celler.

	Bat.	Batt.
1ere. Legion du Rhône: Oberſt Celler . .	3	—
2me. „ „ „ „ Chabert .	3	—
Chasseurs Volont. du Rhône: Hauptmann Marengo	1/2	—
Volontaires libres: Lieutenant Joly (1 Komp.)	1/6	—
Artillerie: Armſtrong-Batterie (9pfd.) Hauptm. Pitrat	—	1
22me. Batterie des 9. Artillerie-Reg. (4pfd.) Hauptmann Aubrion	—	1
22me. Batterie des 2. Artillerie-Reg. (4pfd.) Hauptmann Viala	—	1

zuſammen 13 2/3 Bataillone 3 Batterien.
Die Bataillone waren vollzählig und gegen 1200 Mann ſtark.

3. **Formation,** während und nach der Schlacht von Belfort.
(Vergleiche unter Ordre de Bataille der Armee Bourbaki's (I. de l'Est).

F. Ordre de Bataille
der I. Armée de l'Est.

Kommandant en Chef: General Bourbaki bis 26. Januar 1871;
General Clinchant (cfr. 20. Korps).
Generalſtabs-Chef: Diviſions-General Borel.

15. Armee-Korps.

Kommandirender General: General Martineau des Chenez.

1. **Diviſion:** General d'Aſtughe,

    1. **Brigade:** General Minot.

        1. Marſch-Zuaven-Regiment,
        12. Regiment mobiles de la Nièvre,
        1. Bataillon   „   „   „   Savoie,
        18. Regiment   „   „   „   Charente.

    2. **Brigade:** General Queſtel.

        4. Marſch-Bataillon Chasseurs à pied,
        Tirailleurs algériens,
        1. Marine-Infanterie-Regiment (3 Bat.)

2. Division: General Rébillard.

  1. Brigade: General le Camus.

    5. Marsch-Bataillon Chasseurs à pied,
    39. Linien-Infanterie-Regiment,
    Frembenlegion,
    25. Regiment mobiles de la Gironde.

  2. Brigade: General Choppin-Merey.

    2. Marsch-Zouaven-Regiment,
    3.   "   "   "
    29. Regiment mobiles (Maine et Loire).

3. Division: General Peitavin.

  1. Brigade: General Formier be la Blanchetée.

    3. Marsch-Bataillon Chasseurs à pied,
    16. Linien-Infanterie-Regiment,
    33. Marsch-Regiment,
    32. Regiment mobiles (Puy de Dôme).

  2. Brigade: General Martinez.

    27. Marsch-Regiment,
    34.   "   "
    69. Regiment mobiles (Arriège).

Kavallerie-Division: General be Longuerue.

  1. Brigade:

    11. Jäger-Regiment,
    6. Husaren-Regiment,
    6. Dragoner-Regiment.

  2. Brigade: General Boërio.

    1. Marsch-Jäger-Regiment,
    2. Lanciers-Regiment,
    9. Kürassier-Regiment.

  3. Brigade: General Tillon.

    5. Lanciers-Regiment,
    1. Marsch-Kürassier-Regiment,
    Mobilisirte des Gard-Departements.

18. Armee-Korps.

Kommandirender General: General Billot.

  1. Division: General Feillet-Pilatrie.

    1. Brigade: General be Robert.

      9. Bataillon Chasseurs à pied,
      42. Marsch-Regiment,
      19. Regiment mobiles du Cher.

2. Brigade:
    44. Marsch-Regiment,
    73. Regiment mobiles (Isère et Loire).
    1 Eskadron des 3. Lanciers-Regiments.

3. Brigade: General de l'Epée.
    2. Marsch-Regiment (2 Bat.),
    42.   „   „   (2 Bat.),
    12. Bataillon Chasseurs à pied.

2. Division: Admiral de Penhoët.
  1. Brigade: General Perrin.
    (12. Bataillon Chasseurs à pied?),
    52. Marsch-Regiment,
    77. Regiments mobiles (Maine et Loire, Tarn,
       Allier).

  2. Brigade: General Perreaux.
    Infanterie légère d'Afrique,
    1 Eskadron des 5. Marsch-Dragoner-Regiments.

3. Division: General Bonnay.
  1. Brigade: General Ritter.
    4. Marsch-Zouaven-Regiment,
    81. Regiment mobiles (Charente inf., Indre, Cher).

  2. Brigade:
    53. Marsch-Regiment,
    82. Regmt. mobiles (Vaucluse, Var et Drôme),
    1 Eskadron des 3. Lanciers-Regiments.

Kavallerie-Division: General de Brémont d'Ars.
  1. Brigade: General Charlemagne.
    2. Marsch-Husaren-Regiment,
    3. Lanciers-Regiment.

  2. Brigade:
    5. Dragoner-Regiment,
    5. Kürassier-Regiment.

20. Armee-Korps.

Kommandirender General: General Clinchant, bis 26. Januar 1871.

1. Division: General de Polignac.
  1. Brigade: General Brisac.
    4. Regiment mobiles de la Loire,
    50. Marsch-Regiment,
    55. Regiment mobiles du Jura.

2. Brigade: General Godefroy.

    67. Regiment mobiles de la Haute-Loire,
    24.   „   „ „ „ „ Garonne,
    4. Bataillon „   „ Saône et Loire.
Franctireurs du Haut-Rhin.

2. Division: General Thornton.

  1. Brigade: General be Bernard be Peigneurens.
    34. Regiment mobiles des 2 Sèvres,
    2. Bataillon „   de la Savoie,
    25.   „   Chasseurs à pied.

  2. Brigade: General Bibenot.
    3. Marsch=Zouaven=Regiment,
    68. Regiment mobiles du Haut-Rhin.

3. Division: General Ségard.

  1. Brigade: General Durochat.
    47. Marsch=Regiment.
    78. Linien=Infanterie=Regiment.
Regiment mobiles de la Meurthe.

  2. Brigade: General Simonin.
Regiment mobiles de la Corse,
    58. Regiment mobiles des Vosges,
Mobiles des Pyrenées orientales.
Franctireurs de l'Allier,
    „   „ Nice,
Mineurs de la Loire,
Génie mobile de Tours.

Kavallerie=Brigade:

    7. Jäger=Regiment,
    2. Marsch=Canciers=Regiment,
    6.   „ Küraffier= „

24. Armee=Korps.
Kommandirender General: General Bressolles.

  1. Division: General b'Aries.
  1 Brigade:
    16. Bataillon Chasseurs à pied,
    63. Marsch=Regiment.

  2. Brigade:
    2. Légion du Rhône,
    1. Regiment mobiles du Doubs.

2. Division:
1. Brigade: General Irlande.
21. Bataillon Chasseurs à pied,
60. Marsch=Regiment,
61.   „   „

2. Brigade: General Bramas.
14. Regiment mobiles de l'Yonne,
87.   „   „   de Lozère, Tarn et Garonne,
2. Genie=Regiment.

3. Division:
4. Bataillon mobiles de la Loire,
89.   „   „   du Var,
1. Légion de mobilisés du Rhône,
2   „   „   „   „   „

Kavallerie=Brigade:
7. kombinirtes Marsch=Kavallerie=Regiment,
1 Eskadron des 6. Dragoner=Regiments,
1   „   „ 10.   „   „

Allgemeine Reserve.
Kommandeur: Admiral Pallu de la Barrière.
29. Marsch=Regiment,
38. Linien=Infanterie=Regiment,
Marine=Infanterie,
3. Marsch=Dragoner=Regiment,
2.   „   Regiment Chasseurs d'Afrique,
Theile des 5. Marsch=Lanciers=Regiments.

Division Cremer.
Kommandeur: General Cremer (cfr. oben).
1. Brigade: Oberst Millot.
Bataillon mobiles de la Gironde,
- 32. Marsch=Regiment,
57.   „   „

2. Brigade:
3. Kompagnie éclaireurs du Rhône,
83. Regiment mobiles (Aude-Gers),
86.   „   „   provisoires,
Eclaireurs de Saône et Loire,
Kompagnie freiwilliger Jäger.

Artillerie der Armee Bourbaki's.

Die Ordre de Bataille der Artillerie ist nur im Allgemeinen bekannt. Das Werk „Die Operationen der Süd=Armee ꝛc.", dem auch die vorhergehende Ordre de Bataille der I. Armee entnommen ist, führt an:

Artillerie.

1. Division des 15. Korps.

1 Batterie des 13. Artillerie=Regiments,
die 18. „ „ 6. „ „
„ 18. „ „ 2. „ „

2. Division des 15. Korps.

1 Batterie des 9. Artillerie=Regiments,
1 „ „ 12. „ „
die 14. „ „ Regiments der exgarde imperiale.

3. Division des 15. Korps.

die 18. Batterie des 14. Artillerie=Regiments,
„ 18. „ „ 7. „ „
„ 18. „ „ 10. „ „

Artillerie=Reserve,

die 13., 14., 15. und 16. Batterie des 3. Artillerie=Regiments,
„ 19. Batterie des 2. Artillerie=Regiments,
„ 11. „ „ 6. „ „
„ 14. „ „ 18. „ „
„ 14. „ „ 19. „ „

zusammen 17 Batterien mit 102 Geschützen.

Die Gesammtzahl der Batterien der ganzen I. Armee wird geschätzt auf ca. 60—70.

Die Stärke der Armee Bourbaki's betrug ca. 140 bis 150,000 Mann mit ca. 360 bis gegen 400 Geschützen.

Die Belagerungen, Schlachten, Gefechte ꝛc.

des

14. Armee-Korps

in chronologischer Ordnung mit Angabe der Verluste an den einzelnen Tagen.

NB. Die Verlustangaben sind nach dem Werke: „Die Verluste der Deutschen Armeen an Offizieren und Mannschaften im Kriege gegen Frankreich 1870 und 1871 von Dr. Engel" aufgenommen.

Datum	Aktion.	Truppentheil.	Verlust. Offiz.	Mann.	Gesammt.	Dieff. Führ. resp. Abtheilung.	Feindl. Führ. resp. Abtheilung.
Oktbr. 4.	Avantgardegef. bei Plaine resp la Trouche und Lubigny	Bad.Div.(1.) Leib-Gr.-Regt.	—	2	2	Det. Degenfeld	Mobilgarden und Franktireurs
		Bad. Div. 3. Inf.-Regt.	—	2	2		
4./10.-10./11.	Cernirung und Belagerung von Neu-Breisach	4. Res.-Div.	2	54	56	Gen. Schmeling	
28./9. 19-23/10	Beobachtung resp. Belagerung von Schlettstadt	Bad. Div. 4. und 1. Res.-Div.	4	24	28		
5.	Besetzung v. Raon l'Etape	Bad.Div.(1.) Leib-Gr.-Regt.	—	1	1	Det. Degenfeld	
-		Bad. Div. 3. Inf.-Regt.	—	1	1		
6.	Gefecht bei Etival	Bad.Div.(1.) Leib-Gr.-Regt.	4	106	110	Gen. Degenfeld	Gen. Dupré Theile des Korps Cambriels
		Bad. Div. 3. Inf.-Regt.	13	181	194		
		Bad. Div. 6. Inf.-Regt.	2	78	80		
		Bad. Div. 1. Leib-Drag.-Regt.	—	7	7		
		Bad. Div. Feld-Art.-Regt.	2	8	10		
		Bad. Div. Sanitäts-Detachement	—	1	1		
	Patrouille von Schirmeck nach Raon l'Etape	Bad. Div. 1. Leib-Drag.-Rgt.	—	1	1		
8.	Patrouille bei la Bourgonce	Bad.Div.3.Drag. Regt.	—	1	1		
	Patrouille bei la Broque	Preuß. Det. Füs.-Regt. Nr. 34	—	3	3		
9.	Besetzung von Rambervillers	Preuß. Det. Inf.-Regt. Nr. 30	2	28	30	Major Berckefeld	Bürger u. Mobilgarden
10.	Avantgardegef. bei Anould	Bad. Div. 5. Inf.-Regt.	—	8	8	Major Röder	Nachhut d. K. Cambriels

Datum	Aktion.	Truppentheil.	Verlust. Offiz.	Verlust. Mnn.	Gesammtl.	Dieff. Führ. resp. Abtheilung.	Feindl. Führ. resp. Abtheilung.
11.	Gefecht bei Brouvelieures und Bruyères	Bad. Div. (1.)Leib-Gr.-Regt.	—	1	1	Ob. Bayer	Bürger u. Mobilgarden. Nachhut d. K Cambriels.
		Bad. Div. 2. Gr.-Regt.	4	33	37		
12.	Rekognoszirung bei Aumontcey	Bad. Div. 2. Gr.-Regt.	—	1	1		
	Besetzung von Epinal	Preuß. Det. Inf.-Regt. Nr. 30	—	4	4	Ob. Nachtigal	desgl.
13.	Patrouille bei Pouxeux	Bad. Div. (1.)Leib-Drag.-Regt.	—	4	4		
	Avantgardegefecht bei les Forges	Preuß. Det. Füs.-Regt. Nr. 34	—	3	3	Maj. Herzberg	Kap. Nicora
		Preuß. Det. 2. Res. Drag.-Regt.	—	1	1		
14.	Rencontre bei Guebwiller	4. Res.-Div. Inf.-Regt. Nr. 25	1	2	3	Ob. Loos	Franktireurs und Mobilgarden
		4. Res.-Div. 2. l. Res.-Batt. des 4. Artillerie-Rgts.	—	1	1		
20.	Rencontre zwischen Cemboing und le Fayl-Billot	Preuß. Det. Füs.-Regt. Nr. 34	—	1	1	Ob. Osten	desgl.
21.	Patrouille von Oiselay nach Velloreille	Bad. Div. 3. Inf.-Regt.	—	3	3		
22.	Gefechte am Ognon	Bad. Div.(1.)Leib-Gr.-Regt (Auxon dessus)	—	14	14	Gen. Werder	Gen. Cambriels.
		Bad. Div. 3. Inf.-Regt. (Etuz, Cussey)	1	23	24		
		Bad. Div. 4. Inf.-Regt. (Etuz, Cussey)	—	10	10		
		Bad. Div. 5. Inf.-Regt. (Buthiers)	—	7	7		
		Bad. Div (1.) L.-Dr.-Regt.	—	2	2		
		Preuß. Det. Inf.-Regt.Nr.30(Châtillon-le-Duc)	5	69	74		
23.	Rekognoszirungen gegen Besançon	Bad. Div. 3. Inf.-Regt.	—	3	3	Ob. Kraus	K. Cambriel
		Bad. Div. 4. Inf.-Regt.	—	10	10		
		Bad. Div. 5. Inf.-Regt.	—	23	23		
	Patrouille bei Broye-les-Pesmes und Rekognosz. gegen Döle	Preuß. Det. Inf.-Regt. Nr. 30 (9. Komp.)	—	7	7	Det. la Roche	
24.	Rencontre bei la Vaivre	Preuß. Det. Füs.-Regt. Nr. 34	—	4	4	Maj. Herzberg	Bürger und Bauern.
	Rencontre bei Calmoutier Besoul (ohne diesseitigen Verlust)						

Datum	Aktion.	Truppentheil.	Verlust. Offiz.	Verlust. Mnn.	Gesammt.	Dieff. Führ. resp. Abtheilung.	Feindl. Führ. resp. Abtheilung.
Oft.							
24.	Patrouille bei Beaujeuz	Preuß. Det. 2. Ref.-Drag.-Regt.	—	1	1	Det. la Roche	
26.	Avantgardegefecht n. und südl. Gray	Bad. Div. (1.) L.-Gr.-Regt.					
	⎰ Oyrières ⎱ Mantoche	⎰ 10. Komp. ⎱ 9. Komp.	1	4	5	Ob. Wirth Ob. Wechmar	K. b. Dr. Lavalle
27.	Avantgardegefechte n. w. Gray						
	⎰ St. Seine s. Vingeanne	Bad. Div. 2. Gr.-Regt.	1	5	6	Maj. Wolff	„
	⎱ Fahy und Auvet	Bad. Div. 2. Dr.-Regt.	—	1	1	Ob. Wirth	„
	Patrouillengefecht bei Noiron s. ö. Gray	Bad. Div. 5. Inf.-Regt.	—	3	3		
	Avantgardegefecht bei Essertenne und Talmay s. v. Gray	Bad. Div. (1.) L.-Gr.-Regt.	—	20	20		
	Ueberfall auf die Post bei Seveux (ohne diesseitigen Verlust)						
29.	Patrouille zwischen Colmar und Ensisheim	4. Ref.-Div. Inf.-Regt. Nr. 25	—	8	8		
30.	Gefecht bei Dijon	Bad. Div. (1.) L.-Gr.-Rgt.	8	183	191		
		Bad. Div. 2. Gr.-Regt.	2	66	68		
		Bad. Div. 2. Dr.-Regt.	—	3	3		
		Bad. Div. 3. Dr.-Regt.	—	2	2		
		Bad. Div. Feld.-Art.-Regt.	—	3	3	Gen. Beyer	Ob. Fauconnet
		Preuß. Det. Füs.-Regt. Nr. 34 (Ordonnanz)	—	1	1		
	Auf Posten bei Renève-l'Eglise	Preuß. Det. Füs.-Regt. Nr. 34	—	1	1		
	Rencontre bei Gebersweier gegen Franktireurs	1. Ref.Div. 2. komb. pomm. Lw.-Regt.	—	3	3		
	Ueberfall durch Franktireurs bei Egersheim	1. Ref.-Div. 1. F.-Pion.-K. d. II. A.-K.	1	2	3		
31.	Rencontre bei Sultz, s. Colmar	4. Ref.-Div. Inf.-Regt. Nr. 25	—	3	3		
Nov.							
1.	In Straßburg	1. Ref.-Div. Inf.-Regt. Nr. 67	—	1	1		
	Ueberfall bei Mirebeau s./Bèze	Bad. Div. 3. Dr.-Regt.	—	1	1		
	Beim Fouragiren vor le Vas	4. Ref.-Div. 3. l. Batt.	—	1	1		
	Avantgardescharmützel bei Cernay, Guevenheim oh. dieß. Verlust.	1. Ref.-Div.					

Datum	Aktion.	Truppentheil.	Verluſt. Offiz.	Mnn.	Geſammt.	Dieff. Führ. reſp. Abtheilung.	Feindl. Führ. reſp. Abtheilung.
Nov. 2.	Avantgardegefecht bei les Ernies, St. Germain, Rougemont, Petit und Gros-Magny	1. Reſ.-Div. 2. tb. pomm. Lw.-Regt.	—	5	5		Beſ. v. Belfort
		1. Reſ.-Div. 3. tb. pomm. Lw.-Regt.	—	5	5		
3./XI.- 13./II.	Cernirung und Belage- rung von Belfort *)		52	1485	1537		
3.	Avantgardegef. bei Cloie	1. Reſ.-Div. 3. tb. pomm. Lw.-Regt.	—	1	1		
5.	Patrouille bei St.-Loup- les-Gray	Preuß.Det.2.Reſ.- Drag.-Regt.	—	4	4		
	Patrouille zwiſchen Pon- tailler und Varois	Bad. Div. 2. Dr.- Regt.	—	1	1		
	Rekognoszirungsgef. bei Genlis	Bad. Div. 5. Inf.- Regt.	—	6	6	Hpt. Schmidt	Brig.Boffack
	Rekognoszirungsgef. bei Brazey	Bad. Div. 2. Gr.- Regt.	1	2	3	Maj. Lang	
6.	Patrouille bei Crefancey ſ. ö. Gray	Preuß.Det.2.Reſ.- Drag.-Regt.	—	1	1		
	Patrouille bei Arcey ſ. w. Dijon	Bad. Div. (1.) L.- Dr.-Regt.	—	1	1		
7.	Ueberfall franzöſ. Vor- poſten bei Geney nördl. l'Isle ſ. l. D.	Bad. Div. 3. Inf.- Regt.	—	1	1	Haupt. Schrickel	
8.	In Straßburg	1. Reſ.-Div. Inf.- Regt. Nr. 67	—	1	1		
	Rekognosz. der Brücke bei la Marche ſ./Saône	Bad. Div. Pion.- Komp. (Stab)	1	—	1		Beſ. von Auxonne
9.	Patrouille bei St. Seine n. w. Dijon	Bad. Div. 3. Dr.- Regt.	—	1	1		
12.	Gefecht bei l'Isle ſur le Doubs	Bel.-K. 1. Reſ.-D. ohne Verluſt	—	—	—		
13.	Rekognoszirung von Au- xonne	Preuß. Det. Füſ.- Regt. Nr. 34	—	4	4		
	Rekognosz. gegen Dôle	Preuß.Det.2.Reſ.- Huſ.-Regt.	—	2	2		
	Scharmützel bei Rouf- fange, w. Beſançon	Bad. Div. 4. Inf.- Regt.	—	2	2	Det. Bauer	
14.	Beobachtung v. Auxonne	Bad. Div. 5. Inf.- Regt.	—	1	1	Det. Sachs	
	Gefecht bei St. Jean de Losne, Avantgarde der 3. Brig. ohne Verluſt						
15.	Bei Enſisheim	4. Reſ.-Div. 3. tb. oſtpr. Lw.-Regt.	—	1	1		
	Beobachtung v. Auxonne	Bad. Div. 5. Inf.- Regt.	—	1	1	„	
	Patrouille bei Citeaux ſ. ö. Dijon	Bad. Div. 3. Dr.- Regt.	—	1	1		

*) Hierbei ſind eingerechnet Vorpoſtengefechte, Ausfälle ꝛc.

Datum	Aktion.	Truppentheil.	Verlust. Offiz.	Verlust. Mnn.	Gesammt.	Dieff. Führ. resp. Abtheilung.	Feindl. Führ. resp. Abtheilung.
Nov. 15.	Avantgardescharmützel bei St. Jean de Losne	Bad. Div. Feld-Art.-Regt.	—	1	1	Brig. Keller	
16.	Patrouille bei Quincey f. ö. Dijon	Bad. Div. 2. Dr.-Regt.	—	1	1		
18.	Patrouille bei St. Jean de Losne	Bad. Div. 3. Dr.-Regt.	—	1	1		
19.	Patrouillenscharmützel bei Broin f. ö. Nuits	Bad. Div. 2. Gr.-Regt.	—	1	1		
20.	Rekognoszirung gegen Nuits	Bad. Div. (1.) L.-Gr.-Regt.	1	5	6	Ob. Wechmar	Ob. Bourras
		Bad. Div. 2. Dr.-Regt.	—	1	1		
21.	Rencontre bei St. Symphorien w. Dôle	Bad. Div. 5. Inf.-Regt.	—	2	2		
	Bei Montbéliard	Bel.-K. (1.R.-D.) 1. komb. pomm. Lw.-Regt.	1	1	2		
22.	Gefecht bei Chamboeuf f. w. Dijon	Bad. Div. (1.) L.-Gr.-Regt.	—	25	25	Füf. Bat. Oberstlt. Hofmann	Trupp. b. Det. Crevisier, Bourras.
	Gefecht bei Bougeot n. Nuits	Bad. Div. (1.) L.-Gr.-Regt.	—	1	1		
23.	Rekognoszirungsgef. bei Bonjaucourt f. Montbéliard und Rencontre bei Montbéliard	Bel.-K. (1. R.-D.) Inf.-Regt. Nr. 67	—	1	1		
		Bel.-K. (1. R.-D.) 1. fb. pomm. Lw.-Regt.	—	5	5		
		Bel.-K. (1. R.-D.) Fest.-Pion.-K. b. II. A.-K.	1	3	4		
	Patrouille bei Lure	Bad. Div. (1.) L.-Dr.-Regt.	—	1	1		
24.	Requisition bei Batterans f. ö. Gray	4. Ref.-Div. 2. fb. ostpr. Lw.-Regt.	—	1	1		
	Patrouillengefecht bei Domois f. Dijon	Det. Goltz Inf.-Regt. Nr. 30	—	1	1		Cremer'sche Abth.
	Scharmützel bei Clemencey w. Gevrey	Bad. Div. 4. Inf.-Regt.	—	2	2		Gari-baldianer
25.	Patrouille bei Chargeyles-Port n. w. Port f. Saône	4.Ref.-Div.3.Ref.-Ulanen-Rgt.	—	1	1		
	Gefecht bei Velars f. Ouche	Bad. Div. 4. Inf.-Regt.	1	7	8	Maj. Held	Garibaldi'sche Brig. Bossack
26.	Relais in Beire-le-Châtel n. ö. Dijon	Bad. Div. 3. Dr.-Regt.	—	1	1		
	Gefecht b. Prenois. Nachtgefecht bei Daix u. Talant	Bad. Div. 3. Inf.-Regt.	5	49	54	Gen.Degenfeld	Garibaldi.
27.	Gefecht bei Pasques	Bad. Div. (1.) L.-Gr.-Regt.	—	4	4		2. Brig. Delpech u. a. Abth.
		Bad. Div. 2. Gr.-Regt.	—	15	15		
		Bad. Div. Sanitäts-Det.	—	1	1		

19*

Datum	Aktion.	Truppentheil.	Verluſt.		Geſammt.	Dieſſ. Führ. reſp. Abtheilung.	Feindl. Führ. reſp. Abtheilung.
			Offiz.	Mnn.			
Nov. 27.	Verfolgung bei Velars u. Fleurey-ſur-Ouche	Bad. Div. 5. Inf.-Regt.	—	1	1		
28.	Gefecht bei Baudoncourt und Audincourt	Bel.-K. (1. R.-D.) ohne Verluſt					
30.	Bei Bonrencontre	Det. Goltz Inf.-Regt. Nr. 30	—	3	3		
	Rekognoszirungsgeſ. bei Nuits	Bad. Div. 2. Gr.-Regt.	1	38	39	Ob. Renz	Ob. Ferre und Ob. Bourras
Dez. 1.	Angriff auf Autun	Bad. Div. 5. Inf.-Regt.	1	17	18		
		Bad. Div. 6. Inf.-Regt.	1	—	1	Gen. Keller	K. Garibaldi Ob. Millot
		Bad. Div. Feld-Art.-Regt.	—	3	3		
2.	Patrouille bei Audincourt ſ. ö. Montbéliard	Bel.-K. (1. R.-D.) 2. Reſ.-Ul.-Regt.	—	1	1		
3.	Rekognoszirung gegen Pesmes	4. Reſ.-Div. 2. kb. oſtpr. Lw.-Regt.	1	7	8		
	Patrouille bei Nuits	Bad. Div. 2. Dr.-Regt.	—	1	1		
	Gefecht bei Vandeneſſe u. Châteauneuf	Bad. Div. 5. Inf.-Regt.	6	74	80		
		Bad. Div. 6. Inf.-Regt.	4	77	81	Gen. Keller	Gen. Cremer.
		Bad. Div. Feld-Art.-Regt.	—	2	2		
4.	In Bouſſey ſ. Vitteaux (durch Einwohner)	Det. Goltz Inf.-Regt. Nr. 30	—	2	2		
5.	Zwiſchen Etupes u. Montbéliard	Bel.-K. (4. R.-D.) 1. kb. oſtpr. Lw.-Regt.	—	2	2		
	Patrouillenſcharmützel b. Sombernon	Det. Goltz Füſ.-Regt. Nr. 34	—	4	4		
	Patrouillen bei Fixin u. Nuits	Bad. Div. 2. Gr.-Regt.	—	1	1		
	Patrouille bei Epernay n. ö. Nuits	Bad. Div. 2. Dr.-Regt.	—	2	2		
6.	Patrouille bei Gevrey-Chambertin	Bad. Div. 2. Gr.-Regt.	—	1	1		
7.	Sendung nach Vandeneſſe	Bad. Div. Sanitätsdetachement	—	4	4		
9.	Avantgardegefecht bei Dombrot-le-Sec, w. Epinal	Etappentruppen 1. Reſ.-Jäg.-Bat.		6	6	Maj. Paczinski	Beſ. von Langres.
	Patrouille gegen Fendremand	4. Reſ.-Div. 3. Ul.-Regt.		3	3		
	Patrouille zwiſchen Noiron-les-Citeaux u. Savouges	Bad. Div. 3. Dr.-Regt.		1	1		
	Patrouille zwiſchen Longvic und Gevrey-Chambertin	Bad. Div. 3. Dr.-Regt.		1	1		

Datum	Aktion.	Truppentheil.	Verlust.		Gesammt.	Dieff. Führ. resp. Abtheilung.	Feindl. Führ. resp. Abtheilung.
			Offiz.	Mnn.			
Dez.							
10.	Patrouillenscharmützel b. Gevrey-Chambertin	Bad. Div. 6. Inf.-Regt.	—	1	1		
	Patrouille bei Barges f. Dijon	Bad. Div. 2. Dr.-Regt.	—	1	1		
	Patrouille bei Broindon	Bad. Div. 3. Dr.-Regt.	—	3	3		
	Patrouille bei Pontailler	Bad. Div. 2. Dr.-Regt.	—	2	2		
11.	Rekognoszirungsscharmützel bei Lamarche n. ö. Langres	Etappentruppen 1. Ref.-Jäg.-Bat.	1	2	3		Bef. von Langres.
	Patrouille bei Barges f. Dijon	Bad. Div. 2. Dr.-Regt.	—	3	3		
12.	Ueberfall bei Vellexon	Bad. Div. Div.-Stab.	—	1	1		Bef. von Besançon.
		Bad. Div. Stab d. Kav.-Brig.	1	1	2		
		Bad. Div. Sanitäts-Det.	1	6	7		
		4.Ref.-Div.3.Ref.-Ul.-Regt.	—	3	3		
13.	Bei Chassigny n. ö. Prauthoy	4. Ref.-Div. 2. tb. ostpr. Lw.-Regt.	—	2	2		
14.	Scharmützel bei Autoreille f. ö. Gray	4. Ref.-Div. 2. tb. ostpr. Lw.-Regt.	—	1	1	Maj. Dutreux	Besatzung von Besançon.
	Patrouille bei St. Nicolas ö. Nuits	Bad. Div. 3. Dr.-Regt.	—	1	1		
	Patrouille bei Aubillars f. ö. Nuits	Bad. Div. (1.) L.-Gr.-Regt.	—	3	3		
15.	Patrouille bei Morey n. Nuits	Bad. Div. 3. Dr.-Regt.	—	1	1		
	Avantgardenscharmützel b. Selongey	Det. Golz ohne Verluste	—	—	—		
16.	Gefechte südlich und f. w. Langres. Aprey	Det. Golz Inf.-Regt. Nr. 30	—	1	1		Besatzung von Langres.
	Longeau	Det. Golz Füf.-Regt. Nr. 34	1	16	17	Gen. Golz	
	Grandvillars n. w. Delle	Bef.-C. (1. R.-D.) Inf.-Regt. N. 67	—	1	1		
	Marsch gegen Nuits	Bad. Div. (1.) L.-Gr.-Regt.	—	1	1		
	Rekognoszirungsscharmützel bei Pesmes	4. Ref.-Div. ohne Verlust	—	—	—		
17.u.18.	Gefechte bei Pesmes	4. Ref.-Div. Inf.-Regt. Nr. 25	—	7	7	Oberst Knappstädt	Leg. du Jura.
		4.Ref.-Div.1.Ref.-Ul.-Regt.	—	5	5		
18.	Gefechte bei St. Cier gues, St. Martin, Chanoy und Jorquenay	Det. Golz Inf.-Regt. Nr. 30	—	12	12	Gen. Golz	Besatzung von Langres.
		Det. Golz 2. R.-Huf.-Regt.	—	1	1		

Datum	Aktion.	Truppentheil.	Verlust. Offiz.	Mnn.	Gesammt.	Diess. Führ. resp. Abtheilung.	Feindl. Führ. resp. Abtheilung.
Dez.							
18.	Patrouille bei Chargey-les-Autrey	4. Res.-Div. 2. lb. ostpr. Lw.-Regt.	—	1	1		
	Gefecht bei Nuits. Saulon-la-Rue	Bad. Div. (1.) L.-Dr.-Regt.	—	1	1		
	Boncourt-le-Bois, Nuits	Bad. Div. Div. Stab	2	1	3		
		Bad. Div. Stab d. 1. Inf.-Br.	2	1	3		
		Bad. Div. (1.) L.-Gr.-Regt.	16	331	347		
		Bad. Div. 2. Gr.-Regt.	18	346	364		Gen. Cremer.
	Gevrey, Vosne, Nuits	Bad. Div. 3. Inf.-Regt.	6	76	82	Gen. Glümer sodann Gen. Werder	
	Villars-Fontaine, Nuits	Bad. Div. 4. Inf.-Regt.	7	76	83		
	Villars-Fontaine, Nuits	Bad. Div. (1.) L.-Dr.-Regt.	—	9	9		
	Villars-Fontaine, Nuits	Bad. Div. 3. Dr.-Regt.	—	1	1		
	Vill.-Fontaine (1 Batt.) Nuits (5 Batt.)	Bad. Div. Feld-Artill.-Regt. (6 Batt.)	1	50	51		
		Bad. Div. Sanitäts-Det.	—	1	1		
19.-26.	Cernirung von Langres						
19.	Patrouille bei Jorquenay	Det. Goltz 2. R.-Dr.-Regt.	—	1	1		
21.	Vorposten gegen Langres bei Beauchemin	Det. Goltz Füs.-Regt. Nr. 34.	—	1	1		
	Ueberfall eines Transports in Giromagny	Bel.-K. (1. R.-D.) 1. lb. pomm. Lw.-Regt.	—	6	6		
22.	Bei St. Martin	Det. Goltz 2. Res.-Dr.-Regt.	—	1	1		
	Zwischen Lannes und Dampierre	Det. Goltz 2. Res.-Hus.-Regt.	—	1	1		
	Patrouille zwischen Chevigny-St. Saubeur und Neuilly	Bad. Div. 3. Inf.-Regt.	—	1	1		
	Patrouille gegen Pontailler	Bad. Div. (1.) L.-Dr.-Regt.	—	1	1		
	Patrouille nach Genlis	Bad. Div. 3. Dr.-Regt.	—	1	1		
23.	Patrouille bei Aiserey s. ö. Dijon	Bad. Div. 3. Dr.-Regt.	—	4	4		
25.	Patrouille bei Rougemont n. Baume-les-Dames	4. Res.-Div. 3. R.-Ul.-Regt.	—	1	1		
29.	Rekognoszirungsgef. bei Hérimoncourt südö. v. Montbéliard	Bel.-K. (1. R.-D.) Inf.-Regt. Nr. 67	1	2	3		Theile der Armee Bourbaki's.
		Bel.-K. (1. R.-D.) 1. l. R.-Batt. d. IX. A.-K.	—	1	1		

Datum	Aktion.	Truppentheil.	Verlust. Offiz.	Verlust. Mnn.	Gesammt.	Diess. Führ. resp. Abtheilung.	Feindl. Führ. resp. Abtheilung.
Dez. 30.	Patrouille nach Cresancey f. ö. Gray	Bad. Div. 5. Inf.-Regt.	—	4	4		Armee Bourbaki's.
31.	Rekognoszirung bei Abévillers n. ö. Blamont	Det. Debschütz 6. Ref.-Ul.-Regt.	2	1	3		"
	Avantgardegef. bei Autechaux und Baume-les Dames	4. Ref.-Div. Inf.-Regt. Nr. 25	—	3	3		"
		4.Ref.-Div.1.schw. Ref.-Batt. b. IV. A.-K.	—	1	1		"
Januar	Patrouille bei Cresancey f. ö. Gray	Bad. Div. 5. Inf.-Regt.	—	4	4		
2.	Gefecht bei Abévillers n. ö. Blamont	Det. Debschütz 2. westpr. Lw.-Regt. Nr. 7 (Liegnitz)	—	4	4		Fr. 24. Korps.
5.	Ueberfall in St. Rémy ö. Jussey	4.Ref.-Div.1.Inf.- Munit.-Kolonne	—	3	3		
	Rekognoszirung gegen Bondeval	Det. Debschütz ohne Verlust	—	—	—		
	Avantgardegef. zwischen Bucey und Traves w. Besoul	Etappentruppen 1. rhein. Lw.-Regt. Nr. 25 (Eupen)	—	1	1	Major Schack	
	Gefechte w. f. u. f. w. Besoul, Levrecey, Bellefaux	Bad. Div. 3. Inf.-Regt.	—	2	2		
	Bellefaux n. Echenoz-le-Sec	Bad. Div. 4. Inf.-Regt.	—	7	7		
	Levrecey	Bad. Div. 5. Inf.-Regt.	3	41	44	Gen. Glümer	Avantgarden des 15., 18. und 20. Korps.
	Belle-le-Châtel u. Mont-le-Vernois	Bad. Div. 6. Inf.-Regt.	1	12	13		
	Dampierre-les-Montbozon	Bad. Div. 3. Dr.-Regt.	—	1	1		
6.	Patrouille nach Dampierre f. ö. Besoul	Det. Goltz 2. Ref.-Dr. Regt.	—	2	2		
	Scharmützel bei l'Isle-sur-le-Doubs	Bel.-K. (1. R.-D.) Inf.-Regt. Nr. 67	—	7	7		
8.	Rekognoszirung bei Bellechevreux	Det. Goltz 2. Ref.-Dr.-Regt.	—	2	2		
	Rekognoszirung b. Longevelle f. w. Montbéliard	Bel.-K. (1. R.-D.) 1 tb. pomm. Lw.-Regt.	—	17	17		
9.	Gefecht bei Villersexel Marat	Bad. Div. 3. Inf.-Regt.	—	5	5		
		Bad. Div. Feld-Art.-Regt.	—	1	1		
	Villersexel und Moimay	Det. Goltz Inf.-Regt. Nr. 30	—	25	25	Gen. Werder	Gen. Bourbaki.
	Moimay	Det. Goltz Füs.-Regt. Nr. 34	1	59	60		
		Det. Goltz Art. Abtheilung	1	10	11		

Datum	Aktion.	Truppentheil.	Verlust. Offiz.	Mnn.	Gesammt.	Dieff. Führ. resp. Abtheilung.	Feindl. Führ. resp. Abtheilung.
Jan. 9.	Villerfexel	4. Ref.-Div. 1. fb. oftpr. Lw.-Regt.	3	57	60		
		4. Ref.-Div. Inf.-Regt. Nr. 25	8	217	225		
		4. Ref.-Div. 2. fb. oftpr. Lw.-Regt.	—	24	24	Gen. Werder	Gen. Bourbafi
		4. Ref.-D. 3. Ref.-Ul.-Regt.	—	2	2		
		4. Ref.-Div. Art.-Abth.	1	10	11		
	Gefecht bei Seloncourt f. ö. Montbéliard	Det. Debfchitz 2. weftpr. Lw.-Regt. Nr. 7 (Jauer)	1	6	7		
9.-12.	Rencontres bei Arcey und Gegend	Bel.-K. (1. Ref.D.) Verlufte f. unten	—	—	—	Det. Bredow	
10.	Demonftration bei Balerois-le-Bois	Bad. Div. 4. Inf.-Regt.	—	3	3		
		Etappentruppen 4. Ref.-Huf.-Regt.	—	1	1	Oberft Bayer	
	Bei St. Sulpice b. Villerfexel	Bad. Div. 3. Inf.-Regt.	—	2	2		
	Bei Oppenans n. w. Villerfexel	Bad. Div. Feld-Art.-Regt.	—	1	1		
	Scharmützel bei Arcey	Bel.-K. (I. R.-D.) 1. fb. pomm. Lw.-Regt. (Gnefen)	—	2	2	Det. Bredow	
	Gefecht bei Abévillers	Detach. Debfchitz fchlesw. Lw.-Rgt. Nr. 84 (Apenrade)	1	44	45		24. Korps.
11.	Rencontre bei Abévillers	Detach. Debfchitz fchlesw. Lw.-Rgt. Nr. 84 (Apenrade)	—	1	1		"
12.	Patrouille bei Moffans f. ö. Lure	Bad. Div. 3. Dr.-Regt.	—	3	3		
	Rencontres bei Baudoncourt	Det. Debfchitz 2. weftpr. Lw.-Regt. Nr. 7	—	7	7		
	und Audincourt	Det. Debfchitz 3. niederfchl. Lw.-Regt. Nr. 50	—	1	1		Frei-Korps d. O. Bourras.
13.	Patrouille bei Aillevans	Det. Goltz 2. Ref.-Dr.-Regt.	1	—	1	Det. Willifen	
	Gefechte weftlich der Lifaine. Chavanne, Champey	Det. Goltz Inf.-Regt. Nr. 30	6	103	109	Oberftlt. Nachtigall	18. Korps.
		Det. Goltz 2. Ref.-Huf.-Regt.	—	1	1		
	St. Marie und	Bel.-K. (I. R.-D.) Inf.-Regt. Nr. 67	1	70	71		
	Arcey	4. Ref.-Div. Inf.-Regt. Nr. 25	2	72	74	Oberft Loos	20. Korps.
		4. Ref.-Div. 3. Ref.-Ul.-Regt.	—	2	2		

Datum	Aktion	Truppentheil	Verlust Offiz.	Verlust Mann.	Gesammt.	Dieff. Führ. resp. Abtheilung	Feindl. Führ. resp. Abtheilung
Jan. 13.	Arcey	4. Res.-Div. Art.-Abtheilung	—	1	1		
13./14.	Gefechte f. der Linie Montbéliard-Delle Dasle u. Seloncourt	Det. Debschitz 2. niederschl. Lw.-R. Nr. 47	—	1	1		
	Dasle	Det. Debschitz 3. niederschl. Lw.-R. Nr. 50 (Oels)	6	40	46	Gen. Debschitz	Theile des 24. Korps und Frei-Korps
	Croix	Det. Debschitz 1. schles. Lw.-Regt. Nr. 50 (Striegau)	—	2	2		
	Dasle	Det. Debschitz 1. I. Res.-Batt. b. VIII. A.-K.	—	3	3		
14.	Patrouille bei Baudoncourt f. w. Luxeuil	Etappentruppen 4. Res.-Huf.-Regt.	—	3	3		
	Patrouille bei la Côte ö. Lure	Det. Golz 2. Res.-Dr.-Regt.	—	1	1	Det. Willisen	
	Patrouille bei Moffans f. ö. Lure	Bad. Div. (1.) L.-Dr.-Regt.	—	2	2	"	
	Avantgardegef. b. Dung und Bart w. Montbéliard	4. Res.-Div. 1. fb. ostpr. Lw.-Regt.	—	1	1	Oberst Zimmermann	
		4. Res.-Div. 3. fb. ostpr. Lw.-Regt.	—	11	11		
15. 16. 17.	Schlacht vor Belfort. Frahier, Chenebier, Chagey,	Bad. Div. (1.) L.-Gr.-Regt.	1	28	29		
	Lure, Champey, Champagney,	Bad. Div. 2. Gr.-Regt.	—	17	17		
	Plancher-Bas	Bad. Div. 3. Inf.-Regt.	12	250	262		
	Héricourt, Buffurel	Bad. Div. 4. Inf.-Regt.	11	249	260		
	St. Suzanne, Courcelles Montbéliard, Grand Charmont	Bad. Div. 5. Inf.-Regt.	5	116	121	Gen. Werder, linker Flügel speziell Gen. Glümer.	Bourbaki's rechter Flügel: 24. u. 20. Korps, Centrum: 15. u. 18. Korps, linker Flügel: 18. Korps u. Divis. Cremer.
		Bad. Div. 6. Inf.-Regt.	3	65	68		
		Bad. Div. (1.) L.-Dr.-Regt.	—	1	1		
		Bad. Div. 3. Dr.-Regt.	—	2	2		
		Bad. Div. Feld-Art.-Regt. (10 Batt.)	4	38	42		
	Luze, Chagey, Héricourt	Det. Golz Inf.-Regt. Nr. 30	—	26	26		
		Det. Golz Füs.-Regt. Nr. 34	1	26	27		
		Det. Golz 2. Huf.-Regt.	—	1	1		

Datum	Aktion.	Truppentheil.	Verlust. Offiz.	Verlust. Mnn.	Gesammtf.	Dieff. Führ. resp. Abtheilung.	Feindl. Führ. resp. Abtheilung.
Jan. 15./16. 17.	Luze, Chagey, Héricourt	Det. Goltz Art.-Abth. (3 Batt.)	3	24	27		
	Héricourt	4. Ref.-Div. 1. fb. ostpr. Lw.-Regt.	—	81	81		
	Bethoncourt	4. Ref.-Div. 3. fb. ostpr. Lw.-Regt.	6	335	341		
	St. Suzanne	4. Ref.-Div. Inf.-Regt. Nr. 25	—	16	16		
	Courcelles	3. Ref.-Div. 2. fb. ostpr. Lw.-Regt.	1	22	23		
	Montbéliard	4. Ref.-Div. 3. Ref.-Ul.-Regt.	—	6	6		
		4. Ref.-Div. Art.-Abth. (6 Batt.)	—	9	9		
	Chenebier 17/I	Bef.-K. (1. R.-D.) Inf.-Regt. Nr. 67	5	104	109		
	Héricourt und Montbéliard 16/I	Bef.-K. (1. R.-D.) 8. u. 15. Fest.-Art.-Komp. des IV. A.-K.	—	4	4		Bourbaki's rechter Flügel: 24. u. 20. Korps, Centrum: 15. u. 18. Korps, linker Flügel: 18. Korps u. Divif. Cremer
	Héricourt 15/I	Bef.-K. 2. Fest.-P.-Komp. des VII. A.-K.	—	8	8	Gen. Werder, linker Flügel speziell Gen. Glümer	
	Vaudoncourt 15/I	Det. Debschitz 2. westpr. Lw.-Regt. Nr. 7 (Liegnitz)	—	7	7		
	Croix 16/I	Det. Debschitz 2. niederschl. Lw.-R. Nr. 47 (Hirschberg)	—	1	1		
	[1] Daste, 16/I. [2] Montbéliard 17/I	Det. Debschitz 3. schlef. Lw.-Regt. Nr. 50 ([1] Oels) ([2] Breslau)	—	30	30		
	Croix 16/I	Det. Debschitz 1. schlef. Lw.-Regt. Nr. 10 (Striegau)	—	3	3		
	Frahier und Chenebier 15—17/I	Etappentruppen 1. rhein. Lw.-Regt. Nr. 25 (Eupen)	—	20	20		
	Recologne und Clairegoutte 16/I	Etappentruppen 1. Ref.-Jäg.-Bat.	—	2	2		
	Gesammtverluft in der Schlacht von Belfort am 15., 16. und 17. Januar		52	1491	1543		
16./17.	Bei St. Loup-les-Luxeuil	Etappentruppen württemb. 4. Inf.-Regt.	—	18	18		
18.	Zwischen Plombières u. Luxeuil	Etappentruppen 4. Ref.-Huf.-Regt.	—	3	3		
	Avantgardegefecht bei Recologne u. Claire-goutte	Bad. Div. 6. Inf.-Regt.	1	15	16	Det. Willisen	Afrik. (Zephir-) Regt.
		Etappentruppen 1. Ref.-Jäg.-Bat.	—	9	9		

Datum	Aktion.	Truppentheil.	Verlust. Offiz.	Verlust. Mann.	Gesammt.	Diess. Führ. resp. Abtheilung.	Feindl. Führ. resp. Abtheilung.
Jan. 18.	Verfolgungsgefechte*) an der Lisaine und südlich der Linie Montbéliard-Delle						
	Luze	Det. Goltz 4. rhein. Inft.-Regt. Nr. 30	—	1	1		
	St. Valbert	Det. Goltz pomm. Füs.-Regt. Nr. 34	3	43	46		
	Bondeval	4. Ref.-Div. 1. kb. ostpr. Lw.-Regt.	—	3	3		
	Héricourt	4. Ref.-Div. Inf.-Nr. 25	—	3	3		
	Valentigney	Bel.-K. (1. R.-D.) Fest.-Batt. d. 2. bayer. Art.-R.	—	4	4		
	Hérimoncourt, Tulay u. Roches	Det. Debschitz 2. westpr. Lw.-Regt. Regt. Nr. 7 (II)	1	16	17		
	Roches, Bondeval, Valentigney, Audincourt	Det. Debschitz 2. niederschl. Lw.-Regt. Nr. 47 (II)	—	17	17		
	Bondeval	Det. Debschitz 3. niederschlef Lw.-Regt. Nr. 50 (II)	—	10	10		
	Abévillers	Det. Debschitz 1. schles. Lw.-Regt. Nr. 10 (I)	2	13	15		
	Abévillers	D. Debsch. schlesw. Lw.-Regt. Nr. 84	1	37	38		
	Abévillers	Det. Debschitz 2. l. R.-Batt. d. VIII. A.-K.	—	3	3		
19.	Verfolgungsgefechte bei St. Marie	4. Ref.-Div. 1. kb. ostpr. Lw.-Regt.	—	1	1	(Det. Zimmermann	
	St. Marie und Bethoncourt	4. Ref.-Div. 3. kb. ostpr. Lw.-Regt.	1	11	12		
	Gefangenentransport bei Héricourt	Det. Goltz Inf.-Regt. Nr. 30	—	1	1		
	Bei Aillevillers n. ö. St. Loup	Etappentr. württ. 4. Inf.-Regt.	—	3	3		
20.	Bei Luze	Det. Goltz Inf.-Regt. Nr. 30	—	1	1		
	Bei Vellechevreux	Det. Goltz 2. Res.-Huf.-Regt.	—	1	1		
21.	Verfolgung bei Geney n. l'Isle sur le Doubs	4. Ref.-Div. Inf.-Regt. Nr. 25	—	1	1		
	Patrouille bei le Petit Magny n. Belfort	Bad. Div. 3. Dr.-Regt.	—	1	1		

*) Mehrere Verfolgungs-Gefechte an diesem und den folgenden Tagen, ohne diesseitigen Verlust, sind nicht aufgenommen, so bei Rougemont (18.), Athesans, Verlans (19.) 2c. 2c.

Datum	Aktion	Truppentheil	Verlust Offiz.	Verlust Mnn.	Gesammt	Dieff. Führ. resp. Abtheilung	Feindl. Führ. resp. Abtheilung
Jan. 22.	Patrouille bei Hérimon-court	Det. Debschitz 2. westpr. Lw.-Regt. Nr. 7	—	2	2		
23.	Verfolgung. Gefecht bei Autechaux	Det. Goltz Füf.-Regt. Nr. 34	2	11	13	Ob. Wahlert.	
	Gefecht bei Clerval	4. Ref.-Div. Inf.-Regt. Nr. 25	—	4	4	„ Loos.	
23./24.	Ueberfall gegen Tulay u. Roches	Det. Debschitz 2. niederschl. Lw.-Regt. Nr. 47 (I)	1	16	17		
		Det. Debschitz 3. niederschlef. Lw.-Regt. Nr. 50 (I)	—	17	17		
	Glay	D. Debsch. schlesw. Lw.-Regt. Nr. 84	2	17	19	General Debschitz	
	Bondeval	Det. Debschitz 6. Ref.-Ul.-Regt.	—	1	1		
25.	Avantgardegefecht bei St. Juan d'Adam	4. Ref.-Div. Inf.-Regt. Nr. 25	—	6	6	Oberft Loos.	
	Vorstoß auf Glay und Blamont	Det. Debschitz 2. westpr. Lw.-Regt. Nr. 7 (II)	—	1	1		
		Det. Debschitz 6. Ul.-Regt.	—	1	1		
26.	Avantgarderencontre bei Aissey f. Baume-les-Dames	4. Ref.-Div. Inf.-Regt. Nr. 25	—	1	1		
27.	Rekognoszirung auf Be-sançon bei Auxon deffus	Det. Goltz 2. Ref.-Huf.-Regt.	—	1	1		
28.	In Effertenne	D. Goltz 2. R.-Dr.-Regt.	—	1	1		
	Bei Menotey	D. Goltz 2. R.-Dr.-Regt.	—	1	1		
	Bei Noire-Fontaine am Doubs	Bel.-K. (1. R.-D.) 1. Fest.-Pion.-K. b. II. A.-K.	—	5	5		
29.	Rekognoszirung auf Be-sançon	Bad. Div. 6. Inf.-Regt.	—	2	2		
Febr. 2.	Bei Pontarlier	4. Ref.-Div. 2. fb. oftpr. Lw.-Regt.	—	3	3		
5.	Ordonnanzritt zwischen Rioz und Voray	Bad. Div. 2. Dr.-Regt.	—	1	1		
7.	Ueberfall durch Frankti-reurs bei Cob-de-Roches	4. Ref.-Div. 2. schw. Ref.-Batt.	—	3	3		

Summarische Verlustliste

der

einzelnen Truppentheile.

	Offiziere.	Mann.	Ueberhaupt	
XIV. Armee-Korps, Stab.				
Badische Division, Stab	2	2	4	
1. Inf.-Brig. Stab	2	1	3	
(1.) Leib-Gren.-Regt.	31	729	760	
2. Gren.-Regt. König von Preußen	27	526	553	
2. Inf.-Brig., Stab				
3. Infanterie-Regiment	37	598	635	
4. Inf.-Regt. Prinz Wilhelm	19	367	386	
3. Inf.-Brig., Stab				
5. Inf.-Regt.	15	308	323	
6. Inf.-Regt.	12	250	262	2 Bat. bis Anfangs Januar.
Kavallerie-Brigade, Stab	1	1	2	
1. Leib-Dragoner-Regt.	—	30	30	
2. Dragoner-Regt. Markgraf Maximilian	—	17	17	
3. Dragoner-Regt. Prinz Karl	—	28	28	
Feld-Artillerie-Regt.	7	112	119	9 Batt., vom 1. Jan. 10 Batt.
Festungs-Art.-Abtheilung	1	1	2	
Pionier-Abtheilung (Feld- u Festungs-)	1	10	11	
Train-Bat. (Sanitäts-Detachement)	1	13	14	
Total der Badischen Division seit Formation des XIV. A.-C.:	156	2983	3139	
Detachement v. d. Goltz, Stab				
Combin. Inf.-Brig.				
4. rhein. Inf.-Regt. Nr. 30	9	275	284	
Pommersches Füs.-Regt. Nr. 34	8	177	185	
Combinirte Kavallerie-Brigade				
2. Res.-Dragoner-Regt.	1	16	17	
2. Res.-Husaren-Regt.	—	8	8	
Artillerie-Abtheilung, Stab				
3 Batterien	4	33	37	
Total des Detachements v. d. Goltz seit Formation des XIV. A.-C.:	22	509	531	
Total des XIV. A.-C.:	178	3493	3671	
4. Reserve-Division, Stab				
Combin. Inf.-Brig.				
1. rhein. Inf.-Regt. Nr. 25, seit dem Fall von Schlettstadt	10	341	351	
2. kombin. ostpreuß. Landw.-Regt.	2	61	63	4 Bataillone.
Latus	12	402	414	

	Offiziere.	Mann.	Ueberhaupt	
Transport	12	402	414	
Oftpreuß. Landw.-Inf.-Brig.				
1. combin. oftpreuß. Landw.-Regt.	5	202	207	4 Bataillone.
3. " " "	8	453	461	4 Bataillone.
4. Ref.-Kavallerie-Brigade				
1. Ref.-Ulanen-Regt.	—	5	5	
3. " "	—	19	19	
Artillerie-Abtheilung.				
6 Batterien	1	21	22	
1 Inf.-Munitions-Col.	—	3	3	
2 Fest.-Pion.-Com. des VII. A.-C.	—	8	8	
Total der 4. Ref.-Div. seit dem 25. Oktober	26	1113	1139	
1. Ref.-Division (seit 1. November).				
1. Pommersche Landw.-Brig.				
1. comb. pomm. Ldw.-Regt.	5	289	294	
2. " " "	10	150	160	
4. magdeb. Inf.-Regt. Nr. 67	14	473	487	
2. pommersche Landw.-Brig.				
3. comb. pomm. Landw.-Regt.	5	139	144	
4. " " "	5	89	94	
2. Ref.-Ulanen-Reg. " "	—	2	2	
Artillerie-Abtheilung.				
3 Batterien	—	4	4	
1. Fest.-Pionier-Co. II. A.-C.	2	26	28	
2. "	1	—	1	
8. u. 15. Fest.-Art.-Com. IV. A.-C.	—	4	4	
5. Fest.-Batt. d. Bayer. 2. Art.-R.	—	4	4	
2. Fest.-Pion.-Co. VII. A.-C.	—	8	8	
Total der 1. Reserve-Division seit 1. Novbr.	42	1188	1230	
Belagerungs-Artillerie, Stab.				
2. Abtheilung, Stab.				
1., 2., 4., 6., 16. C. d. Fest.-Art.-R. Nr. 6	1	65	66	
5. Abtheilung, Stab.				
5., 6., 7., 8., 15. Com. d. Fest.-A.-R. Nr. 4	1	65	66	
3. Com. d. Garde-Fest.-Art.-Regt.	1	2	3	
3. Com. d. Fest.-Art.-Regts. Nr. 7	—	10	10	
Bayerische Abtheilung, Stab.				
4. B. d. 1., 5. u. Park-B. des 2., 2. 3. 4. des 3., 3. B. d. 4. Art.-Regiments	3	33	36	7 Batterien.
Würtembergische Abtheilung, Stab.				
1., 3., 4. Komp.	—	15	15	
Badische Abtheilung, Stab.				
3., 6., 8., 9. Komp.	1	1	2	
Belag.-Pioniere, Stab.	2	—	2	
Comb. Pion.-Bat. { 1. Fest.-Com. d. VII. A.-C.	2	8	10	
2. " " X. A.-C.	2	50	52	
Bad. Fest.-Pion.-Komp.	1	9	10	
Bayer. Fest.-Genie-Komp.	1	14	15	
Würt. "	—	2	2	
1. u. 2. Komp. des Pionier-Bat. Nr. 8	—	3	3	
Total der Bel. Artillerie und Pioniere	15	277	292	
Zusammen	57	1465	1522	

	Offiziere.	Mann.	Ueberhaupt
Detachement Debſchitz ſeit 30. Dezember.			
2. weſtpr. Lbw.-Regt. Nr. 7 (Jauer u. Liegnitz)	4	82	86
1. ſchleſ. Lbw.-Regt. Nr. 10 (Striegau)	2	26	28
2. niederſchleſ. Lbw. = Regt. Nr. 47 (Lauban			
u. Hirſchberg)	2	68	70
3. niederſchl. Lbw.-Reg. N.50 (Breslau u.Oels)	6	117	123
Schlesw. Lbw.-Regt. Nr. 84 (Apenrade)	4	102	106
6. Reſ.-Ulanen-Regt. (2. u. 3. Eskadron)	2	3	5
1. u. 2. l. R. B. d. VIII. A.-C.	—	6	6
Total des Detachements Debſchitz	20	404	424

Etappentruppen, ſoweit ſolche in näherer Berührung mit dem **XIV.** Armee-Korps
gekämpft haben.

1. rhein. Lbw.-Regt. Nr. 25 (6 Komp.)	—	21	21
1. Reſ.-Jäger-Bat. (2 Komp.)	1	24	25
Würtemb. 4. Inf.-Regt.	—	21	21
4. Reſ.-Huſaren.-Regt. (1 Eskadron)	—	8	8
Total der Etappentruppen	1	74	75
Rekapitu-lation ⎰ XIV. Armee-Korps	178	3493	3671
4. Reſerve-Diviſion ſeit 25. Oktober	26	1113	1139
1. Reſerve-Diviſion ſeit 1. November	57	1465	1522
Detachement Debſchitz	20	404	424
Etappentruppen	1	74	75
Geſammtverluſt	282	6549	6831

Von den Belagerungen hat gekoſtet
die von:

Straßburg 12/VIII.—27/IX.	39	850	889
Schlettſtadt 28/IX. und 19—23/X.			
2. Gren.-Regt. König Wilhelm	—	4	4
1. rhein. Inf.-Regt. Nr. 25	1	2	3
2. komb. oſtpr. Lbw.-Regt.	—	2	2
2. „ pommerſches Lbw.-Regt.	—	1	1
Feſt.-Art.-C. d. A.-R. Nr. 6	—	2	2
„ „ „ „ 7	2	6	8
„ „ „ „ 10	—	2	2
Feſt.-Batt. d. bayer. 3. Art.-Regts.	1	5	6
	4	24	28
Neu-Breiſach 4/X.—10/XI.			
2. komb. oſtpr. Lbw.-Regt.	—	1	1
3. „ „ „	1	24	25
Feld-Artillerie d. 4. R.-D.	—	3	3
Feſt.-Art.-Komp. d. A.-R. Nr. 4	—	1	1
„ „ „ „ 6	—	7	7
„ „ „ „ 7	—	6	6
Feſt.-Batt. d. bayer. 3. Art.-R.	—	12	12
Feſt.-Pionier-Com. d. II. A.-K.	1	—	1
Latus	2	54	56

	Offiziere.	Mann.	Ueberhaupt
Transport	2	54	56
Mobile Kolonnen und Schutz der Belagerung gegen Außen.			
1. rhein. Inf.-Regt. Nr. 25 in 3 Affairen	1	13	14
2. N. B. d. 6. A.-C. in 1 Affaire	—	1	1
	1	14	15
Total	3	68	71
Belfort 3/XI.—13/II.			
1. komb. pomm. Ldw.-Regt.	4	263	267
2. „ „ „	10	145	155
4. magdeb. Inf.-Regt. Nr. 67	6	288	294
3. „ „	5	133	138
4. „ „	5	89	94
2. Res.-Ulanen-Regt.	—	1	1
Artillerie-Abtheilung	—	3	3
1. Fest.-Pionier-Kol. d. 2. A.-K.	—	16	16
Artillerie und Pioniere (f. vorn.)	15	277	292
1. komb. ostpreuß. Ldw.-Regt.	2	57	59
3. „ „	2	115	117
2. westpreuß. Ldw.-R. Nr. 7 (2 Bataillone)	2	39	41
1. schlef. Ldw.-R. Nr. 10 (1 Bataillon)	—	8	8
2. niederschlef. Ldw.-R. Nr. 47 (2 Bataillone)	1	29	30
3. „ „ Nr. 50 (2 „)	—	19	19
Schleswigsches „ Nr. 84 (1 Bataillon)	—	3	3
	52	1485	1537
Schutz der Belagerung gegen Außen ꝛc.			
1. komb. pommersches Ldw.-R.	1	26	27
3. „ „	—	6	6
4. magdeb. Inf.-R. Nr. 67	8	185	193
2. Res.-Ulanen-R.	—	1	1
Artillerie-Abtheilung	—	1	1
1. Fest.-Pionier-Kol. d. II. A.-K.	1	8	9
8. u. 15. Fest.-Art.-Kol. d. IV. A.-K.	—	4	4
5. Fest.-Batt. d. bayer. 2. Art.-R.	—	4	4
2. Fest.-Pionier-Komp. d. VII. A.-K.	—	8	8
1. komb. ostpreuß. Ldw.-R.	—	86	86
3. „ „	7	358	365
2. Fest.-Pionier-Komp. d. VII. A.-K.	—	8	8
Detachement Debschitz	17	306	323
Total	86	2486	2572

Einzelne Französische Verluste.

Aktion.	Feindliche Stärke.	Todte konstatirt.	Unverw. gefangen.	Todte u. Verwund.	Erbeutet.	Bemerkungen.
Bes. v. Raon l'Etape, Schlettstadt, Kapitul. Neu-Breisach"	5-600 M.	über 30	2400 M. 100 Offiz. 5220 M.		120 Gesch. 105 Gesch.	
Etival	14-16000 Mann mit 10-12 Geschützen	über 300	6 Offiz. 582 Mann	ca. 1400M.	1 Fahne	durch das 1. Leib-Gren.-Regt.
Rambervillers	ca. 450 M.		11 Mann	60 meist todt		
Bruyères	5-600 M.		26 Mann	30-40		
Epinal	5-600 M.		30 Mann			
les Forges	ca. 300 M.	ca. 25	23 Mann			
Fayl-Billot	ca. 150 M.		23 Mann			
Am Ognon	2 Divisionen mit 12 Feld- u.4 b. 6 Pos.-Geschützen.	über 50	2 Stabs- 11 Ober-Offiz. 180 Mann	über 400		
Port s/Saône					12 Centner Pulver	
la Vaivre	ca. 400 M.		38 Mann			
Seveux	60-80 M.	6-10	15 Mann			Ueberf. auf die Post.
St.Seine, Essertenne, Talmay ꝛc.	6-8000 M.		2O. 58M. 13 Offiz. 483 M.		Gepäck von 600 Mann. Zeltlager f. 5-600 M.	Im freien Felde gefangen.
Dijon	8-10000M. reg. Trupp.	208	1 Offiz. 102 Mann			
Pasques	g. 4000 M.		150 Mann	üb. 400 M.	Viele der schönsten Waffen u. Ausrüstungsst	
Autun	In erster Linie 2000 Mann mit 6-8 Gesch.	15 Mann	23 Mann			
Pesmes	ca.1000 M.		25 Mann		Gr.Gew.- u.Munit.-	
Nuits 18./XII.	Ueb. 15000 Mann mit 18 Gesch.		16 Offiz. 633 Mann	über 1500Mann	Depot,4 Laff. und mehrere Mun.-W.	Spätere französ. Nachrichten geben b. Gef.-Verl. auf über 2500 Mann an.

Aktion.	Feindliche Stärke.	Todte konstatirt.	Unverw. gefangen.	Todte u. Verwund.	Erbeutet.	Bemerkungen.
Longeau Kantonnements um Langres	ca. 6000 M. mit 1 Batt.		64 Mann	ca. 150 M. ca. 30 M.	2 Gesch. 2 Mun.-W. Gewehre, Gepäck, Bagage	{im Feuer gen. b. {das Füs.-R. N. 34
Südlich Besoul 5./I.	6-8 Bat. 1 Eskadr., 1 Mitr.-Btt.		geg. 500 M.			
Villerseyel		ca. 200 verkohlte Leichname	1 Stabs-, 16 Oberoffiziere 461 Mann			200 Mann, bei der Wiedereinnahme gefangen, sind während des Nachtgefechts entkommen
Schlacht vor Belfort	140 bis 150000 M. mit ca. 350 Gesch.		üb. 100 M.	6-10000 Mann		
Verfolgung nach der Schlacht vor Belfort			über 4000 Mann			
Kapitulat. von Belfort	ca. 16000 Mann				250 brauchbare Gesch.	

Vertheilung der Verluste des 14. Armee-Korps auf die einzelnen Gegner.

Verluste sind ausgegangen von	In rangirten Schlachten u. Gefechten.	In kleineren Aktionen.	Offiz.	Mann.	Gesammt-Summe.
1. Korps Cambriels	6	6	31	605	636
2. Division Lavalle	3	4	2	33	35
3. „ Fauconnet	1	—	10	258	268
4. Korps Garibaldi	5	8	9	118	127
5. Division Cremer (nicht gerechnet deren Betheilung in der Schlacht von Belfort)	3	19	63	1113	1176
6. Armee Bourbaki's	{ 1 Schlacht 27 Gefechte	29	105	2701	2806
7. Einwohner und nichtformirte Mobilgarden	3	23	1	111	112
8. Franktireurs (eingerechnet Bourras, Crevisier ꝛc.)	13	18	6	115	121
	—	—	58	1563	1621
9. Festungen { a) Belagerungen 3 / b) Aktionen außerhalb derselben 15	—	—	11	153	164

20*

Die Züge des Hauptquartiers.

Oktober.

Von Straßburg nach

6. Molsheim,
7. Schirmeck,
8. Celles,
9. Raon l'Etape,
11. Rambervillers,
12. Epinal,
16. Von Epinal nach Xertigny,
17. St. Loup,
19. Vesoul,
22. Oiselay,
24. la Chapelle—St. Quillain,
26. Gray,
28. Renève l'Eglise,
30. Von Renève l'Eglise nach Gray.

November.

1. Bauconcourt,
2. Vesoul,
11. von Vesoul nach Frasne-le-Château,

12. Pesmes,
13. Flammerans,
14. Dijon.

Dezember.

27. von Dijon nach Arc bei Gray,
28. Vesoul.

Januar.

9. Aillevans,
10. Frahier (Ronchamp),
11. Brévilliers,
20. von Brévilliers nach Saulnot,
21. Villersexel,
23. Rougemont,
25. Rioz,
27. la Barre.

Februar.

9. Dôle.

A.

Konvention mit der Stadt Dijon.

Seine Excellenz der Herr General-Lieutenant v. Beyer ist geneigt, gegen die von der Stadt Dijon zu leistenden nachfolgenden Garantien resp. Bedingungen von jeglichen Repressivmaßregeln wegen des gestrigen feindlichen Benehmens der Stadt abzusehen, und sich nur auf diejenigen Requisitionen zu beschränken, welche dem Bedürfniß seiner Truppen entsprechen.

Die Bedingungen sind:

1. Die Stadt Dijon stellt 500,000 Franken als Kaution, welche bei friedlichem Verhalten zurückgegeben werden.

2. Auslieferung sämmtlicher gestern etwa gemachter Gefangenen.

3. Prompte Ausführung der in der anliegenden Proklamation enthaltenen Bedingungen.

4. Beseitigung aller vorhandenen Barrikaden.

Die oben erwähnten Requisitionen erstrecken sich auf Unterbringung und Ernährung der Truppen in der Stärke von 20,000 Mann und Lieferung von sonstigen Armee-Bedürfnissen.

Dagegen übernimmt der kommandirende General die Verpflichtung, daß sämmtliche Requisitionen nur durch die Militär-Beamten bei der Munizipalität stattfinden.

5. Vollständige Indemnität für die regulären und irregulären Kriegführenden für die Vergangenheit.

Bei irgend welchen Feindseligkeiten dagegen von Seiten der Stadt wird das Bombardement wieder aufgenommen und alsdann der Stadt eine empfindliche Kontribution auferlegt werden.

Mit den weiteren Verhandlungen beauftrage ich Seine Großherzogliche Hoheit den General-Lieutenant Prinzen Wilhelm von Baden, unter Zuziehung des Hauptmanns Freiherrn v. Röder vom Generalstab; die Verhandlungen finden heute früh 9 Uhr in St. Apollinaire statt.

Sollten dieselben bis 10 Uhr zu einem Resultat nicht geführt haben, so werde ich die Feindseligkeiten wieder beginnen; dasselbe findet statt, sobald Zuzug von französischen Truppen bemerkt wird. Varois, den 31. Oktober 1870.

(gez.) von Beyer,
General-Lieutenant.

Von Seiten der deutschen Armee anerkannt und bestätigt
(gez.) Wilhelm Prinz von Baden.
(gez.) Freiherr v. Röder, Hauptmann im Generalstab.

Von Seiten der Munizipalität anerkannt und bestätigt
(gez.) F. A. Dubois, maire,
Enfert,
H. Lévêque,
A. Brullé, adjoints.

B.

Proklamation Garibaldi's bei Uebernahme seines Kommandos. *)

Freiwillige und Franktireurs! Ich komme, um den Oberbefehl über die für die nationale Vertheidigung gebildeten Korps zu übernehmen. Preußen weiß, daß es heute auch mit der bewaffneten Nation abrechnen muß. Ich richte keine langen Reden an Euch. Ich richte an euch Instruktionen, welche euch als Richtschnur bei euren Operationen gegen den Eindringling und den Feind der Republik dienen werden. Ich reche auf euch; ihr könnt auf mich zählen. Es lebe die Republik!

(gez.) Garibaldi.

C.

Garibaldi's Instruktion für die Franktireurs und die Freiwilligen. *)

1. Detachements, die auf die Verbindungslinien des Feindes und gegen seine Arrieregarden geworfen werden, um ihn möglichst zu beunruhigen, seine Konvois, seine Eklaireurs, seine Kouriere zu überfallen und ihn an der unbegrenzten Ausdehnung im Lande zu hindern, werden der Sache der Republik große Dienste leisten können.

2. Die Detachements der Franktireurs, Banden oder Guerillas, müssen möglichst zahlreich sein, aber jede nur aus wenigen Leuten bestehen; 100 Mann z. B. mit 3 Offizieren und nach Verhältniß Unteroffizieren, werden eine gute Guerilla bilden können. 100 Mann

---

*) Die Uebersetzung nach dem Militär-Wochenblatt, Jahrgang 1870.

können überall bequem leben, können sich überall leicht verstecken und während der Nacht ein Armee-Korps allarmiren und es ermüden. Zehn Guerillas à 100 Mann, wenn es nöthig ist, unter den Befehlen eines höheren Offiziers oder des ältesten Hauptmanns, können vereint die wichtigsten Operationen versuchen und endlich neben anderen Elementen als Kern für die nationale Armee dienen.

3. Jedes Detachement muß, wenn es in der Nähe des Feindes manövrirt, aus Vorsicht seine Bewegungen während der Nacht ausführen und bei Tag in einer verborgenen und leicht zu deckenden Stellung schlafen und die Schildwachen auf Kirchthürmen z. B. oder sonst auf irgend einer Anhöhe aufstellen, von wo man leicht das Feld übersehen kann. Eine so gewählte Position wird der Guerilla gestatten, sich ruhig hinzulegen, sogar mit einer Schildwache.

Wenn man nichts desto weniger gezwungen ist, sich bei Tag zu bewegen, muß man Alles versuchen, um sich zu verstecken und den Kampf zu vermeiden, man müßte denn die Gewißheit des Erfolges haben. Der Kampfeseifer darf in keinem Fall zur Uebertretung dieser Regel führen.

Für alle Truppen-Abtheilungen und besonders für die Guerillas ist ein Ueberfall immer unheilvoll, aber er würde den Guerillas zur Schande gereichen, die ja im Gegentheil bestimmt sind, den Feind zu überfallen.

4. Die zu den Guerillas und zu der nationalen Armee gehörenden Milizen müssen sich um jeden Preis die allgemeine Achtung und Liebe in dem Lande, welches sie behaupten, erwerben; denn dann wird es ihnen leicht sein, überall Lebensmittel und gute Führer zu finden, was durchaus nothwendig ist.

Geliebt im Lande, das ihnen die nothwendigen Nachrichten bringen wird, werden die Guerillas über die Stellung des Feindes informirt und ihn leicht erreichen können. Ein Nachtmarsch unter Umständen, die für das Ueberfallen des Feindes günstig sind; ein Ueberfall etwas vor Tagesanbruch glückt fast immer.

Wenn man gezwungen ist, ein Gefecht unter ungünstigen Verhältnissen anzunehmen, und der Rückzug nothwendig wird, muß man den Kampf möglichst bis zur Nacht hinhalten, denn ein Rückzug bei Tag vor einem überlegenen und mit Kavallerie versehenen Feinde kann unheilvoll werden, bei Nacht wird sich dagegen der Rückzug immer mit Leichtigkeit bewerkstelligen lassen.

Die Guerillas müssen versuchen, sich im Anfang ihrer Unternehmungen den Erfolg zu sichern, ohne sich zu schämen, zwei gegen eins zu kämpfen; man wird so den Milizen eine moralische Kraft verleihen, welche die folgenden Unternehmungen leichter und glänzender machen wird.

5. Mit einer beträchtlichen Zahl großer und kleiner Guerillas wird man die eingedrungene Armee zwingen, sich zusammenzuhalten, und es wird ihr unmöglich sein, kleine Detachements weithin zu ent-

fenden, was ihr vielfache Unbequemlichkeiten verursachen und ihre Verproviantirung sehr erschweren wird.

In einem von den Fremden besetzten Lande muß jeder Busch, jeder Baum eine Waffe verbergen, um einen der Eindringlinge zu erschießen, so daß sich Niemand auf dem Marsche oder im Kantonnement von den Kolonnen entfernen kann.

Zahlreiche Guerillas werden die Requisitionen, die ein einfacher feindlicher Korporal überall, wohin er seinen Fuß setzt, sich zu machen erlaubt, sehr schwierig, wenn nicht unmöglich machen und manche Besitzungen schützen, welche ohne sie eine Beute der Eindringlinge geworden wären.

Im Gefecht müssen die Guerillas sich immer als Tirailleurs auflösen, wegen der Vervollkommnung der neuen Feuerwaffen.

6. Für den Fall des Sammelns ist die Masse oder das volle Karree dem hohlen vorzuziehen, vor Allem, wenn man viel Leute hat und besonders gegen Kavallerie=Angriffe. Es würde anders sein, wenn der Feind von Artillerie unterstützt wäre. In fast allen mir bekannten Terrains verschieben sich die Karrees (die hohlen sind gemeint), bewegen sich mit Schwierigkeit und bieten einem Kavallerie= Angriff eine zu schwache und zu ausgedehnte Front. 100 Mann, 1000 Mann in geschlossener Masse haben eine unerschütterliche Festigkeit gegen die Kavallerie, welcher sie auf allen Seiten eine verhältnißmäßig kleine Fläche bieten.

7. Ich erinnere hier die Milizen daran, daß sie die Kavallerie niemals fürchten dürfen, und daß sie sich von der Ueberzeugung durchdringen lassen müssen, daß die Furcht allein die Kavallerie dem Infanteristen gefährlich macht.

8. Die geschlossene Massenkolonne hat ihre Nachtheile; dem Artilleriefeuer ausgesetzt, kann sie viel Leute verlieren, auch erfordert sie von Seiten der Führer einen großen Scharfblick, um nach besten Kräften zu entscheiden, wann sie nicht auftreten darf. Uebrigens kann sie sich leicht entwickeln, theils um sich der Wirkung der Geschütze zu entziehen, theils um mit Tirailleurs zu kämpfen, wenn keine Kavallerie sie bedroht.

„Möglichst viel Kräfte auf dem taktischen Angriffspunkt oder dem Schlüsselpunkt des Schlachtfeldes vereinigen;" dieser Grundsatz aller großen Kriegsmänner kann nicht ungestraft übertreten werden. Die geschlossenen Massen=Kolonnen sind das wirksamste Mittel zur Erlangung dieses Resultates.

Ungeachtet aller durch die Vervollkommnung der Feuerwaffen nothwendig gewordenen Modifikationen der Taktik sind es noch immer die gut geführten kompakten Massen, welche die modernen großen Schlachten entschieden haben; da wir indessen für jetzt diese großen organisirten Massen nicht haben, müssen wir unsere Zuflucht zum Parteigängerkrieg nehmen, bis die nationale Armee den Eindringling mit Vortheil angreifen kann.

9. Ich fordere von den Milizen:

a. Eine strenge Disziplin, strenger als die der Linientruppen, ohne welche keine militärische Gewalt bestehen kann.

Unter Disziplin versteht man nicht nur den Gehorsam gegen die unmittelbaren Vorgesetzten, sondern auch die Beziehungen zwischen einer Guerilla zu einer andern, d. h. daß, wenn sie sich wechselseitige und brüderliche Hilfe leisten sollen, die Jüngeren den Aelteren und Höhergestellten gehorchen müssen.

Die Guerillas müssen sich auch unter einander unterrichten über die Gefahren und über die zu ihrer Vermeidung anzuordnenden Bewegungen, um zu dem gemeinsamen Ziel zusammenzuwirken, welches darin besteht, dem Feind den größten Schaden zuzufügen.

Die Guerilla-Führer müssen die nächsten Hauptquartiere so genau als möglich über die Bewegungen des Feindes, die Zahl und Art seiner Truppen informiren; deßhalb muß jede Guerilla immer einige berittene Leute haben, um Nachrichten zu bringen und als Eklaireurs zu dienen.

Es ist nöthig, daß die Führer und Offiziere der Guerillas und der Abtheilungen der nationalen Armee die Ueberzeugung haben, daß sie, ohne der Disziplin etwas zu vergeben, ihre Soldaten mit Liebe behandeln und sie wie ihre eigenen Kinder ansehen müssen.

b. Eine unerschütterliche Standhaftigkeit in Ertragung der Anstrengungen und Gefahren bis zur vollständigen Befreiung des Vaterlandes.

c. Einen Muth, der jede Probe aushält, und eine tadellose Führung, um sich die Achtung und Liebe ihrer Mitbürger zu erwerben. Achtung vor dem Eigenthum, selbst inmitten der größten Entbehrungen, ist die erste Tugend des Miliz-Soldaten.

d. Völlige Verachtung der feindlichen Kavallerie; es ist eine Schande und ein Verrath, Furcht vor ihr zu haben. Eine noch größere Schande ist, der Panik zu unterliegen und so die Kühnheit unserer Feinde zu vermehren.

Ich schließe, indem ich daran erinnere, daß die Vertheidigung von Monte-Video gegen 18,000 Mann kriegsgewohnter Truppen 9 Jahre gedauert hat; diese Stadt hatte damals nur 30,000 Einwohner; unter diesen gab es englische, französische und italienische Kaufleute, die sich alle an der Vertheidigung betheiligten und das Glück hatten, endlich den Triumph ihres Adoptiv-Vaterlandes zu sehen. Aber Monte-Video verkaufte seine Paläste, seine Tempel, seine gegenwärtigen und zukünftigen Zollrechte, grub die alten Kanonen aus, die als Marksteine auf den Straßen dienten, schmiedete Lanzen, um die fehlenden Gewehre zu ersetzen, während die Frauen ihr letztes Kleinod gaben.

Ein französisches Dorf hat mehr Hilfsquellen, als Monte-Video damals hatte; können wir also an dem Erfolge der nationalen Vertheidigung zweifeln?

D.

Proklamation des „Generals“ Bossack-Hauke bei Uebernahme des Kommandos über die 1. Brigade des Garibaldi'schen Korps. *)

Bürger, Offiziere und Soldaten der 1. Brigade!

Der General Garibaldi, Oberbefehlshaber der Armee der Vogesen, hat in seinem Befehl vom 19. Oktober mich zu Eurem Kommandeur ernannt.

Bürger, in diesem für mich so ehrenvollen Moment und in einem der feierlichsten meiner Laufbahn als Soldat der Freiheit und der Demokratie liegt es mir am Herzen, zu Euch einige Worte zu sprechen.

Man sagt, daß es Euch an höheren Offizieren und Kommandeuren fehle? Nein, Ihr habt sie unter Euch und in Euren Reihen; was Euch fehlt, das ist die Möglichkeit und die Gelegenheit, dies zu zeigen.

Diese Möglichkeit, diese Gelegenheit, Ihr habt sie, seitdem die Regierung der Republik an Eure Spitze Garibaldi berufen hat, den berühmtesten Feldherrn der europäischen Demokratie, den Mann von Tugend und Muth, den Unbesieglichen!

Der General Garibaldi hat, Kraft der von der Republik erhaltenen Vollmacht, seinerseits ohne Unterschied der Nationalität die Männer der kämpfenden Demokratie berufen, welche ihre Proben abgelegt haben. Ich gehöre zu diesen.

Andere werden Euch sagen, ob ich ein Recht auf Euer Vertrauen habe. — Ich werde mich darauf beschränken, Euch zu sagen, daß ich, Oberst der regulären Armee, der Oberbefehlshaber der drei Palatinate während der letzten bewaffneten Erhebung Polens 1863 und 1864 gewesen bin.

Heute bin ich zum Kommandeur der 1. Brigade der Armee der Vogesen ernannt.

Bürger, Offiziere und Soldaten! Ich zweifle nicht, daß wir Alle von der 1. Brigade es verstehen werden, uns unseres Feldherrn würdig zu zeigen. Ich kann also von jetzt an ausrufen: Es lebe die 1. Brigade, es lebe die Armee der Vogesen, es lebe die Republik!

(gez.) General Bossack-Hauke,
Kommandeur der 1. Brigade.

---

*) Die Uebersetzung nach dem Militär-Wochenblatt Jahrgang 1870.

E.

Proklamation des Präfekten des Côte d'Or-Departements. *)

Französische Republik.
Präfektur Côte d'Or.

Cirkular.

Meine Herrn Sous-Präfekten,
Meine Herrn Maires!

Ungeachtet unserer Unglücksfälle und des Eindringens des Fein=
des in Frankreich, eine Folge derselben, soll uns keine Entmuthigung
ergreifen, und mehr denn je muß die Hingebung für das Vaterland
sich durch Thaten aussprechen.

Ein durch eine jede Sous-Präfektur organisirter Nachrichtendienst
wird die Kommunen unter sich verbinden und ihnen die Mittel dar=
bieten, alle Bewegungen des Feindes kennen zu lernen; die Maires
werden es sich eifrigst angelegen sein lassen, die bewaffneten und re=
gelmäßig konstituirten Abtheilungen, welche einen Auftrag des Ge=
nerals überbringen, zu empfangen und diesen Aufträgen Folge zu
geben; sie werden, wenn es nöthig ist, dem Kommandanten jeden
Fall von Indisziplin oder Gewaltthat zur Anzeige bringen und wer=
den an ihren Sous-Präfekt berichten; aber sie werden auch nichts
verabsäumen, um ein gegenseitiges gutes Einvernehmen herbeizufüh=
ren; sie werden darüber wachen, daß sich keine Desorganisation in
der Nationalgarde zeigt, und werden sich mit den Kommandanten
dahin verständigen, daß dieselbe, bewaffnet oder nicht, regelmäßig
funktionirt; sie werden den Widerspenstigen ankündigen, daß sie auf
Grund des Kriegszustandes des Departements vor ein Kriegsgericht
werden gestellt werden.

Wenn es ihnen an Waffen oder Munition gebricht, sollen sie
es mir anzeigen.

In Uebereinstimmung mit dem Artikel 77 des Strafgesetzes,
welches Jeden mit dem Tode bestraft, der dem Feinde Hilfsmittel an
Geld, Lebensmitteln oder Munition liefert, werden sie jeden mit Le=
bensmitteln beladenen Wagen, der für eine vom Feind besetzte Gegend
bestimmt ist, mit Beschlag belegen; sie werden die Ladung nach dem
Hauptort des Arrondissements abliefern, woselbst sie nach den darüber
erlassenen Bestimmungen für Rechnung des Staates verkauft wer=
den wird.

Das Sonderinteresse jeder Ortschaft, wie das Interesse der na=
tionalen Vertheidigung macht es erforderlich, daß die Maires es nicht
länger mehr dulden, daß einige hundert Feinde durch kleine isolirte
Abtheilungen die Kommunen besetzen und sie ungestraft brandschatzen
(rançonnent).

---

*) Die Uebersetzung nach dem Militär-Wochenblatt. Jahrgang 1870.

Die Regierung kann nicht einem jeden Ort augenblicklich kräf=
tige Hilfe leisten; ein Jeder von uns muß sich in gewissen Fällen
selbst schützen, und es ist vorzugsweise eine Pflicht der durch ihre
Mitbürger gewählten Maires, sich mit diesen Hinsichts der Verthei=
digung ihres Territoriums zu verständigen.

Das Vaterland verlangt von Euch nicht, daß ihr euch
in Massen ansammelt und euch dem Feinde offen ent=
gegenstellt; es erwartet von euch, daß drei oder vier ent=
schlossene Männer jeden Morgen von ihren Kommunen
ausgehen und sich an einem durch die Natur selbst bezeich=
neten Ort etabliren, von wo aus sie ohne eigene Gefahr
auf die Preußen schießen können; vor Allem müssen sie
auf feindliche Reiter schießen, deren Pferde sie nach dem
Hauptort des Arrondissements abzuliefern haben. Ich
werde ihnen eine Prämie ertheilen und ihre heldenmü=
thige That in allen Departemental=Zeitungen und dem
„Journal offiziell" bekannt machen lassen.

Wären diese Maßregeln getroffen worden, so würde der Feind
niemals die Stadt Nuits=sous=Beaune, die Dörfer Gevrey, Fleury,
das Thal de l'Oze, le Val=Suzon und viele andere Dörfer der Ebene
mit seiner Gegenwart befleckt (souillé) haben.

Wenn dieser Schimpf und dieser Schaden dem Departement,
gleichsam als Leibesstrafe zugefügt worden, so konnte dies nur ge=
schehen, weil es den natürlichen Vertheidigern des vom Feinde über=
fallenen Bodens an Pflichtgefühl gemangelt hat, weil sie nicht den
Verstand und den Muth gehabt haben, die als unüberwindlich er=
achteten Passagen und Positionen zu besetzen.

Möge die Freimüthigkeit meiner Worte Sie, meine Herren, nicht
verletzen, vereinigen Sie sich aber mit mir in dem gemeinsamen
Wunsch: die Ehre und das Glück (fortune) Frankreichs zu retten,
indem wir das Partikular=Interesse jedes Einzelnen von Ihnen in
Schutz nehmen. Nachdem unter uns Allen die Gemeinsamkeit (soli=
darité) im Unglück und in der Vertheidigung zur Geltung gekom=
men, werden wir uns bald der Gemeinsamkeit in der Wiederherstel=
lung Alles dessen, was die moralische und materielle Kraft der Na=
tionen ausmacht, zu erfreuen haben: der Freiheit, Gleichheit und
Brüderlichkeit.

Sombernon, den 21. November 1870.

Der interimistische Präfekt
Luce=Villiard.

F.

Erklärung des Hauptmanns, späteren Generals Cremer, abgegeben bei der Kapitulation von Metz. *)

Ich Endesunterzeichneter verpflichte mich auf meine Ehre als Offizier, und gebe durch Gegenwärtiges mein Ehrenwort, die Waffen gegen Deutschland während der Dauer dieses Krieges nicht mehr zu ergreifen und nicht gegen seine Interessen zu handeln, auch nicht irgend welchen Dienst zu nehmen, sei es in den französischen Kolonien, sei es für die Aushebung der Truppen und in den Bewaffnungs-Depots.

Metz, den 31. Oktober 1870.

(gez.) Der Kapitän vom Etatmajor
Cremer.

*) Die Uebersetzung nach dem Militär-Wochenblatt. Jahrgang 1870.

Druckfehler.

Seite 46 Zeile 14 v. o. statt des Tambours lies der Tambours.

= 46 Zeile 24 v. o. statt verwundet gefangen lies unverwundet gefangen.

= 53 Zeile 2 v. o. statt Natilly lies Nantilly.

= 58 Zeile 5 v. o. statt 10000 Mann lies 16000 Mann.

= 59 Zeile 12 v. o. hinter Landes, ist zu streichen: die.

= 63 oben statt General=Lieutenant Tresckow lies General=Major Tresckow.

= 64 Anmerkung Zeile 3 von unten ist zu streichen das Wort: später.

= 66 Zeile 17 v. o. statt Couternou lies: Couternon.

= 67 Zeile 15 v. o. hinter Nordostecke ist das Komma zu streichen.

= 70 Zeile 12 v. u. lies: 2 Batterien der Kolonne Krug nebst 2 Eskadrons des 2. Reserve=Dragoner=Regiments unter Major Ullrich.

= 73 Zeile 8 v. u. statt Verlust an Todten von lies: Verlust von.

= 84 Zeile 5 v. o. statt Soirons lies: Soirans.

= 85 Zeile 12 v. o. statt Eisenbahnen sehr wahrscheinlich schnellen lies: Eisenbahnen dem Feinde sehr wahrscheinlich schnell.

= 86 vor Zeile 16 ist einzuschalten: Auch in der allgemeinen Kriegslage war dieser Stillstand begründet.

= 88 Zeile 22 v. o. statt fliegende Kolonne lies: fliegende Kolonnen.

= 96 Zeile 9 v. u. vorn ist das Wort: theilt, zu streichen.

= 97 Zeile 9 v. o. statt und die 1. schwere und 1. Batterie lies: und der 1. schweren Batterie.

= 97 Zeile 19 v. o. ist zu streichen: in Uebereinstimmung mit einander.

= 99 Zeile 2 v. u. statt war lies: ward.

= 103 Zeile 13 v. o. statt bei Genlis lies: bis Genlis.

= 110 Zeile 13 v. o. statt Milo lies: Millot.

= 137 Zeile 16 v. o. statt nur 11100 Mann lies: kaum 11000 Mann.

= 139 Zeile 14 v. o. statt Mann Todten lies: Mann an Todten.

= 141 Zeile 6 v. o. hinter ließ ist einzuschalten: indeß.

= 145 Zeile 18 v. o. statt Süden lies: Lande.

= 153 Zeile 14 v. u. statt Oberst lies: Oberst=Lieutenant.

Druck von E. S. Mittler u. Sohn Kochstr. 69/70.

Zum Gefecht bei Etival
den 6. October 1870.

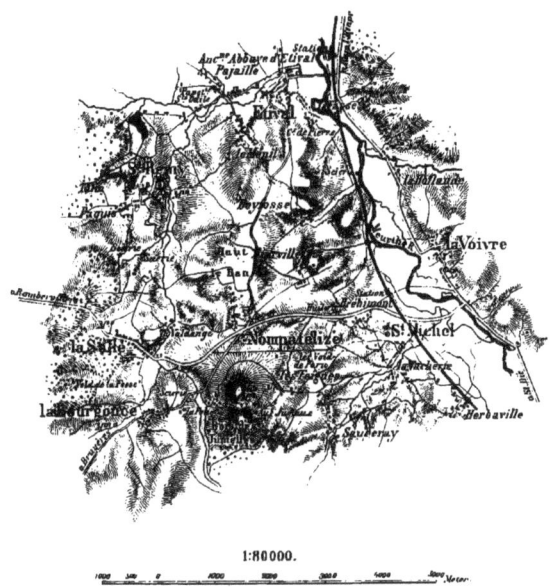

1:80000.

Verlag der Kgl. Hofbuchh. v. E. S. Mittler & Sohn, Berlin. Kochstr 69/70.

Zum Gefecht am Ognon
den 22. October 1870.

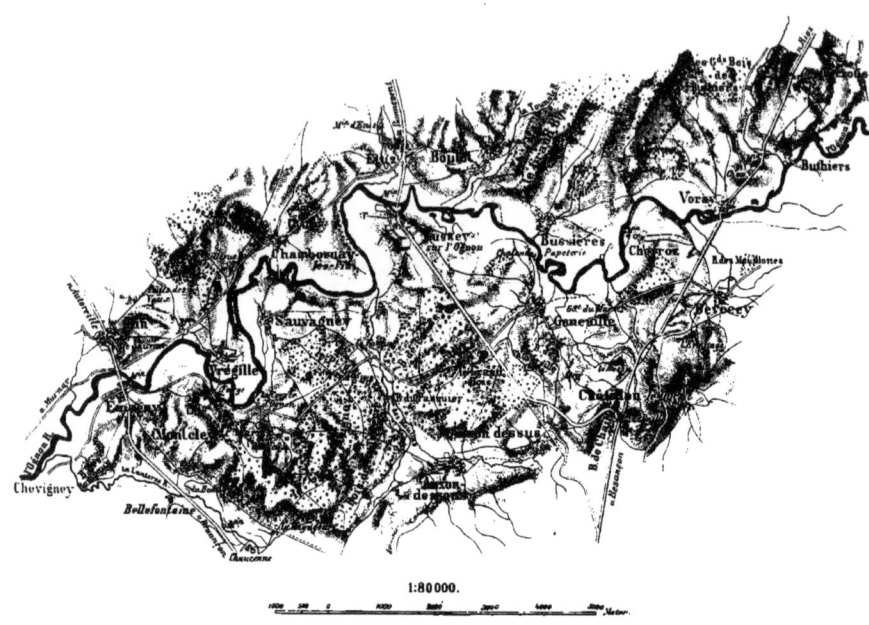

1:80 000.

Verlag der Kgl. Hofbuchh. v. E.S. Mittler & Sohn, Berlin. (Kochstr. 69/70)   Lith. Institut v. Wilh. Greve Berlin

Zum Gefecht bei Nuits
den 18. Dezember 1870.

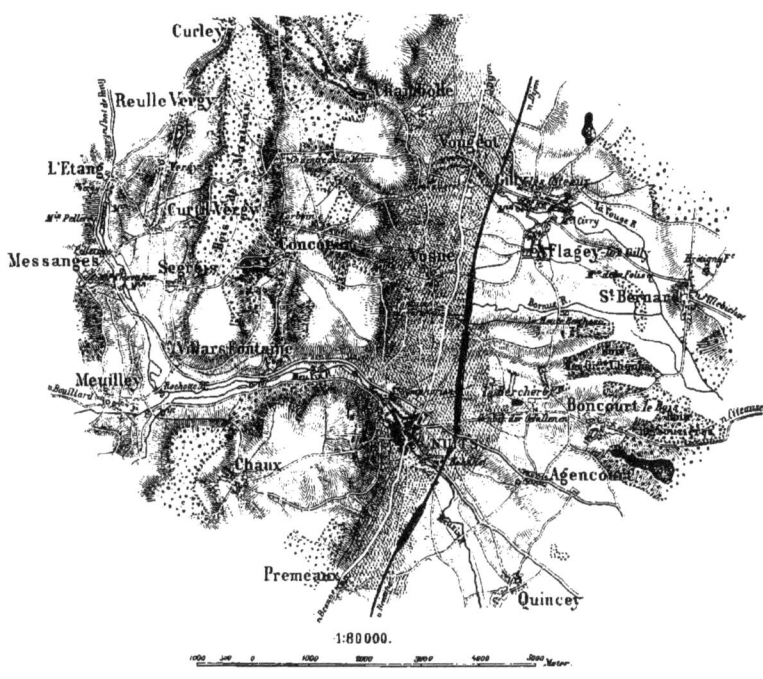

1:80000.

Verlag der Kgl. Hofbuchh v. E.S.Mittler & Sohn, Berlin (Kochstr. 69/70)

Lith.Institut v.Wilh.Greve, Berlin.

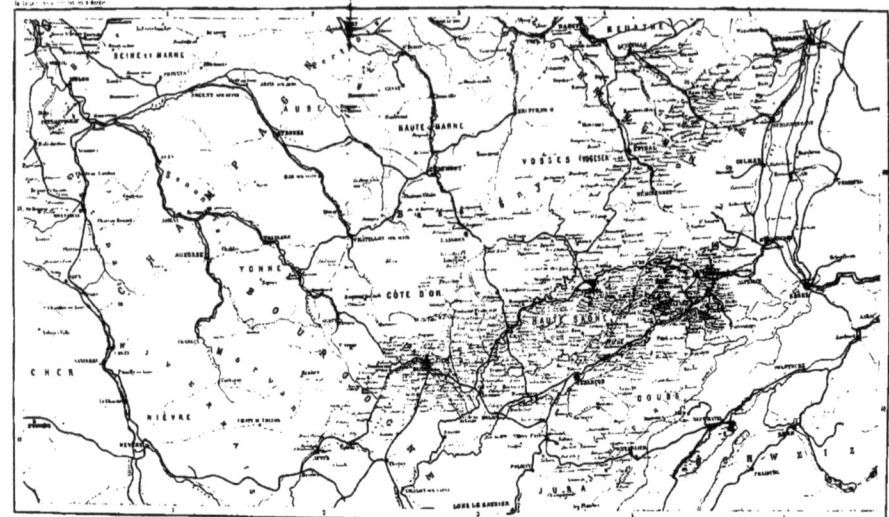

Zum Gefecht bei Villersexel
den 9. Januar 1871.

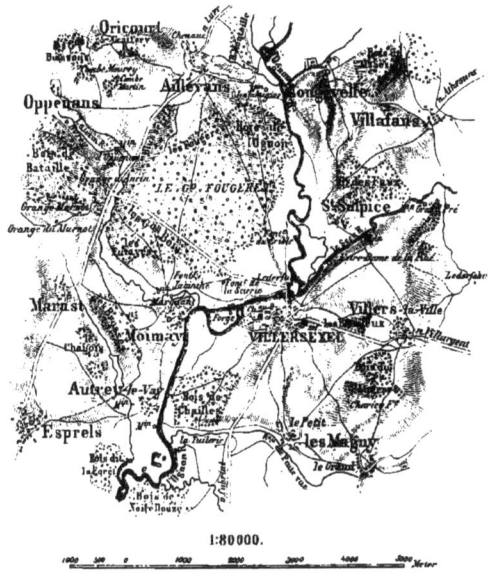

1:80000.

Verlag der Kgl. Hofbuchh v. E S Mittler & Sohn, Berlin. Nachstr 69/70.

Lith Institut Wilh Greve, Berlin

Zur Schlacht vor Belfort
den 15 ten 16 ten und 17 ten Januar 1871.

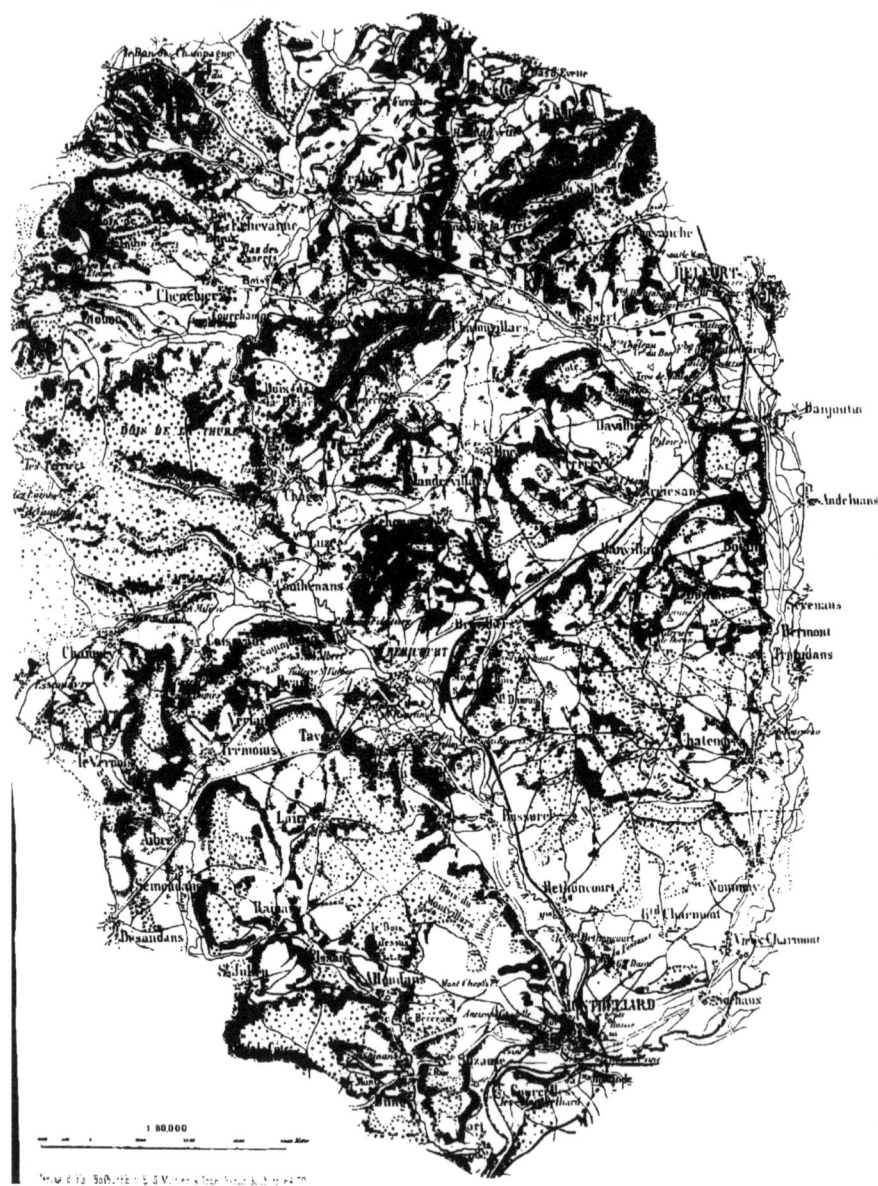